Bartholomäus Grill

Ach, Afrika

Berichte aus dem Innern
eines Kontinents

GOLDMANN

Verlagsgruppe Random House FSC-DEU-0100
Das FSC-zertifizierte Papier *München Super* für Taschenbücher aus dem
Goldmann-Verlag liefert Mochenwangen Papier.

6. Auflage
Vollständige Taschenbuchausgabe April 2005
Wilhelm Goldmann Verlag, München,
in der Verlagsgruppe Random House GmbH
© 2003 der Originalausgabe by Siedler Verlag,
in der Verlagsgruppe Random House GmbH
Umschlaggestaltung: Design Team München
Umschlagfoto: Henner Frankenfeld, Johannesburg
Karte: Peter Palm, Berlin
Innenteilfotos: S. 16, 32, 54, 82, 120, 174, 210, 232, 268, 374
© Pascal Maître/ Cosmos/Agentur Focus
S. 294, 318 © Henner Frankenfeld, Johannesburg
Satz: DTP im Verlag
Druck und Bindung: GGP Media GmbH, Pößneck
KF · Herstellung: Sebastian Strohmaier
Printed in Germany
ISBN 978-3-442-15337-4

www.goldmann-verlag.de

Inhalt

Ach, Europa!
Vorwort zur Taschenbuchausgabe   11

Im afrikanischen Wechselbad
Annäherungen an einen fragilen Kontinent   17

Unser innerer Kongo
Die Projektionsfläche Afrika   33

Vorsicht, weiße Elefanten!
Die Krise der Wirtschaft und die Kunst des Überlebens   55

Wirf dein Herz weg!
*Die Verheerungen des Sklavenhandels
und der Kolonialherrschaft*   83

Das Alte stirbt
Ein Kontinent, zerrissen zwischen Tradition und Moderne   121

Die Unsterblichkeit des Krokodils
Afrikas große Männer und die Macht   175

Drei Mahlzeiten oder drei Parteien?
Der lange Weg zur Demokratie   211

Krieg und Frieden
Über die blutige Geschichte des postkolonialen Afrika 233

Der verleugnete Völkermord
Ruanda oder die Erfindung der Grausamkeit 269

Das neunte Bild
Aids und die Folgen für Afrika 295

Die große schwarze Hoffnung
Südafrika – ein Zukunftsmodell für den Kontinent? 319

Der Schläfer auf dem Vulkan
Afrikanisches und allzu Afrikanisches 375

Dank 417

Literaturhinweise 421

Namenverzeichnis 427

Für Antje und Leo, der in Afrika auf die Welt kam

Azoren
Tanger Algier
Rabat

Madeira (Port.)

Marokko

Kanarische
Inseln (Span.)

Al-Aaiun

Algerien

S A H A R

Westsahara

Nouakchott **Mauretanien**   **Mali**

Dakar **Senegal**
Gambia Banjul   Bamako   Niamey
Guinea-Bissau Bissau   **Burkina**
 Faso Ouagadougou
Conakry **Guinea**   **Benin**   Ni
Freetown   **Elfenbein-** **Togo**   Ab
Sierra Leone   **küste** **Ghana**
Monrovia   Yamous- Porto Novo
Liberia soukro Lomé
Accra
Malabo

São Tomé und Príncipe
São Tomé
Äquat.Guinea

Atlantischer Ozean

Ach, Europa!
Vorwort zur Taschenbuchausgabe

DARF EIN EUROPÄER ÜBER AFRIKANER SCHREIBEN? Mit welchem Recht maßt er sich Urteile über ihren Kontinent an? Wie könnte ein weißer Mann je den Alltag schwarzer Frauen verstehen? Und warum wählt er diesen merkwürdigen Titel? »Ach, Afrika« – das kann doch nur afropessimistisch gemeint sein!

Es sind immer wieder die gleichen Fragen und Bedenken, die bei meinen Lesereisen durch Deutschland zur Sprache kommen. Das Unbehagen am Titel lässt sich schnell überwinden, wenn man Afrika einfach gegen einen anderen Kontinent austauscht. Dann ergibt sich nämlich ganz unversehens eine neue Lesart. »Ach, Europa!«: So hat Hans Magnus Enzensberger seine Betrachtungen über die alte Welt übertitelt, mit einem Ausrufezeichen dahinter, und es klang ganz und gar nicht europessimistisch. Dieses Ach! ist ein Seufzer, ein Ausdruck des Hin- und Hergerissenseins, der Ambivalenz; zugleich ist es eine Liebeserklärung an die launische Göttin Europa, die es uns nicht leicht macht; sie bezirzt und betrügt uns, aber wir sehen ihr wie einer leidenschaftlich Geliebten alles nach. Behalten wir diese Mehrdeutigkeit im Sinn und ersetzen »Europa« wieder durch »Afrika«.

Die Frage, ob ein Europäer überhaupt das Recht hat, über Afrika und die Afrikaner zu schreiben, lässt sich nicht ganz so leicht beantworten. Mit dem profanen Hinweis, dass in der globalen Kommunikationsgemeinschaft jeder Weltbürger über alle Länder und Leute, Kontinente und Kulturen Betrachtungen anstellen könne – ein Nigerianer über die Sioux, eine Inderin über Peru oder ein Amerikaner über die Nuba – ist es jedenfalls nicht getan. Denn für uns Europäer ist das in puncto Afrika keineswegs selbstverständlich, weil wir durch unsere historischen Verstrickungen nicht mehr mit unbefangenem Blick auf den Nachbarkontinent schauen können. Genau das ist der Haupteinwand gegen dieses Buch und seinen Verfasser: Wie kann es ein Korrespondent aus Europa nach all den Verbrechen, die sein Kontinent an Afrika begangen hat, heutzutage immer noch wagen, die afrikanische Wirklichkeit mit europäischen Augen zu sehen? Die schlichte Antwort: Als Europäer bleibt ihm keine andere Wahl – er hat nur den europäischen Blick! Afrophile Zeitgenossen, die für sich die wahre, weil solidarische und mitfühlende Wahrnehmung Afrikas reklamieren, werden das vehement bestreiten. Aus ihrer Sicht ist der Auslandskorrespondent eine Art moderner Kannibale, der sich am Elend Afrikas bereichert und nicht viel anders verhält als einst die Kolonialherren, nur dass er nicht Elfenbein, Tropenholz, Diamanten oder Kautschuk plündert, sondern Bilder und Informationen. Mit diesem Material fabriziert er das miserable Image Afrikas, denn er beschreibt es ja nur als K-Kontinent – K für Kriege, Krisen, Katastrophen, Korruption, Kriminalität, Kapitalflucht, Krankheit.

Derartige Anklagen, man ahnt es schon, enden irgendwann im Ritual der kollektiven Selbstbezichtigung: Das Unglück der Afrikaner haben allein wir verursacht, wir, die Weißen, die Reichen, die ewigen Kolonialisten. »Rein dadurch, dass wir leben, während sie dahinsiechen, sind wir schuldig«, schrieb der französische Querdenker Pascal Bruckner einmal über unser Verhältnis zu den Armen und zum Elend. Meine Mutter drückte es noch direkter aus: »Wenn du dein Brot nicht aufisst, verhungert in Afrika ein Kind!« Weil wir im wohlhabenden Teil der Welt quasi mit dieser »Urschuld« geboren wurden, müssen wir uns wie Flagellanten unablässig geißeln. Geradezu reflexartig wird die leiseste Kritik an der afrikanischen Despotie, an räuberischen Eliten oder grausamen Kindersoldaten unter Rassismusverdacht gestellt. Afrikaner, das gehört zum Einmaleins der politischen Korrektheit, sind immer Opfer, niemals Täter. Sie sind korrupt, weil wir sie korrupt gemacht haben, und die himmelschreienden Missstände in ihren Ländern haben natürlich finstere Außenmächte angerichtet.

Die Verschwörungstheorie wird schon allein durch die geostrategische und ökonomische Bedeutungslosigkeit des Kontinents ad absurdum geführt.

Und es will auch nicht in die simple Täter-Opfer-Schablone passen, wenn Afrikanerinnen und Afrikaner wie Axelle Kabou oder John Githongo die Misere auf ihrem Erdteil als überwiegend selbstverschuldete anprangern. Afrikaner halten es mit Kritikern aus den eigenen Reihen so, wie es schwarze Alleinherrscher mit der Opposition halten – sie schimpfen sie Büttel und Handlanger der Weißen. Welch perfide Rache der Kolonialgeschichte! Denn in einer solchen Geisteshaltung offenbart sich die tiefste Verachtung, die man Afrikanern entgegenbringen kann. Man traut ihnen nicht zu, selbstständig zu denken.

Auf der einen Seite stehen also die Leugner und Verdränger: Alles nicht so schlimm, alles nur von den Medien übertrieben. Sie blenden gerne aus, dass Millionen von Afrikanern unter Krieg und Gewalt, Armut und Vertreibung, Unterernährung und Seuchen leiden, dass Afrika im weltweiten Vergleich die miserabelsten Lebensbedingungen und die geringste Lebenserwartung aufweist, dass es der einzige Erdteil ist, dessen Gesamtlage sich seit Jahrzehnten stetig verschlechtert. Sie wollen nur über das Positive reden und nur positive Geschichten lesen. Auf der anderen Seite begegnen uns jene Einäugigen und Schwarzseher, die schon immer wussten, dass aus Afrika nie etwas werden kann, weil »der Afrikaner« gemäß ihrer Rassenkunde unfähig, rückständig, abergläubisch, gewalttätig und obendrein faul ist. Solche Leute wehren jeden kritischen Gedanken über die verheerenden Folgen der westlichen Raubglobalisierung ab, die Afrika seit Jahrhunderten in die Unterentwicklung treibt. Sklavenhandel und Kolonialismus? Längst verjährt! Die ungerechte Welthandelsordnung und das neoliberale Strukturanpassungsdiktat des Westens? Linke Schimären! Man gerät also zwangsläufig zwischen Scylla und Charybdis und hat anscheinend nur die Wahl zwischen zwei Extremen, wenn man über diesen Kontinent berichtet.

Aber man kann Afrika auch anders betrachten, kritisch, ohne es zu verdammen, optimistisch, ohne es zu verklären. Vielleicht ist das der Grund, warum sich viele Leser in »Ach, Afrika« wiedergefunden haben. Sie sehen ihren Zweifel und ihre Zerrissenheit ebenso bestätigt wie ihre unerschütterliche Zuneigung. Sie kennen das Wechselbad der Gefühle, in das uns dieser Kontinent taucht. Er kann uns am Morgen die Hoffnung rauben und am Abend frische Zuversicht schenken. Er macht uns oft ratlos und manchmal wütend und weist uns, wenn wir nicht mehr weiterwissen, neue Wege. Aber kaum glauben wir, etwas verstanden zu haben, gibt er uns das nächste Rätsel auf. Es geht uns in Afrika wie unter dem Torbogen, den der altrömische Gott Janus bewacht. Wir treten hindurch und sind betrübt. Dann gehen wir wieder zurück und sind beglückt. Und nun, liebe Leserin, lieber Leser, folgen sie mir einfach durch dieses Tor.

Bartholomäus Grill
Kapstadt, im Frühjahr 2005

Wer heilt, hat Recht: Buschklinik in Bamenda, Kamerun

Im afrikanischen Wechselbad
Annäherungen an einen fragilen Kontinent

WELCHEN WEG SOLLEN WIR NEHMEN? Den nach links oder den nach rechts? Oder doch den in der Mitte? Alle Wege sehen gleich aus. Ratlos stehen wir an der Gabelung zwischen Lisala und Gemena, irgendwo im Herzen des Kongobeckens, in einem unermesslichen Waldmeer, das von namenlosen Flüssen durchädert wird.

Wir sind zu fünft in unserer Reisegesellschaft. Adam, der Besitzer des Geländewagens, wohnhaft in Tansania, sein kongolesischer Chauffeur, der behauptet, jede Ecke seines Landes zu kennen, der Fotograf aus Paris, ein Marabut, ein heiliger Mann aus dem Tschad, der kein Wort sagt und immerzu sardonisch grinst, und, neben meiner Wenigkeit, noch eine hübsche Strahlenschildkröte, die dem Fahrzeughalter gehört. Unser Ziel, Bangui, die Hauptstadt der Zentralafrikanischen Republik, ist noch weit entfernt. Seit frühmorgens um sechs sind wir unterwegs und haben bis hierher knapp zweihundert Kilometer geschafft. Ungefähr siebzehn Kilometer pro Stunde. Die Straße, wenn man sie so nennen will, besteht aus Myriaden von Schlaglöchern, Schlammrillen, Kratern und Wasserlachen, die stellenweise zur Größe von Fischweihern angeschwollen sind; sie gleicht einem grünen Tunnel, der schier endlos durch den Urwald mäandert. Wir fahren in dämmrigem Licht und sehen kein Stückchen Himmelsblau. Drei Radfahrer, ein Bierlastwagen, zwei Schlangen – das sind die einzigen Begegnungen des heutigen Tages. Es ist schwül und heiß, die Luft liegt wie nasse Watte auf der Haut. Man schwitzt, der Staub verklebt die Augen, das lauwarme Wasser geht zur Neige. An jeder Kreuzung, jeder Abzweigung, jeder Wegzwille die gleiche Frage: Wohin sollen wir uns wenden? Die Landkarte gibt keine Auskunft, Wegweiser existieren nicht, der Chauffeur ist mit seinem Latein am Ende. Weit und breit findet sich kein Mensch, den wir fragen könnten. Jede Fehlentscheidung kann Tage kosten, denn die Pfade verlieren sich im Wald, enden an einem Sumpf oder stoßen auf einen unüberwindlichen Fluss. Sie führen ins Nichts oder genauer: in das, was wir für das Nichts halten.

So wie im kongolesischen Urwald erging es mir oft in Afrika. Die Wegscheide ist ein Sinnbild der Orientierungslosigkeit: Ich fühlte mich wie ein Elementarteilchen, das durch einen riesigen Kosmos treibt. Ich kam zum ersten Mal in ein großes Land, nach Nigeria, Angola oder in den Sudan, und fragte mich: Wo anfangen? Wie einen Überblick gewinnen, wo ich doch nur ein paar Splitterchen vor Augen bekomme, nur mit einem Dutzend Leute sprechen, zwei, drei Orte besuchen werde? Ich sah ein Ritual, ein Symbol, eine Geste, hörte eine Geschichte, erlebte eine Begebenheit und konnte das Wahrgenommene nicht einordnen oder begreifen. Es fehlten die historischen Kenntnisse, der religionssoziologische Hintergrund, das ethnographische Referenzsystem. Da stand ich dann und tat, was ein kluger Kopf einmal »hermeneutischen Kolonialismus« genannt hat: interpretieren, hineindeuten, spekulieren. Man kann sich lebhaft vorstellen, dass dabei oft Zerrbilder, Wunschvorstellungen oder Projektionen entstehen, und wir müssen zunächst über uns selber reden, über die Fallstricke der Wahrnehmung und über die Interessen, die unsere Erkenntnisse leiten. Aber ich will dem nächsten Kapitel des Buches nicht vorgreifen.

Eine Landmasse, in der Europa zehn Mal Platz fände, 650 Millionen Menschen, vielleicht 700 Millionen oder noch mehr, fünfzig Staaten, Tausende von großen Völkern und kleinen Ethnien, Kulturen und Religionen – ist es nicht vermessen, sich ein Urteil über diesen Erdteil zu erlauben? Und muss es nicht geradezu anmaßend wirken, wenn wir über das »Wesen« der Afrikaner reden und keine einzige ihrer zweitausend Sprachen sprechen? Es ist anmaßend – auch wenn man sich seit zwanzig Jahren mit ihrem Kontinent beschäftigt. Um also gleich an dieser Stelle falschen Erwartungen vorzubeugen: Dies ist kein enzyklopädisches Werk, keine Monographie über Afrika, sondern die Rückschau eines Korrespondenten, der seit 1980 versucht, diesen Kontinent zu verstehen. Es sind Depeschen aus einer Welt der Ungleichzeitigkeiten und Widersprüche, Extreme und Enigmata; Momentaufnahmen von einem rauen und sanften, brutalen und feinfühligen, niederschmetternden und beglückenden Erdteil; Sequenzen aus einem schwer lesbaren Text, der immer wieder vor den Augen verschwimmt und sich in der Mannigfaltigkeit afrikanischer Länder und Landschaften, Völker und Kulturen, Menschen und Schicksale, Sprachen und Sitten, Geister und Götter auflöst. Am Ende steht ein unvollständiges Mosaik. Es ist mein Bild von Afrika.

Die weißen Flecken und Unschärfen auf diesem Bild haben mich am Anfang meiner Jahre in Afrika oft gewurmt. Das änderte sich, als ich das Tagebuch von Michel Leiris entdeckte. Der französische Literat hatte an der Dakar-Dschibuti-Expedition des berühmten Ethnologen Marcel Griaule teilgenommen. Am 5. Oktober 1931 notiert er: »Ich verzweifle daran, dass ich in nichts wirklich bis auf den Grund einzudringen vermag.« Der Poet Leiris hat sich mit dem allwissenden Forscher Griaule überworfen, weil er mit schonungsloser Offenheit die Grenzen der völkerkundlichen Erkenntnis beschreibt. Der Dichter will eintauchen in die »ursprüngliche Mentalität« und muss schließlich feststellen, dass er nur ein *Afrique fantôme* erlebt und ein Gefangener des eurozentrischen Blicks bleibt. Wir können uns nicht selber entfliehen. Die Bekenntnisse des Michel Leiris waren ein erhellender Trost.

Wie könnten wir zum Beispiel verstehen, was in der kleinen Buschklinik von Bâ Tadoh Fomantum vor sich geht? Fomantum ist ein traditioneller Heiler, ein Medizinmann, und seine Wirkstätte liegt im Wald hinter der Stadt Bamenda in Kamerun. Was will uns das merkwürdige Holzschild am Eingang bedeuten, auf dem wir eine Schlange mit Menschenkopf sehen? Sollen wir ernst bleiben, wenn der Wunderdoktor sagt, er müsse erst einmal prüfen, ob wir böse Geister mit uns führen? Wenn er androht, dass uns, falls dem so sei, Killerbienen und Giftnattern töten würden und auf den Fotografien nur Blut zu sehen wäre? Fomantum streut Erde, schaut ins Feuer, sprenkelt Wasser. Wir bestehen die Prüfung. Aber dann gehen die Fragen weiter. Muss diese schmutzige, teerartige Masse, die der Meister in die schwärende Wunde am Unterschenkel eines jungen Mannes kleistert, nicht eine fürchterliche Infektion auslösen? Nein, versichert der Patient, es werde von Tag zu Tag besser; er sei hier, weil man ihm im Krankenhaus vom Bamenda nicht mehr habe helfen können. Das leuchtet uns noch halbwegs ein. Aber was soll die seltsame Tortur auf dem Vorplatz? Warum sitzt die alte Frau, gefesselt zwischen zwei Speeren, in einem Kreis von Holzscheiten? »Hexen und Zauberer haben sie irre gemacht«, erklärt Fomantum, gießt Spiritus über die Scheite und zündet sie an. Ein Flammenring lodert um die Patientin. Gelähmt vor Angst starrt sie ins Feuer. Sie zittert, schließt die Augen, betet. Oder dort hinten, ebenso rätselhaft, aber nicht so martialisch, die nächste Behandlungsszene: vier Frauen, nackt und reglos. Helferinnen haben sie am ganzen Körper mit Lehm eingeschmiert. Fomantum beugt sich zu ihnen hinab, murmelt esoterische Formeln und drückt Schilfblätter in ihre Hände. Zwei Stunden müssen sie in dieser Haltung verharren, jeden Tag, »bis die Besessenheit aus ihnen fährt«.

Alles nur Mummenschanz? Afrikanische Quacksalberei? In Bamenda erzählt man von den sensationellen Heilerfolgen dieses Mannes. Die Menschen fürchten und verehren ihn. Wenn Schulmediziner mit ihrem Latein am Ende sind, suchen sie seinen Rat. Manchmal schicken sie scheinbar hoffnungslose Fälle zu ihm in den Wald. Das Gerücht, er könne auch Aids kurieren, weist Fomantum allerdings entschieden von sich. »Gegen diese Viren hat niemand ein Rezept.« Wir glauben, einen studierten Weißkittel reden zu hören. Im nächsten Moment führt er uns wieder an die Pforten eines Reiches, das von ätherischen Kräften und kryptischen Gesetzen durchwaltet wird. Es liegt jenseits unserer rationalen Welt, aber wenn wir die Sache vom Ergebnis her betrachten, gilt die alte Medizinerformel »Wer heilt, hat Recht.« Ich erzähle diese Geschichte, weil der Medizinmann in gewisser Weise auch mich geheilt hat. Oder sagen wir: Er hat mir den abendländischen Erkenntniszwang ausgetrieben, den Zwang, alles gedanklich durchdringen und sezieren zu müssen. In Afrika lernt man, mit Fragezeichen zu leben. Man erkennt, was man nicht erkennen kann. Und wird im Laufe der Jahre behutsamer, vorsichtiger, vielleicht auch gnädiger in seinen Urteilen über diesen Kontinent.

*

Ein kleines, fröhliches Negerlein – mein Archetypus von Afrika stieg aus einem Malbuch. Ich malte das Negerlein aus, gelb die Schnabelschuhe, froschgrün die Pluderhose, himbeerrot den Fes auf seinem Kopf. Als ich des Lesens kundig war, entdeckte ich in einer Holzkiste auf dem Dachboden das Buch »Unter Wilden und Seeräubern« von Ludwig Foehle. Es enthielt Geschichten aus dem Negerreich Kilema und Bilder von wilden Kriegern, die mit Speeren durch den Busch liefen, von Krokodilen im Mangrovensumpf, von tropenbehelmten Kolonialisten in weißem Kattun. Eine Szene erfüllte mich mit großer Furcht: Ludwig, der wackere Sohn des Baumwollpflanzers, sucht mit dem Fernrohr den Rand des Dschungels ab und sieht, wie Buschiri, der Araberhäuptling und Sklavenjäger, einem Missionar die Ohren abschneidet und mit einer riesigen Keule den Schädel eines wachsbleichen Kindes zertrümmert. »Ach, wenn die Weißen tot und alles zerstört wäre, dann, ja dann dürften sie wieder faulenzen, und das hieß bei ihnen glücklich sein«, seufzt der Erzähler. Er porträtiert natürlich auch folgsame und fleißige Eingeborene wie Sam, den »treuen Neger von Bagamoyo«, der sich gegen die Revolte seiner blutrünstigen Brüder stellt. Nicht alle Mohren haben eine schwarze Seele.

»Weihnachten 1940« stand vorn im Buch. Ein Geschenk meines Großvaters an meinen Vater. Der alte Grill konnte es nie verwinden, dass dem Deutschen Reich nach dem Ersten Weltkrieg die Kolonien weggenommen worden waren. Er schimpfte wie viele seiner Nazi-Genossen in der Weimarer Zeit über den »Schandfrieden von Versailles« und über die »Kolonialschuldlüge«. Zurück die deutschen Ostgebiete! Wir wollen unsere Kolonien wiederhaben! Der Revisionismus sollte auch die nationalsozialistische Barbarei überdauern, und so fragte mein Vater mich, wie ihn sein Vater gefragt hatte: Welcher ist der höchste Berg Deutschlands? Die Zugspitze? I wo. Der Großglockner? Auch nicht. Es ist der Kilimandscharo in Deutsch-Ostafrika, und ich lernte, seine beiden Gipfel, den Kibo und den Mawenzi, zu benennen. Winnetou, der edle Apache, war der größte Held meiner Kindheit. Aber Afrika, das lockte noch viel mehr als das Amerika der Indianer. Der Kongo! Timbuktu! Sansibar! Die sagenumwobenen Mondberge! Das waren die Projektionsflächen allen kindlichen Fernwehs, die Inbegriffe der Fremde, der Urnatur, der exotischen Gegenwelt. Und geradezu zwangsläufig sollte mich im Jahre 1980 die erste Reise nach Afrika in das Land unter dem Kilimandscharo führen. Meine Motive waren freilich ganz andere als die der Vorväter: ein bisschen Abenteuer und viel Solidarität mit den »Verdammten dieser Erde«.

Aus dem Staat, der unterdessen Tansania hieß, wurden revolutionäre Dinge berichtet. Wir hörten von einem afrikanischen Sozialismus, von einem Dritten Weg zwischen dem repressiven Sowjetkommunismus und dem räuberischen Kapitalismus. Wir studierten die Texte von Präsident Julius Nyerere, der ehrfürchtig *mwalimu* genannt wurde, großer Lehrer. Die Schlüsselbegriffe seiner Philosophie hatten den Klang von politischen Mantras: *self reliance*, mit eigenen Kräften die Unterentwicklung überwinden, und *ujamaa*, gemeinsam leben und arbeiten, eine politische Maxime, die die Traditionen der Dorfgemeinschaft mit einem modernen Genossenschaftswesen verband. Dort unten brannte *uhuru*, die Fackel der Freiheit, dort mussten wir hin.

Wir, das waren neun junge Leute, Dritte-Welt-Bewegte, die in Longido, einem kleinen Nest nahe der kenianischen Grenze, von der Theorie zur Praxis schreiten und das tansanische Experiment unterstützen wollten. Unser Partner im Dorf war Estomihi Mollel, ein Masai, der in Australien Soziologie studiert und sich für das kleine Longido große Pläne ausgedacht hatte: einen Staudamm, ein alternatives Tourismusprojekt und ein Dorfgemeinschaftshaus, bei dessen Bau wir helfen sollten. Wir machten uns also daran, Lehmziegel zu produzieren. Schon am zweiten Abend entbrannte eine lange Diskussion. Dürfen wir an der Wasserstelle hinter dem Haus duschen, oder war das ein europäischer Luxus, der ein knappes Gut verschwendete? Die Streitfrage erledigte sich, nachdem wir feststellten, dass das Wasser an der Viehtränke ununterbrochen lief, ohne dass irgendein Dorfbewohner daran Anstoß genommen hätte. Es war die erste Desillusionierung. Auch der anfängliche Enthusiasmus sollte bald schwinden, denn es erwies sich als ziemlich mühseliges Geschäft, in der Gluthitze der Savanne Lehmziegel zu backen, und die Qualität unserer Produkte ließ zu wünschen übrig. Überdies half uns kein einziger Einheimischer beim Ziegelmachen. Das Ergebnis unserer Mühe war ein schiefer Hühnerstall für Esto und seine Großfamilie. Das Dorfgemeinschaftshaus aber blieb eine fixe Idee.

Anschließend reisten wir durchs Land, besichtigten Projekte, ließen uns von Funktionären die Probleme auseinander setzen. Und sahen vor lauter Solidarität die Realität nicht mehr, den allgegenwärtigen Mangel, die Misswirtschaft und Korruption, die repressiven Tendenzen. Schuld an den weniger erfreulichen Erscheinungen waren stets finstere Außenmächte, der Kolonialismus und seine Spätfolgen, die ungerechte Weltwirtschaftsordnung, die obstruktive Haltung des Westens. Die schlechten Weißen und die guten Schwarzen – die Misere Afrikas, daran gab es für mich nicht den geringsten Zweifel, war zu achtzig Prozent durch exogene Faktoren verursacht. Heute sehe ich es genau umgekehrt: Die Afrikaner selber, namentlich die politischen Eliten, tragen die Hauptverantwortung für den maroden Zustand ihres Kontinents. Als ich fünfzehn Jahre später als Journalist nach Tansania zurückkehrte und ein Modelldorf besuchte, war von *ujamaa* nicht mehr viel zu spüren. Ich sah brachliegende Nutzflächen, einstürzende Scheuern, grasüberwucherte Maschinen. Das Dorf Kwalukonge – ein Spiegel von Tansania: drei Jahrzehnte unabhängig, friedlich, verschlafen, heruntergewirtschaftet, mit Entwicklungshilfe überschüttet wie wenig andere Länder und trotzdem kein bisschen besser dran als zum Ende der Kolonialzeit. Die Utopie des Aufbruchs war an der Wirklichkeit zerschellt. Rot leuchtete nur noch die Laterit-Erde. Und meinen Freund Esto Mollel hatte ein tragisches Schicksal ereilt; er lag querschnittsgelähmt in seinem Häuschen in Longido – die Folge eines bösen Sturzes.

Bei meinem dritten Besuch in Longido, im Spätherbst 2001, war Esto nicht mehr. Er hatte bis zuletzt an seinem Projekt gearbeitet, ließ sich auf seinem klapprigen Toyota-Pritschenwagen durch den Busch karren, trommelte eine Helferschar zusammen, suchte Sponsoren, sammelte Spenden. Am Eingang des Dorfes stand seine Hinterlassenschaft: ein kleines Informationszentrum über die Masai und den Untergang ihrer Hirtenkultur. Junge Männer und Frauen verkauften Kalebassen, fertigten Schmuck aus Glasperlen oder boten Lehrwanderungen zu den *bomas* an, in denen die Masai angeblich noch wie ihre Vorväter leben. Estos kühne Visionen hatten sich nicht realisiert, aber da waren immerhin ein paar Arbeitsplätze und eine Hand voll selbstbewusster junger Leute. Ich ging an sein Grab im Schatten der großen Schirmakazie, unter der wir einst unsere misslungenen Lehmziegel gebacken hatten. Dieser Mann hat meine Affäre mit Afrika eingefädelt. Er verkörpert den unerschütterlichen Optimismus der Afrikaner, ihren Humor und ihre Schlitzohrigkeit, ihren Müßiggang und die Kunst, mit einfachsten Mitteln zu überleben. Esto Mollel war mein *mwalimu*, mein erster afrikanischer Lehrer. Auch seinem Andenken ist dieses Buch gewidmet.

*

Dürre, Hunger und Seuchen, Krieg und Massenelend – will das denn in Afrika nie aufhören? Es gibt Tage auf diesem Erdteil, da wird man unweigerlich vom Pessimismus befallen, ja von einer lähmenden Depression. Man fährt durch die endlosen Slums in der Ebene vor Kapstadt. Verläuft sich in einem Bidonville von Dakar oder in einem Flüchtlingslager im Kongo. Sieht in Malawi ein Kind am Hunger sterben, das so alt ist wie der eigene Sohn. Steht fassungslos an einem Massengrab in Ruanda. Trifft in Sierra Leone einen Mann, dem Rebellen beide Arme abgehackt haben. Man möchte verzweifeln an der unsäglichen Grausamkeit dieses Kontinents und kann dem Leid Afrikas und dem der Afrikaner nichts mehr entgegensetzen. Man kapituliert. Und hört das Geraune der Untergangspropheten. *Africa nigra*, verfluchter, verlorener Kontinent. Schwarzes Unheil.

Dann gibt es die anderen Tage, Tage, die heiter und hoffnungsfroh stimmen, weil sie die unbändige Lebenslust und verschwenderische Schönheit des Kontinents offenbaren. Wir haben das Glück, bei den Dogon den Tanz der Masken zu erleben oder eine prächtige Initiationsfeier der Bamiléké. Beobachten, wie sich ein gewöhnlicher Urnengang in Mosambik in ein Volksfest der Demokratie verwandelt. Hören von einem Regenmacher in Guinea die verrücktesten Geschichten über die Wettergötter. Begreifen in einer schwülen Nacht in Kinshasa, was Tanzen wirklich bedeutet. Bewundern allerorten die Kreativität der Armut, den Erfindungsreichtum der Menschen. Lernen ihre Langsamkeit, ihren unerschütterlichen Gleichmut schätzen, das afrikanische Amor fati, den Alltagswitz, die Lust am Palaver, am Spiel, das Lachen und Lächeln, das über die Not triumphiert. Oft kommt es uns vor, als ob gerade die Kargheit und der Mangel die größte Schönheit hervorbrächten. In der monotonen Graubräune der Halbwüste sehen wir die fröhlichsten Kleiderfarben, im dunklen Regenwald die wundervollsten Skulpturen, im langweiligsten Dorf die grazilsten Tanzfiguren.

Die Schönheit kann allerdings auch täuschen. Wir stehen im milchigen Frühlicht, die ersten Sonnenstrahlen fallen in die Fluchten eines Palmenhains, handtellergroße Falter steigen aus dem Gras – eine Szene so unwirklich und zauberhaft wie in einem Gemälde von Watteau. Denken wir. Aber der Nebel weicht, es wird hell und heiß, zwischen den Baumreihen entdecken wir Männer mit Macheten. Es sind Lohnsklaven, und das Idyll ist eine Plantage. Die Kokospalmen wirken jetzt wie Soldaten, die getrimmt wurden für die Erzeugerschlacht auf dem Weltmarkt.

Oft ärgern wir uns auch über die Afrikaner, über die Impertinenz von Amtspersonen, über die Allgegenwart von Abzockern und korrupten Beamten, über die Grobheit und Brutalität in den Metropolen, über die Faulheit, die Schlampigkeit und die unbeschreibliche Gleichgültigkeit. Wir behausen ein schäbiges Zimmer, Wasser tropft durch die Decke, die Toilette ist zugeschissen, und am Morgen erfrecht sich der Hotelmanager, den Preis zu verdoppeln, weil über Nacht angeblich der Umtauschkurs gestiegen ist. Es kommt zu einem lautstarken Disput, und wir sind froh, dass uns niemand dabei beobachtet, denn sonst könnten wir für üble Rassisten gehalten werden. Aber irgendwann ist das Problem gelöst. Wir warten in der Frühstücksbaracke, Tropenregen hämmert auf das Blechdach, nach einer Stunde des Wartens sind wir glücklich, weil ein Spiegelei kommt und eine Tasse braunes Wasser, das hier Kaffee genannt wird. Unser Blick fällt auf das kleine Aquarium neben der Anrichte. Es ist ausgetrocknet, auf dem Grund liegen Glühbirnen. Wir müssen hellauf lachen.

Afrika ist ein Kontinent, der nicht zur Ruhe kommt und zugleich in ewiger Starre gefangen scheint, der sich irgendwo auf dem Weg zwischen Tradition und Moderne befindet und am Rande dieses Weges verwirrte Menschen zurücklässt. Wir erleben den Stupor der Provinz, das immer gleiche, bewegungslose Dorf, die Stille, die der Krieg gebiert, und die verheerende Aids-Pandemie. Wir sehen andererseits gewaltige Bewegungen, Millionen von Entwurzelten, die von irgendwo nach nirgendwo irren, Völkerwanderungen vom Land in die großen Städte, verrohte Milizen und Horden von Kindersoldaten, die ganze Staaten terrorisieren. Im Bergland von Abessinien begegnete mir einmal ein Heer von Kriegsgefangenen, hunderttausend Männer in Lumpen, hunderttausend leere, schicksalsergebene Gesichter – es war wie eine surreale Erscheinung, die meine Generation nur aus den Geschichtsbüchern über den Zweiten Weltkrieg kennt.

Manchmal möchte man glauben, der Kontinent führe ein Doppelleben, ein verdammtes, über das wir Korrespondenten berichten, und ein gesegnetes, das wir beschweigen. Aber Afrika ist immer beides, es schleudert uns wie auf einer Achterbahn der Gefühle zwischen den Extremen hin und her, und manchmal sind diese Extreme nur ein paar Minuten oder Kilometer voneinander entfernt. Gerade haben wir noch Kanenge inspiziert, ein zerstörtes Viertel der burundischen Hauptstadt Bujumbura; wir sahen die Ergebnisse einer ethnischen Säuberung, niedergebrannte Häuser, verwüstete Gärten, menschenleere Straßen, und um ein Haar hätten uns Tutsi-Soldaten, die ihr Vernichtungswerk vor fremden Blicken abschirmen, zusammen mit unserem Fahrer, einem Angehörigen des Mehrheitsvolkes der Hutu, festgenommen. Nun sitzen wir erleichtert in einer Bar und hören ein Lied, das von einer zauberhaften Stimme gesungen wird, einer Stimme, die in dieser unseligen Stadt geradezu erlösend klingt. Die Stimme gehört Khadja Nin, einer Tutsi, einem Star in Afrika. In Europa ist sie nur Liebhabern afrikanischer Popmusik bekannt, und wer sie live erlebt hat, kann sich gar nicht vorstellen, dass sie aus dem hasszerfressenen Burundi kommt. Khadja Nin und ihre Lehrerin Miriam Makeba, Angelique Kidjo, Dorothy Masuka oder Cesaria Evora – das ist die Sinnlichkeit und Lust eines Kontinents. Aber wenn wir lange genug in der Bar von Bujumbura sitzen bleiben, dann kehrt der Horror zurück. An diesem Tag nimmt er die Gestalt eines Zahntechnikers an, eines Tutsi, der erzählt, dass er auch für einen minderwertigen Hutu eine Goldkrone anfertigen würde – man könne sie ja wieder herausreißen, wenn die Stunde der Abrechnung gekommen sei.

Andauernd sind wir diesem Pendelschlag der Empfindungen ausgesetzt. Abscheulich und traumschön. Gewalttätig und friedfertig. Bösartig und gutmütig. Lebensprall und selbstzerstörerisch. Geheimnisvoll und banal. Offenherzig und heimtückisch. Man wird einwenden, dass uns derartige Gegensätze auf jedem Kontinent begegnen. Aber auf keinem sind sie so scharf ausgeprägt wie in Afrika. Nirgendwo werden die Wunden so tief geschlagen, nirgendwo verheilen sie so schnell, lehrt der Volksmund. Die Kraft des Vergebens und den Mut zur Versöhnung – das sind vielleicht die wichtigsten Lektionen, die wir von Afrika lernen können.

Die Fahrt in das verbotene Viertel von Bujumbura war lebensgefährlich, für den neugierigen Korrespondenten, aber noch viel mehr für den Taxifahrer, der zufällig zur »falschen« Ethnie gehörte. Er zitterte am ganzen Leib, denn beinahe hätten uns die misstrauischen Soldaten an der Straßensperre aus dem Fahrzeug gezerrt, und es wäre uns in ihrem Gewahrsam vermutlich ziemlich übel ergangen. Solche prekären Momente lassen sich in den Kriegs- und Krisengebieten Afrikas nicht immer vermeiden. Man schaut in den Lauf einer Maschinenpistole, wird umringt von zornigen Milizionären oder vom aufgepeitschten Mob, gerät in einen Schusswechsel und weiß nicht, ob man selber das Ziel ist. Der Berichterstatter wird verdächtigt, ein Agent oder Schnüffler zu sein, er ist von Berufs wegen ein unliebsamer Augenzeuge, und wie man in Afrika mit solchen Leuten umgeht, zeigt die Zahl der Kollegen, die in den Gefängnissen darben. Manchmal schützt uns die weiße Haut vor Übergriffen, manchmal wird sie zum Nachteil, denn wir können uns nicht verstecken, unser bleiches Gesicht fällt überall auf. In Afrika werden wir uns jeden Tag unseres Weiß-Seins bewusst.

Oyibo rufen uns die Kinder im nigerianischen Yoruba-Land nach, bei den Fon in Benin hören wir das Wort *jovo*, in Kisuaheli nennt man uns *mzungu* und in Lingala, der Hauptsprache des Kongo, sind wir *mundele*. Es bedeutet überall dasselbe: ein Weißer, ein Fremder, eine Sensation. Warum besucht er ausgerechnet uns? Was führt er im Schilde? Aber schon nach ein paar Sätzen weicht der Argwohn einer überwältigenden Freundlichkeit und Gastfreundschaft, die wir in einem deutschen Dorf schwerlich fänden und schon gleich gar nicht, wenn unsere Haut dunkel wäre. Wir werden in eine Hütte gebeten, trinken Hirsebier oder Palmwein, das frugale Nachtessen wird geteilt, ein Schlaflager angeboten. Wir sind gut aufgehoben in Afrika. Es schenkt uns Urvertrauen.

Ich habe in all den Jahren nur ganz selten Furcht oder richtige Angst empfunden. Sie befallen den Korrespondenten nur in Extremsituationen, wenn er zwischen die Fronten eines Bürgerkriegs gerät, wenn eine Revolte ausbricht und niemand weiß, wer gerade gegen wen kämpft. Normalerweise ist er mit den Unberechenbarkeiten des Alltags beschäftigt, mit Problemen der Fortbewegung, der Verständigung, der Versorgung. Er bleibt eine Woche in einem Urwaldnest stecken und kann keinen Kontakt zur Außenwelt aufnehmen. Er wartet auf ein Flugzeug, das nie kommt, oder auf ein Visum, das ihm der Grenzbeamte aus unerfindlichen Gründen verweigert. Er versucht tagelang, seine Zentrale zu erreichen, aber die Telefone funktionieren nicht, und ein Handy ist mangels Funknetz so nützlich wie ein Pelzmantel in der Wüste. Er strandet irgendwo im Busch, weil der Motor des Taxis sich festgefressen hat. Er teilt seine schäbige Herberge mit Ratten, Sandflöhen, Kakerlaken oder Skorpionen und wird von Moskito-Geschwadern traktiert. Manchmal geht ihm das Wasser aus, das Essen oder, weil er krank wird, die Kraft.

»Keine Sorge«, sagte der Lastwagenfahrer, der mich nachts in einem Bergdorf in der äthiopischen Provinz Tigre absetzte, »hier kommen viele Autos vorbei.« Ich schlief in einem Ziegenstall und erwachte frühmorgens im Fieber. »Autos?« Der Dorfälteste lachte.

»Die kommen hier nur selten durch.« Ich war in einem abgelegenen Nest gestrandet. Der Mann sah meinen jämmerlichen Zustand und führte mich zu einer Holzpritsche in seiner Hütte. Das Fieber kletterte auf 39 Grad, dazu kam ein schwerer Durchfall; im flüssigen Stuhl war Blut – die Anzeichen einer Amöben-Ruhr. Diese Infektion ist normalerweise kein Problem, wenn ein Arzt zur Verfügung steht; unbehandelt führt sie binnen 48 Stunden zur Dehydration, zum völligen Austrocknen des Körpers. Das nächste Hospital lag in Kassala, einer sudanesischen Stadt jenseits der Grenze. Sie war dreihundert Kilometer oder zwei Tagesreisen entfernt – vorausgesetzt, man verfügte über ein geländegängiges Automobil. Aber es gab überhaupt kein Fahrzeug, und die Temperatur stieg weiter. In meinen Fieberphantasien sah ich mich schon vertrocknen. Aber da war einer dieser Engel, die einem zur rechten Zeit in Afrika begegnen: der siebenjährige Enkel des Dorfältesten. Er saß auf der Kante der Pritsche, brachte Wasser, erzählte Geschichten, malte Bilder. Panzer, Maschinengewehre, Düsenbomber, Gestalten des Bürgerkrieges, die seine kindliche Vorstellungswelt besetzt hatten. Am Spätnachmittag kam er vom Wasserloch zurück und rief ein Wort, das so ähnlich klang wie *kawatscha*. Ein Weißer, unten am Graben! Wir brachen sofort auf. Der Knirps schleppte meinen Rucksack, ich schleppte mich hinterher. Am Wasserloch hatte zufällig Hermann Rast gemacht, ein Reporter der ARD, den ich in Khartum kennen gelernt hatte. In zwei Tagen waren wir in Kassala.

In solchen Notlagen reisen wir zu uns selber. Wir setzen uns mit existenziellen Fragen auseinander, mit unseren Wünschen und Ängsten, mit der Gesundheit, dem Alter, der Zukunft. Wir sind allein auf einem großen Kontinent. Aber wir sind nie einsam. Thomas Mann hat einmal geschrieben, das Hauptingredienz aller Reiselust sei »die vibrierende Neugier nach nie erfahrener Menschlichkeit«. Diese Menschlichkeit ist der kostbarste Schatz der Afrikaner.

Zurück in den Kongo, zur Wegscheide im Regenwald. Wir

wählen, einer Eingebung des Marabuts folgend, den Abzweig nach rechts. Es ist der richtige Weg. Irgendwann tauchen die ersten Hütten von Gemena aus dem Dämmerlicht. Eine düstere, triste Stadt. Windböen treiben mehlfeinen Staub durch die unbeleuchteten Straßen. Am Rande flackern Ölfunzeln und kleine Feuer. Die erste Herberge ist voll, die zweite hat vor Jahren zugemacht. Keine Tankstelle, keine Unterkunft, kein Abendbrot. Unsere Mägen knurren. Seit drei Tagen haben wir nichts Vernünftiges gegessen. Ein paar Biskuits, zwei, drei Kochbananen, ein bisschen Trockenfisch, das war alles. Sollen wir die Schildkröte, unsere treue Begleiterin, verspeisen? Niemals! Wir kaufen zwei lebende Hühner. Auf der Suche nach einem ruhigen Ort, an dem wir sie schlachten und braten können, fallen Adam alte Freunde ein, die hier irgendwo wohnen müssen. »Es sind Glaubensbrüder. Sie werden uns aufnehmen.«

Der Hausherr, ein dicker Mann in einem himmelblauen Kaftan, empfängt uns so herzlich, als hätte er uns schon lange erwartet. Seine Frauen und Töchter decken eine lange Tafel im Innenhof, reichen Waschwasser und saubere Tücher, tragen klebrig-süßen Pfefferminztee auf. Ein paar neugierige Nachbarn gesellen sich zu uns. Woher? Wohin? Man unterhält sich. Erst über die Familien, die Zahl der Kinder, die Gesundheit, dann über die Politik des großen Mobutu Sese Seko und den erbärmlichen Zustand Gemenas. Es vergeht keine Stunde, da dampft auf dem Tisch ein Berg Reis mit Ziegenfleisch. Zwei Stunden später befinden wir uns in der Betriebswohnung des Managers einer Seifenfabrik. Hier schlaft ihr, keine Widerrede! Er bietet uns das Ehebett an, frisches Leinen wird aufgezogen, zwei Scheffel mit Waschwasser stehen bereit. Die Frau des Managers schlachtet, rupft und kocht unsere zwei Hühner, damit wir morgen eine Wegzehrung haben. Sans Souci, der jüngste Sohn, zwickt in meinen Arm, um die Farbe der Haut zu prüfen. Man trinkt noch ein lauwarmes Bier, geht zu Bett und denkt an der Schwelle von Tag und Traum: ach, Afrika!

Frauen schleppen Feuerholz: trügerisches Idyll vor Ouagadougou, Burkina Faso

Unser innerer Kongo
Die Projektionsfläche Afrika

A WIE AFRIKA. Am Anfang war nur der Name für eine unbekannte Landmasse, und deren Bewohner hatten sich noch nicht einmal selber entdeckt; sie wussten nicht, dass sie Afrikaner waren. Auf den Atlanten der Römer finden wir in den Regionen jenseits der Sahara nur den Vermerk: *Hic sunt leones.* Hier sind Löwen. Aber irgendwann kamen die weißen Herren und deklarierten die Landmasse zu einem Kontinent und seine dunkelhäutigen »Eingeborenen« zu Afrikanern. Afrika wurde erfunden als Objekt der Eroberung. So richtig afrikanisch wurde der Erdteil freilich erst als Objekt der Befreiung – die Afrikaner errangen im Kampf gegen die Europäer ihre kontinentale Identität. Und dennoch: Afrika als einheitliches Ganzes, das gibt es immer noch nicht. So wird es jedenfalls in Europa dargestellt. Und trifft es etwa nicht zu? Wir begegnen irgendwo im Sudan einem einfachen Bauern, der meint, Johannesburg liege in Deutschland. Wir spazieren durch Dakar und glauben, in Marseille zu sein. Wir sprechen mit einem Beamten in Südafrika, der den Unterschied zwischen Guinea, Äquatorialguinea und Guinea-Bissau so wenig kennt wie ein Beamter aus England. Dieser wie jener weiß nicht, dass im ersten Land Französisch, im zweiten Spanisch, im dritten Portugiesisch gesprochen wird. Von Harare nach Lomé fliegt man am schnellsten über London und Paris, weil der Kontinent in zwei große Sphären zerfällt, in die anglophone und die frankophone, die umständlich oder gar nicht miteinander vernetzt sind. Man möchte der Behauptung zustimmen, dass Afrika eine Fiktion oder allenfalls ein gedachtes Konglomerat von schwarzhäutigen Völkern sei. Aber nicht einmal die Lehre von den Farben ist rein, denn neben Schwarzafrika – also der subsaharischen Region ohne den Maghreb – gibt es auch Weißafrika und eine Reihe von kreolischen, mulattischen, afroasiatischen und farbigen Mischkulturen. In der Übergangszone liegen Staaten wie Mauretanien oder Sudan, in denen sich Afrika und Arabien vereinen oder bekriegen. Der Kontinent wird auch nicht durch das Phänomen zur Einheit, dass jedes Schulkind schon einmal den Namen Nelson Mandela gehört hat. Also doch: Afrika gibt es nicht?

Ich habe diesen Erdteil stets als Ganzheit empfunden, aber vielleicht ist das auch nur eine Projektion, eine Kopfgeburt des Korrespondenten, der »seinen« Kontinent als zusammenhängendes Berichtsgebiet sehen will. Doch in der enormen Vielfalt der afrikanischen Völker und Kulturen stieß ich stets auf ubiquitäre Merkmale, auf Zeichen und Stile, Kultobjekte, Werkzeuge, Sitten und Verhaltensmuster, die sich im Laufe der Jahre zu einem panafrikanischen Panorama verdichteten. Die drei Steine der Feuerstelle, die Utensilien des Alltags von der Haue bis zum Säuglingstragetuch, die Technik des Feldbaus oder des Lastentransports auf dem Kopf, die Bauweise der Hütten und die Anlage der Siedlungen, die Rolle der Ältesten und die Bedeutung der Masken, die Schöpfungsmythen, der Ahnenkult und die Fruchtbarkeitsrituale, der Aberglauben und die Zauberei, die Regenmacher und Medizinmänner, das Zeitempfinden, der Humor, die Musik und der Tanz, das Spielzeug der Kinder. All diese Elemente verbinden sich zu einem geografischen, historischen und kulturellen Kosmos, den ich Afrika nenne. Aber es bleibt ein Unterfangen, diesen Kosmos in seiner Ganzheit erfassen zu wollen, und es ist allemal einfacher zu beschreiben, was Afrika nicht ist, also zu unterscheiden zwischen dem, was wir in den Kontinent hineindeuten, und dem, was jenseits aller Projektionen steht. Projektionen sind, wie wir seit Sigmund Freud wissen, innere Bilder, die wir auf die äußere Welt werfen, Bilder, die sich aus unseren verdrängten Bedürfnissen und unerfüllten Wünschen, Obsessionen, Vorurteilen, Ängsten und Sehnsüchten zusammensetzen. Es ist übrigens kein Zufall, dass die Erkundung der dunklen Seele und die Erforschung des dunklen Erdteils zeitlich nicht weit auseinander liegen: Es sind die zwei großen unbekannten, unheimlichen Kontinente, das äußere Afrika und »dieses wahre innere Afrika«, wie der Dichter Jean Paul fabuliert. Beginnen wir also bei der Arbeit des Journalisten, der heute an die Stelle des Forschungsreisenden, Missionars oder Kolonialschreibers getreten ist und maßgeblich die populären Vorstellungen prägt, die man sich jenseits von Afrika über Afrika macht.

*

Stahlgewitter über Somalia. Mordbrennende Kindersoldaten. Hunger, Seuchen, Massenelend. Die Krisenreporter befinden sich im Anflug auf Mogadischu. Es sind verwegene Kerle, jung und furchtlos, die von den Heimatredaktionen ins »Herz der Finsternis« entsandt werden. Im Flugzeug überfliegen sie noch schnell ein paar Agenturmeldungen, Artikel und länderkundliche Heftchen aus dem Munzinger-Archiv. Dann landen sie. Und betreten ein Land, das ihnen so vertraut ist wie die Nachtseite des Mondes.

Was sehen sie? Spindeldürre Gestalten, Ruinen, Gewaltexzesse. Die Menschen: eine amorphe Masse. Ihre Sprache: kehlig. Ihr Glaube: archaisch. Ihr Zorn: unbegreiflich. Eine Welt voller Bösartigkeit, beherrscht von ruchlosen *warlords*. Aber da ist auch diese andere Welt, die farbenfrohen Kleider, das Lachen der Kinder, der heiße Wüstenwind, die Kamele, die Arabesken. Und vor allem die jungen Somalierinnen, die wie Modigliani-Figuren dahinschreiten. Haben sie nicht auch die überirdisch schönen Supermodels Iman und Waris Dirie hervorgebracht? Die Krisenreporter schwärmen. Ihre Blitzanalysen verblüffen all jene Landeskenner, die sich in der fein verästelten Sozialstruktur Somalias erst nach vielen Lehrjahren zurechtfinden. Da zerfällt dann eine ethnisch homogene Bevölkerung in undefinierbare Sprengel, da werden Sippen zu Clans und Clans zu Stämmen, auch wenn es in Somalia gar keine Stämme gibt. Geschenkt. Wen interessiert schon so genau, ob es Hawardle, Hawadle oder sonstwie heißt? Was wäre der Unterschied zwischen Issa und Issak? Rahanwejn – kann man den trinken? Nein, das ist auch irgendein Stamm, irgendwo in Afrika. Man stelle sich den umgekehrten Fall vor: Ein Afrikaner schreibt über Deutschland und nennt den Stamm der Schwiben einen Subclan der Frunken.

Quid novi ex Africa? Es gibt nichts Neues, nur Altbekanntes: Afrika in Agonie. Entscheidend ist die Wahrnehmung des Erdteils, nicht dessen Wirklichkeit. Gestern Haiti, heute Afghanistan, morgen Liberia. Krisenreporter streichen wie ein Wolfsrudel um den Globus. Vorneweg marschiert Christiane Amanpour von CNN, die Jeanne d'Arc des Katastrophenjournalismus, hinterdrein folgt der Rest der Weltmedien. Im Konkurrenzkampf um Einschaltquoten und Auflagen darf der Sonderberichterstatter »vor Ort« nicht fehlen. »Es gibt eine Unzahl Newcomer im professionellen Journalismus … diese Journalisten haben keine Ahnung, wo sie sich kulturell befinden, sie arbeiten ohne historisches Hintergrundwissen«, kritisiert Ryszard Kapuściński am Beispiel der Berichterstattung über Ruanda. Jeder fängt einmal an – möchte man dem Polen Kapuściński, einem der feinfühligsten Korrespondenten, die je über Afrika schrieben, entgegenhalten. Man kennt aus eigener Erfahrung die Fallstricke bei der Beurteilung eines äußerst komplizierten Landes wie Ruanda. Man erinnert sich an peinliche Fehler, die in zornigen Leserbriefen gegeißelt wurden. Und wird vorsichtiger in seinen Urteilen, weil das eigene Unwissen und Ungenügen stärker ins Bewusstsein rückt. Weil *bekannt* noch lange nicht *erkannt* heißt und man merkt, wie oft man selber den eigenen Projektionen auf den Leim geht.

Den Kollegen von der schnellen Eingreiftruppe scheint der Skrupel weniger zu plagen, ganz abgesehen davon, dass ihm die Zeit zu gründlicher Vorbereitung und gewissenhafter Recherche fehlt. Was auf dem »schwarzen« Erdteil außer Katastrophen geschieht, will man in Europa ohnehin nicht so genau wissen. Afrikas Anteil am Welthandel ist marginal, sein geopolitisches Gewicht wiegt nicht schwer. Das andere Afrika, das heitere, gelassene, erfinderische, ist uninteressant. Andernfalls würde man herausfinden, dass Hungersnöte nicht an der Tagesordnung sind. Oder dass es in weiten Regionen friedlicher zugeht als, sagen wir, in Lüchow-Dannenberg. Aber solche Nachrichten würden nicht ins präformierte Bild vom verlorenen, verzweifelten, moribunden Kontinent passen, das sich so vorzüglich verkauft. »Die Reportage soll bestätigen, was evident ist: alles läuft schlecht da unten, seit wir nicht mehr da sind«, schreibt Frantz Fanon, der Philosoph der Befreiung. Als ich 1987 zum ersten (und letzten!) Mal im Pressetross eines Bundespräsidenten durch Afrika reiste, verging kein Tag, der nicht reichlich Belege für diese These geliefert hätte. Bei der Landung in Lagos, Nigeria, erfrechte sich ein Zollbeamter, das Gepäck zu inspizieren. »Polizeistaatsmethoden«, knurrt ein Fotograf, »aber der Schwatte weiß sowieso nicht, was er da checkt.« Er spricht mit einem Vertreter der schreibenden Zunft. Wie heißt doch gleich der Präsident hier? Banana oder so? Der Präsident heißt Babangida. Aber mit afrikanischen Namen kann man sich schon einmal vertun. Hatte nicht auch unser unvergesslicher Bundespräsident Heinrich Lübke – der offenen Sinnes für Afrika war – beim Staatsbesuch in Madagaskar den Namen der First Lady mit dem der Hauptstadt Antananarivo verwechselt?

Es mangelt keineswegs an Berichten aus Afrika. Der Erdteil ist öfter in den Schlagzeilen als Südamerika oder Australien. Und warum sollte aus europäischer Sicht einem Land wie Mali mehr Aufmerksamkeit zuteil werden als dem randständigen Portugal? Das Kardinalproblem ist nicht die Quantität, sondern die Qualität der Berichte, die Art und Weise, wie sie im Wechselspiel von Vermarktungsinteressen und Wahrnehmungsrastern zustande kommen. Gefragt ist in der Regel die oberflächliche, flinke Depesche, die Sensationsmeldung oder die impressionistische Katastrophenstory, nicht die nachdenkliche Analyse oder die gelassen erzählte Geschichte. Im globalen Infotainment wird die Ware Information in kleinen, scharfen Bissen verabreicht. Manche Medien gehen aus Kostengründen dazu über, den klassischen Korrespondenten gegen den »fliegenden Redakteur« auszutauschen. Wo immer dieses Mehrzweckgeschoss aufschlägt – seine Wirkung ist verheerend. Zum Beispiel in der kongolesischen Stadt Kikwit. Erst fiel das Ebola-Virus ein, dann die schreibende Luftlandetruppe. Vermutlich produzierte sie über die unheimlichen Erreger aus dem Urwald in zwei Wochen mehr Berichte, als in zwei Jahren über den gesamten Zaire erschienen sind. Das Land, in dem die Epidemie ausbrach, seine Leute, die Politik, das Gesundheitssystem wurden in den Nebensätzen abgehakt. Es ging um den Stoff, aus dem die Urängste des Europäers sind. Beim Stichwort Afrika denkt er an Malariakranke und Aidstote. An Seuchen wie Cholera und Pest, die nach Mittelalter stinken. An bösartige Bakterien, die auf Injektionsnadeln und Bananenblättern, in Fischköpfen und an den Händen der Eingeborenen lauern, die mit den Moskitos fliegen oder in irgendwelchen Tümpeln gründeln. Er denkt an die tödliche, unfassliche Bedrohung, die aus den finsteren Tiefen Afrikas kriecht und via Weltverkehrsnetz die keimfreie Zivilisation des Nordens heimsucht: Afrika unterm Mikroskop, reduziert auf ein Virus. Dass in Ebola weniger Menschen am gleichnamigen Erreger starben als bei einer durchschnittlichen Grippewelle in London, war nur in medizinischen Fachjournalen nachzulesen.

Aber mit den Zahlen und Fakten muss man es nicht so genau nehmen. Niemand kann sie überprüfen, und oft sind die Statistiken tatsächlich so verzerrt, dass ihr Aussagewert nur mehr gering ist. Wir Korrespondenten haben die Bevölkerungszahl von Nigeria lange Zeit erheblich überschätzt – um dreißig Millionen Menschen. Dann fand man heraus, dass die Bundesländer die Zahlen frisiert hatten, um höhere Zuwendungen aus dem nationalen Etat zu erhalten: Laut Zensus von 1988 lebten nicht 120 Millionen, sondern nur knapp 90 Millionen in Nigeria. Dennoch wird gern die große Zahl verwendet, denn sie unterfüttert das Bedrohungsszenario von der Bevölkerungsexplosion. Auch humanitäre Organisationen schrauben ihre Schätzungen von Flüchtlingen oder Hungersopfern nach oben – das rüttelt die Spendenmüden wach. Manchmal drückt sich in der Übertreibung die Selbstbezichtigung aus: Die Not ist so gewaltig, weil wir Afrika so schlimme Dinge angetan haben. Andererseits muss ein Mindestwert auf der Skala der Unglücke erreicht werden, damit man sie überhaupt für nachrichtentauglich hält. »Der Wert unseres Lebens wird niedrig eingestuft – auch von uns selber«, erklärte mir die kenianische Intellektuelle Wambui Mwangi während des Krieges im Kosovo. »Um eine vergleichbare Aufmerksamkeit zu erwecken, sind viele afrikanische Menschenleben nötig. In dieser Indolenz verbirgt sich etwas zutiefst Rassistisches.« Wenn auf einem afrikanischen Gewässer eine Fähre mit 300 Passagieren absäuft, lesen wir das nur als Randnotiz in der Rubrik »Bunt Vermischtes«. Die Massaker, die seit Jahren in Burundi geschehen, tauchen gar nicht auf. »Wir brauchen 500 Tote plus, erst dann kommt CNN«, sagte ein deutscher Diplomat, den ich in der Hauptstadt Bujumbura traf.

Afrika wird wie durch ein umgekehrtes Fernglas betrachtet: Das Objekt rückt in die Ferne, seine Feinstrukturen werden unkenntlich. Der Katastrophenjournalismus verfestigt diesen Rasterblick: Afrika schreit. Afrika weint. Afrika stirbt. Manches Klischee wurde seit dem Ende des Kolonialismus so oft wiederholt, dass es Eingang in unsere Alltagssprache gefunden hat. Wenn wir ein dünnes, rachitisches Kerlchen sehen, sagen wir: Das sieht ja aus wie ein Biafra-Kind.

*

Ganz unten, dem Tier am nächsten, steht der Neger. Knapp über ihm rangiert der braune, rote und gelbe Mensch, allesamt Exemplare der mongolischen Rasse. Sodann folgen die hellhäutigen Kaukasier, unterteilt in minderwertige Slawen und höherwertige Kelten, deren edelste Sorte die Germanen, insbesondere die Teutschen, sind. So klassifizierte der Göttinger Professor Christoph

Meiners die Menschheit. Er sah sich im Jahre 1790 genötigt, seine Lehre von den »Racen« niederzuschreiben, alldieweil die durch die Französische Revolution aufgestachelten »Adels-Stürmer« und »hitzigen Freyheits-Freunde« immer frecher nach der Gleichheit aller Erdenbürger schrien. Und, horribile dictu, die »Neger-Freunde« wollten gar die Sclaverey abschaffen. Gegen derart obszöne Aufklärerey musste hochwissenschaftlich bewiesen werden, dass Bantus »wegen ihrer Dummheit zur Knechtschaft geboren« und »Schläge gleichsam ihre Nahrung seyen«. Das Schrumpfhirn von »Blödsinnigen«, die Geilheit des Affen, der hündische Übelgeruch. Keine Schrift, keine Historie, keine Rechenkunst. Stattdessen Kannibalismus, Vielweiberei, dumpfes Dahinvegetieren.

Derlei Erkenntnisse sollten Arthur de Gobineau und Houston Stewart Chamberlain zur modernen Rassenlehre vertiefen. Sie befruchteten den kolonialen Abenteuerroman, den Missionsbericht, die Safari-Geschichte. Sie werden trivialisiert im Bilderbuch, Kinderlied oder Abzählreim (»Zehn kleine Negerlein ...«). Und man pflegt sie bis zum heutigen Tage in aller Welt, besonders engagiert in deutschen Städten wie Lübeck oder Rostock. In einem Brief, den ich von einem Herrn Karl aus Kapstadt erhielt, stand folgende Analyse: »Da sind ein paar Gene anders, da fehlen ein paar Jahrhunderte Entwicklung, und deshalb scheint der Schwarze für einige Dinge ungeeignet, wie z. B. Demokratie, geordnete Verwaltung, planendes Wirtschaften, Wissenschaft und Kunst ... Ein Rassist ist jemand, der die Kaffern mehr hasst als notwendig. In diesem Sinne bin ich bestimmt kein Rassist.« Niedergeschrieben in Südafrika, drei Jahre nach dem Ende der Apartheid, zwei Jahrhunderte nach Christoph Meiners. Fürwahr, die Weltweisheiten des Professors aus Göttingen sind hochaktuell, und sie stehen in einer langen abendländischen Denktradition.

Aristoteles begründet das Recht der Griechen, über die Barbaren zu herrschen, mit deren angeborener Servilität. Er liefert gleichsam die Folie, auf die alle nachfolgenden Projektionen fallen. Beim französischen Aufklärer Montesquieu lernen wir, dass die Afrikaner faule Wilde ohne Fertigkeiten seien. Georg Wilhelm Friedrich Hegel hat Afrika in seinen Vorlesungen über die Philosophie der Geschichte immerhin fünfzig Seiten gewidmet, obwohl es dort, wie er feststellt, eigentlich gar keine Geschichte gebe. Am Ende schreibt er: »Wir verlassen hiermit Afrika, um späterhin seiner keine Erwähnung mehr zu tun. Denn es ist kein geschichtlicher Weltteil, er hat keine Bewegung und Entwicklung aufzuweisen ...« Der Weltgeist habe sich nach dem Bau der Pyramiden aus Afrika verabschiedet. Man müsse, wenn man den Neger richtig auffassen wolle, abstrahieren »von aller Ehrfurcht und Sittlichkeit, von dem, was Gefühl heißt ... es ist nichts an das Menschliche Anklingende in diesem Charakter zu finden.« Die Reiseberichte der Araber, die den Kontinent seit dem 8. Jahrhundert erkundet hatten, waren dem Universalgelehrten Hegel offenbar nicht bekannt. Sie brachten Kunde von großen, blühenden Handelsreichen jenseits der Sahara. Als Ibn Battuta nach Mali kam, war er erstaunt über die Kultiviertheit der Einheimischen. »Von allen Menschen sind die Neger diejenigen, die die Ungerechtigkeit am meisten verabscheuen.«

Der geschichtslose, tiernahe Afrikaner und der biologisch, geistig und moralisch höherwertige Europäer – Hegel legt das philosophische Fundament der kolonialen Ideologie. Der weiße Mann sieht sich als Krone der Schöpfung und Afrika als Exekutionsgelände seiner eingebildeten Superiorität. Den Neger, Kaffer oder Bantu nennt er einen faulen, dummen, heimtückischen, unzivilisierten Untermenschen, und daheim konnten sich seine Landsleute mit eigenen Augen davon überzeugen, dass er Recht hatte. Hagenbeck, der Begründer des Hamburger Zoos, präsentierte den staunenden Hanseaten nicht nur Tiere, sondern auch Menschen aus Afrika. 1897, anlässlich der Weltausstellung in Brüssel, wurde ein authentisches Urwalddorf nachgebaut und mit lebendem Inventar ausgestattet, mit 267 »Wilden« aus dem Kongo. Den Pygmäen Ota Benga stellte man 1906 im Tierpark des New Yorker Viertels Bronx zur Schau – im Haus der Affen.

Schon in der napoleonischen Zeit werden Afrikaner auf Jahrmärkten und *freak shows* vorgeführt. Das berühmteste Schaustück im schwarzen Bestiarium ist vermutlich Saartjie Baartman, eine Ureinwohnerin aus der Volksgruppe der Khoikhoi, die vom Kap der Guten Hoffnung verschleppt wurde. Am 20. September 1810 lesen die Londoner eine Anzeige in der *Morning Post:* »Soeben eingetroffen aus Kaffraria ... Vorführung 1 pm – 5 pm, 225 Piccadilly Street. Eintritt: Zwei Shilling.« Die Frau werde in einem Käfig ausgestellt wie ein wildes Tier und vom Publikum mit Bambusstöckchen getriezt, berichtet ein Journalist der *Times*. Die ausladende Beckenpartie und der hypertrophe Steiß der Unglücklichen erregen besonders die Männerwelt. Saartjies Dompteur verdient gut an ihr, ehe sich ihre Spur für ein paar Jahre verliert. Im September 1814 taucht sie in Frankreich wieder auf. Als Saartjie in der Pariser Rue Neuve du Petichant No. 15 nackt tanzt, ist sie 24 Jahre jung. Knapp anderthalb Jahre später wird sie nicht mehr leben. Gleichwohl sollte sie es in Paris zu großer Popularität bringen. Man nennt sie »Hottentotten-Venus«; Vaudevilles werden geschrieben, Komödien für den Boulevard, voller Kabale und Sex.

Georges Cuvier, der prominente Naturforscher und Medicus – er war Leibarzt von Napoleon –, will die Khoikhoi untersuchen, vor allem ihren sagenhaften Vaginalschurz, aber die schamhafte »Wilde« sträubt sich und presst ihre Schenkel zusammen. Nach drei Tagen Inspektion berichtet Cuvier an die Akademie, das Objekt wirke wie eine Äffin mit Menstruationsbeschwerden; es handele sich um ein Lebewesen in der Grauzone zwischen Mensch und Tier, klassifiziert er. Afrika war in europäischen Männerphantasien stets auch eine Metapher für das bedrohliche Weib: die Negerin mit der unbezähmbaren Sexualkraft, verlockend und verschlingend, eine riesenbrüstige Wiedergängerin Brunhildens, aufgetaucht aus dem Urschlamm. Das kontinentale Weib, der weibische Kontinent musste vom Kolonialherrn niedergerungen, unterworfen, vergewaltigt werden. Ein Rückstand dieser sexistischen Projektion äußert sich in der Angst des weißen Mannes vor der

Geilheit des schwarzen Mannes, im Mythos von Long Dong John, dem »Bimbo« mit dem Riesenpimmel. Der koloniale Blick begleitet selbst heutzutage noch Delegationen, die nach Afrika reisen, um Gutes zu tun. Was fällt etwa einem deutschen Minister zu den Ruinen von Great Zimbabwe ein, einem der bedeutendsten Zeugnisse einer mittelalterlichen Stadtkultur im Süden der Sahara? Er steht auf der Felsenburg und sagt: »Das wär' doch ein schöner Biergarten hier oben, ned wahr?« »Harr, harr, harr«, lacht der Oberreporter eines bekannten Revolverblattes. Der Minister steigert sich: »Die Weiber jodeln schon!« Der Oberreporter schließt auf: »Ja genau, schwarze Kellnerinnen, oben ohne, harr, harr, harr …«

Am Neujahrstag des Jahres 1816 stirbt Saartjie Baartman, heimatlos, verzweifelt, zerfressen vom Alkohol und von der Syphilis. Georges Cuvier schneidet die Geschlechtsteile und das Gehirn aus ihrer Leiche und legt sie ins Formalinbad. Bis 1974 werden die Präparate im Musée de l'Homme zu Paris öffentlich zur Schau gestellt, dann verstauben sie in einem Hinterzimmer. Zwanzig Jahre später, nach dem Untergang der Apartheid, verlangt Südafrika die sterblichen Überreste zurück. Die »wissenschaftlichen« Exponate in europäischen Sammlungen sind eine rassistische Beleidigung für jeden Afrikaner; in ihrem Naturglauben kommt die Seele eines Menschen erst zur Ruhe, wenn sein Körper in der Heimaterde begraben wird. Aber die Franzosen sträuben sich, sie wollen keinen Präzedenzfall schaffen. Denn die Völkerkundemuseen Europas wären schnell leer, wenn alles, was seine Forscher einst zusammengestohlen haben, zurückgegeben werden müsste. »Wir haben die Überreste von Saartjie nicht in unserer Sammlung … ich weiß nicht, was mit ihnen geschah«, versichert André Langaney. Mehr sagt der Professor der Presse zunächst nicht; er leitet seit 1987 das zuständige Laboratoire d'Anthropologie. Meine wiederholten Anfragen aus Südafrika bleiben unbeantwortet. Als ich persönlich im Musée de l'Homme am Place du Trocadéro vorspreche, lässt er sich verleugnen. Im Archiv entdecke ich eine E-Mail, die Langaney 1996 an eine amerikanische Anthropologin schickte. Die Bibliothek des Museums verfüge über keinerlei Unterlagen zu Saartjie Baartman; ihr Skelett und die fraglichen Körperteile werden seit zwanzig Jahren nicht mehr gezeigt und seien für niemanden zugänglich. Nach einem langen diplomatischen Gezerre geben die Franzosen nach. Im Sommer 2002, 186 Jahre nach ihrem Tode, werden die sterblichen Überreste von Saartjie Baartman von Paris nach Kapstadt überführt und im Lande ihrer Ahnen beerdigt.

*

Aber die im Zeitalter der »Hottentotten-Venus« geprägten Zerrbilder sind unauslöschlich. In den frühen 1960er Jahren, in der Phase der Dekolonialisierung, hat sich eine ganze Alterskohorte von Afrika-Korrespondenten um ihre Auffrischung verdient gemacht. Wie sollten denn Schwarze, die bestenfalls über einen kindlichen Verstand verfügten, je unabhängige Staaten regieren können? »Der Busch überwuchert die Straßen, die Barbarei die Seelen«, dichtet etwa Hans Germani in seinem Landserbüchlein »Weiße Söldner im schwarzen Land«. Auch in Peter Scholl-Latours »Mord am großen Fluß« – eines der meistverkauften Afrika-Bücher der Nachkriegszeit – wird uns kein Klischee erspart. Da lesen wir von kriegerischen Rassen und wilden Stämmen, die kaum der Urexistenz entsprungen seien, von halbnackten, mit barbarischem Schmuck behangenen Negerinnen, von den entfesselten Mächten der Steinzeit. Als mir vor zwei Jahren in einem guineischen Flüchtlingslager eine merkwürdige Geschichte zu Ohren kam, fiel mir unwillkürlich ein Artikel des Starreporters ein. Man hatte am Rande des Camps ein totes Kind mit aufgeschlitztem Bauch gefunden, und über Nacht sprachen alle von Menschenfressern. Scholl-Latour berichtet von der Wiederkehr des Kannibalismus im Kongo; sein Gerücht verbreitete sich allerdings nicht in einem Flüchtlingslager, sondern unter den Lesern einer großen deutschen Tageszeitung. Was tut es schon zur Sache, dass bis heute noch nie jemand eine menschenfressende Kultur in Afrika entdeckt hat? In Fachkreisen mag man Scholl-Latours Veteranenprosa belächeln, doch ihre nachhaltige Wirkung auf die Wahrnehmung des Kontinents kann niemand bestreiten. Die 2001 erschienene »Afrikanische Totenklage«, sein zweites Buch zum Thema, wurde wiederum zum Bestseller. Es hat sogar in antiimperialistischen Kreisen neue Leser gewonnen, weil die durchaus zutreffende Beschreibung der neokolonialen Plünderung des Kontinents mit diversen Verschwörungstheorien garniert wird. Aber unterdessen war das Werk eines Amerikaners ins Deutsche übersetzt worden, und gegen dessen Grabgesänge unter dem Titel »Jenseits von Amerika« sollten sich die Totenklagen eines Scholl-Latour geradezu melancholisch ausnehmen. Sie stammen aus der Feder von Keith Richburg, der von der *Washington Post* an die afrikanische Front entsandt wurde und, wie er es ausdrückt, drei Jahre zwischen Leichen herumlief. Mogadischu erinnerte ihn an ein »nukleares Inferno«, Ruanda an eine »krankhafte Version der Steinzeit«. Somalia wurde zu einem Prisma, »durch den ich den Rest Afrikas sah«. Richburg hypostasiert einen Konflikt auf den ganzen Kontinent, als handele es sich hierbei um eine einzige wabernde Katastrophenmasse. So hat er in drei Jahren *en passant* geschafft, was unsereinem in deren zwanzig nicht vergönnt ist: den »Wahnsinn Afrikas« zu begreifen.

*

Afrika war immer auch unser innerer Kongo, das Gegenbild unserer Kultur, eine Welt zeitloser Harmonie, ewigen Friedens. König Leopold II. von Belgien wollte nichts hören von den Grausamkeiten seiner Kolonialschergen im Kongo. Er verband mit diesem Namen ein traumhaftes Tropenreich, und vermutlich hat er es nie besucht, um sich diese Fiktion zu bewahren. Der Monarch beließ es dabei, sich mit reellen Dingen aus seinem Simulacrum zu umgeben; in seinen Schlössern hingen Gemälde von Urwaldriesen, sein Schlafgemach war mit kongolesischen Edelhölzern getäfelt, in Tervuren stand ein prächtiges Tropengewächshaus. Die Welt als Wille und Wahn, denken wir, wenn wir heute die Hinterlassenschaften Leopolds II. betrachten. Aber wir übersehen dabei, dass das bukolische Afrika-Bild von Europäern und Afrikanern gemeinsam gemalt worden war, von ehrenwerten Forschern wie Leo Frobenius, von Traditionalisten wie dem Malier Amadou Hampâté Bâ oder Aimé Césaire, dessen Vorfahren als Sklaven nach Martinique verschleppt wurden. »Meine Sache«, bekennt Letzterer, »ist die uneingeschränkte Apologie unserer alten Negerkulturen.« In seinem bahnbrechenden Werk »Négritude et humanisme« aus dem Jahre 1957 beschreibt Léopold Sédar Senghor, der Dichter, Philosoph und Staatspräsident aus dem Senegal, den Humanismus als universelle Kraft, in seiner Lyrik aber betont er das »Anderssein« der Afrikaner und romantisiert ihre Vergangenheit. Mossi, Songay, Bornu, Dahomey, Benin, Monomotapa, die präkolonialen Zivilisationen erscheinen in einem goldenen Licht, um den Bedrängnissen der Gegenwart zu entfliehen, sagen Kritiker. Sie vergessen allerdings, dass sich die versunkenen Reiche in die kollektive Erinnerung einschrieben, denn in ihrer Asche glimmen noch Funken jener Würde und Selbstachtung, welche die Menschenhändler und Kolonialisten zerstört haben.

Die *Négritude* war der große philosophische Entwurf einer afrikanischen Selbstbejahung; ihre Kerngedanken beflügelten die europäische Nachkriegslinke, allen voran Jean-Paul Sartre. Man kämpfte im kalten Norden für das Anliegen der Afrikaner und träumte allerlei Theorieschwulst und Herzschmant in den Kontinent hinein. Ja, es war gerade so, als sei der wahre Revolutionär nur noch im tiefen Süden anzutreffen, der Freiheitskämpfer der Frelimo in Mosambik, der legendäre Thomas Sankara in Burkina Faso, die Vordenker Steve Bantu Biko und Robert Mangaliso Sobukwe in Südafrika sowie Amilcar Cabral in Guinea-Bissau. In der so genannten Dritten Welt, bevorzugt in Lateinamerika und Afrika, lagen die Ersatzorte einer politischen Utopie, die an Europas kapitalistischer oder realsozialistischer Realität zerschellt war.

Simbabwe war ein Modell der postkolonialen Erneuerung, daran gab es in meinen Augen nicht den geringsten Zweifel. Ich bewunderte den großen Versöhner Robert Mugabe. Und natürlich Julius Nyerere, der einen tansanischen Sozialismus lehrte. Viele Analysen, die afrikanische Denker über die marginale Rolle ihres Kontinents im Weltsystem geliefert hatten, halte ich nach wie vor für richtig. Aber sie beließen es eben bei der schönen Theorie, und am Ende hatte ihre Verklärung der Verhältnisse genauso wenig mit der Wirklichkeit zu tun wie die Verteufelung derselben.

Die Vorstellung vom edlen Wilden ist wirkmächtig, sie gehört seit Jean-Jacques Rousseau zu den Topoi der Zivilisationskritik. Dieser gute Urmensch lebt in den Savannen und Tropenwäldern Afrikas, zeitlos und glücklich, im seligen Naturzustand. Er jagt und sammelt und trommelt wie einst seine Vorväter. Und selbst ins 20. Jahrhundert tritt er so überirdisch verklärt, als hätten, wären alle Erdenbürger mit seiner Herzensgüte gesegnet, die Grauen unserer Epoche abgewendet werden können. In Afrika sei »der Ausweg aus den Verirrungen unserer Zeit zu suchen«, schreibt Albert Schweitzer am 6. Dezember 1954 in einem Brief an Albert Einstein. Wir können diesen Erlösungsgedanken nachempfinden, wenn wir vor der Hütte des Urwalddoktors im gabunischen Lambarene sitzen. Auf dem Fluss gleiten Pirogen vorbei, am Horizont schimmern Urwaldberge im tropischen Abendlicht, es herrscht unendliche Stille, und der Gleichmut der Menschen ist so erhaben wie diese Stille. »Wenn man nur zurückkehren könnte zu dieser Nacktheit, Einfachheit, instinktiven Freundlichkeit, näher dem Fühlen als dem Denken, und wenn man noch einmal beginnen könnte«, seufzt Graham Greene auf einer Expedition durch die Wildnis Sierra Leones. Die Reise habe »eine Art Hoffnung in die menschliche Natur wiedererweckt«, notiert er. Aber wir spüren den zivilisatorischen Vorbehalt; er schimmert wie das Licht durch das Laubdach des Urwalds. Unten, im Halbdunkel, trifft der Weltliterat Greene den Nobelpreisträger Naipaul, und der flüstert ihm zu, dass Afrika ein traumartiger und zugleich bedrohlicher Ort sei, ein Ort, den wir nicht verstehen, der unsere Vernunft untergräbt. »In mir entstand die Vorstellung, dass es im afrikanischen Herzen etwas gab, das uns anderen verschlossen war, jenseits aller Politik.«

Afrika, das Enigma. Gerade sein scheinbar so unergründliches, verschlossenes Wesen öffnet die Räume für unsere Projektionen. Welch eine wundersame, idyllische Welt, das Raunen der Geister im Busch, das Löwengebrüll in der Serengeti, die Sehnsüchte, das verlorene Reich der Sinne. Nachzulesen in Tania Blixens Klassiker *Jenseits von Afrika* oder, hausfrauengerecht aufbereitet, im Afro-Kitsch einer Kuki Gallmann. Aber diese Vexierbilder finden wir auch im Kopfgepäck des reisenden Alternativen, der glaubt, das authentische Afrika zu erleben und die Afrikaner wirklich zu verstehen. Nehmen wir die Europaabgeordnete der Grünen, die sich in Soweto, dem größten Township Südafrikas, wie eine Glucke zwischen palavernde Frauen setzt. Die schwarzen Schwestern, erzählt sie später, seien ihr »so wahnsinnig nah« gewesen. Die Schwestern haben über das hysterisch-solidarische Huhn aus Europa nur gekichert. Wir treffen diesen Schlag des Afrophilen auch am Palmenstrand von Ankobra, Ghana, beim Workshop »Trommle dich frei«, oder im heiligen Hain des Osun-Kultes in Oshogbo, Nigeria, wo er sich in die magische Heilkunst einweihen lässt. Er fährt uns auf einer Buschpiste in Uganda entgegen, in einem alten Hanomag, den er mit seinem Reisemotto beschriftet hat: »Psycho«. Das Afrika, das unser Traveller erkundet, ist nur ein Sammelsurium exotischer Abziehbilder, die er zur Kulisse auf der Reise zu sich selber arrangiert hat. Er wird sich gut verstehen mit dem Entwicklungsexperten, den er in den Usambara-Bergen trifft, denn der arbeitet gerade sein Helfersyndrom ab und gesundet am Leiden Afrikas. Vielleicht macht der alternative Reisende auch noch an einer Missionsstation Halt, weil ihm das Wasser ausgegangen ist; dort hört er einen Priester über die tiefe Religiosität der Afrikaner schwärmen, über ihren inbrünstigen Gesang, ihre farbenprächtige Liturgie, ihre Glaubenslust. Die »gelebte Spiritualiät« Afrikas, sagt der Missionar, sei eine Verjüngungskraft, die die sklerotischen Amtskirchen Europas erneuern könne. So klaubt sich jeder aus seinem Exotarium, was er gerade braucht.

*

Häufig wird der Blick auf Afrika vom Schuldgefühl gelenkt. Man glaubt, Wiedergutmachung für die rassistische Kränkung leisten zu müssen, indem man die geistigen Fähigkeiten von Afrikanern besonders herausstellt. Seht nur, Thabo Mbeki, der südafrikanische Präsident, liebt Shakespeare und liest Gedichte von Yeats! Der Senegalese Senghor war sogar Mitglied der französischen Nationalversammlung und wurde in die Académie Française gewählt! Hört, hört, wie schön die schwarzen Geiger vom Soweto-String-Quartett unseren Mozart spielen! Gerade in dieser Belobigung schlummert eine subtile Diskriminierung: Ein paar Schwarze schaffen es, auf unsere Kulturstufe heraufzusteigen, der Rest ist noch nicht so weit. Die gute Absicht des Anti-Rassisten verkehrt sich mitunter ins Gegenteil. Er jubelt einen mittelmäßigen afrikanischen Schriftsteller hoch, aber er tut ihm keinen Gefallen damit. Denn dieser Schriftsteller muss irgendwann erkennen, dass ihm die Komplimente nur wegen seiner Hautfarbe zuteil wurden.

Einen bizarren Versuch der geistigen Wiedergutmachung verfolgen wir in der Kunstgeschichte. Bisher hatte man alle ästhetischen Objekte aus Afrika abgetan als kollektive »Stammeskunst«, die hermeneutische Macht lag bei den Ethnologen. Neuerdings entdecken Kunsthistoriker auch auf dem »schwarzen« Kontinent den individuellen Künstler, und man widmet ihm im Jahre 2000 eine Ausstellung in Brüssel: *Mains des Maîtres*, Meisterhände. Die Stilverwandtschaft der Exponate ist tatsächlich frappierend, wir sehen die identische Handschrift der Werkstatt von Buli im Kongo oder die wiederkehrenden Figurationen in den Masken der Fang aus Gabun. Ihre Schöpfer sollen nun endlich der Anonymität entrissen werden, sie sollen Namen erhalten wie Auteu Atsa, der uns zwischen 1840 und 1880 die wunderbaren Bangwa-Statuen geschenkt hat. Man fahndet nach den schwarzen Giottos und Donatellos, um sie in den Pantheon unserer Kunst aufzunehmen. Aber schon der Begriff »Kunst« ist verfehlt, denn die Werke der Afrikaner stehen nicht für sich selber; sie sind Ausdruck einer Kosmologie, eines komplexen Zeichensystems, eines rituellen Codes. Was keineswegs heißt, dass sie nicht glänzende ästhetische Produkte hervorgebracht hätten. Ich habe die Exponate der Brüsseler Ausstellung nicht anders und nicht minder fasziniert betrachtet wie etwa das Schottentor zu Regensburg. Auch die Schöpfer der steinernen Halbreliefs sind namenlos, auch ihre Bilderwelt gibt uns Rätsel auf. Aber wir würden nie auf die Idee kommen, nach Namen und Herkunft der romanischen Meister zu fragen und den individuellen Künstler, das aus der Renaissance herausgeborene schöpferische Individuum, ins Mittelalter zurückzubefördern. Genau das aber geschieht bei der »Rehabilitierung« der subsaharischen Kunst. Man projiziert die Kategorien der europäischen Neuzeit in die afrikanische Tradition, und was scheinbar so emanzipatorisch daherkommt, ist eurozentrisch bis auf die Knochen.

Auf dem Felde der Kunst muss noch eine andere Projektion erwähnt werden, denn sie ist weiter verbreitet als die historischen Verrenkungen der Fachgelehrten. Wir gehen in München oder New York in eine afrikanische Kunstausstellung und hören den einen oder anderen Besucher voller Entzücken rufen: »Oh, diese Fetischfigur, so zeitlos, so universell – wie ein echter Picasso!« Es wäre richtiger zu sagen, dieser oder jener Picasso sieht aus wie die Fetischfigur. In den Jahren, als Picassos »Les Demoisselles d'Avignon« entstand, ein Schlüsselwerk der Moderne, verkehrt der Genius regelmäßig im Trocadéro, dem großen ethnographischen Museum in Paris. Nach einer Inspektion notiert er: »In diesem Augenblick erkannte ich, um was es in der Malerei geht.« Matisse, Derain, Braque, Vlaminck, Brâncuși, Giacometti, Kirchner und die Brücke-Maler, die Blauen Reiter – die Avantgarde strich hungrig durch die völkerkundlichen Raubkollektionen ihrer Zeit. Denn in der *art nègre*, in der Negerplastik und dem Œuvre der Primitiven, fanden sie, was der Intellektualismus der Moderne ausgetrocknet hatte: instinktives Formempfinden, reine, unverbildete Kreativität, magische Ausdruckskraft. Paul Klee schwärmt in einem Tagebucheintrag von 1912 gar von den »Uranfängen der Kunst«. Begierig tranken Expressionisten, Fauvisten und Kubisten aus dem afrikanischen Urquell. Die Wirkung dieser Infusionen ist bisher noch kaum untersucht, sie beschränkt sich auf Fußnoten. Ebenso wenig wissen wir, wie dieser Austausch in der Rezeption afrikanischer Kultur nachwirkt. Plötzlich schaut uns aus einer Skulptur von Max Ernst der Kriegs- und Eisengott Gu aus dem alten Reich Dahomey an. Das Original des Gottes steht übrigens auch im Museé de l'Homme zu Paris, die Menschen im heutigen Benin müssen sich mit einem Abguss begnügen. Wir ahnen, dass unser Blick auf Afrika gebrochen wurde, dass wir seine schöpferischen Werke gleichsam durch das Prisma der Moderne betrachten. Das ist nicht nur in der Kunst so. Einerlei, ob wir über die parlamentarische Demokratie oder den zeitgenössischen Roman, über den Rechtsstaat oder die Jazzmusik, über die Sexualität oder die Schriftkultur reden – stets steht zwischen uns und Afrika ein selektiver Filter. *White man can't jump*, sagen die Afroamerikaner. Das heißt in diesem Fall: Wir können nicht über die Wahrnehmungshürden springen, die wir selber aufgestellt haben.

*

»Denk dir in mein Bild hinein, was immer du willst«, unterbrach mich Romuald Hazoumé. Ich hatte ihn in Cotonou besucht und war gerade dabei, eines seiner Gemälde zu interpretieren. »Es ist ein Voodoo-Zeichen, das du eh nicht lesen kannst. Die Farben sind aus der Erde von fünf afrikanischen Ländern gemischt.« Traditionell? Modern? Afrikanisch? Europäisch? *Cross culture?* Hazoumé lässt sich nicht einordnen. Seine Werke sind in Europa und Amerika begehrt, denn sie strömen jene magische Kraft aus, die aseptische Galerien beleben. Das besagte Bild hängt jetzt im Arbeitszimmer unseres Hauses in Kapstadt, ein kryptisches Zeichen auf lateritrotem und kalaharibraunem Grund. Ein Zwillingssymbol, vielleicht. Oder eine Chiffre der Fruchtbarkeit. Es wirkt wie Afrika. So einfach, so rätselhaft. Wann immer ich es anschaue, sagt es mir: Versuche, die Zerrbilder und Projektionen abzulegen. Aber glaube nicht, dahinter das wahre, unverstellte, wirkliche Afrika zu erkennen. Du kannst Afrika und die Afrikaner nur mit dem europäischen Blick darstellen. Du hast keinen anderen.

Chaos als Energieform: In den Straßen von Lagos, Nigeria

Vorsicht, weiße Elefanten!
Die Krise der Wirtschaft und die Kunst des Überlebens

DER ERSTE LOKFÜHRER WAR STERNHAGELBLAU, der zweite farbenblind. Beide übersahen das Stoppsignal. So wurde der Vorfall jedenfalls von den Leuten in den Straßen von Conakry erzählt. Fest stand, dass der Güterzug entgleist und die Bahnstrecke, welche die Bergbauregion im Landesinneren von Guinea mit dem Atlantikhafen Kamsar verbindet, tagelang blockiert war; auf ihr wird Bauxit transportiert, ein mineralisches Gemenge, das für die Herstellung von Aluminium unentbehrlich ist. Guinea lebt vom Bauxit, es ist nach Australien der zweitgrößte Produzent der Welt. Nun war seine wirtschaftliche Hauptschlagader verstopft – durch zu viel Schnaps und zu wenig Achtsamkeit. Ob alle Details dieser Geschichte der Wahrheit entsprechen, lässt sich in Afrika nie so genau sagen. Aber sie kann als Gleichnis für den wirtschaftlichen Zustand des Kontinents stehen: Afrika, reich an Rohstoffen, Energiereserven und Arbeitskräften, kommt auf keinen grünen Zweig, weil allerorten Schlamperei und Inkompetenz regieren. Es ist, als würden jeden Tag tausend Züge entgleisen.

Der »schwarze« Erdteil ist das Schlusslicht der Weltwirtschaft, sein Anteil am globalen Handel ist auf knapp ein Prozent gesunken. Fünfzig Staaten bringen es auf ein Bruttosozialprodukt, das ungefähr dem des Schwellenlandes Argentinien entspricht, wobei allein vierzig Prozent davon auf Südafrika entfallen. Die Mehrzahl der subsaharischen Länder steht heute schlechter da als zum Ende der Kolonialära. Drei Viertel der 650 Millionen Afrikaner leben in Armut, jedes dritte Kind ist unterernährt. Die Nahrungsmittelproduktion hält nicht mit dem Bevölkerungswachstum Schritt. Nahezu 30 Millionen Menschen sind HIV-infiziert oder an Aids erkrankt. Die durchschnittliche Lebenserwartung ist auf 48 Jahre gesunken. Pessimisten prophezeien, die nächste Generation werde noch ärmer, kränker und schlechter ausgebildet sein. Und noch weniger Chancen im globalen Wettbewerb haben.

Im Oktober 2000 taxierte Stefan Mair von der Berliner Stiftung Wissenschaft und Politik zusammen mit fünf namhaften deutschen Afrika-Experten die Zukunftsaussichten des Kontinents. In die Kategorie der *emerging economies* fielen nur zwei Zwergstaaten, die Seychellen und Mauritius; acht Staaten – Ghana, Kap Verde, Gabun, Äquatorialguinea, Botsuana, Namibia, Lesotho und Südafrika – wurden zu den potenziellen Reformländern gezählt. Der Rest, so die Wissenschaftler, habe geringe oder keine Entwicklungschancen; 13 Staaten seien beim Stand der Dinge ohne jede Perspektive, darunter Somalia, Sierra Leone, Niger, Tschad, Burundi, Kongo, Malawi, Madagaskar. Das niederschmetternde Fazit: »Entwicklung im Sinne nachhaltiger Armutsreduzierung wird für die meisten Länder Afrikas auch in den nächsten 30 bis 50 Jahren nicht möglich sein.« Die Gemeinde der Afrophilen reagierte empört: Afrika werde abgeschrieben, hieß es. Allein, die Fachleute haben jenseits der üblichen Untergangsszenarios und des überoptimistischen Wunschdenkens einen realistischen Befund geliefert.

Aber warum ist das so? Wieso immer Afrika? Andere Armenhäuser haben sich doch auch hochgearbeitet, die Tigerstaaten Asiens zum Beispiel? Erzielten nicht Ghana und Südkorea im Jahre 1960 das gleiche Pro-Kopf-Einkommen? Und heute? Wenn der Korrespondent aus Afrika heimkehrt nach Europa, bekommt er diese Fragen häufig zu hören. Die Antworten werden zumeist gleich mitgeliefert; sie können in der Regel zwei »Schulen« zugeordnet werden. Die einen glauben, dass die Afrikaner ihr Elend selber verschuldet haben; sie seien eben rückständig, korrupt, ja unfähig, sich zu entwickeln. Eine Einschätzung mit rassistischen

Untertönen, die nicht nur an den Stammtischen, sondern auch in Universitätsseminaren zu hören ist. Die neueste Denkmode entdeckt im Aberglauben der Afrikaner, in ihrer »Ökonomie der Hexerei«, den Hauptgrund der Misere.

Die Vertreter der zweiten »Schule« kommen aus dem Lager der Globalisierungsgegner und Dritte-Welt-Bewegten; sie sind fest davon überzeugt, dass die Not Afrikas durch Außenmächte verursacht werde; manche glauben gar an eine »globale Konspiration« des reichen gegen den armen Teil der Welt. Beide Erklärungsversuche enthalten einen wahren Kern – und führen zugleich in die Irre. Denn die afrikanischen Realitäten sind komplizierter, vielschichtiger: Nicht überall herrschen Krieg, Hunger und Massenelend, und dort, wo von einer dauerhaften Krise gesprochen werden kann, hat sie überwiegend endogene, aber immer auch exogene Ursachen, die sich wechselseitig verstärken.

Wer die Probleme Afrikas verstehen will, muss sich zunächst dessen Ausgangslage vor Augen halten. Der Kontinent zählt nicht zu den Weltregionen, die von der Natur beschenkt wurden. Seine Bewohner sind extremen Klimaverhältnissen ausgesetzt, Regenzeiten mit sintflutartigen Niederschlägen oder langen Trockenperioden, die sich gelegentlich zu Dürren auswachsen. Fruchtbares Land ist rar, die Muttererde dünn und nährstoffarm; die Wüsten wachsen, die landwirtschaftlichen Nutzflächen schrumpfen. Vielerorts herrscht chronischer Wassermangel. Kein anderer Erdteil wird so oft von Naturkatastrophen heimgesucht, von Buschfeuern und Sandstürmen, Zyklonen und Insektenplagen, Vulkanausbrüchen und biblischen Fluten. Im Tropengürtel erschweren tückische Infektionskrankheiten das Leben, Malaria, Bilharziose, Gelbfieber, Flussblindheit, Tuberkulose; entsprechend schlecht ist der allgemeine Gesundheitszustand. Die Pharmakonzerne auf der Nordhalbkugel haben wenig Interesse, Mittel gegen diese Geißeln zu entwickeln, weil die Gewinne bescheiden ausfallen und die Forschungskosten sich nicht amortisieren würden – die Armen im Süden können sich die teuren Medikamente und Sera einfach nicht leisten.

Der Kontinent, auf dem vor ein paar hunderttausend Jahren die Wiege der Menschheit stand, hat in unseren Tagen die härtesten Existenzbedingungen. Zur Tyrannei der Natur kommt der Fluch der Geografie. Viele Staaten Afrikas liegen im Binnenland, sie sind abgeschnitten von den Küsten und treiben wie große, unzugängliche Inseln durch das Innere des Kontinents. Der Ökonom Ricardo Hausmann nennt das die »Falle des Raumes«. Er hat ihre Folgen am Beispiel der Transportkosten illustriert: Die Verfrachtung eines Containers von Baltimore an die Elfenbeinküste kostet 3000 Dollar; wird er indes in die markt- und meeresferne Zentralafrikanische Republik geschickt, steigt der Frachtpreis auf 13 000 Dollar. Der Transport wird so teuer, weil die Infrastruktur miserabel ist, die Straßen, die Beförderungsmittel, die Treibstoffversorgung. Und weil selbst die Hauptverkehrsachsen unsicher sind. Allerwegen lauern Räuber, selbst ernannte Zolleintreiber, Gebührenerheber oder Polizisten; wer welche Berufsgruppe vertritt, ist für Fremde oft schwer zu definieren. In Mbari, einem Dorf im Kongobecken, lernte ich eine Schikane aus dem Alltag der Fernfahrer kennen: Ich wurde an einem Schlagbaum am Ortsende gestoppt, hinter mir war die Zufahrt des Dorfes abgeriegelt worden. Der *chef de barrière* freute sich über den dicken Fisch, der in seinem Netz zappelte, und forderte eine stratosphärische Maut. Das ist allgemein üblich in Regionen, die vom Staat vernachlässigt werden und keinerlei Steuereinnahmen mehr haben: Die Verkehrswege sind die letzten Einkommensquellen. Wer sie benutzt, wird geschröpft wie Reisende im europäischen Mittelalter, als jeder Duodezfürst Wegzölle eintreiben ließ.

Zum privaten Raubritterwesen kommt das staatliche. Denn Personen und Güter müssen zahlreiche Grenzen überwinden, künstliche, oft widersinnige Demarkationslinien, die europäische Kolonialmächte einst in den Kontinent geschnitten haben. Afrika wurde regelrecht »balkanisiert«, seine Völker jahrhundertelang ausgeplündert, ja ausgeblutet. Europäer (und Araber!) lieferten sich einen Wettlauf um Gold und Diamanten, Kautschuk und Sisal, Elfenbein, Tropenhölzer und Gewürze. Und um Menschen. Die Globalisierung Afrikas, seine gewaltsame Integration in das moderne Weltsystem, begann mit dem Sklavenhandel. Fünfzig Millionen Afrikaner wurden verschleppt oder bei der gnadenlosen Menschenjagd umgebracht, ein historisches Trauma, das im kollektiven Gedächtnis der Afrikaner als Bedrohungs- und Minderwertigkeitsgefühl fortwirkt. Der Kolonialismus hat ihre traditionellen Produktionsweisen, Sozialstrukturen und Werteordnungen zerstört und sie durch ein Zwangssystem ersetzt, das ausschließlich europäische Wirtschaftsbegierden stillte.

Nach hundert Jahren Plünderei zogen die Kolonialherren ab. Sie hinterließen zentralistische, kaum funktionsfähige Staatshülsen und auseinander gerissene Völker, die für den globalen Wettbewerb nicht gerüstet waren. »Die Kolonialerziehung hat uns nicht auf die Moderne vorbereitet, das war ein schweres Handicap«, sagte mir Abdu-Lateef Adegbite, ein Unternehmer aus Nigeria. Über Nacht rückten junge, unerfahrene, kenntnisarme Männer in die Ämter der Kolonialherren. Sie wurden mit 25 Jahren Bergbauminister, Notenbankchef, Polizeidirektor oder Gouverneur, in einem Alter, in dem sich Europäer noch in der verlängerten Adoleszenz befinden. Ihre Entscheidungen fielen oft so aus wie in Azania, einem fiktiven Land Afrikas, dessen Unabhängigkeitsprozess Evelyn Waugh in der boshaften Satire »Schwarzes Unheil« karikiert. Das eilends eingerichtete »Ministerium für Modernisierung« bestellte erst einmal tausend Paar Lederstiefel für die Armee, um die Hackenwürmer zu bekämpfen, die sich beim Barfußlaufen in die Sohlen der Soldaten bohren – ein moderner Staat braucht schließlich ein gesundes, schlagkräftiges Militär.

Die Kolonialherren hinterließen verbrannte Erde. Die Portugiesen machten ihre Villen in Luanda und Maputo unbewohnbar, zerstörten die Archive und gossen die Rohrleitungen und Schächte von Rohbauten mit Beton aus. Die Franzosen demolierten beim Auszug aus Guinea die Infrastruktur; aus der Hauptstadt Conakry wurde berichtet, sie hätten sogar die Steckdosen ihrer Bureaus zertrümmert – aus Ärger darüber, dass die undankbaren Guineer nicht ihrer Communauté Française beitreten wollten, einem postkolonialen Schutzbund nach dem Muster des Commonwealth. Sollten die »Neger« sehen, wie weit sie ohne die weißen Patrons kämen! Die Grundzüge der kolonialen Raubwirtschaft aber blieben erhalten; sie war »monokulturell« auf den Export von Bodenschätzen und Agrarerzeugnissen ausgerichtet. Die jungen Nationen blieben auf Gedeih und Verderb von ein oder zwei Primärgütern abhängig. Sambia exportiert zum Beispiel überwiegend Kupfer, Uganda hauptsächlich Kaffee, Botsuana fast nur Diamanten. Eine verhängnisvolle Einseitigkeit. Denn im Laufe der Jahre sollten sich die *terms of trade* verschlechtern, also das Austauschverhältnis von Importen und Exporten: Die Afrikaner verdienen aufgrund tendenziell fallender Weltmarktpreise für Rohstoffe und landwirtschaftliche Produkte immer weniger und müssen für ihre Einfuhren – Industriegüter, Fertigwaren, Energie – immer mehr hinblättern. Die Elfenbeinküste, als größter Kakaoproduzent der Welt bis in die frühen 1980er Jahre als Wirtschaftswunderland gefeiert, ja als kapitalistisches Modell für Afrika, hat sich vom Einbruch der Kakaopreise auf dem Weltmarkt nie erholt.

Nun lässt sich zu Recht einwenden, dass die Afrikaner in vierzig Jahren Unabhängigkeit genug Zeit gehabt hätten, ihre Volkswirtschaften zu diversifizieren, um die ungleichen Tauschverhältnisse abzumildern. Genau an diesem Punkt, jenseits der naturbedingten und geografischen Nachteile, der historischen Erblasten und strukturellen Defizite, beginnt die Diskussion über die hausgemachten Ursachen der Misere. Und an dieser Stelle muss der Merksatz von Abdu-Lateef Adegbite aus Nigeria vollständig zitiert werden. »Die Kolonialerziehung hat uns nicht auf die Moderne vorbereitet, das war ein schweres Handicap. Aber wir können die Kolonisatoren nicht ewig beschuldigen.« Die einheimischen Eliten machten nach der Unabhängigkeit genau dort weiter, wo die Kolonialherren aufgehört hatten: Sie übernahmen ihre Positionen und Privilegien, die Schreibtische und Swimmingpools, die Seidenbetten und die Dienerschaft. Frantz Fanon, der in Martinique geborene Vordenker der antikolonialen Revolution, hat diesen Rollentausch mit der Wendung *masques blancs, peau noire* beschrieben: weiße Masken auf schwarzer Haut. Er warnte vor der fatalen Umwandlung der Fremdausbeutung in Selbstbedienung – und sollte Recht behalten.

An der Spitze der Machtcliquen thronen die *Big Men*, die großen, starken Männer. Ihr oberstes Ziel, der Machterhalt, wird durch ein ausgeklügeltes Patronagewesen gesichert, durch ein System zur Verteilung der ökonomischen Besitzstände, das die Loyalität der parasitären Partei- und Staatsklassen erkauft und in der Regel tribalistischen Prioritäten folgt: Der erweiterte Familienclan des *Big Man*, die Heimatregion, die Notabeln der eigenen Ethnie werden zuerst mit Posten und Pfründen beschenkt. Das führt zu einer absurd aufgeblähten Exekutive, zu vielköpfigen Parlamenten und zu einem Verwaltungsapparat, für den die Bezeichnung Wasserkopf ein Euphemismus ist. Es gibt Kabinette, denen achzig oder noch mehr Minister und Vizeminister angehören, Ämter und Behörden, die nur auf dem Papier existieren, Gehälter, die jahrelang an Phantombeamte oder die Angehörigen verstorbener Günstlinge weitergezahlt werden. Die Marketingagentur für Kakao in Ghana beschäftigte 105 000 Personen, wäre aber mit einem Zehntel der Mitarbeiter genauso effizient gewesen. Gabun hat eine Million Einwohner und 40 000 Staatsdiener, von denen 10 000 nie geboren wurden. Im Staatsapparat von Zaire hätten 50 000 Beamte gereicht, befand eine Studie der Weltbank; beschäftigt waren 600 000. Dennoch – oder vielleicht gerade deshalb – brachen die Administration, das Finanz- und Steuersystem, die Rechtsordnung und das Polizeiwesen flächendeckend zusammen, gar nicht zu reden von den Ruinen, die man Hospitäler, Schulen oder Universitäten nennt. 1950, in den unseligen Kolonialtagen, lag die Kindersterblichkeit bei 190 von 1000 Kindern; 1995, im Jahre 35 der Unabhängigkeit, starben 230 von 1000 Kindern.

Die Wildnis hatte längst die Plantagen der weißen Ausbeuter zurückerobert. Außer ein paar Fabriken, die Bier oder Seife herstellten, gab es keine nennenswerte Industrieproduktion mehr. Die primären Geld- und Warenkreisläufe kollabierten, die Notenpresse lief heiß, die Inflationsrate kletterte in astronomische Höhen, und man musste aufpassen beim Geldzählen, denn das Befeuchten der Finger mit Speichel konnte tödlich sein; die Papiergeldberge in den Bunkern der Zentralbank wurden nämlich mit Gift behandelt, um sie vor den Ratten zu schützen. Aber die Reichen zogen ohnehin Dollar oder Dollar-Blüten vor, die einen Falschwert von 1,2 Milliarden Euro erreicht hatten, und die verarmten Massen kehrten zum Tausch- und Naturalienhandel zurück.

Der große Kleptokrat gab die probate Handlungsanleitung. Es sei ganz in Ordnung, ein »bisschen zu klauen«, solange es im Rahmen bleibe, verkündete Mobutu auf einem Kongress seiner Regierungspartei. Macht es wie ich, Bürger. Bedient euch! Die fetteste Goldgans, den staatlichen Rohstoffriesen Gécamines, der unter den Kolonialherren noch Union Minière du Haut Katanga geheißen und zu den größten Bergbaukonzernen der Welt gehört hatte, schlachtete er selber; die Konzernleitung musste auf Anweisung des Gouverneurs der Zentralbank sämtliche Exporteinnahmen auf ein Sonderkonto des Präsidenten überweisen – bis Gécamines bankrott war. Mobutu hat in seiner Amtszeit ein geschätztes Diebesvermögen von 14 Milliarden Dollar ramassiert. Er besaß Luxusimmobilien, Firmenanteile und Geheimkonten in Europa, und in Gbadolite ließ er sich sein »Versailles im Dschungel« bauen. Der Palastkomplex war ausgestattet mit Murano-Leuchtern und Möbeln im Stile Louis' XIV. In den Kellern lagerten 15 000 Flaschen erlesener Weine; er trank bevorzugt Jahrgang 1930, sein Geburtsjahr.

Unterschlagung und Veruntreuung, versteckte Vorteilnahme oder offene Korruption wurden zu gesellschaftlich tolerierten Bereicherungsformen. Ein jeder langte hin nach dem Vorbild des gefräßigen »Leoparden« und der *grosses légumes*, der hohen Tiere, die im Zaire mit Riesengemüse verglichen werden. Wobei wir unterscheiden müssen zwischen der kriminellen Abzockerei der Staatseliten und der kleinen Bestechlichkeit von Staatsdienern. Sie werden so miserabel entlohnt, dass sie ohne Schmiergelder, Bakschisch, *gasosa* oder *cadeaux* ihre Familien nicht ernähren könnten. Folglich schachert der Zollbeamte mit Exportlizenzen, der Hochschulprofessor bringt den Bruder in seinem Institut unter, der Gendarm verkauft Führerscheine, der Postbote handelt mit dem Inhalt von Paketen, die nie ankommen. Die einfachen Leute nehmen die Korruption als legitimes Übel hin, als eine Art Volkskrankheit. *Yellow Fever*, Gelbfieber, nennen die Nigerianer ihre Verkehrspolizisten in den orangefarbenen Uniformen. Sie haben wie alle Afrikaner gelernt, mit der Korruption zu leben, es bleibt ihnen auch gar nichts anderes übrig. Denn in Mangelgesellschaften wirkt sie wie Getriebeöl. Weil ohne Bestechung nichts läuft, machen irgendwann alle mit, freiwillig oder gezwungenermaßen. Die Zairer drücken ihre Strategie des Überlebens mit dem unübersetzbaren *se débrouiller* aus; es bedeutet wörtlich »sich entwirren« und meint: Schlage und schummle und wurstle dich irgendwie durch.

Am Anfang war die Großmannssucht. Die Eliten wollten ihre soeben in die Unabhängigkeit entlassenen Staaten im Schnellverfahren modernisieren und in die Liga der reichen Nationen aufsteigen. Kenia plante die Entwicklung und Fertigung eines eigenen Automobils. Die Kongolesen bastelten an einem Raketenprogramm. Die Sambier initiierten Trainingskurse für Astronauten. Ghana schenkte sich den Volta-Stausee, das größte künstliche Gewässer der Welt. Das neue Afrika sollte hyperfortschrittlich werden und urafrikanisch bleiben. In Zaire nannte man das *authenticité*: Die politische Klasse verwarf die europäischen Vornamen und gab sich traditionelle, schlüpfte in den Abacost (eine Kurzform des Ausdrucks *à bas le costume*, runter mit den westlichen Kleidern) und »afrikanisierte« die Wirtschaft, indem sie sich die Staatsbetriebe, Bergwerke und Plantagen unter den Nagel riss.

Nigeria träumte davon, der mächtigste schwarze Industriestaat der Erde zu werden, damals, im Elan der frühen Jahre, als sich der normale Arbeiter noch einen Volkswagen leisten konnte. Heutzutage können wir gar nicht mehr glauben, dass Nigeria als einziger Staat Schwarzafrikas Entwicklungshilfe an bedürftige Bruderstaaten zahlte, und wir wundern uns, dass in diesem Land überhaupt noch etwas funktioniert. »Nigeria«, schreibt der Dichter Chinua Achebe, »ist einer der korruptesten, abgebrühtesten, untüchtigsten Landstriche unter der Sonne.« Die Republik hat 39 Universitäten und eine Analphabetenrate von sechzig Prozent, sie produziert pro Tag zwei Millionen Barrel Rohöl, aber an den Tankstellen gibt es kein Benzin.

»Sehen Sie sich unsere Metropole an. *Centre of Excellence* nennt sie sich. Lachhaft! Müllabfuhr, Kanalisation, Wasserversorgung, Telefonnetz, Schulen, Hospitäler, alles auf den Hund gekommen. Wissen Sie, wie die Leute den staatlichen Elektrizitätskonzern Nepa buchstabieren? *Never expect power again.*« Erwarte nie wieder Strom. Oladapo Fafowora steht am Fenster und schaut auf die verfallene City von Lagos. Normalerweise hätte ich das Hochhaus, in dem sich sein Büro befindet, nicht betreten, denn es sieht aus, als würde es jeden Moment einstürzen. Aber Fafowora ist ein Unternehmensberater, dem man nachsagt, sein Geld auf ehrliche Art zu verdienen, und ich will von ihm wissen, wie man ein potenziell reiches Land ruiniert. Also steige ich durch das halbdunkle Treppenhaus in den fünften Stock hinauf. Der Aufzug ist seit Jahren außer Betrieb, der Liftschacht dient als Mülldeponie. Nun sitze ich einem Mann im eleganten Zweireiher gegenüber, der Ventilator über uns eiert bedenklich.

»Das Grundübel ist die total korrupte und inkompetente Elite. Sie lebt nur für zwei Ziele: Macht und Selbstbereicherung. Gemeinsinn, Verantwortung, Zukunftsplanung gibt es hier nicht. Unsere Aktiva sind Misswirtschaft, Bestechlichkeit und Raffgier.« Aber woher kommt das? »Man kann es auf einen Virus zurückführen, der unser Land befallen hat: den Petrodollar.« Ende der 1970er Jahre wurden im Nigerdelta gewaltige Ölquellen entdeckt, und die Nigerianer verhielten sich wie James Dean im Hollywood-Klassiker »Giganten«. Berauscht vom Ölboom, warfen sie die Gewinne – geschätzte Exporteinnahmen bis 1999: 300 Milliarden Euro – zum offenen Fenster hinaus. Das Big Business, der schnelle Dollar, die Blitzgeschäfte, jeder wollte irgendwie teilhaben, und alles wurde käuflich: Chefsessel, Importlizenzen, Hochschuldiplome, Häuptlingswürden, Staatsaufträge, Abgeordnetenmandate. Es zählte nicht mehr, was man konnte, sondern wer man war. Und das Ausland, die Wirtschaftsberater, Finanzinstitutionen und Investoren des Nordens – alle ermutigten die ehrgeizigen Führungscliquen. Baut! Betoniert! Industrialisiert! Die Nigerianer erwiesen sich als recht gelehrig und investierten ohne Plan und Ziel. Devise: Was kostet die Welt? Wir fördern zwei Millionen Barrel Rohöl pro Tag und können uns alles leisten: zwölfspurige Autobahnen, Wolkenkratzer, schlüsselfertige Universitäten, intelligente Waffensysteme, computergesteuerte Montageanlagen. Im Jahre 1976 ging die Geschichte vom Zementskandal um die Welt. Die Nigerianer hatten achtzehn Millionen Tonnen Zement bestellt, im Hafen von Apapa stauten sich die Frachtschiffe, und es dauerte nicht lange, da hatte die tropische Saunaluft das Bindemittel gründlich verarbeitet – zu steinernen Blöcken.

»Es gab in diesem Land ein enormes Wirtschaftswachstum, aber keine nachhaltige Entwicklung«, sagt Oladapo Fafowora. In die Zukunft sei kein einziger Naira investiert worden.

*

Es war eine anstrengende Reise hinauf nach Ajaokuta. Ich kam erst nach Einbruch der Dämmerung an und wollte meinen Augen nicht trauen. Da schlummerte, beschienen vom silbernen Licht des Vollmondes, ein monumentaler Komplex am Nigerufer, ein schwarzer Koloss von pharaonischen Ausmaßen. Das berühmte Stahlwalzwerk. Grundsteinlegung 1972, achtzehn Jahre Bauzeit, geschätzte Kosten vierzig Milliarden Mark. Das Unternehmen hat bis dato keine einzige Tonne Eisenerz verarbeitet, aber jede Menge Bestechungsskandale produziert. Und den Partnern, die es aus dem Boden gestampft hatten – russische und französische Konsortien sowie der deutsch-nigerianische Baukonzern Julius Berger –, waren goldene Nasen gewachsen. »Zur Korruption gehören immer zwei«, meint ein Ingenieur, mit dem ich in der Werkskantine frisches Warsteiner vom Fass trank. Eine nette Verwaltungsangestellte verschafft mir anderntags Zugang zum Werksgelände, das ist der Presse normalerweise strengstens untersagt, und die Direktoren haben gute Gründe dafür. Vor der Walzstraße mit den Instruktionen in kyrillischer Schrift stehen drei Dutzend Arbeiter – eine Brigade aus dem Heer der Betrogenen, die mit der Kraft der Verzweiflung daran glauben, dass die Maschinerie irgendwann doch noch anläuft. Sie hoffen und warten. Wie lange schon? »Zehn Jahre«, bekennt einer. Ungefähr 3600 Tage. Und jeden Tag werden die Staubdecken dicker, die Rostflächen größer, das Rankenwerk der Lianen und Trompetenwinden am Gemäuer dichter. Es blieb mir nicht viel Zeit. Die Werksleitung hatte mitbekommen, dass sich ein Journalist auf dem Gelände herumtreibt, ließ mich suchen und hinauswerfen. Aber die schnellen Eindrücke genügten. Das Stahlwerk von Ajaokuta ist vermutlich der größte »weiße Elefant« in Afrika, eines jener nutzlosen Prestigeprojekte, die überall auf dem Kontinent vor sich hinrotten.

Die Landwirtschaft hingegen wurde in fast allen Staaten des postkolonialen Afrika sträflich vernachlässigt – und damit die Ernährungssicherung. Die meisten Afrikaner sind Subsistenzbauern, sie erzeugen gerade so viel, dass sie einigermaßen über die Runden kommen. Es fehlt ihnen an Produktionsmitteln, Kapital und Kenntnissen, am Zugang zu Märkten. Selbst wenn sie es könnten, würde es sich nicht lohnen, Überschüsse zu produzieren, denn oftmals werden die Aufkaufpreise vom Staat auf niedrigstem Niveau festgelegt. Diese Festpreise für die Erzeugnisse betragen mitunter nur zehn Prozent des Weltmarktpreises, die Differenz kassieren der Staat und seine Parasiten – eine klassische Form der postkolonialen Ausbeutung. Die Folgen der Agrarmisere sind bekannt – Landflucht, explodierende Städte, wachsende Arbeitslosigkeit, Verelendung – und die Prognosen nicht ermutigend: Im Jahre 2025 wird die Armee der Arbeitskräfte in Afrika auf eine halbe Milliarde Menschen angewachsen sein. Die Mehrzahl wird in Metropolen leben, die schon heute zu unregierbaren, gewaltgeplagten Megastädten angeschwollen sind, während sich das Hinterland entvölkert.

*

Es wird still werden in den Dörfern, so still wie in Sadien. Sadien liegt in Mali, ein windzerzaustes Nest, eingeschlafen am Rande der Sahelzone. Auf der Durchfahrtsstraße ein paar alte Leute, scharrende Hühner, zwei nackte Büblein. Die Hütten überpudert von mehlfeinem Staub, den der Harmattan aus der Sahara heranweht. Brütende Hitze. »Dürre und Wassernot sind Naturübel. Aber die hat es hier immer gegeben«, erzählt Idrissa Diarra, der greise Obmann des Dorfes. »Wir sind zu wenige Menschen, das ist unser Hauptproblem.« Die Jungen sehen in dieser Region keine Zukunft mehr. Sie ziehen auf der Suche nach Arbeit und Brot zu Tausenden in die großen Städte, in die Kapitale Bamako, hinunter an die Atlantikküste, nach Accra oder Abidjan. So fehlen in ihrer Heimat die Arbeitskräfte, um das Land zu bestellen und die Krume vor der Erosion zu schützen. Und irgendwann ist niemand mehr da, an den die Alten die überlieferten Kenntnisse vom Ackerbau und von der Viehzucht weitergeben könnten. Ein deutscher Agrarökonom, den ich während einer Dürreperiode in Nordnigeria traf, drückte es umständlich, aber drastisch aus: »Es ist absoluter Selbstmord, wenn man sich vor Augen hält, wie wenig in Afrika vom landwirtschaftlichen Wissen übrig ist.«

In Simbabwe verfolgte ich über Jahre die Geschichte einer Farm, die exemplarisch für das Scheitern der Agrarpolitik ist. Die Farm hieß Khartoum. Sie wurde nach der Kapitulation des rhodesischen Kolonialregimes vom Staat aufgekauft und 1986 an achtzehn landlose Familien übereignet; sie tauften ihre Kooperative Rudaviro, das bedeutet in der Sprache der Shona Vertrauen. Es begannen sieben magere Jahre. Die ersten Ernten fielen nicht gerade üppig aus, weil das Saatgut minderwertig war und es keine Düngemittel gab. Aber immerhin, es reichte, um 200 Menschen zu ernähren und eine Schule sowie eine bescheidene Krankenstation zu bauen. Bald aber stand nur noch die Hälfte des fruchtbaren Landes unter dem Pflug; die kaputten Traktoren verrosteten mangels fachkundiger Wartung vor dem Farmhaus, Ersatzteile waren nicht aufzutreiben gewesen. Die Nutzfläche von 472 Hektar musste mit ein paar Ochsengespannen beackert werden – ein aussichtsloses Unterfangen. Überdies sollte sich herausstellen, dass der Anbau und die Aufbereitung von Tabak – die »Brotpflanze« der Farm – eine ziemlich komplizierte Angelegenheit ist. Die Erträge sanken. Aber es gab ohnehin keine Transportmittel, um die Erzeugnisse auf den nächsten Markt nach Chegutu zu bringen. Der Buchhalter von Rudaviro klagte damals schon, Präsident Robert Mugabe und seine Regierung hätte sie im Stich gelassen. Das Ausbildungsprogramm für schwarze Landwirte war längst eingeschlafen. Die Genossenschaft versuchte, Kredite für Maschinen und eine Bewässerungsanlage aufzunehmen, wurde aber von der Bank abgewiesen, weil sie keine Sicherheiten bieten konnte. Ihr Land ist Gemeingut, niemand hat einen Besitztitel. Es begannen die zweiten sieben Jahre, und die sollten noch magerer werden.

Als ich im April 2000 wieder bei den Leuten von Rudaviro vorbeischaute, funktionierte die alte Dampfmaschine von John Fowler & Co aus Leeds nicht mehr; sie stand hinter dem Tabakspeicher wie ein Museumsstück. Der Leiter der Kooperative hatte die letzten Notgroschen gestohlen und sich aus dem Staub gemacht. In der leeren Hauptscheune lagen Frauen und Kinder im

Malariafieber. Draußen auf den Äckern hingen kümmerliche Kolben an den Maisstauden; die Blätter rauschten blechern im heißen Wind. In Rudaviro klopfte der Hunger an. Solche Bilder prägen sich tief ein; sie verdichten sich zu Anschauungen des afrikanischen Versagens. Aber es sind nicht die Menschen von Rudaviro, denen die Schuld an ihrem Unglück vorzuwerfen ist. Es sind die politischen Hasardeure in der Hauptstadt Harare, die Staats- und Parteibonzen, die die schönsten Latifundien unter sich aufteilten, Leute wie der ehemalige Landwirtschaftsminister Kumbirai Kangai, der mir einst sein wunderbares Bodenreformprogramm erläuterte und ein paar Jahre später eingesperrt wurde, weil er als Chef der staatlichen Getreidekammer Millionenbeträge unterschlagen hatte.

Die Eliten Afrikas ignorieren das Elend und haben wenig Anlass, sich Gedanken über dessen Abschaffung zu machen. Sie leben immer noch recht üppig von den Renten, vom Kahlschlag der Regenwälder, von Teakplantagen, Ölfeldern oder Kupferminen. Es gibt ein paar aussagekräftige Parameter für ihren Lebensstandard. Ich suche in den Hauptstädten armer Länder manchmal die Händler von Luxusautos auf, zum Beispiel die Mercedes-Niederlassung in Kinshasa. Die Nachfrage ist enorm, obwohl es im Zaire kaum noch intakte Straßen gibt – man schätzt, dass von den 122 000 Straßenkilometern aus dem Jahre 1960 noch 6000 Kilometer einigermaßen befahrbar sind. Aber der Leiter der Filiale hat eine ganz andere Sorge: die Geldzählerei. Soeben zerren zwei Männer einen prallen Plastiksack durchs Kontor. Er ist vierzig Kilo schwer und enthält 35 Millionen Nouveau Zaires im Gegenwert von 2100 Dollar. In der Spätphase des Mobutu-Regimes kletterte die Inflationsrate auf 9800 Prozent per annum (in Worten: neuntausendachthundert). Das heißt: Wer einen Mercedes kauft, muss das Geld per Lastwagen anliefern. Es fahren viele Lastwagen beim Händler in Kinshasa vor. Auch der Konsum von Champagner ist ein verlässlicher Gradmesser für das *Highlife*. In den frühen achtziger Jahren wurde der weltweit höchste Pro-

Kopf-Verbrauch in Libreville gemessen, in der Hauptstadt der Urwaldrepublik Gabun. Die Bevölkerung ist mausarm, die Mächtigen prassen. Sie haben jede Menge Öl, und wenn die Quellen irgendwann versiegen, bleibt noch der Regenwald, eine Rodungsfläche von der Größe Italiens. Die Holzhändler und Prospektoren sind schon da; sie kommen aus Frankreich, Spanien oder Malaysia. An der Straße von Libreville nach Njolé sah ich Karawanen von leeren Schwertransportern ins Landesinnere rollen; die auf die Zugmaschinen gebockten Hänger erinnerten an Lafetten. Und ich sah sie wieder zurückkriechen an die Küste, voll beladen mit mächtigen Stämmen. Tausendjährige Urwaldriesen, zusammengehauen in ein paar Tagen und nach Europa oder Asien exportiert. Man denkt an die preiswerten Produkte, in die sie »veredelt« werden, an Spanplatten, Pappkartons, Besenstiele, Klodeckel, Kleiderbügel, Essstäbchen oder Käseschachteln. Und hört die Champagnerkorken in Libreville knallen. Ein Prosit auf den Rentenkapitalismus! Aber was wollt ihr denn?, rechtfertigen sich die Politiker in Gabun. Es herrscht Frieden in unserem Lande, die Menschen hungern nicht. Sind das etwa keine großen Errungenschaften auf dem Kriegs- und Elendskontinent? Damit das murrende Volk diese Errungenschaften nicht vergisst, wird auf haushohen Werbetafeln an sie erinnert. Da prangt in riesigen Lettern *Qui garantit la paix? BONGO.* Wer garantiert den Frieden? Unser weiser Präsident!

Aber blättern wir im Buch der Zeitgeschichte noch einmal ein paar Kapitel zurück, in die Jahre vor 1989, als die Außenwelt noch recht wenig Anstoß nahm an den Kleptokraten Afrikas. Sie durften ihre Völker ausrauben und terrorisieren, solange sie einem der beiden geopolitischen Lager den ideologischen Treueeid schworen. Es war Kalter Krieg damals, und die Supermächte fochten in der Dritten Welt ihre heißen Stellvertreterkriege aus: die roten Teufel, Sowjetkommunismus und Maoismus, gegen den christlichen Westen. Mobutu Sese Seko, der Präsident des Zaire, war der Prototyp des afrikanischen Satrapen. Er hatte sich mit dem mörderischen Beistand belgischer und amerikanischer Geheimagenten an die Macht geputscht und sein Land in ein Bollwerk gegen die Mächte der Finsternis verwandelt. Er plünderte es hemmungslos – und genoss ein hohes Ansehen bei seinen Mentoren. »Dies ist eine Stimme des wachen Verstandes und des guten Willens«, lobte Ronald Reagan, als Mobutu neben ihm auf dem Rasen des Weißen Hauses stand. Bei den Gipfeltreffen der frankophonen Staaten saß er regelmäßig in der ersten Reihe, gleich neben dem jeweiligen französischen Präsidenten. Auch im Ländle des Herrn Späth rollte man ihm den roten Teppich aus. »Die korrupten Ein-Parteien-Regime wurden aus strategischen Gründen geduldet, ich würde sogar sagen, man hat sie ermutigt«, befand Richard Leakey, das Enfant terrible der Machthaber in Nairobi. »Der Westen konnte es sich im Kalten Krieg einfach nicht leisten zu sagen: Zur Hölle mit Kenia.« Denn die Gegenseite päppelte ihre Staatsverbrecher ebenso großherzig: mit Treuegeld, Waffenlieferungen, Militärexperten. Der Despot Mengistu Haile Mariam – er trug den Ehrentitel »schwarzer Stalin« – unterhielt zum Beispiel in Äthiopien eine Geheimpolizei, die die Stasi aufbauen half. Fast alle Gewaltherrscher Afrikas erfreuten sich der Bruderhilfe aus Moskau oder Washington, Paris oder Peking, je nachdem. So besehen hat das Ausland die Selbstzerstörung Afrikas kräftig alimentiert.

Nach dem Ende des Ost-West-Konflikts zogen sich die Impressarios zurück; die Regime der Großmänner stürzten, und ganze Landstriche versanken in Gewalt und Anarchie. In Ländern wie Somalia, Kongo oder Liberia ist das Elend besonders gravierend, und niemand wird ernsthaft bestreiten, dass es durch interne Chaosmächte verschärft wird. Der *warlord* ist nunmehr der Hauptakteur des ökonomischen Verteilungskampfes, und seine Geschäfte laufen gut, weil es nicht an ausländischen Partnern fehlt, an Geldbeschaffern, Waffenhändlern, Militärberatern und Söldneragenturen. Und an multinationalen Konzernen, die an der Ausbeutung der natürlichen Ressourcen Milliarden verdienen. Liberias Staatschef Charles Taylor hat sich per Gesetz sämtliche »strategischen Güter« seines Hoheitsgebietes zugeeignet: Tropenwälder und Bodenschätze, Agrarprodukte und Meeresfrüchte, ja sogar frühzeitliche Funde und Kultobjekte.

Als Rebellen im Jahre 1998 den todkranken Präsidenten Mobutu verjagten und dem Zaire seinen alten Namen Kongo wiedergaben, begann ein neuer Wettlauf um die Ressourcen, wie ihn der Kontinent seit den Kolonialtagen nicht mehr erlebt hatte. »Wenn der große Elefant stirbt, feiern alle Messer«, lehrt ein afrikanisches Sprichwort. Der große Elefant Zaire: In seiner Erde ruhen die reichhaltigsten Kobaltvorkommen der Welt, schwärmten Rohstoffexperten schon 1988 im Minerals Yearbook. Zudem verfügt das Land über die größten Reserven an hochwertigem Kupfer und liegt in puncto Diamanten weltweit an zweiter Stelle. Hinzu kommen Gold, Silber, Zink, Schwefel, Kadmium, Germanium, Beryllium, Wolfram, Mangan, Uranerz und andere strategische Rohstoffe wie Coltan. Zaires Regenwälder, sein Wasserreichtum und das hydroelektrische Potenzial sind schier unermesslich.

Laurent Kabila, Rebellenführer und Präsident in spe, verteilt die Schätze schon während des Vormarsches auf die Hauptstadt Kinshasa. Ein Jahr nach dem Machtwechsel spreche ich am Rand einer Konferenz zum Thema Korruption in Durban, Südafrika, mit einem Insider namens Robert S. Sanford, mit einem jener flamboyanten Geschäftsmänner, die man an den Hotelbars der afrikanischen Hauptstädte trifft. Er weiß viel über die Deals der damaligen Zeit, aber er geizt mit Erinnerungen. »Kabila ist korrupt bis auf die Knochen, das kann ich Ihnen versichern.« Sanford saß im Vorstand von American Mineral Fields (AMF), einem nordamerikanischen Rohstoffkonzern, der sich ein paar schöne Filetstücke holte. Man erwarb zum Beispiel 51 Prozent der Kupfer- und Kobaltminen von Kolwezi zum Sonderpreis von einer Milliarde Dollar. Geschätzter Gesamtwert des Objekts: acht bis dreizehn Milliarden Dollar. Mit unternehmerischem Weitblick stellte AMF dem Geschäftspartner Kabila einen Privatjet zur Verfügung; seine Provision soll 100 Millionen Dollar betragen haben. Aber das wollte Sanford nicht bestätigen.

Es muss damals zugegangen sein wie beim Monopoly. Die Gewinner waren angelsächsische Konsortien wie American Gold Fields, Tenke Mining, Consolidated Eurocan, International Panorama Ressource Corporation; die Profiteure des Mobutismus – belgische, französische und südafrikanische Unternehmen wie der Diamantenmulti De Beers – wurden der Kollaboration beschuldigt und kurzerhand aus dem Land geworfen. Die Franzosen witterten sogleich einen perfiden Meisterplan hinter dem ökonomischen Vorstoß der Amerikaner in ihre traditionelle *chasse gardée;* manche sprachen sogar von einer »anglophonen Verschwörung«, die die zweite Kolonialisierung Afrikas zum Ziel habe. In Wirklichkeit machten die Briten und Amerikaner nur nach, was die Franzosen in ihrer im Kolonialstil konservierten Einflusssphäre seit den 60er Jahren vorexerzierten: den »schwarzen« Kontinent zum eigenen Nutz und Frommen ausnehmen.

Auch die afrikanischen Nachbarn fallen wie Aasgeier über den Kadaver Zaire her: Generale aus Simbabwe, deren Streitkräfte Kabilas Feldzug unterstützen, lassen sich mit Schürfrechten und Konzessionen fürstlich entlohnen. Offiziere aus Uganda, die zunächst auf der Seite der Aufständischen marschierten und sich später gegen sie stellten, betreiben schwunghafte Geschäfte mit Edelhölzern, Gold und Diamanten. Der Handel mit Coltan ist in der Hand ruandischer Militärs und der verbündeten Rebellentruppe *Rassemblement Congolais pour la Démocratie* (RCD). Coltan sieht nicht besonders beeindruckend aus, aber die schwarzen Steinbrocken enthalten die begehrtesten Metalle unserer Tage, Columbit und Tantalit; sie werden in aufbereiteter Form bei der Produktion von Computerchips, Mobiltelefonen, Videokameras oder Playstations verwendet, zur Härtung von Raketen, Weltraumkapseln und Turbinenblättern von Düsenjets oder auch in der Atomindustrie, die besonders hitzebeständige Materialien braucht. Im Jahr 2000 stieg der Preis für ein Pound Coltan, das sind exakt 453,6 Gramm, von 30 auf 300 Dollar; die ruandische Armee machte allein in diesem Jahr einen Reingewinn von 64 Millionen Dollar; der Großteil des Geldes floss über die Congo-Desk des Auslandsgeheimdienstes in Kigali in Form von Waffen und Ausrüstung an die Militärs zurück. Den Austausch der Rohstoffe gegen Kriegsmaterial organisieren kriminelle Kartelle, deren Netzwerke von Zentralafrika über die Schweiz, Belgien oder Bulgarien bis nach Russland reichen. Glaubt man einer Studie im Auftrag des International Peace Information Service aus Antwerpen (»Network War. Eine Einführung in die privatisierte Kriegswirtschaft des Kongo«), dann sind die Namen einiger Drahtzieher bekannt: der Ägypter Sharif Al-Mazri, der Kenianer Sanjivan Ruprah, der Tadschike Victor Bout alias Butt, der Ugander Salim Saleh, ein Halbbruder des Präsidenten Museveni, der Odessa-Clan und sein Chef Leonid Minin, die Kasachstan-Connection von Valentina und Alexej Piskanov. Zum Kreis der wichtigen Coltan-Abnehmer, auch das stellt die Untersuchung fest, gehörte die deutsche Firma H. C. Starck. Die Männer, die das wertvolle Material in den beiden Kivu-Provinzen des Kongo aus der Erde graben, tun das unter erbärmlichen Umständen; im Lager von Kamina wurden 30 000 Bergarbeiter zusammengepfercht, unter ihnen sollen auch politische Gefangene aus Ruanda sein – die Wiedergeburt der Sklaverei zu Beginn des 21. Jahrhunderts.

Der unersättliche Gewaltherrscher Kabila wurde 2001 ermordet, aber das große Fressen geht weiter, und man erkennt unschwer jene Traditionsstränge, die die Geschichte des Kongo seit den kolonialen Gründerjahren durchziehen. Sie führen von den belgischen Bluthunden der *force publique* im späten 19. Jahrhundert zum Lumpenmilitariat Kabilas, von den Sklavenjägern und Kautschukbaronen zu den Diamantendealern und Rohstoffmagnaten. Neu sind eigentlich nur die Kriterien, die das Zeitalter des entfesselten Kapitalismus mit sich brachte. Der Kontinent, stellt der Politologe Peter Lock fest, werde von Wirtschaftsstrategen unterteilt in *Afrique utile* und *Afrique inutile* – hier das ökonomisch nützliche Afrika, dort das wertlose. Der »schwarze« Erdteil, ein Beuteobjekt wie in den glorreichen Zeiten der Landräuber Cecil Rhodes oder Henry Morton Stanley. Der zweite Staat namens Kongo trägt den Beinamen *Republique Elf*, weil er de facto vom französischen Mineralölriesen Elf-Aquitaine regiert wird. Die meisten Bohrinseln an der Atlantikküste vor Angola sind in der Hand amerikanischer Konzerne. Die Außenstelle des britisch-niederländischen Ölmultis Shell in Port Harcourt, Nigeria, wird *Little London* genannt. Das schwarze Gold sprudelt, und es sind, notabene, stets einheimische Cliquen *und* ausländische Konsortien, die sich die Profite teilen. Die Dörfer im Nigerdelta aber sind so arm wie eh und je. Unvergesslich die Worte eines Palmweintrinkers, den ich in einer Buschbar traf: »Aus unserer Erde werden Milliardengewinne gesaugt. Aber wir leben in der Finsternis.«

*

Die Not der Völker Afrikas wird fortdauern, weil es seinen Eliten an den Mitteln, am Know-how und am Willen fehlt, sie zu überwinden. Von den reichen Staaten der Welt ist nach all den Fehlschlägen vorerst wenig zu erwarten, ein bisschen Entwicklungshilfe, ein paar Experten, um das eigene Gewissen zu beruhigen, aber keine großen Kredite mehr und schon gar keine Kapitalanlagen. Ein paar Multis räumen die strategisch wertvollen Bodenschätze ab. Es gilt, mehr denn je, der Leitspruch des Milliardärs Tiny Rowland, den er bei einem Flug über Afrika zum Besten gegeben haben soll: »Dort unten gibt es keinen Präsidenten, den ich nicht kaufen könnte.« Rowland, vormals Chef des britisch-südafrikanischen Rohstoffkonzerns Lonrho, wurde von Premierminister Edward Heath einmal »das hässliche Gesicht des Kapitalismus« genannt. So sieht er aus, der Kapitalismus in Afrika.

Wenn man vom Geschäft mit den Rohstoffen absieht und den Sonderfall Südafrika ausnimmt, so ist Afrikas Anteil an globalen Direktinvestitionen auf unter zwei Prozent gesunken – Peanuts im Weltmaßstab. Das Risiko ist unwägbar geworden: Krieg und

Anarchie, kleine Märkte, niedriges Wachstum, hohe Produktionskosten, das allgemeine Ausbildungsniveau so dürftig wie die Kompetenz der Entscheidungsträger – wer wollte da noch investieren? Die Kapitalflucht aus solchen »Standorten« ist enorm, ebenso der *brain drain*, die Abwanderung der wenigen qualifizierten Fachkräfte. Sie ziehen von der Peripherie in die Metropolen, von Lagos nach London, von Abidjan nach Paris, von Nairobi nach Chicago. Ihre Herkunftsländer aber fallen im Zeitalter der globalisierten Konkurrenz weiter und weiter zurück.

Die Afrikaner sollten ... sie dürfen nicht ... sie müssten unbedingt ... An schulmeisterlichen Belehrungen aus dem Norden herrscht kein Mangel, sie folgen dem jeweils vorherrschenden Weltwohlstandsrezept. Zur Zeit heißt es: Öffnet eure Märkte! Dereguliert! Privatisiert! Und alles wird gut. Unter diesen neoliberalen Maßgaben sind schon die Strukturanpassungsprogramme der Weltbank und des Internationalen Währungsfonds kläglich gescheitert, das räumen unterdessen sogar ihre Erfinder in Washington ein. Beim Betreten eines halb verfallenen Ministeriums oder einer kariösen Behörde irgendwo in Afrika stelle ich mir manchmal vor, wie es wohl wäre, wenn die Starökonomen aus Havard oder die Experten des Kieler Instituts für Weltwirtschaft hier einzögen, um ihre Ratschläge in die Praxis umzusetzen. Sie begännen ihre Arbeit in frugal ausgestatteten Büros; es fehlte an Papier, Schreibgerät, Material; der Strom fiele im Stundentakt aus, Telefon und Fax funktionierten nach dem Zufallsprinzip; Computer gäbe es ohnehin nicht – sie werden regelmäßig geklaut. Schon am ersten Tag würden sich die Gastreformer in einem Gewirr von widersprüchlichen Direktiven auf den Feldern der Wirtschafts-, Finanz-, Währungs- und Handelspolitik heillos verheddern. Sie müssten feststellen, dass es keine rechtlichen Verbindlichkeiten gibt und kein geordnetes Rechnungswesen. Ihre Anrufe bei der Zentralbank blieben unbeantwortet. Der Finanzminister wäre nie zu sprechen, weil er immerzu mit privaten Nebengeschäften befasst ist. Es stünden ihnen keine qualifizierten Mitarbeiter zur Seite, denn die sind längst dorthin emigriert, wo die Herren Reformer herkommen. Und wenn sie tatsächlich so weit kämen, die Weichen neu zu stellen, würden sie vom Präsidialamt einfach wieder umgestellt werden. Kurzum: Den Experten würde es ergehen wie Sisyphos – nur dass sie die Kräfte, die ihren Reformstein zurückrollen, nicht kennen. Immerhin hätten sie gelernt, dass der verbissene Streit über den Nutzen und Nachteil der Globalisierung für Afrika angesichts der realen Machtverhältnisse völlig akademisch ist. Die herrschenden Eliten gewinnen immer, egal welche Heilslehre angewandt wird. Neuerdings organisieren sie ihr Raubwesen per Handy und Laptop; die Masse aber wartet vergeblich auf die versprochenen *trickle down*-Effekte, auf das »Durchsickern« von ein paar Wohlstandströpfchen. »Liberalisierung heißt für jene, die nicht an ihr teilhaben, weitere Marginalisierung«, stellt der britische Ökonom Richard Gibb fest.

Was tun? Es wäre schon viel geholfen, wenn die Weltwirtschaftsmächte die *New Partnership for Africa's Development* (Nepad) unterstützen würden, ein kontinentales Wiederaufbauprogramm nach dem Modell des Marshall-Plans, das Südafrikas Staatschef Thabo Mbeki angeregt hat. Der Kerngedanke: Die Afrikaner mobilisieren ihre Selbsthilfekräfte und bringen die überfälligen politischen und wirtschaftlichen Kurskorrekturen auf den Weg; der Norden verstärkt die finanzielle Zusammenarbeit, erlässt die erdrückenden Schulden und schafft schrittweise jene Handelsstrukturen ab, die den Süden marginalisieren.

Hat man das alles nicht schon einmal gehört? Ist das nicht wieder so ein wohlklingender Rettungsplan, der mit großem Tamtam verkündet wird und irgendwann in den Archiven verstaubt? Vielleicht. Vielleicht auch nicht. Denn diese Initiative enthält ein neues Element: das Eingeständnis der Afrikaner, dass sie für ihr Wohl und Wehe in erster Linie selber verantwortlich sind. Was keineswegs bedeutet, dass den entwickelten Ländern die Absolution erteilt wird. Bisher hielten sie sich an das heimliche Motto: Brot für die Welt, die Wurst bleibt hier. Fortan sind sie aufgefordert, selber zu tun, was sie anderen predigen: Sie müssen ihre Markt-Zitadellen schleifen. Die Afrikaner haben in der Landwirtschaft und im Textilsektor komparative Kostenvorteile, werden aber durch Handelsschranken vom globalen Wettbewerb ausgeschlossen. Entwicklungsexperten haben ausgerechnet, dass sie allein durch den Agrarprotektionismus der Amerikaner, Europäer und Japaner rund 20 Milliarden Dollar pro Jahr an Exporteinnahmen verlieren – das Doppelte der Entwicklungshilfe, die nach Afrika fließt! Eine Kuh in Irland erhält hundert Mal so hohe Subventionen aus Brüssel wie ein Milchbauer in Kenia an EU-Spenden. Wie könnte er mit der Billigbutter aus Kerry, die in den Supermärkten von Nairobi verkauft wird, je konkurrieren? Wenn dieser Bauer hungert, ist er von der Nahrungsmittelnothilfe der Vereinten Nationen abhängig, wobei eine gespendete Mahlzeit am Ende mehr kostet als ein Dinner im Hotel Waldorf-Astoria zu New York.

Gleichwohl: Die Initiatoren von Nepad müssen sich ihrerseits unangenehme Gegenfragen anhören. Wieso sollte man Nigeria, dem sechstgrößten Ölproduzenten der Welt, Schulden erlassen? Warum gebt ihr für Waffen mehr aus als für Schulen und Krankenhäuser? Wie könnt ihr *good governance* geloben, verlässliches Regieren, und gleichzeitig einen Diktator wie Simbabwes Präsidenten Mugabe verteidigen, der die Wirtschaft seines Landes ruiniert und Oppositionelle totschlagen lässt? Die Afrikaner wehren sich gegen Sippenhaft: Man könne nicht die ganze Herde wegen ein paar schwarzer Schafe verurteilen. Allein, das von einem Staatsterroristen kaputtregierte Simbabwe ist gleichsam ein Warnsignal auf der Nepad-Strecke. Es steht auf Rot. Sollten es Präsident Mbeki und seine Kollegen übersehen, könnte ihr Reformzug schnell entgleisen – wie die Lokomotive in Guinea.

*

Die Mehrheit der Afrikaner wird erst einmal weitermachen wie bisher, und der Rest der Welt wird weiterfragen, warum sie immer noch nicht verhungert sind, obwohl die Prognostiker seit zwanzig Jahren die Apokalypse prophezeien. Es gibt eine ganz einfache Antwort: Die Afrikaner halten sich, wie Milliarden von Menschen auf der Südhalbkugel, in der informellen Ökonomie über Wasser, in der Schatten- oder Parallelwirtschaft, die keine Statistik erfasst. Es ist ein Sektor, der in den meisten subsaharischen Ländern größer ist als die reguläre Wirtschaft. Im Kongo etwa ernährt er siebzig Prozent der Bevölkerung. Die Großmutter verkauft Feldfrüchte, der Sohn flickt Schuhe, die Mutter geht zu den Reichen bügeln, der Vater ist Wanderarbeiter, der Onkel bewacht ein Hotel in der Stadt; die erweiterte Familie wirft alle Einkünfte zusammen, teilt, bringt ihre Mitglieder irgendwie durch und entwickelt dabei einen unglaublichen Erfindungsreichtum.

Afrikaner sehen in jedem gebrauchten, verrotteten, weggeworfenen Ding neue Potenziale, alles Material wird umgewidmet und wiederverwendet. Der Besitzer eines Ateliers in Colobane, einem Slum in Dakar, zeigte mir einmal sein Warensortiment, das er aus Blechabfällen zaubert: Karbidkocher, Zäune, Dachschindeln, Kehrschaufeln, Wandschmuck, Skulpturen. »Informelle Ökonomie, das ist ein pejorativer Begriff«, erklärte Jacques Bugincourt, ein alter Haudegen der Entwicklungshilfe, der in Colobane Selbsthilfeprojekte fördert. »Wir sprechen von Volkswirtschaft im eigentlichen Sinne. Slums sind keine Schande, sondern eine Chance. Die Armut entfaltet eine Kreativität, von der wir Helfer nur lernen können.«

Gelegentlich treffen wir auch unverzagte Zeitgenossen, die sich in die »formelle« Ökonomie wagen. Ein Mechaniker aus Kinshasa erzählte mir, wie er versucht hatte, eine Kfz-Werkstatt aufzumachen. Er rannte von Pontius zu Pilatus, hier eine Spezialgebühr, dort eine Sondergenehmigung, »Biergeld« für den zuständigen Gemeinderat, ein Vorschuss für den Steuerbeamten, nicht zu vergessen den Obolus für den zuständigen Mann bei der Handwerksgilde, und die Soldaten und Gendarmen, die in der Gegend herumlungerten, wollten auch ihren Anteil haben. »Die

Behörden pressen dir alles ab, wenn du einen Betrieb aufmachst. Am Ende machst du ihn nicht auf, weil nichts mehr übrig bleibt.« So ergeht es den meisten Afrikanern, die etwas unternehmen wollen: Ihre ökonomischen Initiativen ersticken im Sumpf der Bürokratie.

Unser Mechaniker aus Kinshasa kämpft trotzdem weiter nach dem Motto: Du hast keine Chance, aber nutze sie. Er widerlegt das Zerrbild von der Faulheit der Afrikaner, die hinter vorgehaltener Hand als eines der folgenschwersten Entwicklungshemmnisse bezeichnet wird. Die Goldgräberin in Ghana, der Sisalschneider in Tansania, der Kumpel im südafrikanischen Bergwerk, der Diamantenwäscher im Kongo, der Holzfäller in Kamerun, die Näherin in Namibia, überall beobachten wir Menschen, die so hart und oftmals unter so unsäglichen Bedingungen rackern, wie man sich das in Europa gar nicht mehr vorstellen kann. Wenn von der dürftigen Arbeitsmoral auf dem »schwarzen« Kontinent die Rede ist, fallen mir zuallererst die Frauen ein. Millionen von Frauen, die bei extremer Hitze die Felder beackern, jäten und abernten, die jeden Tag kilometerweit gehen, um Brennholz zu sammeln oder Wasser zu holen und dabei meistens auch noch ein Kind auf dem Rücken und zwei am Rocksaum mitschleppen. Sie tragen mehr als die Hälfte des afrikanischen Himmels. Und wenn die Mühsal ein bisschen Geld abwirft, reicht es manchmal sogar für eine bessere Schulbildung der Jungen. Ihre Qualifikationen werden dringend gebraucht beim Jahrhundertprojekt der afrikanischen Selbstbefreiung.

Zwischenlager der Ware Mensch: Sklavenfestung Elmina, Goldküste

Wirf dein Herz weg!
*Die Verheerungen des Sklavenhandels
und der Kolonialherrschaft*

EINE KIRCHE IM BAROCKEN ALTROSA, lusitanische Bürgerhäuser, der mediterrane Hafen, überragt von einer schneeweißen Zitadelle: Elmina an der Atlantikküste Ghanas, ein Städtchen von malerischer Verlogenheit. Wir betreten die Festung über eine Zugbrücke, durchqueren einen gepflasterten Burghof, bleiben am Abgang zu einem Keller stehen. Die Steintreppen führen hinunter in den »Raum ohne Wiederkehr«. Der Raum ist feucht, kühl, dämmrig. Modergeruch hängt unter dem Gewölbe. Durch einen schmalen Schlitz gleißen das harte Tageslicht und die Meeresbläue herein.

Wer in dieser Gruft saß, den hatten die Götter verlassen. Es waren Tausende und Abertausende, gefangen im Landesinneren, in Ketten gelegt, an die Küste verschleppt, zusammengepfercht in Karzern, aus denen es kein Entkommen gab – außer in den erlösenden Tod. Und irgendwann wurden sie wie Schlachtvieh durch den schmalen Mauerschlitz getrieben, in Schiffsbäuche verladen und in die Neue Welt verfrachtet. Menschenware, schwarzes Elfenbein.

Prinzenstein, Amsterdam, Appolonia, Orange, Metal Cross, Leydsaamheid. Die Forts der weißen Sklavenhändler, allein an der früheren Goldküste, dem heutigen Ghana, sind es sechzig an der Zahl. Sie verbanden sich auf einem Abschnitt von fünfhundert Kilometern zu einer Girlande des Terrors. El Mina, die Mine, 1482 von den Portugiesen erbaut, war die erste der europäischen Festungsanlagen in Afrika. Unter ihren Zinnen ankerten die Karavellen aus Portugal, Spanien, Holland, England, Schweden und Dänemark. Sie tauschten Waffen, Schwarzpulver, Glasperlen, Stoffe, Eisenwaren und Branntwein ein, zunächst gegen Gold und Elfenbein, dann gegen Menschen. Von der afrikanischen Küste schifften sie die Sklaven hinüber nach Brasilien, in die Karibik, nach Nordamerika, wo sie zur Fronarbeit in Silberminen, auf Zuckerrohrfeldern, in Kaffee-, Tabak- oder Baumwollplantagen gezwungen wurden. »Mittelpassage« nannte man diese Seestrecke, es war die zweite Etappe im Handelsdreieck zwischen Europa, Afrika und Amerika. Die älteren Sklavenrouten verliefen quer durch die Sahara in den Norden des Kontinents und von der suahelischen Ostküste hinauf nach Persien und Arabien.

Wir gehen hinüber zum *huys van negotie*, in den Verkaufsraum, wo die Sklaven durch Sehschlitze begutachtet werden konnten. Bevorzugt wurden Männer und Frauen in den besten Jahren. Die Auswahlkriterien sind nachzulesen im *Journal of a Slave Trader* des englischen Händlers John Newton. Man erwarb nur gut gebaute »Exemplare«, keine alten, fußlahmen, sehschwachen Männer mit runzeliger Haut und geschrumpften Hoden, keine Mädchen mit Hängebrüsten, keine schwächlichen Kinder. Denn die brachten, sofern sie den Transport überlebten, nur mageren Profit.

*

Im Jahre 1492 entdeckte Christoph Columbus Amerika. 1518 erreichte die erste Sklavenfracht aus Guinea auf einem spanischen Schiff die Neue Welt. 1526 beklagte der Kongo-König Nzinga Mbemba in einem Brief nach Lissabon, »dass unser Land komplett entvölkert wird«. Es war erst der Anfang. Am Ende waren ganze Landstriche hinter dem dreitausend Kilometer langen Küstenbogen vom Senegal bis hinunter nach Angola menschenleer. Joseph Ki-Zerbo hat hochgerechnet, dass mindestens fünfzig Millionen Afrikaner versklavt wurden. Man hielt den Historiker aus Burkina Faso für befangen und seine Schätzung für maßlos übertrieben. Allein, die neuere Forschung sollte sie bestätigen. Rund zwölf Millionen Menschen wurden im Zuge des transatlantischen Handels in West- und Zentralafrika geraubt, neun Millionen gingen durch die transsaharischen Karawanenwege in die Knechtschaft, acht Millionen wurden von der Ostküste Afrikas in den Orient deportiert. Wenn die Annahme zutrifft, dass infolge der extensiven Raubzüge noch einmal so viele Afrikaner umkamen, ist man bei der Zahl Ki-Zerbos. Die Extrapolationen der Bevölkerungswissenschaftler erhärten jedenfalls diese Vermutung. Um 1500 lebten 47 Millionen Menschen auf dem Erdteil. 1850 hätten ihn unter gleich bleibenden Umständen 100 Millionen bevölkert. Aber die Gesamtzahl der Afrikaner war fast unverändert geblieben: 50 Millionen.

Die Schautafeln in der Verkaufshalle von Elmina führen uns zurück in die Jahrhunderte des Schreckens. Aber nach einem Hinweis auf die Rolle der Afrikaner suchen wir vergebens. Kein Wort über die schwarzen Sklavenjäger von Ojo und Benin, die ihre Brüder, Schwestern, Nachbarn oder Kriegsgefangene an die Weißen verkauften. Keine Fußnote zur skrupellosen Selbstbereicherung der Asanti, dem mächtigsten Volk von Ghana. Kein Kommentar über die Zulieferer aus dem Reich Dahomey, das, wie Walter Rodney bemerkt, »zu einem Räuber ohnegleichen in Westafrika« wurde. Der radikalste Befreiungstheoretiker des Kontinents wirft der herrschenden Klasse Afrikas vor, bei der Ausbeutung ihrer Völker mit den Europäern Hand in Hand gearbeitet zu haben. Die weißen Händler waren an der Küste stationiert; sie verfügten damals noch nicht über das Kriegspersonal und die militärischen Mittel, um die Treibjagd nach »Eingeborenen« selber zu veranstalten. Aber von diesem dunklen Kapitel will Clifford Ashun, der Student, der uns durch das Museum führt, nichts wissen. Er antwortet nicht auf die Fragen und weist uns wortlos zum Kerker, in dem die aufsässigen Sklaven in ihren eigenen Exkrementen erstickten – als ob er befürchte, die Handlangerei seiner Vorväter könne das furchtbarste Verbrechen schmälern, das die Europäer an Afrika begangen haben. Aber vielleicht ist sein Schweigen ein stiller Protest gegen die Verdrängung und Bagatellisierung dieses Verbrechens im reichen Teil der Welt. Denn dort verweist man gerne darauf, dass die Europäer nur ein Handelswesen intensiviert hätten, das schon vor ihrer Ankunft von den Arabern höchst erfolgreich betrieben worden sei und überdies schon lange in Gestalt der Hof-, Land- oder Militärsklaverei existiert habe. Das Kalifat von Sokoto galt im 19. Jahrhundert als zweitgrößte Sklavenhaltergesellschaft der Welt, nur in den Vereinigten Staaten wurden seinerzeit mehr Sklaven gehalten. Es gibt in der Tat nichts zu beschönigen am traditionellen Menschenhandel, obwohl die innerafrikanischen Sklaven in der Regel keine Leibeigenen waren, sondern Mitglieder des erweiterten Haushalts, die sich freiarbeiten und aufsteigen, ja sogar in die Familien ihrer Herren einheiraten konnten. Sie gehörten zur menschlichen Gemeinschaft. Der überseeische Sklavenhandel aber erniedrigte den Menschen zur Ware, zu einem rechtlosen Tauschobjekt.

Die Massendeportationen leiteten einen Prozess ein, den wir heute Globalisierung nennen. Er speiste die Nationalökonomien Europas und Amerikas und hungerte die Subsistenzwirtschaft Afrikas aus, indem er ihr Millionen seiner kräftigsten, gesündesten, geschicktesten Arbeitskräfte entzog. Zugleich unterhöhlte die größte Zwangsverschleppung der Geschichte das tradierte Recht, die Moral und die Sitten, das soziale Gefüge. Sie produzierte nicht nur eine reiche, mächtige Schicht einheimischer Mittelsmänner, sondern einen despotischen Typus, den wir fälschlicherweise dem 20. Jahrhundert zuordnen: den *warlord*. Er terrorisierte und plünderte seine Jagdgründe, und es fehlte ihm nicht an Kriegsgerät: In der Ära des Sklavenhandels wurden rund zwanzig Millionen Feuerwaffen nach Afrika exportiert. Auch scheinbar segensreiche Einfuhren sollten fatale Wirkungen entfalten. Die Maispflanze, welche die Portugiesen aus Amerika mitgebracht hatten, veränderte die Ernährungsgewohnheiten der Afrikaner. Denn der Anbau von Mais ist nicht so arbeitsintensiv, er wirft höhere Ernten ab, die Kolbenblätter schützen das Korn vor Insekten und Vögeln. Aber die Stauden brauchen viel Wasser, laugen die mageren Böden aus und sind nicht dürreresistent. Nach langen Trockenperioden sinken die Erträge dramatisch, und die Menschen bekommen die Abhängigkeit von ihrer »Brotpflanze« zu spüren – sie hungern.

Allein, von dieser grünen Revolution und ihren Folgen reden nur Agronomen, der Unfrieden hat dieser Tage ganz andere Ursachen, und die Entvölkerung ist längst durch eine Überbevölkerung »kompensiert«. Im Übrigen wurde das dreckige Geschäft vor zweihundert Jahren verboten, 1803 in Dänemark, 1807 in England, 1808 in Amerika, 1814 in Holland, 1818 in Frankreich. Was soll also die anhaltende Jeremiade der Afrikaner über die *hidden costs*, den unsichtbaren Preis, den sie für einen Menschenhandel zahlten, an dem sie nicht unerheblich beteiligt waren? Wir Europäer klagen doch auch nicht mehr über die Erblasten des Dreißigjährigen Krieges, pflegte ein Kollege zu sagen. Er vergaß dabei, dass die Jagd nach Sklaven fast vierhundert Jahre gedauert hat. Dass der Erdteil in einem Maße ausblutete wie kein anderer je zuvor und danach nur Europa im Zweiten Weltkrieg. Dass die Angst in zwanzig Generationen fortlebte, jene Angst vor der Verschleppung und dem sozialen Tod, die der freigelassene Sklave Olaudah Equiano in seiner Autobiographie beschreibt. Equiano war ein Bauernsohn vom Volke der Ibo im heutigen Nigeria. Er schildert, wie er im Alter von elf Jahren mit seiner Schwester das Haus hütete, die Eltern waren bei der Feldarbeit. Wie er auf einen Baum kletterte, um nach Häschern Ausschau zu halten. Wie urplötzlich zwei Männer und eine Frau über die Lehmmauer des Gehöfts sprangen und die beiden Kinder kidnappten. Das Warten auf das scheinbar Unabänderliche, die schleichende Furcht, die unendliche Geschichte vom Verschwinden der Menschen veränderte das Lebensgefühl des Kontinents – die Afrikaner wurden zu Fatalisten. Die Angst vor der Versklavung schrieb sich in die kollektive Erinnerung ein. Sie ist in Sprichwörtern, Liedern, Erzählungen und Tanzritualen gegenwärtig, in den Alpträumen der Kinder (»Sei folgsam, sonst holt dich der weiße Mann!«), in der Wehrhaftigkeit von Häusern, Wallanlagen, Pfahlbausiedlungen oder Felsendörfern. Sie äußert sich in der Weigerung, Konserven zu essen, weil man darin das Fleisch von Sklaven vermutet. Sie wird sichtbar in den Narben auf der Haut. Die Menschen verunstalten sich durch Tätowierungen. Oder sie tragen Mundpflöcke, manchmal auch extrem große Lippenscheiben. Das sind Relikte des Glaubens, Hässlichkeit mindere ihren Tauschwert.

Die vermutlich verheerendste, weil bis zum heutigen Tage spürbare Folge der Sklaverei aber ist die Art und Weise, wie sie die Eigen- und Fremdbetrachtung des Kontinents und seiner Bewohner deformierte. »Unser Geist ist dem Denken der Herrenrasse noch versklavt«, schrieb Marcus Garvey, der Vordenker der Black-Power-Bewegung aus Jamaika. *Der Afrikaner*, jahrhundertelang als Helot, willenloser Domestike und unterwürfiges Arbeitstier wahrgenommen, wurde zum »ewigen Sklaven«, zu einem Schicksalsgefährten des »Ewigen Juden« Ahasver, der, weil er Hand an Christus gelegt hat, in den antisemitischen Mythen bis zum Ende aller Tage rastlos herumwandern muss. Er verwandelte sich in den servilen, einfältigen Neger Jim – und nimmt sich manchmal selber so wahr, weil schwarz, die Farbe seiner Haut, überall, wo er hinkommt, mit Minderwertigkeit assoziiert wird. Der Sklavenhandel hat den Afrikanern die Menschenwürde geraubt und die Geringschätzung alles Afrikanischen ins Bewusstsein der Außenwelt gesenkt.

*

»Ihr Deutschen braucht euch nichts vorzuwerfen«, versichert Joseph Mensah. »Eure Kaufleute haben nur mit Gold und Elfenbein gehandelt.« Fledermäuse flattern durch die Karzer der Sklaven. Das Gewölbe, die Säulen und Türlaibungen, makellos aufgemauert mit kleinen gelben Normziegeln – Baumaterial aus Königsberg, altdeutsches Handwerk. Über der Feste unweit der ghanaischen Stadt Prince's Town flattert der rote Adler auf weißem Grund. Die Flagge wurde »den 1. Januarii 1683« zum ersten Mal mit »Pauken und Schallmeyen« gehisst. »Und weil Sr. Churfl. Durchl. Nahme in aller Welt Groß ist, also nennete ich auch den Berg: den Großen Friedrichs-Berg«, vermerkte der Major und Kammerjunker Otto Friedrich von der Groeben im Logbuch; er leitete die brandenburgisch-preußische Expedition an die Goldküste. Friedrich Wilhelm, der Aufklärer und Humanist, wollte beim Geschäft mit dem »Näger« dabei sein, »denn Seefahrt und Handlung sind die führnehmsten Säulen eines Estats«. Die deutschen Kaufleute verschifften von der Goldküste 30 000 Sklaven hinüber nach Amerika. Aber Joseph Mensah, der Kustode von Großfriedrichsburg, wacht über die Unschuld des Großen Kurfürsten. »Es waren die Holländer, die mit dem Sklavenhandel anfingen.« Er zeigt uns die gesammelten Nippes in seinem Büro, Aschenbecher mit Schloss Sanssouci, der Alte Fritz auf Bierdeckeln, Krüge mit Weltkugel, Kurhut und Zepter, die Insignien der Kurwürde. Nein, über seine Preußen lässt Herr Mensah nichts kommen! Unten, in den düsteren Verliesen, wo die Sklaven geschunden, ausgehungert, totgeschlagen wurden, hört man das Meeresrauschen, den Gesang der Gezeiten, immer gleich, geschichtsvergessen.

*

Das brandenburgisch-preußische Abenteuer blieb eine Episode in der Geschichte des Sklavenhandels. Es sollten zwei Jahrhunderte vergehen, ehe die Deutschen wieder vor den Küsten Afrikas aufkreuzten, und beinahe wären sie wieder zu spät gekommen, denn die Engländer, Franzosen, Portugiesen und Belgier hatten bereits weite Teile des Kontinents okkupiert. Aber da gab es vaterländische Prediger wie Friedrich Fabri, den Direktor der Rheinischen Missionsgesellschaft in Barmen, und sein 1879 erschienenes Pamphlet »Bedarf Deutschland der Colonien?«, welches die kolonialen Geister erweckte. Und es gab Dr. Carl Peters, einen Pastorensohn aus Neuhaus an der Elbe, der 1884 die Gesellschaft für Deutsche Kolonialisation gegründet und deren Hauptziel ganz unmissverständlich formuliert hatte: »die rücksichtslose und entschlossene Bereicherung des eigenen Volkes auf anderer, schwächerer Völker Unkosten«. Im selbigen Jahr brachen Peters und seine Gefährten zu einer Expedition nach Ostafrika auf, denn dort war noch ein schönes Stück vom großen Kuchen für Kaiser und Reich zu holen. Peters drang von der Küste in das Innere des heutigen Tansania vor und nötigte zahlreichen lokalen Autoritäten Verträge auf, in denen sie ihre Einflussgebiete unter den »Schutz« seiner Gesellschaft stellten. Wo es keine Führungsfiguren gab, wurden sie kurzerhand erfunden und aufgestellt; auf diese Weise hat die Eroberung vielerorts einen neuen Herrschertypus hervorgebracht, den Stammeshäuptling. In Berlin hielt man zunächst nicht viel von den trickreichen Geschäften des Herrn Peters. Bismarck, der deutsche Reichskanzler, tat die Schutzverträge als »Papier mit einigen Negerkreuzen darunter« ab, und noch 1888 erklärte er einem Forschungsreisenden: »Ihre Karte von Afrika ist ja sehr schön, aber meine Karte von Afrika liegt in Europa.« Doch in diesem Jahr war längst ein Prozess in vollem Gange, für den die britische *Times* eine griffige Parole gefunden hatte: *The Scramble for Africa*. Der Wettlauf um Afrika. Bereits vier Jahre vorher, vom 15. November 1884 bis zum 26. Februar 1885, hatten sich die Emissäre der europäischen Groß- und Möchtegern-Großmächte und eine Delegation aus den Vereinigten Staaten von Amerika im Berliner Palais Radziwill getroffen, um unter dem Vorsitz des deutschen Reichskanzlers handels- und machtpolitische Streitfragen in West- und Zentralafrika zu klären und nicht, wie oft irrigerweise behauptet wird, den Kontinent aufzuteilen; die eigentliche Zerstückelung Afrikas hatte schon vorher begonnen; sie wurde durch die so genannte Kongo-Konferenz legitimiert und danach vollendet. Die Signatarmächte präzisierten in ihrer Schlussakte quasi nur die Spielregeln des Wettlaufs. Heutzutage verwenden wir einen anderen Ausdruck für derartige Veranstaltungen: Gipfeltreffen der Globalisierer.

In der Zwischenzeit hatte auch das Deutsche Reich Geschmack am großen Fressen bekommen. Unmittelbar nachdem die Delegierten Berlin verlassen hatten, wurden die von Carl Peters »erworbenen« Territorien unter kaiserlichen Schutz gestellt. Es war der Freibrief für einen Psychopathen, einen deutschnationalen Herrenmenschen, der fortan prügelnd durch Ostafrika zog. Daheim im Reich wurde er bewundert als waghalsiger Eroberer und Sendbote des deutschen Weltgenesungswesens. Die Gesellschaft für Deutsche Kolonialisation hieß unterdessen Deutsch-Ostafrikanische Gesellschaft. Sie trieb die Landerschleichungen voran, wurde zusehends von Banken, Handelshäusern und Privatpersonen finanziert – auch der greise Kaiser Wilhelm I. investierte eine halbe Million Mark – und verkaufte schließlich am 1. Januar 1891 ihre Hoheitsrechte an das Deutsche Reich. Es war der Geburtstag der Kolonie Deutsch-Ostafrika. Der gesamte Süden der Sahara war unterdessen auf den Messtischblättern der Europäer »balkanisiert« worden. Die größten Landmassen hatten sich die Briten und Franzosen herausgeschnitten, die Belgier holten sich ein Filetstück im Zentrum, Portugal erhielt zwei Flanken, Angola im Südwesten und Mosambik im Südosten, die Italiener schnappten sich Somalia und Eritrea, für die Spanier fielen ein paar Brosamen an der Westküste ab. Die Deutschen mussten sich mit einer »Streukolonie« begnügen: Togo, Kamerun, Südwest-Afrika sowie Deutsch-Ostafrika.

In Europa hatte die industrielle Revolution ihren Zenit erreicht. Die aufstrebenden Mächte des Kapitalismus suchten nach Rohstoffquellen und neuen Absatzmärkten für ihre Massenwaren. Überdies erhoffte man sich von der kolonialen Expansion die Lösung der sozialen Frage; sie sollte neuen Lebensraum für das durch zyklische Wirtschaftskrisen anschwellende Heer überschüssiger Proletarier erschließen. Die Eliten der Vormächte Europas – England, Frankreich, Deutschland – verbanden mit dem kolonialen stets auch den imperialen Gedanken, also die Errichtung von Weltreichen. Und stets verbrämten sie ihre Raubpolitik mit humanitären und missionarischen Motiven, mit der Abschaffung des Sklavenhandels und der Verbreitung der Zivilisation – darauf hatte man sich schon in der Schlussakte der Berliner Konferenz von 1884/85 geeinigt (siehe Kapitel II, Absatz 6). Bernhard Dernburg, der erste deutsche Kolonialminister, lieferte eine freimütigere Definition des Unternehmens: »Kolonialisation heißt die Nutzbarmachung des Bodens, seiner Schätze, der Flora, der Fauna und vor allem der Menschen zugunsten der Wirtschaft der kolonisierenden Nation, und diese ist dafür zur Gegengabe ihrer höheren Kultur, ihrer sittlichen Begriffe, ihrer besseren Methoden verpflichtet.« Man kann es auch unverblümt ausdrücken: unterwerfen, ausbeuten, umerziehen.

*

Im August 1980 kam ich zum ersten Mal nach Bagamoyo, und ich sollte das kleine, verschlafene Küstennest am Indischen Ozean im Laufe der Jahre vier Mal besuchen, denn es gehört zu den Orten in Afrika, die mich stets wie ein Magnet anzogen. Es ist ein Knotenpunkt, in dem die Fäden der Eroberungsgeschichte zusammenlaufen. Hier landeten die Schiffe der Inder und Perser, hier herrschten Araber, Portugiesen und die Sultane von Sansibar, hier begannen die europäischen Entdeckungsreisen, hier endeten die Karawanen der orientalischen Menschenjäger. In einer Kapelle am Stadtrand wurde der fliegenübersäte Leichnam des Erzmissionars David Livingstone aufgebahrt. Der Kongoforscher Verney Lovett Cameron und der bösartige Henry Morton Stanley brachen von Bagamoyo ins Innere des Kontinents auf, ebenso John Hanning Speke, der »Entdecker« der Nilquellen, und Carl Peters, den wir schon kennen gelernt haben. Bis zu 70 000 Sklaven gingen jährlich durch die Todesschleuse von Bagamoyo. Wer auf dem sechsmonatigen Gewaltmarsch von Ujiji am Tanganjikasee zur Küste nicht verreckt oder geflohen war, für den gab es keine Rettung mehr. Die Verzweiflung hat der Stadt den Namen gegeben. Bagamoyo heißt: Wirf dein Herz weg. Diesen Ort erkoren die deutschen Reichskommissare zur vorläufigen Hauptstadt ihrer Kolonie.

Die Boma, die deutsche Verwaltungsfestung auf einem Anberg über dem Meeresufer, ist einer arabischen Zitadelle nachempfunden. Im Schlagschatten des monumentalen Bauwerks bietet mir ein Schuljunge eine alte Münze an. Sie ist anno 1892 geprägt worden, trägt auf der Vorderseite den Reichsadler und auf der Rückseite Gravuren in arabischer Schrift. Auf dem Weg hinunter zum verfallenen Zollhaus hinkt ein alter Mann auf mich zu, um mir einen vom Kaiserlichen Bezirksamt zu Bagamoyo ausgestellten Freibrief zu zeigen; es handelt sich um eine Urkunde, die den Freikauf seines Vaters, eines ehemaligen Sklaven, »seitens der Kath. Mission hier« zertifizierte.

Die Missionsstation steht immer noch, und dazu ein schmuckes Museum, das den Standort Bagamoyo als bekehrungsstrategische Schlüsselposition ausweist. Auf einer Illustration stechen drei Pfeile ins Fleisch des Kontinents, scharf konturiert, wie Heereskeile auf einer Generalstabskarte. Die Spiritaner stießen Richtung Norden zum Kilimandscharo vor, die Weißen Väter marschierten gen Westen, die Benediktiner südwestwärts zum Fluss Rufiji. Ihren Wegen sollten die Geometer und Prospektoren, Eisenbahnbauer und Baumwollpflanzer, Löwenjäger und Kaufleute folgen. Und die Soldaten der deutschen Schutztruppe. »Die Missionare haben die Schneisen der Eroberung ausgetreten«, erklärt Valentine Bayo. Der heutige Leiter der Mission, ein scharfzüngiger, viriler Pater, hat mich zum Abendessen ins Refektorium eingeladen. Er gehört, das wird nach zwei Sätzen schon klar, nicht zu den Gottesmännern, die die Missionsgeschichte so lange klittern, bis darin nur noch gute weiße Christen vorkommen, welche arme, heidnische Negerlein aus der Sklaverei erretten. Vielleicht liegt das ganz einfach daran, dass es ihm als Afrikaner leichter fällt, die Mission als Instrument der kolonialen Unterwerfung zu erkennen. Selbst das »Dorf der Freiheit«, das die Seelenfischer am Rande von Bagamoyo bauen ließen, diente recht irdischen Zwecken. Darin durften die von der Kirche freigekauften Sklaven zum Nutz und Frommen derselben für ihr Heil im Jenseits arbeiten. »Die Missionare haben sie bekehrt und zu ihren Sklaven gemacht«, sagt Pater Bayo. Aus diesem Blickwinkel erscheint das edle Motiv, mit dem die Räubereien der Kolonialisten verbrämt wurden, in einem ganz anderen Licht. Sie kamen, um den Menschenhandel der Araber abzuschaffen, um ruchlosen Männern wie Abushiri bin Salim al-Harthi das Handwerk zu legen. Es war jener Buschiri, der mir schon im Jugendbuch von Ludwig Foehle aus der großväterlichen Kolonialbibliothek Angst und Schrecken eingejagt hatte, weil er mit seiner Keule die Schädel rechtschaffener weißer Missionare zertrümmerte. Nun erzählt ein schwarzer Missionar, dass der Feldzug gegen den Sklavenhandel, die erste humanitäre Militärmission in Afrika, ganz andere Ziele verfolgte: Die Eroberer brauchten Arbeitskräfte. Sie brauchten Sam, den treuen Neger von Bagamoyo, den einzigen schwarzen Helden in Ludwig Foehles Geschichten.

*

Es ist schwül und brüllend heiß. Macheten sausen in die fleischigen Blätter der Sisalagaven. Die Blattspitzen, lang und scharf wie Zirkelnadeln, können böse Entzündungen verursachen. Im Unkraut lauern Giftschlangen. Ein harter Job, Akkordarbeit, sieben Tage die Woche. 30 Blätter ergeben ein Bündel, 110 Bündel einen Festmeter, 2,2 Festmeter einen Tag. Ein flinker Sisalschneider wie William Makinda schafft das. »Ich verdiene 900 Shillinge am Tag.« Damals knapp drei Mark. Solche Löhne machen in Übersee die Endprodukte – Schnüre, Garn, Seile, Teppiche, Korbwaren – recht preiswert. Wir befinden uns auf den Ländereien der Amboni Ltd., der größten privaten Sisalplantage Afrikas. Sie zieht sich endlos über die Hügel hinter der tansanischen Küstenstadt Tanga. Makindas Vater hat schon auf dieser Pflanzung gearbeitet, und sein Großvater gehörte zu den ersten Männern, die vor hundert Jahren hier schufteten. Am 28. Juni 1890 gründete ein gewisser Karl Perrot, Besitzer der gleichnamigen Seehandlung in Wiesbaden, Sansibar und Tanga, bei »der Negerstadt Schumbageni« eine Faktorei und ließ Kaffee, Kokospalmen, Sansiverien sowie Gummibäume aussäen. Im Verwaltungsgebäude betrachten wir ein altes Bildnis: Direktor Rudolph Schöller, ein Held seiner Zeit, porträtiert vom Malerfürsten Franz von Lenbach. Im Stammbuch des Unternehmens kleben vergilbte Fotografien der Gründerväter. George Grosz hätte die fetten, in khakifarbenen Tropenanzügen steckenden Bäuche, die schweren Zigarren und wilhelminischen Schnäuzer trefflicher nicht karikieren können. Im Salon verdammten sie die Sklaverei, auf der Plantage führten sie sie als Lohnknechtschaft wieder ein. Ich hatte beim Besuch der Amboni Ltd. Gelegenheit, Einsicht in verstaubte Faszikel zu nehmen, und entdeckte dabei Verträge mit bestochenen Häuptlingen, in denen sich diese verpflichteten, »jederzeit Arbeiter zu stellen«. Gegen die Arbeiter durften mit freundlicher Genehmigung des Kaiserlichen Bezirksamtes »Disziplinarstrafen bis zu 15 Hiebe (mit Ausnahme von Kindern und Weibern)« verhängt werden. Der »faule Neger« und das Erziehungsprogramm zur Arbeit. Aber die »Eingeborenen« in der deutschen Kolonie Deutsch-Ostafrika wurden noch vergleichsweise schonend behandelt.

Das Palais de Laeken, die Arcades du Cinquantenaire, das Château d'Ardennes, das Arboretum von Tervuren, das Hotel Van Eetvelde im Stile der Art nouveau: Brüssels koloniale Prachtarchitektur – gebaut auf abgehackten Händen. Es waren die Hände kongolesischer Zwangsarbeiter, die das Soll beim Sammeln von Kautschuk nicht erfüllten. Aus dem klebrigen Baumharz wurde einst Gummi erzeugt; die weltweite Nachfrage explodierte, nachdem der Tierarzt John Dunlop 1887 den Pneu erfunden hatte, und das private Tropenimperium, das sich König Leopold II. von dem gefeierten Totschläger Henry Morton Stanley hatte zusammenstehlen lassen, warf märchenhafte Revenuen ab. Seine Bevölkerung aber wurde nach Schätzungen des amerikanischen Historikers Adam Hochschild zur Hälfte ausgerottet, rund zehn Millionen Kongolesen, umgekommen an den Folgen von Gewalt, Hunger, Zwangsarbeit, Verschleppung. Das Handwerk des Tötens oblag der *force publique*, einer Mischtruppe aus einheimischen und auswärtigen Mordgesellen, die von belgischen Offizieren kommandiert wurde. »Der Europäer marktet nicht, sein Rechtstitel ist das Gewehr«, notiert Joseph Frässle, ein Jesuit, der seinerzeit fünfzehn Jahre im Gebiet des oberen Kongo missioniert hatte. Sein schwedischer Kollege Edward Sjöblom schreibt: »Oh, wenn die zivilisierte Welt doch davon wüsste, wie hier hunderte, ja tausende Menschen ermordet, Dörfer zerstört werden und die Überlebenden ... ihr Dasein in unvorstellbarer erniedrigender Sklaverei fristen müssen.«

Das Europa des Fin de Siècle wusste nichts davon. Es sah in König Leopold II. einen Philanthropen, dessen Pioniere die Sklaverei abschafften und das Licht der Zivilisation auf den dunklen Kontinent trugen. Das Koninkliijk Museum voor Midden Afrika zu Tervuren bewahrt den Glorienschein, den sich die Belgier selber aufsetzten. Es ist ein neoklassizistisches Palais, das 1897, zur Weltausstellung in Brüssel, eingeweiht wurde. In der Eingangsrotunde empfangen uns die Allegorien der kolonialen Weltanschauung. *L'Afrique féconde* des Bildhauers Erneste Wijnants, das fruchtbare Afrika, ein stämmiges, breithüftiges Weibsbild, auf dem Haupte Tropenfrüchte balancierend. *L'Esclavage*, die Sklaverei von Arséne Matton, ein Unhold mit Kaftan und Krummdolch, der gerade eine schwarze Frau züchtigt. Und, ebenfalls von Matton, *La Belgique apportant la sécurité au Congo*, Belgien bringt dem Kongo seinen Schutz, eine flandrische Walküre im Harnisch, ihre prallen Schenkel umklammert von Negerkindern, die dankbar zu ihr aufschauen. Die Belgier haben die Zivilisation gepredigt und jene Barbarei gebracht, die Joseph Conrad im Roman »Heart of Darkness« seziert. »Schlagt diese Bestien alle tot!«, schreit sein Protagonist Mr. Kurtz. Das Vorbild für die literarische Gestalt war womöglich Léon Rom, ein Offizier der *force publique*; er pflanzte in seinem Garten die Köpfe enthaupteter Kongolesen auf. Rom alias Kurtz verkörpert den ideellen Gesamtverbrecher der Kolonialära. Das Herz der Finsternis schlug damals in Europa.

Die Belgier sollten den Massenmord im Kongo erst im Jahre 2000 öffentlich debattieren – und dabei ahnen, dass die Gräueltaten ihrer Väter und Großväter die Geschicke des Kongo bis in die Gegenwart prägen. Kein »Mutterland« hat seine Domänen so hemmungslos ausgebeutet, keines hat sie in einem derartig verrotteten und chaotischen Zustand geräumt. Die Mission der Belgier hinterließ mehr Gefängnisse als einheimische Akademiker – es waren bei ihrem Abzug ganze sieben. Am Ende hatte die Medizin zur Abschaffung des Sklavenhandels schlimmere Folgen als die Krankheit selber.

Einmal noch, 1961, beim Mordkomplott gegen Patrice Lumumba, den ersten Premierminister im unabhängig gewordenen Kongo, sollte Brüssel klammheimlich assistieren. Der glühende Nationalist Lumumba hatte sich nicht nur erfrecht, König Baudouin *coram publico* die Schandtaten der Fremdherrschaft vorzuhalten, sondern auch noch mit der Verstaatlichung der florierenden Bergbauindustrie geliebäugelt und das ausländische Großkapital in helle Aufruhr versetzt. Lumumba musste sterben, ein Gemeinschaftswerk der CIA, belgischer Geheimdienstoffiziere und kongolesischer Verschwörer; die mörderische Rolle der Ex-Kolonialmacht Belgien ist nachzulesen in Ludo de Wittes Studie »L'Assassinat de Lumumba«. Die Macht übernahm Generalstabschef Joseph-Désiré Mobutu, ein dem Westen dienstbarer Despot, von dem eine schnurgerade Traditionslinie zurückführt zu Leopold II. – er plünderte und drangsalierte sein Volk wie einst der große Belgierkönig.

*

Aber wenn wir mit einem Finger auf andere deuten, weisen gleich deren drei auf uns selber zurück. Der deutsche Mr. Kurtz hieß

Paul Reichard; er gründete in Ostafrika die Siedlung Waidmannsheil und schmückte sie ebenfalls mit den abgeschlagenen Köpfen der »Eingeborenen«. Und was für den leopoldinischen Kolonialoffizier die *chicotte* war, nannte sein wilhelminischer Kamerad *kiboko* – die Nilpferdpeitsche, das wirksamste Werkzeug zur Vermittlung der »sittlichen Begriffe«, von denen Kolonialminister Dernburg schwärmte.

Dr. Carl Peters, befördert zum Reichskommissar für die Region Kilimandscharo, brachte es zum Oberzuchtmeister des aufsässigen »Negers«. Konsul Baumann, der ihn einmal begleitet hatte, schreibt in einem Brief an seine Eltern: »Übrigens ist Peters halb verrückt. Alles um ihn rum geht krumm vor Hieben. 100 bis 150 sind an der Tagesordnung. Es ist kaum zu glauben, welche Angst die Leute vor Peters und seinen Leuten haben«. Der Pastorensohn hatte über Arthur Schopenhauer promoviert. Bei »Strafexpeditionen« bemühte er gerne die Weisheit seines geistigen Ziehvaters von der »Negativität der Lustempfindung«. Die mörderische Geilheit beendete schließlich seine Kolonialkarriere. Mabruk, ein Diener von Peters, hatte eine Affäre mit Jagodja, einer Beischläferin aus dessen schwarzem Harem. Peters ließ erst den Nebenbuhler hängen, dann die untreue Konkubine. Der Skandal wurde in Deutschland ruchbar und vom sozialdemokratischen Abgeordneten August Bebel im Reichstag angeprangert. Peters wurde 1897 aus dem Reichsdienst entlassen, seines Titels sowie seiner Pensionsansprüche enthoben und in den Gazetten als »Hängepeters« verspottet. Er starb 1918. Neunzehn Jahre später setzt ihn Adolf Hitler *post mortem* wieder in Amt und Würden ein. Reichskommissar Dr. Carl Peters, arische Lichtgestalt, Leitbild der deutschen Jugend.

Der sadistische Kolonisator findet sich unter allen Imperialmächten, er ist der ideale Charakter für das Geschäft der Unterwerfung. Seine Brutalität verstärkte in allen Kolonien den Widerstand. In Rhodesien revoltierten die Ndebele gegen Cecil Rhodes, den erfolgreichsten Landräuber der Kolonialgeschichte. In Südafrika kämpften die Zulu gegen burische Siedler. Die Asanti im Westen, die Somali am Horn von Afrika und die Sudanesen unter dem legendären Mahdi erhoben sich gegen die Briten. In Westafrika stellten sich die Truppen von Ahmadou Cheikou, El Hadj Omar und Samori den Franzosen entgegen, die Baulé lieferten ihnen an der Elfenbeinküste erbitterte Gefechte. In Deutsch-Südwestafrika standen die Herero und Nama auf, in Deutsch-Ostafrika zunächst die Wahehe, dann das Bündnis der Maji-Maji-Krieger. Es waren die Vorläufer der antikolonialen Befreiungskriege im 20. Jahrhundert. Überall auf dem Kontinent loderten Aufstände, überall wurden sie erstickt. Nur den Äthiopiern gelang es, die Eindringlinge zu besiegen; 1896 brachten Kaiser Menelik und sein Heer den Italienern die schwerste Niederlage bei, die eine Kolonialmacht je auf dem »schwarzen« Kontinent hinnehmen musste. Die Vernichtungsfeldzüge forderten einen hohen Blutzoll von Afrika. Im Gemetzel von Omdurman töteten die Briten 11 000 Sudanesen, während sie lediglich 49 Gefallene zu beklagen hatten. 1904 lebten rund 80 000 Herero in Deutsch-Südwestafrika; 1911 waren es nur noch 15 130. Generalleutnant Lothar von Trotha und seine »Schutztruppe« hatten die Herero im August 1904 in der Schlacht bei Waterberg geschlagen und die Überlebenden in die Omaheke-Wüste getrieben, wo sie elendiglich verdursteten – der deutsche Auftakt zu einem Jahrhundert der Völkermorde.

Den Afrikanern gelang es nicht, stabile Bündnisse zu schmieden, um die Invasoren mit vereinter Militärkraft abzuwehren. Sie mussten vor deren überlegener Waffentechnik und Logistik kapitulieren. Die Europäer verfügten über Kanonenboote, schwere Geschütze, schnelle Kavallerien und dichte Nachrichtennetze, und sie hatten ein Mittel gegen ihren Erzfeind, die Malaria, gefunden: Chinin. Vor allem aber hatten sie eine vernichtende Waffe, das Maxim-Maschinengewehr. *Whatever happens, we have got/the Maxim Gun, and they have not*, fabulierte ein englischer Dichter. Im März 1906 ließ zum Beispiel Sir Frederick Lugard das kleine aufsässige Dorf Satiru in Westafrika umzingeln und mit der Wunderwaffe zweitausend Bewohner, Frauen und Kinder inklusive, niedermähen. Als Winston Churchill, damals Staatssekretär im Kolonialministerium und nicht als Mann von Zimperlichkeit bekannt, den Geheimbericht über diese »Strafexpedition« las, sprach er von »Schlächterei«. Den hoffärtigen Lugard beeindruckte die Rüge nicht. Er nannte sein Kampfgebiet »mein schwüles Russland« und sich selbst einen Zaren. Und seine Lady, die Journalistin Flora Shaw, dachte sich einen hübschen Namen für das Tropenreich aus: Nigeria.

In diesem Reich lebte einst Okonkwo, der tragische Held in Chinua Achebes »Das Alte stürzt«. Der wundervollste Roman, den Afrika der Welt geschenkt hat, schildert den vergeblichen Kampf eines Häuptlings gegen die britische Übermacht. Okonkwo verteidigt die heiligen Traditionen seines Volkes, aber dem Eroberungswillen, der Militärtechnik und der christlichen Bekehrungswut kann er nichts entgegensetzen. Die eigenen Götter sind machtlos, der Schutzzauber der Ahnen versagt. Okonkwo erkennt, dass seine Welt zum Untergang verdammt ist. »Der Fremde hat ein Messer an die Dinge gelegt, die uns zusammenhielten, und so sind wir auseinander gefallen.« Als das 20. Jahrhundert heraufdämmerte, war Afrika zerschnitten und die Enteignung eines ganzen Kontinents abgeschlossen.

*

Landraub, Unterjochung, Ausbeutung. Es war Unrecht. Aber so genau will man heutzutage gar nicht mehr wissen, welche Folgen der Kolonialismus zeitigte. Man hat sich angewöhnt, die willkürlichen Grenzziehungen als deren schlimmste zu benennen. Das Festlegen von Längen- und Breitengraden, das Bestimmen der Bergeshöhen und Meerestiefen, die Messung der Entfernungen und Temperaturen, all das Registrieren, Tabellarisieren, Kartografieren gehört in der Tat zu den Urakten der Besitzergreifung. »Nichts wird unmittelbarer und brutaler üble Geschichte machen, als mitten durch ein Volk eine Linie zu ziehen, besonders eine gerade Linie, die Figur der Verachtung selber, zu ziehen«, lesen wir bei Thomas Pynchon. Der Kolonialherr hat seine Demarkationslinien oft mit dem Holzlineal gezogen, mitten durch Völker, Siedlungsgebiete, Kulturräume, Sprachfamilien. Über der Frage aber, was er da auseinander geschnitten, wird gerne vergessen, was er zusammengefügt hat. Einen Staat wie Nigeria zum Beispiel, ein künstliches Gebilde, drei Großvölker – Yoruba, Ibo, Haussa-Fulani – und rund 430 kleinere Ethnien. Die britischen Geburtshelfer legten Nigeria gleichsam einen Fluch in die Wiege; seit seiner Unabhängigkeit anno 1960 strebt mit ethnischer Zentrifugalkraft auseinander, was nicht zusammengehört. Die tribalistisch motivierte Gewalt und das Blutvergießen zwischen Moslems und Christen forderte in den letzten Jahren Tausende von Menschenleben.

Auch ich hielt lange Zeit die Grenzziehungen, diese »äußere« Figur der Eroberung, für die fatalste Langzeitfolge des Kolonialismus – und unterschätzte die inneren Verwüstungen, die er angerichtet hatte. Die Verwüstungen sehen auf den ersten Blick recht ordentlich aus. Nehmen wir die Geometrie an der Straße von Buea am Fuße des Mount Kamerun hinunter zur Atlantikküste: Baum an Baum, strenge Reihen, in idealer Flucht bis zum Horizont. Man denkt an das Nationalsymbol, das Elias Canetti uns Deutschen zugeordnet hat: den Wald, den marschierenden Wald. Auch diese Baumheere – Kautschuk- und Kakaoplantagen – standen unter deutschem Kommando. Erst kamen die Forscher, Barth, Rohlfs, Nachtigall, und beschrieben die Routen ins Innere; dann, Oktober 1884, kreuzten die Fregatte »Bismarck« und die Korvette »Olga« vor dem Kamerun-Fluss, um die »Eingeborenen« Mores zu lehren. Schließlich fielen die Kaufleute ein, allen voran die Agenten der Handelshäuser Jantzen & Thormählen und Woermann aus Hamburg, das damals die wichtigste Dampfschifffahrtslinie nach Afrika unterhielt. Die Wirtschaft konnte sich auf das Militär verlassen. Die deutsche Schutztruppe vertrieb die Konkurrenz der afrikanischen Küstenhändler, beschlagnahmte das beste Land, brannte die Dörfer nieder, deportierte ihre Bewohner in Reservate, schoss jeden Aufsässigen über den Haufen. Und sie sorgte durch Zwangsrekrutierungen dafür, dass der deutschen Beutewirtschaft stets genug Menschenmaterial zur Verfügung stand. »Der Neger ist seiner Natur nach ein Sklave«, befand Julius Scharlach, ein Hamburger Advokat und Entrepreneur. Die »Neger« arbeiteten auf den Plantagen, bauten Straßen, Brücken, Eisenbahntrassen und Buschfaktoreien, leisteten Transportdienste. Im Jahre 1904 waren allein im Bezirk Douala 28 000 Träger im Einsatz, darunter zahlreiche Frauen und Kinder. »Die ganze arbeitsfähige Bevölkerung war in Bewegung geraten. Die Dörfer waren leer«, berichtet Theodor Seitz, der damalige Gouverneur, in einem Anflug von Selbstzweifel.

Die Plantagen trugen klangvolle oder skurrile Namen – Victoria, Moliwe, Kriegsschiffhafen, Bibundi – und ihre Manager führten präzise Statistiken, die uns Rückschlüsse auf die inhumanen Arbeitsbedingungen erlauben. Die Lohnsklaven starben wie die Fliegen. »Es ist nicht zu viel gesagt, wenn behauptet wird, dass jährlich bis zu zwanzig Prozent der Arbeiter als Kulturdünger dienten«, resümiert der Kolonialhistoriker Wilfried Westphal. Wer die Fron durchhielt, wurde regelmäßig mit Schnaps versorgt. Alkoholika, die wichtigsten deutschen Ausfuhrgüter nach Togo und Kamerun, gehörten gleichsam zum Kulturprogramm der Kolonisatoren, und der Reichtagsabgeordnete Adolph Woermann machte auch gar kein Hehl daraus: »Es ist das der Punkt gewesen, wodurch sich die Deutschen überhaupt in den Handel mit Westafrika haben hineinbohren können ... Ich meine, dass es da, wo man Zivilisation schaffen will, hier und da eines scharfen Reizmittels bedarf ...« Branntwein, Rum, Genever. Die Reizmittel brachten seiner Firma ansehnliche Profite.

Im Afrikahaus zu Hamburg erscheinen die Wirtschaftsaktivitäten des »königlichen Kaufmanns« Woermann in einem recht milden, exotischen Licht. In meinen Jahren als Politikredakteur der ZEIT ging ich gelegentlich in dieses Kontorgebäude an der Großen Reichenstraße 27 hinüber, es waren nur drei Fußminuten von der Redaktion bis zum Stammsitz der Firma Woermann. Am Eingang hält die Statue eines schwarzen Kriegers mit Spieß und Schild Wacht. Aus dem schmiedeeisernen Torgepränge blitzen vergoldete Palmfrüchte. Im Hinterhaus empfangen uns zwei gusseiserne Elefantenschädel. Die Ikonologie eines kolonialen Handelsimperiums, Anschauungsmaterial zur These der so genannten Dependenzlehre, das Zentrum – also die Kolonisierer – habe sich auf Kosten der Peripherie – der Kolonisierten – entwickelt. Das Haus Woermann verdankt seinen Aufstieg einer überseeischen Raubwirtschaft, deren Erschließungs- und Unterhaltungskosten die Steuerzahler des Deutschen Reiches getragen haben. Die Vertreter der Dependenztheorie wurden häufig angegriffen, weil die Gewinne aus dem Kolonialwesen unter dem Strich zu gering waren, um der Industrialisierung des Nordens entscheidende Schübe zu geben. Aber im Hinblick auf einzelne Zweige und Akteure der Wirtschaft sind ihre Argumente stichhaltig. Und was die Verluste für den Süden betrifft: Sie werden unterdessen nicht einmal mehr von den Verharmlosern der kolonialen Expansion geleugnet.

Sisal, Kautschuk, Tropenhölzer, Zucker, Bananen, Erdnüsse, Kakao, Tee, Kaffee, Tabak, Öl- und Kokospalmen, Baumwolle, die fruchtbaren Regionen des Kontinents wurden mit Plantagen überzogen. Das gleiche Muster in sämtlichen Kolonien. Der Anbau von *cash crops* für die Märkte der »Mutterländer« schuf nicht nur jene landwirtschaftlichen Monokulturen, von denen viele Staaten Afrikas nach wie vor abhängig sind, sondern auch ein strukturelles Nahrungsmitteldefizit. Der Export begründete eine neue Dimension des Mangels: die flächendeckende Hungersnot. Denn die kleinen Subsistenzbauern wurden auf unfruchtbare Flächen abgedrängt, waren nicht mehr in der Lage, ihre Großfamilien zu ernähren, und daher gezwungen, ihre Arbeitskraft auf den Plantagen zu verkaufen; nur so konnten sie das

Geld für die Kopf- oder Hüttensteuer verdienen, die die Kolonialisten nicht nur zwecks Eigenfinanzierung ihrer Regime eingeführt hatten. Das Steuerwesen war das Kernstück ihrer zivilisatorischen Mission, den »faulen Neger« zu einem fleißigen Kuli zu erziehen. Der Tag, an dem der weiße Beamte oder der schwarze Hilfspolizist durch das Dorf schritt und aus jedem Hüttendach einen Strohhalm zupfte, um die Zahl der Tributpflichtigen zu ermitteln, markierte für seine Bewohner den letzten Akt der Unterwerfung. »Du weißt, wenn du Steuern zahlst, heißt das, du bist besiegt worden«, sagte ein Chief im alten Simbabwe. Die Afrikaner waren fortan genötigt, in die Knechtsdienste der weißen Herren zu treten, deren Geld zu benutzen, deren Waren zu kaufen, ihre Militär- und Verwaltungswesen zu finanzieren. Die Subsistenzgemeinschaft wurde in eine Arbeitsgesellschaft verwandelt, an die Stelle des Tauschhandels trat die Geldwirtschaft. Die erzwungene Modernisierung zog gewaltige Umwälzungen nach sich: Landflucht, Wanderarbeit, Entwurzelung, häusliche Gewalt, Trunksucht. Mancherorts befiel die Menschen ein regelrechter Stupor, eine soziale Lähmung. Das Verhältnis zwischen dem Einzelnen und der Gemeinschaft, Mann und Frau, Jungen und Alten, Stadt und Land veränderte sich. Der Einfluss der traditionellen Autoritäten erodierte, denn sie hatten die Bevölkerung ebenso wenig zu schützen vermocht wie die Götter und Ahnen; oftmals wurden sie überhaupt nicht mehr akzeptiert, man nahm sie als Kollaborateure oder Kaziken der Fremdherrscher wahr.

»Negerkinder«, denen das Privileg zuteil wurde, eine Missionsschule zu besuchen, bekamen dort die entsprechenden Zivilisationswerte eingetrichtert: Individualismus, Arbeitsdisziplin, Rationalität und Rechenhaftigkeit, Körperhygiene, lineares Zeitmaß, Schriftkultur. Sie lernten, dass die Religion ihrer Eltern nur dummer Götzenglaube ist. Dass die überlieferten Normen und Werte primitiv sind. Dass die afrikanische Kultur den Fortschritt verhindert. So schwand der Rest des Selbstwertgefühls, das nach dem Trauma der Sklaverei noch übrig geblieben war. Die Sinne, das Denken, das Wünschen der Afrikaner wurden kolonisiert.

*

Auf die Abseite des deutschen Kriegerdenkmals an der Eckernforde Avenue (sic!) in Tanga hat jemand »German go home!« gekritzelt. Malonde Maseru kennt die Parole nicht, aber sie würde ihn vermutlich erzürnen. Der alte Mann war nämlich Askari, schwarzer Hilfssoldat in der deutschen Schutztruppe, und dafür bedankt sich die Bundesrepublik bis zu seinem Lebensende mit einem jährlichen Treuegeld von 81 000 Schillingen, im Jahre 1995 waren das rund 240 Mark, eine gewaltige Summe in Tansania. Ausgezahlt wird sie von einer Engländerin. Sie heißt Mrs. Tamé, ist die Witwe eines deutschen Diplomaten und *very british*. Ein Prototyp jener zähen, tropenfesten Kolonialistenfrauen, die ihre Männer überlebt haben und von Afrika nicht mehr loskommen, die Gin Tonic als Malariaprophylaxe trinken, rosarote Rüschen lieben, mit einem Karabiner umgehen können, Kakao-Plantagen managen und sich nebenbei in der Wohlfahrt engagieren. Mrs. Tamé rumpelt gerade in ihrem altersschwachen Land Rover durch den Busch hinaus nach Mapotjomi. Heute ist Zahltag.

Malonde Maseru marschiert stramm wie ein junger Infanterist auf uns zu. Er trägt den weißen Kanzu, ein langes, einteiliges Baumwollkleid, dazu ein Leibchen und Sandalen aus Lastwagenreifen. Auf dem Kopf sitzt eine Ziegenfellmütze, am Kinn schweben weiße Bartflocken. Die Haut ist straff und wettergegerbt, und drei hirschhorngelbe Zahnstumpen hat er auch noch. »Erst letzte Nacht habe ich wieder von Krieg geträumt«, fängt er gleich zu erzählen an. Und was? »Von der Schlacht bei Tanga. Gegen die Engländer.« Am 4. und 5. November 1914 also. »48 brave Askaris«, geehrt auf dem besagten Kriegerdenkmal in der Stadt, verbluteten seinerzeit für das Deutsche Reich. »Kaiser Wilhelm« – Maseru salutiert, wenn er den Namen ausspricht –, »den mochten wir alle!« Er singt ein Marschlied auf Kisuaheli. »Viele rannten weg. Die haben es nicht gepackt. Aber die Deutschen haben uns gut behandelt. Es gab immer *ugali* (Maisbrei) und Sauerkraut zu essen. Wir rauchten Nwota Star. Und wir hatten viele, viele Kugeln, Kaliber 9.3.« Wie kam er zur Truppe? »Lettow-Vorbeck suchte Rekruten. Ich ging hin und wurde getestet, ob ich ein Gewehr halten kann. Lettow-Vorbeck war ein großer Mann. Und Hauptmanni von Brandes auch.« Erinnerungsstücke, ins Gedächtnis gebettet wie Perlen in eine Samtschatulle.

Nein, Malonde Maseru hat nichts zu bedauern. Er ist kerngesund – »wegen der deutschen Militärdisziplin« – und schon so alt wie die Baobab-Bäume, fast hundert. Aber so genau weiß er das nicht. Sein Kriegskamerad Hamisi ist bereits zu den Ahnen gegangen. »Heute noch sind wir zu Haus, doch morgen geht's zum Tor hinaus«, hatte er immer in bestem Deutsch deklamiert. Jetzt sind nur noch zwei Askaris übrig, fröhliche Zeugen einer dunklen Epoche. Maseru redet wie die Veteranen aller Länder, und das jährliche Treuegeld versilbert die Vergangenheit. Er nimmt das Geldbündel mit schwejkschem Grinsen entgegen und dankt – dem Kaiser.

In dieser denkwürdigen Begegnung zeigt der Kolonialismus sein Doppelgesicht. Ein Mann wie Maseru, der an seiner Unterwerfung selber teilhatte, sieht ihn als Errungenschaft, und tatsächlich war er nicht nur eine destruktive Macht. Die Deutschen haben in Ostafrika Galgenbäume und Monokulturen hinterlassen, aber auch eine veritable Infrastruktur, Straßen, Eisenbahnlinien, Häfen, Staudämme, Telegraphennetze, Krankenhäuser, moderne, funktionale, dem Klima angepasste Zweckbauten von zeitloser Eleganz. Sie haben ein Verwaltungssystem aufgebaut und ein öffentliches Schulwesen, in dem die Schreibweise des Kisuaheli latinisiert wurde. Schule heißt in dieser Sprache seither *shule*. Natürlich wurden all diese Bemühungen von der Obsession beflügelt, Strenge und Geradlinigkeit, Ordnung und Kontrolle in eine Umwelt zu bringen, die als wild und wirr empfunden wurde. Manche Innovation brachte gleichsam Kollateralprodukte hervor, unbeabsichtigte Nebenwirkungen, die sich schließlich gegen die Fremdherrschaft kehrten. Das gilt insbesondere für das Wirken der viel gescholtenen Mission: Eine ganze Generation von Befreiungskämpfern wurde in kirchlichen Lehranstalten erzogen, Nkrumah (Ghana), Houphouët-Boigny (Elfenbeinküste), Kenyatta (Kenia), Nyerere (Tansania), Banda (Malawi), Mugabe (Simbabwe), Mandela (Südafrika), um nur die berühmtesten zu nennen. Ihnen wurden eben nicht nur Fleiß und Gehorsam beigebracht, sondern auch das Gebot der Nächstenliebe, die Prinzipien der Gerechtigkeit und der Gleichheit aller Erdenbewohner vor Gott, die humanistischen Grundwerte des Abendlandes. Der Kolonialismus sei zugleich »politische Fesselung und mentale Befreiung« gewesen, befindet der kenianische Kulturphilosoph Ali Alamin Mazrui. Die Auseinandersetzung mit der Wirtschaftsweise, der Wissenschaft, dem Bildungswesen, der Religion und dem Wertekanon der weißen Herren hat die geistigen Fundamente gelegt, um das koloniale Joch abzuschütteln.

*

Der Traum vom deutschen Kolonialreich währte nur kurz; es ging nach dem Ersten Weltkrieg unter, eine Folge der Niederlage. Paul von Lettow-Vorbeck, in dessen Schutztruppe Malonde Maseru als Askari diente, lieferte den zahlenmäßig weit überlegenen Briten zwar noch einen zähen Guerilla-Krieg. Aber schließlich musste auch der »Löwe von Afrika« die Waffen niederlegen, als Letzter der deutschen Kolonialoffiziere, ungeschlagen im Felde, wie es nach seiner glorreichen Heimkehr ins Reich hieß. Die Farbe und der Schnitt seiner Tropenuniform sollte der SA als Muster des Braunhemds dienen.

Auf der gegenüberliegenden Seite des Kontinents, in Deutsch-Südwest, kapitulierte die Schutztruppe schon früher. Am 6. Juli 1915 gingen gleich hinter dem Minen Hotel im Städtchen Tsumeb 550 Mann in britische Gefangenschaft. Sie hatten kurz vorher noch ihre Geschütze, Maschinengewehre und Krupp-

Munitionswagen im neunzehn Kilometer entfernten Otjikoto-See versenkt. Die Herrenmenschen zogen ab, aber das Deutschtum blieb. Wir müssen nur in das besagte Minen Hotel gehen. In der Gaststube finden wir zwischen Gnu-Geweihen eine Bierdosensammlung, die Kicker-Stecktabelle der Bundesliga und Wahlkampfkarten von Franz Josef Strauß. Auf der Speisekarte stehen Matjeshering, Thüringer Bratwurst und Eisbein. Wir hören beliebte Melodien von Jürgen Markus und Heino. Die weiße Jugend trägt Vokuhila-Frisuren. Draußen, im Biergarten, beschreibt ein Zecher die wahre Natur der »Kaffern«. Es seien Paviane. Das Problem ist nur: Die »Paviane« regieren seit 1990 das Land der Südwester unter dem Namen Namibia. Und manche ihrer »Stämme« belästigen die Nachgeborenen immer noch mit ihren Reparationsforderungen.

Kuiama Riruako lässt anderthalb Stunden auf sich warten, dafür geht er gleich in die Vollen. »Ihr Deutschen habt die jüdischen Zwangsarbeiter entschädigt, ihr müsst auch uns entschädigen.« Riruako, ein dicker, runder Mann von 68 Jahren, nennt sich Paramount Chief, aber nicht alle Herero erkennen ihn als ihr Oberhaupt an, und die meisten der 25 000 deutsch-stämmigen Namibier halten ihn für einen halbseidenen Stammesfürsten. Deutsche Politiker gehen ihm lieber aus dem Weg, weil er die Vergangenheit einfach nicht vergehen lassen will – er verlangt ein klares Schuldbekenntnis. Und obendrein fordert er Wiedergutmachung in Milliardenhöhe. Beim letzten Staatsbesuch eines Bundespräsidenten im Jahre 1998 gehörte Riruako zur Delegation, der ein offizielles Treffen verwehrt wurde. Eine Entschuldigung sei nur eine Worthülse, die mehr schade als nutze, erklärte Roman Herzog. Gewiss, die Vorkommnisse anno dazumal seien »nicht in Ordnung gewesen«, aber sie liegen schon allzu lange zurück. Schluss, aus, vorbei. Jeder Stammtisch dürfte dem Staatschef zugeprostet haben.

Kuiama Riruako möchte, dass »die Dinge in Ordnung gebracht werden«. Im September 2001 haben seine Anwälte bei einem Distriktsgericht in New York eine Sammelklage eingereicht. Er fordert im Namen aller Herero vier Milliarden Dollar Schadenersatz von der Bundesrepublik Deutschland und den Rechtsnachfolgern deutscher Unternehmen wie die Reederei Woermann (heute Deutsche Afrika-Linie), die vom Kolonialkrieg profitiert haben. Wer gehofft hatte, die rot-grüne Koalition würde anders mit diesem »dunklen Kapitel« umgehen, sah sich spätestens nach der Stippvisite von Joschka Fischer vorigen Oktober enttäuscht. Der Außenminister betonte das »tiefe Bedauern« und den »tiefen Schmerz«, aber der Schmerz ist offenbar nicht tief genug für eine Entschuldigung; er werde »keine Äußerung vornehmen, die entschädigungsrelevant wäre«. Entschädigungsrelevant – ein Wort wie aus deutscher Eiche geschnitzt. Seit der Unabhängigkeit Namibias im Jahre 1990 praktizieren alle Bundesregierungen die gleiche Abwehrstrategie. Jetzt noch um Vergebung bitten? Wieder blechen? Zahlt Deutschland, in Namibia Entwicklungshelfer Nummer eins, nicht schon genug? In den vergangenen anderthalb Jahrzehnten waren es immerhin 500 Millionen Mark – gemessen am Pro-Kopf-Anteil erhält kein anderes Land der Welt mehr Unterstützung aus Deutschland. Wenn das Auswärtige Amt diese Bilanz präsentiert, klingt das wie die Aufrechung von Ablasszahlungen. Offenbar fühlt man sich in Berlin doch ein bisschen verantwortlich für die Verheerungen der Kolonialzeit.

*

So zauberhaft ist das Abendlicht nur in Afrika. Es leuchtet bernsteingelb, es durchglüht den dürren Busch. Das metallische Hitzekonzert der Zikaden ist verstummt. Dunkel und starr liegt der Wasserspiegel im Schatten der Dornakazien. Vielleicht war der Abend damals genauso magisch, vor hundert Jahren, als sich die Häuptlinge und Großmänner der Herero an der Viehtränke Onguera zur Beratung versammelten. Am Vortag, es war der 11. August 1904, hatte die Entscheidungsschlacht begonnen, die Herero hatten sich wacker geschlagen, aber die zahlenmäßig weit überlegene deutsche Kolonialtruppe mit ihren Krupp-Geschützen würde sie besiegen. Es war nur eine Frage der Zeit. An diesem Ort sollen die Anführer der Herero beschlossen haben, durch eine Lücke in der Postenkette des Feindes mit ihrem Volk und den Rinderherden zu entweichen. Oder trieb die schiere Verzweiflung Zehntausende von Menschen in die Flucht, hinaus auf das öde Sandveld der Omaheke, hinein ins Verderben? Wir werden es nie erfahren. Jedenfalls spielte sich hier, am Fuße des Waterbergs im heutigen Namibia, ein finsteres Kapitel der deutschen Geschichte ab. Für die Herero gab es nämlich kein Zurück. Die Reiter der so genannten Schutztruppe trieben sie vor sich her und massakrierten, so viele sie massakrieren konnten. Wochenlang riegelten sie sämtliche Wasserlöcher ab, Tausende von Männern, Frauen und Kindern starben an Durst, Hunger, Entkräftung. »Das Röcheln der Sterbenden und das Wutgeschrei des Wahnsinns ... verhallten in der erhabenen Stille der Unendlichkeit«, schrieb ein Offizier in sein Tagebuch. Am 2. Oktober 1904 erließ Oberbefehlshaber Lothar von Trotha den endgültigen Vernichtungsbefehl: »Innerhalb der deutschen Grenze wird jeder Herero mit oder ohne Gewehr, mit oder ohne Vieh erschossen.« Zwei Jahre später bilanziert der Große Generalstab zu Berlin: »Die wasserlose Omaheke sollte vollenden, was die deutschen Waffen begonnen hatten: die Vernichtung des Herero-Volkes.«

Aber die Vernichtung ging weiter. Die Überlebenden wurden in Ketten gelegt und in Camps deportiert, die man Konzentrationslager nannte. Sie mussten Zwangsarbeit leisten. Unter den 17 000 Gefangenen waren auch 2000 Nama aus dem Süden der Kolonie, deren Aufstand die reichsdeutschen Konquistadoren ebenfalls niederschlugen. 7682 Menschen – da war ihre Statistik sehr genau – ließen in den Lagern ihr Leben, sie verhungerten, starben an Skorbut oder an Folgen schwerer Misshandlungen. Eine Volkszählung im Jahre 1911 ergab, dass vom »Stamm« der Herero noch 15 130 Menschen übrig geblieben waren. Zur Jahrhundertwende sollen es 70 000 bis 80 000 gewesen sein. Der Ausrottungsfeldzug der deutschen Schutztruppe sei der erste Genozid des 20. Jahrhunderts gewesen, stellt der Kolonialhistoriker Jürgen Zimmerer fest. Die namhaftesten Vertreter seiner Zunft stimmen ihm zu. In Deutschland ist das kurze »Abenteuer« in Südwest längst vergessen. Zwei Weltkriege und der Holocaust überlagerten die Erinnerung an alle vorhergehenden Verbrechen. Man glaubte, dass das deutsche Reich durch den frühen Verlust seiner Kolonien Glück gehabt hatte. Erst anno 2004, zum hundertjährigen Gedenken, sollte diese tröstliche Geschichtsvergessenheit hinterfragt werden.

Omuinjo uetu uri mongombe, sagen die Herero. Unser Leben ist im Rind. Und so beginnt ihr Untergang mit der verheerenden Rinderpest des Jahres 1896, die 95 Prozent der Herden hinrafft. Zugleich wird das Land der Ahnen immer kleiner, die Kolonialisten haben durch trickreiche Verträge gewaltige Flächen erschlichen, oft werden sie auch von korrupten Großmännern der Herero verscherbelt. Immer mehr Menschen leiden unter Mangelernährung und Seuchen, ihre Gemeinschaften zerfallen. Ohne Vieh und Land sind sie gezwungen, als Halbsklaven auf den Farmen der Weißen zu arbeiten. Sie werden ausgebeutet, erniedrigt, misshandelt, vergewaltigt. Zahlreiche Aufzeichnungen von Missionaren belegen, wie der deutsche Herrenmensch seinen Sadismus auslebt.

Am Abend des 11. Januar 1904 erheben sich die Herero. Sie ermorden 123 Siedler, Händler und Soldaten – und entfachen den *furor teutonicus*. Von Anfang an ist die Rede von Vernichtung, im Februar berichtet Pater Elger in einem Brief an die Rheinische Missionsgesellschaft vom »Blutdurst gegen die Herero«, man höre nichts als »aufräumen, aufhängen, niederknallen bis auf den letzten Mann, kein Pardon«. Im selben Monat mahnt Theodor Leutwein, der vergleichsweise gemäßigte Gouverneur; ein Volk von 60 000 bis 70 000 Seelen lasse sich nicht so leicht vernichten, außerdem bedürfe man der Herero als Arbeiter. So dachte ein weitsichtiger Kolonialherr, einer, der wusste, dass die schwarzen

Knechte dringend gebraucht werden, beim Eisenbahnbau, in den Bergwerken, auf den Farmen oder auch als Hilfssoldaten. Aber der »liberale« Leutwein wird entmachtet und durch Lothar von Trotha ersetzt, einen Eisenfresser, der seine Brutalität schon beim Boxeraufstand in China bewiesen hatte. Der Generalleutnant lässt von Anfang an keinen Zweifel an seiner Mission aufkommen: »Ich glaube, dass die Nation (der Herero) als solche vernichtet werden muss.« Nachdem er sein heldenhaftes Werk vollbracht hatte, wurden die Herero, Nama, Damara und andere Völker per kaiserliches Dekret enteignet. Die Siedler aus dem Mutterland waren hungrig nach Land.

»Wir haben seinerzeit alles verloren, das Land und das Vieh, alles. Es ist auch uns Nachfahren geraubt worden,« sagt Riruako. »Ihr müsst das Unrecht anerkennen, es gibt kein Zurück, denn sonst …« – der Chief klopft mit der Handkante auf den Tisch – »… sonst könnte es kommen wie in Simbabwe. Dann besetzen auch unsere Jungen die weißen Farmen und holen sich das Land zurück.« Eigentlich ist Riruako ein recht umgänglicher Mann mit einem herzerfrischenden Lachen. Aber bei diesem Thema kann er so bullig auftreten, dass manche seiner Worte Hörner bekommen. Auffällig viele Sätze beginnt er mit dem Wörtchen ich, fragt man ihn aber danach, wer die Reparationen nach welchen Kriterien an wen verteilen würde, verlieren sich die Antworten im Ungefähren. Deshalb trauen ihm die meisten seiner Landsleute nicht, darunter auch viele Herero. Und je weiter man hinausfährt in ihr ehemaliges Land, desto mehr scheinen seine Macht und sein Einfluss zu schwinden.

Der steinalte Chief Kambazembi, den wir am Fuße des Waterberges treffen, hält zum Beispiel recht wenig von Riruako und seiner Klage. »Er soll für sein eigenes Haus reden, nicht für unser ganzes Volk. Ich folge jedenfalls seinen Worten nicht.« Man muss in Afrika lange nach einem Volk suchen, das so zerstritten ist wie die Herero. Aber in einem sind sich die meisten einig: Ohne Kompensation für erlittenes Unrecht kann es keine echte Versöhnung geben. »Natürlich verlangen wir Entschädigung, schauen Sie sich nur um hier«, sagt Häuptling Kambazembi. »Wir leben seit hundert Jahren auf einem Friedhof.«

Schauen wir nach Okakarara, in das kleine staubige Nest unter dem Waterberg. Ein paar Kirchen, Schulen, Amtsgebäude, drei Parteibüros mit windzerzausten Fahnen, zwei Tankstellen, ein bescheidenes Hospital, keine Bank, dafür jede Menge Termitenhügel, Schnapsläden und Bars. Auf der Hauptstraße gehen junge Männer auf und ab. Am Straßenrand nähen Frauen Trachtenpüppchen, die mit ihren wilhelminischen Röcken und Kopfgebinden so aussehen wie sie selber.

»Wir sind die Ärmsten der Armen in Namibia«, schimpft Asser Mbai, der Bezirksrat. Warum das so ist? »Wie sollte es anders sein?«, entgegnet er und zählt die Ursachen auf: Erst die deutsche Kolonialzeit, dann die Jahre der Apartheid unter den südafrikanischen Besatzern, schließlich die korrupte Regierung nach der Unabhängigkeit. »Sie vernachlässigt die Region, weil die Leute nicht Swapo wählen.« – »Das ist nicht wahr«, sagt der Tjatjitrani Kandukira, der frisch gewählte Bürgermeister, 44 Jahre alt, Rastafari, Mitglied der Regierungspartei Swapo. »Wir neigen dazu, immer nur andere zu beschuldigen, das hat Tradition in Afrika. Dabei gab es hier jede Menge Missmanagement – von Herero.« 9 000 Einwohner hat Okakarara, rund 70 Prozent sind arbeitslos, schätzt Kandukira. »Die Jungen trinken, weil sie keine Perspektive haben.« Vor ein paar Minuten wurden der Stadt wieder einmal Strom und Wasser abgedreht, Kandukira ist das peinlich. Seine Kommune ist bankrott, die meisten Einwohner zahlen keine Steuern, weil sie nichts verdienen. Eine Stadt im Teufelskreis der Unterentwicklung, die jede Eigeninitiative lähmt. Die Folgen sind in der Turnhalle der Secondary School zu besichtigen – sie ist 1989 ausgebrannt. Aber man hat es in 15 Jahren nicht geschafft, sie zu renovieren. Vielleicht kommt ja irgendwann ein großherziger Spender. Oder Reparationen aus Deutschland.

Natürlich hätte die Bundesrepublik den Herero eine Art Wiedergutmachung zahlen können, ein paar Millionen für ein Schulprogramm, den Bau von Brunnen oder für Agrarprojekte. Aber Berlin hält es wie alle ehemaligen Kolonialmächte: abblocken, um keinen Präzedenzfall zu schaffen. Man fürchtet, dadurch eine gewaltige Schleuse zu öffnen. Denn eine geradezu stratosphärische Forderung steht im Raum: 777 Milliarden Dollar, eine Zahl mit neun Nullen. Sie findet sich in einer Sammelklage der Afrikaner, die von Europa und Amerika Entschädigung für den Sklavenhandel fordern. Die Tatsache, dass afrikanische Menschenjäger kräftig mitverdient haben, wird indes geleugnet. »So etwas hat es nicht gegeben«, wehrt eine Klägerin empört ab. Wer moralisch im Recht ist, nimmt es mit den historischen Fakten nicht allzu genau. Aber nach welchen Kriterien könnten die Reparationen überhaupt verteilt werden? Wer hat heute ein Anrecht darauf? Einzelpersonen? Volksgruppen? Staaten? Müsste neben Firmen wie Woermann nicht auch der Großkonzern Ashanti Goldfields aus Ghana in den Entschädigungstopf einzahlen? Und wie würde man im Falle Liberias verfahren? Dorthin waren freigelassene Sklaven aus Amerika zurückgekehrt, um 1847 eine Republik auszurufen, die Republik der Freien. Sie errichteten ein Terrorsystem, eine Art schwarze Apartheid, und versklavten ihre Brüder, die »primitiven Waldmenschen«. Die Geschichte des Firestone-Konzerns, dem die Amerikoliberianer gewaltige Plantagen überließen und Lohnsklaven zutrieben, ist eines der lehrreichsten Exempel für die Ausbeutung Afrikas im 20. Jahrhundert, einem *Joint venture* schwarzer Aristokraten und weißer Kapitalisten.

Abgesehen davon, dass ohnehin niemand die geforderte Summe aufbringen kann und will, die Reparationen würden, wie ein Gutteil der Entwicklungshilfe, nicht den Bedürftigen, sondern wiederum nur den Mächtigen zukommen, also jenen afrikanischen Eliten, die ihre Staaten so erfolgreich plündern wie ehedem die weißen Herren. Die Verbrechen, »die der afrikanische Kontinent gegen seine eigene Art begeht«, seien »von einem Ausmaß und, unglückseligerweise, auch von einer Art, die ständig die Erinnerung wachzurufen scheint an jene historischen Verbrechen, die dem Kontinent von anderen zugefügt wurden«, gibt der nigerianische Literatur-Nobelpreisträger Wole Soyinka zu bedenken. Alle Ursachen der gegenwärtigen Misere werden auf die finsteren Epochen der Ausbeutung zurückverlegt. Die Opfer sind schwarz, die Täter weiß, eine eindimensionale Sichtweise, die vom postkolonialen Scheitern der Eliten ablenkt. Das macht es den Europäern leicht, die Anklage der Afrikaner zurückzuweisen und im selben Gedankengang jede historische Mitverantwortung für den maroden Zustand des Kontinents zu leugnen.

Demnach bleibt der Sammelklage nur das symbolische Verdienst, eines der schändlichsten Kapitel der Menschheitsgeschichte ins Gedächtnis der Welt gerufen zu haben. In ihr scheint noch einmal die kollektive Demütigung Afrikas auf, eine Demütigung, die nicht verjährt und schon gar nicht durch Ablasszahlungen kompensiert werden kann. Der Sklavenhandel und der Kolonialismus haben die Afrikaner herabgewürdigt zu Arbeitstieren, zu entmenschlichten Knechten, und das Tragische ist, dass sie dieses Knechtsmal in ihrem Selbstbild replizieren. Afrika verinnerlichte jene Unterlegenheit, die der Vulgärdarwinismus der Kolonialherren postulierte. Sie hat selbst die Vordenker der Befreiung gelähmt. »Ich wollte ein Mensch sein, nichts als ein Mensch«, schreibt Frantz Fanon in einer autobiographischen Anmerkung. Des Öfteren habe ich gebildete Afrikaner abfällig über ihre faulen, geistlosen, nichtsnutzigen Landsleute schimpfen hören, immer wieder ist mir die Geringschätzung der eigenen Kultur bei gleichzeitiger Bewunderung alles Westlichen aufgefallen, und ich entdeckte mich dabei, wie ich Afrika gegen sich selber verteidigte. Aber das ist vielleicht auch eine spezielle deutsche Art, Schuldgefühle »abzuarbeiten«. Dieses historische Unbehagen, das manchmal aus der Nostalgie herauskriecht. Das uns befällt, wenn wir die prachtvollen Art-déco-Fassaden in Dakar betrachten. Wenn wir im Bahnhof von Nakuru, im Wartesaal erster Klasse, Tee aus viktorianischem Silber trinken. Wenn uns in Bagamoyo ein alter

Mann auf Deutsch grüßt: »Guten Morgen, Herr Lehrer!« Oder wenn wir in einem Fort der Sklavenhändler die Stille schreien hören.

Der Südafrikaner John Maxwell Coetzee, einer der sprachgewaltigsten europäischen Schriftsteller Afrikas, schrieb eine Neufassung des Kolonialromans »Robinson Crusoe«. Seinem Freitag wurde die Zunge herausgeschnitten, er kann die Geschichte der Sklaverei nicht mehr erzählen. Der weiße Herr, Mr. Foe – das bedeutet im Englischen Feind und ist eine Anspielung auf Daniel Defoe –, sagt in einem Anfall von Schuld und Reue: »Wir müssen Freitags Stimme zum Sprechen bringen und die Stille, die Freitag umgibt.«

*

Es ist ein schöner, heller Tag des Jahres 2000, ein Samstag, und die Farm heißt Devonia. Ich sitze mit Dennis und Liz Lapham, den Eigentümern, auf der Terrasse, ihre Enkel tollen um den Tisch herum. Vor uns ein üppiger Garten, Frangipani im weißen Blütenrock, Baumfarne, die Zinnoberschnäbel der Strelizien, grasende Zebras. Dahinter erntereife Soja-Felder, durch die ein Mähdrescher brummt. Und alles durchglüht vom magischen, bernsteingelben Herbstlicht – ein Traum von Afrika. Die Laphams erzählen von ihren Alpträumen. Von den merkwürdigen Geräuschen, vom Gebell der Hunde und von den Trommeln. Mitten in der Nacht sind sie manchmal zu hören, dumpfe, eintönige Rhythmen, vom Wind über die Kuppe geweht. »Es ist furchtbar. Ich fahre oft aus dem Schlaf hoch«, sagt Liz Lapham. »Wir haben Angst, dass sie kommen und alles zerstören. Dass sie uns umbringen.« Sie: die landlosen Schwarzen, die über die Großfarmen der Weißen herfallen. Die trommeln und *toyi-toyi* tanzen, die Stampfpolka des Widerstands, und *Hondo! Hondo!* brüllen, Krieg!

Dort unten im Tal, angezeigt durch ein Schild mit aufgemalter Maschinenpistole, liegt die »Basis 4«, das Feldlager von zwanzig Männern. Ihr Anführer sagt: »Dies ist unser Land. Wir wollen, dass Lapham die Farm mit uns teilt.« Stix Chimuti heißt er, elf Kinder, arbeitslos, landhungrig, ein paar Fetzen am Leib, so arm wie seine Kumpane. Besitzer und Besetzer, das Farmhaus der Weißen und das Lager der Schwarzen – die Pole des vorläufig letzten Dekolonialisierungskonfliktes in Afrika, Schauplatz Simbabwe. »Ihr Weißen habt einfach genommen. Die Bodenschätze, die Tiere, das Land«, meint James Gora, der mich an einer Straßensperre aufhält. Unter seinem Arm klemmt eine Schlauchpeitsche. Wenn aber – wie im Falle des Farmers Lapham – Grund und Boden erst vor zehn Jahren rechtmäßig erworben wurden? »Das ist egal. Die europäischen Siedler vor ihm haben das Land geraubt. Und wir holen es zurück.« Der Mob hat den Segen des Präsidenten. In beispiellosen Hasstiraden bläst Robert Mugabe zum *chimurenga*, zum ultimativen Befreiungskrieg – nachdem er eine geregelte Bodenreform, deren Notwendigkeit niemand bestreitet, zwanzig Jahre mutwillig verschleppt hat. Unterdessen sind die meisten Großfarmen besetzt, die Nahrungsmittelproduktion ist zum Erliegen gekommen, das Volk hungert, und die noch auf ihren Ländereien geduldeten weißen Farmer durchleben jene Urangst, die den Kolonialismus von seiner ersten Stunde an begleitete. Sie hören die Trommeln in der Nacht. Am Sonntag nach dem Besuch von Devonia wird der Farmer David Stevens totgeschlagen.

*

Kehren wir noch einmal zurück nach Bagamoyo. Irgendwann muss hier die Geschichte stehen geblieben sein, und niemand mehr weiß genau, wann sie anfing. Es gibt in diesem Städtchen nur noch unscharfe Vergangenheit, arabische Ruinen, graue Kapellen und Moscheen, Lotusblüten, die aus geschnitzten Holztüren blättern. Der Galgenbaum, an dem die deutschen Kolonialherren widerspenstige »Eingeborene« baumeln ließen, steht nicht mehr. Nur die Inschriften auf den Grabsteinen gleich dahinter sind noch gut leserlich. Da liegen sie in der Erde Tansanias, gestorben für Kaiser und Reich: Franz Groucza, der Oberlazarettgehilfe; die emsige Antonie Bäumler vom Deutschen Frauenverein; der Kurfürstl. Württemberg. Bauinspektor Emil Hochstetter. Und Gretchen Schuller, das geliebte Kind, schon nach sechs Tagen vom gelben Fieber hingerafft. »Dem Auge fern,/ Dem Herzen ewig nah'«, flimmert das Epitaph. Der deutsche Friedhof, einundzwanzig Gräber. Im Osten der unermessliche Indische Ozean, im Westen der Riesenleib Afrikas, dazwischen hundert Jahre Einsamkeit. Der »schwarze« Kontinent hat die Weißen verschlungen, die Sisalpflanzer und Steuerbeamten, die Bezirksamtsmänner und Schullehrer, die Seelenfischer und Stammesforscher. Und die Leuteschinder der deutschen Schutztruppe. Sie waren ausgezogen, um Afrika zu zivilisieren. Sie kamen mit Peitschen und Psalmen und Porzellanhündchen. Sie brachten Terror und Kultur, zogen Grenzen, stahlen das Land, traktierten die Menschen, trieben Steuern ein, bauten Kasernen und Kirchen – und zerfielen zu Staub. Ihre Hinterlassenschaften aber sollten als schwere Hypothek auf dem Kontinent lasten.

Das moderne Weltsystem ist in den Gestalten des Sklavenhandels und des Kolonialismus über Afrika gekommen. Sie bilden ein historisches Kontinuum, in dem die ökonomische Abhängigkeit des »schwarzen« Erdteils von Europa begründet wurde, die »Entwicklung der Unterentwicklung«. Denn die Integration Afrikas in dieses globale System ist gescheitert. Es wurde nicht modernisiert, sondern marginalisiert, stellt der kongolesische Philosoph Valentin Mudimbe fest. Der Erdteil liegt gleichsam im entwicklungshistorischen Niemandsland, seine alte Welt ist gestorben, die neue noch nicht geboren. Von dieser anhaltenden Modernisierungskrise, von der Zerrissenheit Afrikas und der Afrikaner, handelt das nächste Kapitel. Dieses wollen wir, da wir immer noch auf dem deutschen Friedhof stehen, mit den Erinnerungen von Anna Riet beschließen. »Das Schlimmste ist, dass sie uns nie anerkannt haben wie Menschen«, sagt sie. Anna Riet lebt in einem kleinen Häuschen an der Borgward Straße in Windhuk. Sie hat ihr Leben lang für Deutsche gearbeitet, als Büglerin, als Zimmermädchen, als Magd. Oft hat sie sich gedacht: »Ach Gott, warum müssen wir auf der Erde sein? Nimm uns doch weg!« Niemals würde sie auf einem Friedhof neben Weißen ruhen wollen. »Denn da müsste ich vielleicht wieder für sie bügeln.«

Der Tod – ein Fest fürs Leben: Beerdigung des Asantehene in Kumasi, Ghana

Das Alte stirbt
Ein Kontinent, zerrissen zwischen Tradition und Moderne

EIN WEITER TALKESSEL umfriedet von sanften Hügelketten, in der Ebene Maisfelder, Hirseäcker, Bauminseln, scheinbar vom Zufall gestreut, und doch, wie ein englischer Garten, von einer unsichtbaren Ordnung durchwirkt. Der Blick wandert die Bergflanken hinunter, schweift über die Ebene, bleibt an kleinen, wunderlichen Gehöften hängen, die von hier oben aussehen wie Baumstrünke, aus denen Hallimasch-Pilze sprießen. Das Land der Betamaribé in Benin, betrachtet von einem Gipfel der Atacora-Berge. Ich verbrachte vier Tage in diesem Land und dachte, es könne kein schöneres in Afrika geben.

Aber beginnen wir bei dem freundlichen Dorfältesten, der mich in seine *tata* bittet. Die *tata* sind die Häuser der Betamaribé: kreisrunde, kunstvoll gemauerte Lehmbauten, die mit ihren strohgedeckten Türmchen an kleine Festungen erinnern und sich, in Rufweite voneinander entfernt, zu Streusiedlungen gruppieren. Der ovale Einstieg des *tata* führt in dämmrige Kühle. Wir sehen zunächst die Kochstelle, die Speisekammer, dann den Platz für Werkzeug und Waffen. Aus der Stallparzelle hören wir Ferkel quieken. Wir kommen uns vor wie Gulliver im Lande Liliput, viel zu groß, zu klobig für die kleinen Räume. Über Leitern aus entasteten Baumstämmen klettern wir durchs Zwischengeschoss hinauf in die *tabota*, ein flaches Freidach, das von Lehmzylindern und Reetkegeln umkränzt wird. Es sind die Schlafräume und die Kornspeicher. Einer ist der Frau zugeordnet, der zweite dem Mann, der dritte den Alten. Der Eingang der *tata* liegt stets im

Westen, neben den steinernen Opfersäulen, in der Himmelsrichtung der Lebenden. Die Wetterseite im Osten, an der die bösen Geister und kalten Winde rütteln, schaut ins Reich der Toten. Die Nordflanke ist weiblich, die Südflanke männlich. Licht, Erde, Luft. Im *tata* öffnen sich Fenster in den Kosmos der Betamaribé. Das soziale Leben, die Regelkreise der Natur, das Walten der Götter, die unergründliche Ordnung der Zeit, des Raums, der Elemente, abgebildet in einem Haus, lehmgeworden.

Es ist gerade die Zeit der Initiation, in der die Jünglinge in die Welt der Männer eintreten. Im Dorf herrscht große Aufregung. Die Frauen mahlen in hölzernen Mörsern Getreide, die Kinder wieseln aufgekratzt zwischen den *tata* herum, die Männer stechen Schweine und prüfen, ob *chuku*, das Hirsebier, schon ausgegoren ist. Am frühen Nachmittag kehren die jungen Burschen zurück. Sie haben drei Wochen in der Wildnis verbracht. Abgesondert von der Gemeinschaft müssen sie lernen, Hunger und Durst zu ertragen. Sie üben sich in der Jagdkunst und im Peitschenkampf, bei dem sie weder Angst noch Schmerz zeigen dürfen. Ihre Lehrer weihen sie in die künftige Männerrolle ein und gehen dabei nicht zimperlich vor. »Die hauen uns manchmal wie Hunde«, erzählt ein Kandidat und zeigt mir die Striemen und blauen Flecken. Aber heute, den Göttern sei Dank, ist die Reifeprüfung endlich vorbei. Bald darf er mit den Alten trinken, Gazellen jagen, eine *tata* bauen und auf Brautschau gehen. Er reiht sich wieder ein in den Tanz der Jungen. Sie umkreisen den knorrigen Palaverbaum, in dessen Geäst ihre Waffen – Bogen, Köcher, Spieße – hängen, im Wiegeschritt rückwärts, auf der Stelle tretend, dann wieder vorwärts im stampfenden Reigen, dass der Boden zittert und Staubwölkchen unter ihren Fußsohlen aufwirbeln. Dazu der Rhythmus der Handglocken, die scheppern wie Wetzsteine in Blechscheiden, hart und zwingend, ein Herztakt, der die Körper der Tänzer durchpulst, als seien sie zu einem vielgliedrigen Wesen verschmolzen. Die Prüflinge, zwölf bis fünfzehn Jahre alt, splitternackt, nur mit Büffelhörnern und Ketten aus Kaurischnecken geschmückt, werden von den Frauen und Mädchen des Dorfes angespornt, johlend, trällernd, klatschend. Und nebenbei wird mit lustvoller Miene begutachtet, wie die erwachende Männlichkeit beschaffen ist. Es ist ein Ritual, das wir als vollendete Harmonie empfinden.

Hinter den Bergen, in einem abgelegenen Winkel, konnten die Betamaribé ihre Sitten und Bräuche seit der Eisenzeit konservieren. Ihre Naturgötter überdauerten die islamischen Religionskrieger und die christlichen Missionsoffensiven, die deutschen und die französischen Kolonialherren. Der Baustil der *tata* spiegelt ihre Wehrhaftigkeit. Sie hatten das unschätzbare Glück, dass ihr Landstrich weder ökonomische noch strategische Bedeutung hatte. Sie sind nicht auseinander gefallen wie die Gemeinschaft von Okwonkwo in Chinua Achebes Roman »Das Alte stirbt«. Noch nicht. Oder unterliegen wir einer Täuschung? Verdreht uns das Hirsebier die Sinne? Fangen wir nun auch an, wie weiland der Südseemaler Gauguin, von Unschuld und Reinheit zu spintisieren, von edlen Wilden, die genügsam und glücklich leben, weitab vom rastlosen Getriebe unserer Breiten? Was wir in die Welt der Betamaribé hineinsehen, schaut nicht aus ihr heraus. Der Alltag ist hart, karg und eintönig. Es gibt periodische Dürren, tückische Krankheiten, Trunksucht, Zwietracht, einen Hexenglauben, der das soziale Leben vergiftet. Viele Säuglinge sterben, wenige Erwachsene werden alt.

Diese Menschen darben, man muss doch etwas tun, muss helfen, damit es ihnen besser geht! Für kleine Negerkinder Strümpfe stricken, hieß es schon bei den Buddenbrooks. Lasst die Afrikaner in Ruhe, sie sind arm, aber zufrieden! Zwischen diesen Polen pendeln die Argumente, seit die Entwicklungshilfe erfunden wurde. Wir urteilen über die Verhältnisse in der so genannten Dritten Welt mit den Kategorien des Wohlstands. Die Armut verstört uns. Andererseits weckt das einfache Leben die Sehnsucht nach Naturnähe, Selbstbescheidung, heiterem Dulden. »Jedermann lebt in einer Art trunkener Selbstvergessenheit«, schrieb

Goethe anno 1787 über Neapel. Die Not in den Elendsquartieren sah er nicht. Eine Wahrnehmungsfalle der Neuzeit: Wir kranken am Überfluss und sind versucht, die Existenz im Mangel zu verklären.

»Keine Fotos! Die Bilder rauben den Geist des Festes!«, gebietet der Initiationsmeister. Während ich gebannt die Jugendweihe verfolge, spüre ich seinen Argusblick im Rücken. Eine unwägbare Spannung liegt in der Luft, eine Drohung. Hätte sich das Objektiv der Kamera auf die Tänzer gerichtet, sie wären womöglich zu den Waffen geeilt. Aber die schärfste Zerstörungskraft der Geschichte, das Messer der Modernisierung, werden sie nicht abwehren können. Vermutlich gehören die jungen Männer zur letzten Generation, die dem Gesetz der Väter folgt. Schon jetzt, wenn sie in den Staubfahnen der Autos stehen, die hin und wieder durchs Tal rauschen, keimen die Wünsche und die Unzufriedenheit. In der Bezirkshauptstadt Naititingou wurde beschlossen, die Straße zu teeren. Bald werden auf ihr die neuen, unwiderstehlichen Götter heranrollen, BMW, Nike, Windows, und das Alte wird stürzen.

*

Wir sind so fasziniert von der Welt der Betamaribé, weil darin etwas Verlorenes aufscheint: die Klarheit und die Einfachheit, die Selbstmächtigkeit und das Gleichmaß des prämodernen Lebens. Es ist eine europäische, eine melancholische Anwandlung. Pier Paolo Pasolini, der große italienische Autor und Cineast, schrieb einmal, er trauere der »grenzenlosen, vornationalen und frühindustriellen bäuerlichen Welt« nach und weile deshalb »so lange wie möglich in den Ländern der Dritten Welt, in denen sie noch überlebt, obgleich auch die Dritte Welt nun in die Bahn der Entwicklung eintritt«. Die Modernisierungswalze rollt unaufhaltsam. Sie hat das Landleben in Europa zerstört und mit ihr das Idyll, das der urbane Mensch so gerne preist, an die Stelle des bäuerlichen Familienbetriebs, der Dorfbäckerei, der Schmiede, der Langsamkeit und Beschaulichkeit sind die Agrarindustrie, der Supermarkt, das entseelte Schlafdorf, das Zeitdiktat und die Erzeugerschlacht getreten. Wir reden vom sozialen oder strukturellen Wandel des ländlichen Raumes. Seine Bewohner konservieren die Relikte der vermeintlich »guten alten Zeit« als nostalgischen Kitsch: der Dreschflegel an der Hauswand, die Schubkarre als Blumenkasten, das Pökelfass, in dem die Regenschirme stecken. In Afrika finden wir noch die ursprüngliche, scheinbar authentische Welt, deshalb ist das Reisen durch diesen Kontinent nicht nur für Fortschrittskritiker und Zivilisationsmüde so attraktiv.

Der Strukturwandel ist ein universeller Prozess, der früher oder später alle sozialen Systeme erfasst, der in den tiefsten Urwald, die abgelegenste Insel, die hinterste Wüstenei vordringt. Er verläuft in evolutionären Stufen von der archaischen Gemeinschaft zur modernen Gesellschaft, von den Jägern und Sammlern zu den Pflanzern, vom Nomadentum zur Sesshaftigkeit, von der einfachen Gartenbaukultur zum fortgeschrittenen Agrarwesen, von der bäuerlichen zur industriellen Gesellschaft. »Alles Ständische und Stehende verdampft, alles Heilige wird entweiht«, schrieb Karl Marx über die vorläufig letzte Stufe dieses Prozesses. Wir können hier nicht die Modernisierungstheorien der Soziologie diskutieren, die Dynamik der Produktivkräfte, die Bedeutung technologischer Innovationen, die Triebfedern der fortschreitenden Arbeitsteilung, der sozialen Differenzierung, des Wertewandels. Nur das Grundgesetz aller Modernisierung sei festgehalten: anpassen oder untergehen.

Die afrikanischen Gesellschaften sind hybride Gesellschaften, in denen wir die Objekte verschiedener Entwicklungsphasen nebeneinander vorfinden: den Speer und das Schnellfeuergewehr, den Ziehschlitten und das Allradfahrzeug, das Handy und die Nachrichtentrommel, die Kalebasse (Kürbisflasche) und den Plastikkanister. Das neue Medium der globalen Kommunikation, das Internet, wird Afrika vermutlich nachhaltiger verändern als alle vorhergehenden Fremdeinflüsse. Der hybride Zustand der Gesellschaft spiegelt sich im Bewusstsein der Menschen; es ist gleichsam zusammengenäht aus den Flicken der alten afrikanischen und der neuen globalen Kultur. Georg Simmel hat diesen Seelenzustand der Moderne, den die Europäer im 19. Jahrhundert durchlebten, in seinem 1890 erschienenen Werk »Über soziale Differenzierung« beschrieben. Einst habe die Tradition den Menschen determiniert, sie zeichnete seine Lebensbahn vor; jetzt sei er entwurzelt, ein werdendes Individuum, herausgeschleudert aus der Gemeinschaft.

Die Ungleichzeitigkeiten: In einer Wellblechhütte am Rande des Flughafens von Dakar entdecken wir einen nagelneuen Laptop. Über einem Armenviertel in Maputo schwebt eine Werbetafel, auf der ein Leopard durch eine Satellitenschüssel hechtet. Oder diese merkwürdige Bahnreise in Mali, bei der die Lokomotive nach Einbruch der Dämmerung plötzlich stehen bleibt. Wir warten, eine Stunde, zwei Stunden, drei. Ich schlendere zum Ende des Zuges. Dort drischt der Maschinist mit einem spitzen Stein auf die Kupplung des letzten Waggons. Rohrzange oder Hammer hat er nicht. »Die Lok ist kaputt, wir warten auf eine neue, die uns abschleppt.« Eine aberwitzige, eine afrikanische Szene im flackernden Fackellicht: Da saust ein Faustkeil krachend auf die Mechanik des 20. Jahrhunderts nieder. Manchmal wird der Bruch auch nur in den Wünschen sichtbar, wie bei Monsieur Mongo, dem Zahnarzt in der Urwaldstadt Kisangani. Seine Praxis liegt in einem verfallenen Appartment aus der Kolonialzeit. Auf einem Plakat an der Wand ist die KaVo Systematica 1060 T abgebildet, der allerneueste Hightech-Behandlungsstuhl aus Paris. Aber dieses Gerät bleibt ein Traum von Monsieur Mongo. Sein Bohrer wird mittels eines Haarföhns angetrieben, und ich war recht froh, gerade kein Zahnweh zu haben.

Mein Urbild des Ungleichzeitigen sah ich im Norden Tansanias, auf dem Weg von Longido nach Arusha. Da stand vor der atemberaubenden Kulisse des Kilimandscharo ein *moran* am Straßenrand, ein junger Krieger der Masai, der das Vieh hütete; in seinem Ohrläppchen steckte eine Filmdose von Kodak; neben ihm stach ein stählerner Funkmast in den Abendhimmel. Ich besuche den Dorfältesten Ngereza Sengeon Mollel in seiner *boma*. Zwei fensterlose Hütten, mit Kuhdung verputzt, die rechte teilt er mit der ersten, die linke mit der zweiten Frau. Er hat acht Kinder. Ich betrete die rechte Hütte. Stechender Geruch nach Ammoniak, Fett, Bocksmist. Beißender Rauch. In der Mitte glimmt ein Feuer, im Eckpferch knabbern Zebukälber an Maiskolben. Eine Frau löst sich aus dem Halbdunkel. Sie trägt bunte Perlenstickbänder an Armen und Beinen; ihren Hals zieren Kupferringe. Tee wird serviert. Mollel erzählt, während sein Jüngster mit einem Grashalm in meine weißen Waden piekst. »Sie haben uns hier in Long jave angesiedelt. Das heißt ›der Ort, an dem es sehr kalt ist‹. Das war 1965.« Seither ist die Zeit des Wanderns in der Masai Mara vorbei. Die riesige Savanne war zu klein geworden. Erst nahmen die weißen Siedler Land weg. Dann kam die Internationale der Tierfreunde, angeführt vom deutschen Fernsehzoologen Bernhard Grzimek. Das viele Vieh der Masai bedrohe die einzigartige Fauna, hieß es. Weil die Serengeti nicht sterben darf und das Wild wertvoller ist als die Wilden, wurden Naturparks aus der Steppe geschnitten. Die Menschen und die Rinder wurden immer mehr, die guten Weidegründe immer knapper. Schließlich kam der Staat mit seinen Flächen fressenden Agrarprojekten. Halbnomaden passten nicht in die Planung, sie verbrauchen zu viel Land. Folglich wurde ein Teil sesshaft gemacht. Ein Kulturschock für die Masai, die den Bauernstand verachten. Dreißig Jahre später. Die Siedler von Long jave trinken noch Rinderblut und beschneiden ihre Söhne und Töchter. Aber sie wandern nur noch in ihren Mythen. Und dem Gott Enkai opfern sie keine Tiere mehr, weil sie den Christengott anbeten. »Wir haben den Opferstein entfernt, und nichts ist passiert. Uns ist es egal, was Enkai sagt. Ich glaube, er ist tot.« Mollel und die Seinen haben ihr Auskommen, aber glücklich wirken sie nicht. Sie leben in luftleerer Gegenwart, ihre Sitten und Bräuche sterben allmählich ab. Vom weiten Land auf die parzellierte Weide, von der Palaverdemokratie zur Wahlurne, von der schützenden Gemeinschaft in die offene Gesellschaft – der Sprung in die Moderne ist zu weit. Wozu wir in Europa viele Generationen gebraucht haben, wird Afrika in zwei Menschenaltern zugemutet. Und so ist der stolze *moran* ein Inbegriff unbewältigter Zukunft. Er steht verloren am Wegesrand der Zivilisation, herausgerissen aus dem Zeitmaß der Natur, verhöhnt durch die Digitaluhr an seinem Arm, welche er nicht lesen kann, herabgewürdigt zu einem urtümlichen Fotomotiv für Safari-Gäste. Er irrt ziellos umher. Fängt an zu saufen. Verwahrlost. Resigniert. 1980 war ich zum ersten Mal in dieser Gegend. In Longido gab es zwei Buschschänken und keinen Strom, ein stilles, schläfriges, rückständiges Dorf. Im Jahre 2000 hat sich die Zahl seiner Einwohner verdoppelt. Es gibt jetzt Strom und Telefon, ein Dutzend Bierschwemmen und jede Menge sozialer Konflikte.

*

Die Europäer tauften sie Buschmänner, sie selber nennen sich San. Es sind die Ureinwohner des südlichen Afrika. Zusammen mit den Khoikhoi – Hottentotten in der kolonialen Terminologie – bilden sie die indigene Khoisan-Familie. Es leben noch 100 000 San im Süden des Kontinents. Sie sprechen eine wundersame Sprache, deren Klicks- und Klackslaute wir nicht nachsprechen können, weil wir uns dabei die Zunge verstauchen; schreiben können wir sie nur mit sperrigen Hilfsbuchstaben. Auch über die San ist die Moderne in Gestalt von Reservaten und Zwangsansiedlungen hereingebrochen. In Namibia hat man ihnen sogar eine »Hauptstadt« zugewiesen: Tsumkwe im dürren Nordosten des Landes, gleich unterhalb des nach dem deutschen Reichskanzler benannten Caprivi-Zipfels. Tjum!kui, wie es bei den San heißt, gehört zu den trostlosesten Orten, die ich in Afrika gesehen habe. Eine Streusiedlung, an der Kreuzung zweier Straßen aus dem Busch gestampft, Polizeiwache, Schule, Gefängnis, Kirche, zwei Herbergen, Verwaltungsgebäude, eine rostige Zapfsäule, an der es kein Benzin gibt, eine Krankenstation, der es an Medikamenten mangelt. Dazwischen 27 *shebeens*, illegale Schänken. Man hat sich darunter Holzverschläge vorzustellen, in denen rund um die Uhr gezecht wird – wenn Geld vorhanden ist.

Der Zufall will es, dass ich an einem Zahltag nach Tjum!kui komme, zusammen mit den Bewohnern des Dorfes !Ao=/'s. Es ist der zwanzigste Tag des Monats, der Tag, an dem die Alten ihre staatliche Monatsrente abholen, rund 25 Euro. Sie tragen das Geld in Begleitung ihrer Sippe schnurstracks zu einem großen, blauen Plastikfass, aus dem eine Matrone vom Volk der Herero ein Gebräu aus Hefe und Zucker schöpft. Es gibt auch Branntwein, und man weiß gleich, warum er *witblits* genannt wird – er fährt wie ein weißer Blitz ins Blut. Binnen zehn Minuten sind die Leute aus !Ao=/'s sturzbetrunken. Sie stampfen zum Rhythmus der Musik, die aus einem Ghettoblaster scheppert. Sie torkeln, lallen, stammeln, schreien, raufen. Und irgendwann fallen sie mit irrem Grinsen in den Staub. Sie haben vergessen, wie sie heißen, wo sie wohnen, wer sie sind. »Platz des Todes« nennen die Ju/'oansi, eine der dreizehn Sprachfamilien der San, ihre »Hauptstadt«. Es ist der Ort, an dem das Orakel von =/Oma G/aqu wahr wird.

=/Oma G/aqu war der älteste Mann des Dorfes !Ao=/'s. Als ich ihn vor zwei Sommern, kurz vor seinem Tode, traf, erzählte er vom guten Leben in seiner Jugend. Dazumal, als er noch wie ein Oryx rennen konnte. Als die Sippen der San noch dem Mondlicht, den Regenwolken, Flussläufen und Wildfährten folgten. Als das Land noch weit und der Himmel noch hoch war. Aber irgendwann sind die Schwarzen mit ihren Rinderherden gekommen und die Weißen mit ihren Gesetzen und Gewehren. Sie nahmen das Land und zwangen die Halbnomaden zur Sesshaftigkeit. Die San wurden »eingepflanzt« wie Baobab-Bäume, und die Jungen verlernten, wie man wandert, jagt, sammelt, in der Wildnis überlebt. Und irgendwann ist das Licht in =/Oma G/aqus Augen erloschen. Er saß vor mir wie Teiresias, der altgriechische Seher, hob beschwörend seine Arme und starrte mit leerem Blick in einen Dornenstrauch: »Unsere Zeit ist vorbei.«

Die Menschen, die seit 40 000 Jahren die Wüsten, Savannen und Gebirge im Süden Afrikas durchstreifen, wurden von zwei überlegenen Kulturen verdrängt: von schwarzen Bantu-Völkern, Viehzüchtern, die aus dem Norden vordrangen, und von weißen Siedlern, deren Ochsenwagen tausend Jahre später aus dem Süden heraufrumpelten. Die Camps und Siedlungen, in denen sie dahinvegetieren, sind wie Särge, in denen ihre Traditionen beigesetzt werden. Den letzten Akt der Vernichtung besorgt, wie bei den Indianern Nordamerikas, das Feuerwasser. Wir sehen San alkoholsüchtig und völlig verwahrlost durch Windhuk, Kimberley oder Kapstadt irren, niemand will sie haben. Man will nur ihre Kultur. Sie leben im Ethnokitsch, als Strichmännlein auf Straußeneiern oder im Wohndekor der weißen Eroberer. Buschmann-Stil, archaisch, unschuldig, eine ferne Erinnerung an die Kindheitstage der Menschheit, verblichen wie die Felszeichnungen aus dem Neolithikum. In seinem wehmütigen Werk »Die verlorene Welt der Kalahari« schwärmt der Südafrikaner Laurens van der Post von den »herzensreinen« Steinzeitmenschen, von ihrer »wilden Tierhaftigkeit«, von der »echten Weiblichkeit« der Frauen. Und manche dieser edlen Wilden mit dem lustigen Pfefferkornhaar, der aprikosengelben Haut und dem dunklen Augengrund von Antilopen scheinen gar einen Heiligenschein zu tragen. Die Romantisierung ist eine Tochter der Zerstörung. Vergebens versuchen die Dichter zu retten, was ihre Zivilisation ausgelöscht hat.

*

Der Mann, zunächst halten wir ihn für einen Knaben, scheint aus dem Forêt de Ngoto zu wachsen. Er mustert uns argwöhnisch, rührt sich aber nicht vom Fleck. Plötzlich ist er von zwanzig, dreißig kleinen Menschen umringt, die ebenso unvermittelt aus dem Dickicht springen. Sie schauen uns an. Wir schauen sie an. Wir sind bekleidet. Sie sind nackt. Pygmäen. Griechisch *pygmaios*, »eine Faust lang«, lesen wir im Großen Brockhaus. Sie selber nennen sich *baAka*. Auch sie gehören wie die Khoikhoi und San zu den Paläonegriden, den letzten Nachfahren von Afrikas ersten Bewohnern. Auch sie zählen nur noch 100 000 Menschen. Sie leben, verstreut auf neun Staaten, in den unwegsamen Regenwäldern am Äquator. Wir stoßen in der Zentralafrikanischen Republik auf sie, am Rande einer Forststraße.

Der Mann bedeutet uns, ihm zu folgen. Wir treten durch den grünen Waldvorhang auf eine Lichtung. Dort stehen ein Dutzend igluartige Hütten, geflochten aus Gras, Blättern und Zweigwerk. Ein Hündchen schnuppert an Kassavawurzeln, die über heißen Kohlen dünsten. Safrangelbe Falter flattern durch den Strahlenfächer einfallenden Sonnenlichtes. Im Schatten der Baumriesen ringsum wirken die Menschen noch schmächtiger, zierlicher, verletzlicher. Dieses komische schwarze Ding. Die kleinen Leute kichern, wenn die Kamera des Fotografen klickt. Die entwickelten Bilder werden wie Fenster wirken, durch die uns Menschen aus einem anderen Zeitalter zuwinken. Walter Benjamin hat einmal geschrieben: »Dem Blick aber wohnt die Erwartung inne, von dem erwidert zu werden, dem er sich schenkt.« Die Kamera erwidert keine Blicke. Sie raubt sie.

Wie viele leben in eurer Sippe? »Wir leben im Wald.« Wo baut ihr Kassava an? »Die Wurzeln sind gut.« Unsere Fragen und ihre Antworten trennen stumme Welten, der Dolmetscher ist überfordert. Nur einmal, wir reden über »rollende Elefanten«, über Schwertransporter, die das Holz abholen, begegnen sie sich. »Der Weg zum Rand des Waldes wird kürzer«, sagt ein Alter. Die *baAka* fühlen die Bedrohung, aber sie können sie nicht beim Namen nennen. Motorsäge, Rückeaggregat, Viehpferch, Pflug – es fehlen die Wörter. Der Urwald, der sie schützt, schwindet. Er wird von schwarzen Viehzüchtern und Pflanzern brandgerodet und kahlgeschlagen von Holzkonzernen aus Europa und Asien. Wir kauen süße Kassavafasern. Beobachten, wie das Hündchen nach Faltern hascht. Lächeln. Rauchen. Malen Zeichen in die Luft. Andere Medien der Verständigung haben wir nicht.

In Afrika ist kein Platz mehr für Jäger und Sammler. Straßen stechen in die Wildnis, Geometer vermessen das Gelände, Satelliten sausen über den großen Wald. Was in der postkolonialen Ära in die Unentdecktheit zurückfiel, wird in einem Menschenalter ausgelöscht sein. Gemeinschaften ohne soziale Hierarchie und trennende Zäune, ohne schulische Zucht, strafendes Recht und organisiertes Wehrwesen sind am Anfang unseres Jahrtausends nicht mehr vorgesehen. Die *baAka* haben keine politische Stimme, keine Rechte, keinen Schutz. Sie werden von Weißen wie von Schwarzen als primitive Wilde angesehen.

Münzen und Geldscheine. Sonnenbrillen. Plärrende Radios. Betäubende Biere. Sie locken die kleinen Leute aus dem Wald. Fesseln sie an Orte wie Bayanga, wo ein Sägewerk steht. In den Hallen donnern tonnenschwere Stämme über Stahlschienen, drehen sich durch panzergroße Entrindungsmaschinen, werden von kolossalen Bandsägen zerteilt. Mittendrin entdecken wir die Pygmäen, reglos, auf Besen gestützt: Lohnsklaven, die an der Zerstörung ihres letzten Refugiums mitarbeiten. Im Kontor des Sägewerks hängt die Lohnstaffel aus: Maschinisten und angelernte Kräfte verdienen bis zu 950 CFA-Francs pro Tag. Darunter folgen sechs Stufen für ungelernte Arbeiter. In der achten und letzten Lohngruppe zählt nicht mehr die Qualifikation, sondern die Rasse: Pygmäen, 400 CFA-Francs.

Es gab bei den Begegnungen mit den Urvölkern Afrikas immer diese Momente, in denen ich Traurigkeit und Scham empfand. Wir werden der Tatsache gewahr, dass wir selber gleichsam im großen Sägewerk der Zivilisation arbeiten. Wir Reporter, wir Entdeckungsreisende der Postmoderne. Wir sind Vorboten der Destruktion.

*

Wir verlassen den Wald und kommen in die große Stadt, nach Bangui, nach Jaoundé, nach Abidjan. Sobald wir dort in eine noble Herberge treten, in das Hotel »Ivoire« zum Beispiel, verlassen wir Afrika. Hinter den rauchverglasten Türen beginnt Frankreich: Juwelier, Parfümerie, Florist, Patisserie, Modeboutique, Supermarché, Kunstgalerie, Cinéma, Journale aus Paris. Der Gast vergisst die Armut, den Dreck, die Kriminalität der Stadt, die Wächter am Hoteleingang halten sie ihm vom Leibe. Das mit Masken und Stoßzähnen verzierte Totem an der Auffahrt, die Skulpturen aus Ebenholz, ivorische Spezialitäten auf der Speisekarte, eine Buschcombo, die im Vestibül urtümliche Tänze aufführt – mehr Afrika ist im »Ivoire« nicht erwünscht. Selbst die Schönen der Nacht, das Schwarz ihrer Haut mit giftigen Bleichcremes zur Kastanienbräune aufgehellt, wirken wie von einem anderen Stern. Das »Ivoire« ist ein großes Illusionstheater, in dem die schwarzen Eliten und ihre weißen Helfer verkehren. Nur draußen, beim Hummerdiner auf der Veranda, wenn der Wind Fäulnisschwaden aus der Lagune heraufträgt, steigt den Herrschaften die Wirklichkeit in die Nase. Aber schon knallt der nächste Sektkorken, und man schaut hinunter auf die tausend Lichter von Abidjan. Wir haben die spektakulärste Skyline Afrikas. Voilà!

Manchmal lernen wir an der Hotelbar einen Staatssekretär oder einen Parteifunktionär kennen. Er schwärmt von seiner modernen Stadt, er ist stolz auf sie; zugleich beschwört er die urafrikanischen Werte, das Brauchtum der Vorväter, das präkoloniale Leben, die unversehrte Vorwelt. Bei solchen Gesprächen kommt uns die Statue in den Sinn, die an der St. George's Mall in der Fußgängerzone von Kapstadt steht. Es ist eine überdimensionale Fetischfigur, pechschwarz und glatt wie die Schnitzereien der Makonde; ihr Körper ist bespickt mit knallgelben Bart-Simpson-Männlein. Das Kunstwerk von Brett Murray zitiert eine religiöse Metapher, das Martyrium des Sankt Sebastian: Der serielle Comic-Held steckt im Fleisch Afrikas wie die Pfeile im Körper des Heiligen. Es symbolisiert den Seelenzustand des Kontinents, seine Zerrissenheit zwischen Tradition und Moderne, Fremdem und Eigenem. In dieser Bewusstseinslage befindet sich unser Gesprächspartner an der Hotelbar. Er will eigentlich modern und fortschrittlich leben, er flieht das Land und die Tradition; doch die lässt ihn nicht los. Denn am Wochenende flieht er die Stadt und die Moderne, er fährt zu seiner *shamba*, wie man in Kenia sagt, hinaus zu seiner Datsche, seinem Dorf, seiner Viehherde. Zurück bleiben die Krawatte und der Geschäftsanzug, die Büromenschenmaske und die urbanen Neurosen.

Die Metropolen des Kontinents prahlen mit Blendwerken des Fortschritts. Im Weichbild von Ouagadougou wächst eine Retortenstadt im Mischmasch einer sudanischen Postmoderne. Lagos durchschneiden Highways und Flyovers, die breiter sind als in Los Angeles. Der Flughafen von Bujumbura. Das Nationaltheater in Accra. Die Endstation der Tazara-Eisenbahn in Dar es Salaam. Das »Sheraton« in Harare. Die Oper in Pretoria. Die Plattenbauten nach DDR-Norm in Maputo. Abuja, die gigantomanische Retortenhauptstadt Nigerias. Man könnte endlos Beispiele aufzählen für die missratenen Manifestationen der Moderne. Oft muten sie futuristisch an, als habe sie Tatlin entworfen, manchmal zeigen sie den Hang zum Totalitären, das alle Tradition, jede Erinnerung auslöscht, oder sie sehen einfach nur so komisch aus wie das Unabhängigkeitsdenkmal in Accra, das man für ein Werbemonument von McDonald's halten könnte. Das historische Museum in Jaoundé, eingemauert zwischen Ministerialkomplexen, gleicht einer Besenkammer. Nieder mit der Vergangenheit! Nie wieder rückständig sein! Aber der Wolkenkratzer, architektonischer Inbegriff der Moderne, steht im toten Raum. Sein Schatten fällt auf Slums, Bidonvilles, Shantytowns, Bairros. Treten wir hinter die Fassade des afrikanischen Hochhauses, stehen wir in der Dunkelheit. Der Strom fließt nicht, die Wasserleitungen sind trocken, die Lifte außer Betrieb. Lichtschalter, verchromte Hähne, Türklinken, alles Geldwerte wurde abmontiert und verhökert. Die Toiletten sind Kloaken. Fenster- und Türstöcke verwandelten sich in Brennmaterial, die Balkone in Hühnerställe, die Parkplätze in Gemüseäcker. Auf dem Trottoir treffen wir Männer mit Macheten und Ziegen, die dumm in Schaufenster glotzen. Wir gehen hinter einen Bankpalast und stehen auf einem Viehmarkt. Das Dorf, die Bäuerlichkeit, ist in die Stadt gewandert. Wie überall, wo der Panthersatz in die Moderne erzwungen wurde. Das archaische ländliche Leben in den Betonburgen, das ich in Ceauşescus Bukarest sah, unterscheidet sich nicht von jenem in Luanda oder Kinshasa – es sind vertikale Slums.

Die afrikanische Großstadt wuchs aus den Militär- und Verwaltungsstützpunkten der Kolonialherren und wurde nach deren Abzug von Potjemkin weitergebaut. Niemand wagt es, nachts durch ihre Schluchten zu flanieren. Sie ist menschenleer, unberechenbar, gefährlich. Es fehlt die Urbanität, das öffentliche Leben, die zivile Gesellschaft. Es fehlt der Bürger, der sie erst zur Stadt macht. In Dakar, Nairobi oder Johannesburg bildet sich zwar allmählich eine schwarze Bourgeoisie heraus, aber in den meisten Städten Afrikas suchen wir sie vergeblich. Es gibt, stark vergröbert, die Reichen und Mächtigen sowie deren Handlanger im Staats- und Militärapparat, eine Händlerkaste und die Masse der Besitzlosen. Oben und unten, dazwischen ist nichts. Ohne Mittelschicht aber werde es in Afrika keine wirkliche Modernisierung geben, sagt Yoweri Museveni, der Präsident von Uganda. Und so bleibt die afrikanische Stadt ein Platz, in dem die aufgesetzte Moderne und die übrig gebliebene Tradition aufeinander prallen, die Luxuskarosse und der Eselskarren, der Verkehrsstau und die Viehherde, das Handy und der Hunger, der Armani-Anzug und die Lumpentracht, der Banktempel mit dorischen Kapitellen und die strohüberdachte Lehmhütte.

*

Sie weinen ihrer paradiesischen Vergangenheit nach. Sie leben psychologisch im Mittelalter. Sie bringen nichts zustande, um ihre Not zu überwinden. Sie sind feige, mediokerer, faul und larmoyant. Wer urteilt so über die Afrikaner? Ein Schweizer Bankdirektor? Ein britischer Kolonialoffizier i. R.? Ein rassistischer Beamter im Auswärtigen Amt zu Berlin? Weit gefehlt. Es ist eine Afrikanerin.

Sie heißt Axelle Kabou, wurde 1955 in Douala (Kamerun) geboren, hat in Paris Sprachen, Ökonomie und Kommunikationswissenschaften studiert und lebt in Dakar (Senegal). Sie weiß, wovon sie spricht. Kabou war lange genug im Business der Barmherzigkeit; sie hat Entwicklungsprojekte koordiniert und afrikanische Präsidenten beraten.

Nachdem sie ihren Dienst quittiert hatte, verfasste sie eine Streitschrift. Afrika stehe am Rande des Abgrundes. Der Kontinent weise die schlechtesten Leistungen der Welt auf. Was wurde in den Jahrzehnten seit der Unabhängigkeit erreicht? Nichts, rein gar nichts. Als Kabou in Dakar aus ihrem provokativen Werk »Et si L'Afrique refusait le développement?« (Und wenn Afrika die Entwicklung selbst verweigerte?) vorlas, entfachte sie Stürme der Entrüstung, ja, man beschimpfte sie als Verräterin, als eine Frau, die in Paris ihre Seele verkauft habe und eigentlich gar keine Tochter Afrikas mehr sei.

Axelle Kabou bricht ein Tabu. Sie macht nicht nur machtkranke Staatschefs und korrupte Eliten für die Malaise des Kontinents verantwortlich, sondern auch das ganz normale Volk, jeden Einzelnen. Die Afrikaner glaubten immer noch, der Rest der Welt schulde ihnen die Rettung ihres Kontinents – als späte Kompensation für erlittenes Unrecht; ihre Opfer- und Bettlerhaltung werde durch die Humanitätsduselei naiver weißer Helfer bestärkt. Die Afrikaner mögen in den Spiegel schauen, um den Eigenanteil an ihrem Elend zu erkennen. Aber die Afrikaner weigern sich, das zu tun. Schuld sind immer die anderen, die Multis, die ungerechte globale Handelsordnung, die Weltbank, die Schuldenfalle und das IWF-Diktat, nicht zu vergessen die Erblasten der Kolonialgeschichte. So beten schwarze Eliten und weiße Helfer den Glaubenssatz gemeinsam her, es gebe »ein jahrhundertealtes Komplott des weißen Mannes gegen den schwarzen Mann«, und ersparen sich das Nachdenken über komplexere Ursachen der Dauerkrise. Geradezu blasphemisch muss daher Axelle Kabous These klingen: »Das ›Afrika-dieser-wundervolle-Kontinent-der-vordem-Eindringen-der-Kolonisatoren-eine-völlig-harmonische-Einheit-bildete‹ ist ein antikolonialistischer Mythos und hat nichts mit der Realität zu tun.« Ihr Pamphlet ist *un cri de colère*, und zornige Aufschreie führen dazu, dass Argumente stellenweise grobschlächtig und holzschnittartig daherkommen. Kabou ist nicht frei von Stereotypen (»der Afrikaner« als solcher). Sie vernachlässigt die externen Faktoren der chronischen Krise, das Deprivationssyndrom etwa, das die weiße Herrschaft in der kollektiven Psyche hinterlassen hat. Und sie vergisst, dass Afrika für den weiten Satz von der einfachen Agrargesellschaft in die Industriegesellschaft gleichsam das Sprungbrett fehlte. Die Modernisierung wurde einer Gesellschaft aufgepfropft, die sie soziostrukturell und kulturell nicht tragen konnte. Aber es waren eben nicht nur immanente, also in den afrikanischen Verhältnissen angelegte Hemmnisse, welche die zur Entwicklung erforderlichen Produktivitätsschübe verhinderten. Nennen wir nur ein paar Beispiele, wie die Kolonialherren jedes afrikanische Unternehmertum im Keim erstickten. Die Deutschen verjagten in Kamerun die Zwischenhändler, die recht erfolgreich den Warenaustausch zwischen der Küste und dem Hinterland organisiert hatten. An der Elfenbeinküste schafften französische Kakaobarone die lästige Konkurrenz einheimischer Pflanzer ab. In Rhodesien entledigten sich die britischen Siedler durch ein kriminelles Landrecht und das perfide Maiskontrollgesetz aus dem Jahre 1931 der schwarzen kommerziellen Farmer.

Aber für solche historischen Feinheiten ist in der Generalabrechnung von Axelle Kabou kein Platz. Ihre Verdikte fallen manchmal so schlicht aus, als entstammten sie den menschenkundlichen Betrachtungen des guten Albert Schweitzer. Den kindlichen Afrikanern fehle eben der »Fortschrittswille«, schrieb der Urwalddoktor. »Ihr Ideal ist das einfachste und wenigst beschwerliche Leben.« Dennoch: Keine ernsthafte Diskussion über die Probleme Afrikas kommt an Kabous Kernthese vorbei. Sie redet nicht nur von der *gescheiterten* Modernisierung im postkolonialen Afrika, sondern von der *verweigerten* Modernisierung. Die Afrikaner seien »die einzigen Menschen auf der Welt, die noch meinen, dass sich andere als sie selbst um ihre Entwicklung kümmern müssen«.

»Mister! Mister!« Ein scharfer, schneidender Klang. Er fährt aus dunklen Hütten und hungrigen Kindermündern, schwingt durch die Gassen, steigt über die Blechdächer. »Mister! Mister!« Bettelnde Buben verfolgen uns. Sie stoßen die Zischlaute heraus wie Sprechautomaten. Sie wollen unseren Kugelschreiber, die Uhr, die Kappe. »Mister! Mister!« Die Älteren fragen nach Medikamenten oder der Visitenkarte, nach einem Kontakt in Europa, einer Telefonnummer, nach irgendeinem Enterhaken in das Schlaraffenland, aus dem wir kommen; es darf auch ein Flugticket sein. Der Dorfälteste will Geld für einen Brunnen und eine Krankenstation. Der Bürgermeister der Ilha de Mosambik gibt uns gleich eine Bestellliste mit auf den Heimweg: fünf Lastwagen, eine Schubraupe und ein paar Tonnen Zement. Treffen wir den Präsidenten von Äthiopien oder den Premierminister von Namibia, hören wir dieses »Mister! Mister!« in einer diplomatisch verbrämten Form. Sie brauchen Zuschüsse für gewaltige Projekte, für Staudämme, Flughäfen oder Stahlwerke. Der weiße Mann ist schließlich steinreich, es ist seine moralische Pflicht zu helfen, denn er hat diesen Kontinent geplündert und ruiniert. Vom Straßenkind bis zum Staatschef, in allen Ländern, auf allen Ebenen begegnet uns diese Bettlermentalität, und bisweilen nimmt sie die absurden Züge der Selbstentmündigung an. »Bring the colonial master back«, sagte mir ein Kellner im nigerianischen Onitsha. Kommt zurück, ihr Europäer! Baut das verrottete Afrika neu auf! Aus dem fernen Deutschland schallt das Echo dieser Forderung. »Rettung durch die Weißen«, prangt 1992 auf einer Titelseite des *Spiegel*, und in der *Süddeutschen Zeitung* lesen wir, dass dieser Kontinent unter Kuratel gestellt werden müsse.

Diese Haltung ist das komplementäre Gegenstück zur Bettlermentalität. In ihr drückt sich nicht nur der Geist des Paternalismus und ewigen Bevormundens aus, sondern auch die große Ratlosigkeit. Man hat Milliarden an Entwicklungshilfe gezahlt, und was ist dabei herausgekommen? Jede Menge weißer Elefanten, Projektruinen, zerschlagene Hoffnungen. Allmählich dämmert die Erkenntnis, dass das Scheitern in der Entwicklungshilfe selber angelegt war. Sie begann in den späten 1950er Jahren, in der Phase der Dekolonialisierung, um den jungen afrikanischen Staaten aufzuhelfen. Aber hinter dem philanthropischen Motiv verbarg sich das strategische Kalkül des Kalten Krieges: Im Ringen um die geopolitische Hegemonie beglückten die beiden großen Machtblöcke, der Westen und der Osten, die Erste und die Zweite Welt, die so genannte Dritte Welt mit ihren kapitalistischen respektive realsozialistischen Modernisierungsmodellen. Man erkaufte sich die ideologische Bündnistreue der Eliten des Südens durch großzügige Sachleistungen, Panzer und Raketen inklusive, und die griffen kräftig zu. Die Entwicklungshilfe sicherte ihre Macht und entmündigte sie zugleich. Denn sie hingen an ihrem Tropf, sie wurden abhängig von den Infusionen.

Aus dem nehmenden sei ein »gebender Kolonialismus« geworden, sagt der Philosoph Alexandre Kojève. Natürlich strebten die Geberländer auch an, dass es die Empfängerländer nach ihrem Vorbilde zu Wohlstand bringen. Aber die Praxis wollte ihrer Theorie nicht folgen, und so dachte man sich neue Theorien aus, neue Modelle, neue Paradigmen, keynesianische, neoklassische, marxistische, es entstanden Mischformen und Gegenentwürfe wie die Dependenzlehre, und manchmal sprossen akademische Blüten, deren Name schon Furcht erregend war: Neofaktorproportionentheorem, das muss man sich, wenn man in irgendeinem armseligen Dorf in der Savanne steht, auf der Zunge zergehen lassen. Zwei Merkmale waren allen Denkschulen gemeinsam: Sie setzten auf Wachstum und Industrialisierung. Und sie versagten alle. Die Agenturen der Entwicklungszusammenarbeit, von den Vereinten Nationen über die Ministerien der einzelnen Staaten bis hinunter zu den so genannten Nichtregierungsorganisationen, bildeten gleichsam die Speerspitze der Modernisierung. Sie machten jeden Trend mit, um ihn ebenso schnell zu verwerfen, sie änderten ihre Strategien, setzten neue Schwerpunkte und Leitlinien. Armutsbekämpfung. Grundbedürfnisorientierung. Frauenförderung. Es half alles nicht viel, selbst in Staaten nicht, die flächendeckend mit guten Werken bombardiert wurden und sich in regelrechte Projektlandschaften verwandelten. Nachdem das kleine Benin den Sozialismus abgeschafft hatte, schwoll die Zahl der Hilfsorganisationen auf 3000 an. Auf dem Rückflug von Somalia nach Kenia traf ich einen Amerikaner, der verzweifelt nach Projekten suchte. Es war kurz vor Weihnachten, er hatte noch 50 000 Dollar zu vergeben; diese Mittel mussten vor Silvester unbedingt abfließen, um die gleiche Höhe des Budgets im nächsten Finanzjahr zu sichern. Ich nannte dem Geldboten aus Amerika ein Bewässerungsprojekt am Shebele-Fluss in Belet Huen. Was daraus geworden ist, weiß ich nicht, aber das ist auch nicht so wichtig. Die Operationen laufen, egal, ob sie sinnvoll sind oder nicht, zumindest für das Heer der Helfer lohnen sie sich, denn das Geschäft mit der Armut schafft Arbeitsplätze – im reichen Norden. Und es lähmt die Eigeninitiative. Eine typische Geschichte kam mir in Mathare zu Ohren, einem Slum am Rande von Nairobi. »Die Leute erwarten viel zu viel von uns und tun selber viel zu wenig«, erzählte ein Pater. Als endlich eine Trinkwasserleitung mit öffentlichen Zapfstellen verlegt worden war, habe sich ein alter Mann beschwert. »Wer bezahlt eigentlich mich, wenn ich den vollen Eimer vom Wasserhahn zu meiner Hütte schleppe?«

Sobald die Experten ihre Irrtümer erkennen, stellen sie sich oft selber an den Pranger. Berühmt geworden ist das Beispiel der Norweger, die die Nomaden am Turkana-See durch die Schenkung einer Fischfabrik vor den periodischen Hungersnöten bewahren und nebenbei Jobs schaffen wollten. Sie bauten die Anlage, merkten allerdings erst später, dass die viehhaltenden Turkana sowohl Fisch als auch die Lohnarbeit in einer Fabrik verschmähen. Und dass die Energiekosten für das Einfrieren der Fischfilets in der Halbwüste ihren Handelswert um ein Mehrfaches übersteigen, wobei die Millionen für die neuen Straßen, die man braucht, um die Ware zum Verbraucher zu transportieren, noch gar nicht einkalkuliert sind. Es kam eine Delegation aus Oslo und leistete Abbitte. O je, wie konnten wir nur so einfältig sein! Die Fischmission im Nordwesten Kenias ist heute nur noch eine Anekdote. Man schmunzelt darüber genauso wie über die Schneepflüge, welche die Sowjetunion einst dem Bruderland Guinea zukommen ließ.

Allein, solche Aktionen richten keine größeren Schäden an. Im Gegensatz zu manch anderer Segnung der Moderne, die in vermeintlich humanitärer Absicht exportiert wird. In Afrika gibt es viele Kinder und viel Hunger. Wir haben viele Nahrungsmittel, zum Beispiel einen gewaltigen Berg von Milchpulver, fast 800 000 Tonnen waren es im Jahre 1975. Ist es da nicht nahe liegend, den Überschuss an Kalorien den darbenden Säuglingen zuzuführen? Die künstliche Nahrung erfordert allerdings gewisse hygienische Standards, man braucht sauberes Trinkwasser und muss die Schnuller abkochen, sonst wird das Fläschchen zum Infektionsherd. Aber diese Errungenschaften finden wir in einer afrikanischen Lehmhütte selten, außerdem können die Mütter die komplizierte Gebrauchsanweisung auf der Pulverdose nicht verstehen. Für ihre Babys hat das verheerende Folgen: Sie werden anfällig für Darmerkrankungen. Sie leiden an Marasmus, bekommen Falten und Greisengesichter. Die nahrhafte Muttermilch fehlt ihnen. Und irgendwann kommen die Gesundheitsexperten der Vereinten Nationen und stellen erschrocken fest: Das Milchpulver erhöht nicht nur die Kindersterblichkeit, sondern auch die Geburtenrate, denn durch das frühe Abstillen entfällt ein natürliches Regulativ der Empfängnisverhütung. Bleibt noch hinzuzufügen, dass in der Zwischenzeit unsere Milchpulverberge kleiner und Weltkonzerne wie Nestlé, die Kindernahrung herstellen, um etliche Milliarden reicher geworden sind.

»*The Magic Baby Bottle* – Das magische Babyfläschchen«.

Steht unter dem Gemälde, das wir vor der Geburt unseres Sohnes Leo gekauft haben. »Es wird euer Kind immer schützen«, sagte Twins Seven Seven, der weltberühmte Maler aus Nigeria. Auf dem Bild sind wunderliche Waldkobolde zu sehen; sie umgeistern ein Zwillingswesen, zu dessen Füßen das magische Fläschchen liegt – ein Symbol des Fortschritts und zugleich eine Warnung vor den Zivilisationsgefahren. Wir können es auch als ironischen Kommentar zur Umkehrung der Werte interpretieren. Während die Mütter Europas längst wieder zum Stillen zurückgekehrt sind, werden im modernen Haushalt Afrikas die Säuglinge mit künstlicher Nahrung versorgt. Man will schließlich nicht mehr rückständig sein.

Im Jahre 1985 erschien ein Buch mit dem Titel »Tödliche Hilfe«. Es war der Bericht von der letzten Dienstreise, die Brigitte Erler im Auftrag des Bundesministeriums für wirtschaftliche Zusammenarbeit unternommen hatte. Ihr Urteil fiel vernichtend aus. Weil es seither zum guten Ton gehört, die Entwicklungshilfe mangels nachhaltiger Erfolge in Bausch und Bogen zu verdammen, müssen wir eine Lanze für diejenigen brechen, die sie ausführen. Ich habe in Afrika zahlreiche Agraringenieure, Ärzte, Krankenschwestern, Handwerker, Städteplaner oder Lehrer getroffen, die unter härtesten Bedingungen arbeiten und mustergültige Projekte aufgebaut haben. Sie mögen sich oft fühlen wie Sisyphos, aber den dürfen wir uns, wenn Camus Recht hat, als glücklichen Menschen vorstellen. Die viel gescholtenen Entwicklungsexperten und vor allem Nothelfer, die bei den großen Katastrophen des Kontinents – Hungersnöte, Dürren, Seuchen, Massenflucht – im Einsatz sind, müssen jeden Tag mit einem moralischen Dilemma fertig werden. Sie retten Menschenleben und stärken unfreiwillig Machtstrukturen. Das kann so weit gehen wie in Angola, wo ihnen der Militärkommandant einer hungernden Stadt erklärt, dass sie, die Ausländer, zuständig seien für Ernährung, Gesundheit und Soziales, während er und seine Truppen Krieg führen müssen – und jene Zustände verlängern, die die

Nothilfe erst erforderlich machen. Oftmals wird der Hunger auch als Waffe eingesetzt, das Regime in Simbabwe liefert die aktuellste Anschauung: Es verweigert Bedürftigen, die die Opposition unterstützen oder im Verdacht stehen, dies zu tun, Nahrungsmittelrationen aus internationalen Lieferungen.

Damit sind wir wieder bei Axelle Kabou, jener brillanten Querdenkerin, die häufig missverstanden wird. Allein, sie will ihre afrikanischen Zeitgenossen nicht verdammen, sondern wachrütteln, damit sie die »unerträgliche Mittelmäßigkeit« abstreifen. Sie fordert Selbstkritik. Aber das ist eine Tugend, die wir im Süden der Sahara nicht allzu häufig antreffen, und auf Fremdkritik reagieren die Afrikaner ziemlich allergisch: Sie wittern in jeder Anmerkung neokoloniale Beckmesserei oder gar rassistischen Hochmut – nicht nur in Südafrika, wo sie gute Gründe haben, ihren weißen Landsleuten zu misstrauen. Jojo Cobbinah, ein Kollege aus Ghana, schrieb einmal über meine Berichte: »Ich weiß, Grill meint es gut mit uns. Aber seine Ansichten ärgern mich regelmäßig.« Umso schlimmer, wenn eine schwarze Schwester in die gleiche Kerbe schlägt. Wenn sie nicht nur Selbstkritik fordert, sondern einen radikalen Mentalitätswandel, einen neuen Schaffensdrang, um die selbst verschuldete Unmündigkeit zu überwinden. Man könnte auch sagen: Sie beschwört jene protestantisch-calvinistische Ethik, die Max Weber als Triebkraft des modernen Kapitalismus interpretiert hat. Aber woher sollten die Afrikaner das geistige Rüstzeug nehmen? Die Antwort fällt schwer, wenn wir in die erstbeste afrikanische Schule gehen, in der sich fünf Kinder ein zerfleddertes, hoffnungslos veraltetes Lehrbuch teilen. Oder wenn wir eine leere Universitätsbibliothek inspizieren. Oder wenn wir einen Tag in einer Gemeinde verbringen und die Allmacht der Tradition auf uns wirken lassen.

*

Unsere Gemeinde liegt in einem Viertel von Porto Novo, der Hauptstadt Benins. Auf einem Lehmplatz hat sich eine fiebrig erregte Menge versammelt. Trommeln dröhnen. Im Hintergrund rattert eine Getreidemühle. Kinder wälzen sich in synkopischen Verzückungen im Staub. Über dem Geschnatter und Gelächter thront ein todernst dreinschauender Mann. Die tätowierten Ornamente und Schmucknarben im Gesicht, das Pfaffenhütchen auf seinem Haupt, das weite, golddurchwirkte Gewand betonen seine Gravität. Dodoklounon Tozé wird verehrt und gefürchtet, weil er die unergründlichen Läufte des Schicksals beeinflusst. Er ist ein Fetischeur, ein Priester des Vodún-Kultes, den wir Europäer Voodoo nennen. Trommelwirbel, schrille Schreie. Tozé springt auf. Aus der Hütte rennen, wie von Taranteln gestochen, fünf junge Frauen, springen im Dreieck, scharren mit den Füßen, tanzen, stampfen, schütteln sich, stürzen zu Boden, scheinbar willenlos, fremdgesteuert. Auf den Mündern der Tänzerinnen bildet sich Schaum. Sie wirken gleichzeitig tobsüchtig und abwesend, besessen von manischer Trance. Dieser Zustand gilt als Gottesbeweis. *Vodún dó mé ji*, sagen die Priester, der Vodún reitet eine Person. In Südbenin werden Hunderte dieser Gottheiten verehrt. Strafend, rächend, mahnend, schützend oder belohnend lenken sie die Geschicke der Sterblichen. Sie entscheiden über Geburt und Tod, bringen Fluch oder Segen, Gesundheit oder Siechtum, Regen oder Dürre.

Die Trommeln schweigen. Tozés Helfer stechen fünf Zicklein und werfen sie den Frauen über die Schultern. Eine nach der anderen verbeißt sich mit gurgelnden Kehllauten in den Hälsen der im Todeskampf zuckenden Tiere. Der Tanz steigert sich zur Raserei. Es dauert zehn Minuten, ehe die letzte Frau mit bloßen Zähnen einen warmen, blutigen Fleischfetzen aus ihrer Jungziege gerissen hat. Das Ritual ist vorbei. Die jungen Frauen, erschöpft wie nach einer schweren Niederkunft, haben ihr Blutopfer dargebracht und sind von nun an Vodúnsì, Eingeweihte in die Geheimnisse ihrer Gottheit. Glücklich wirken sie nicht. Vor zwei, drei Jahren wurden sie mit List und Tücke vom Fetischeur ausgewählt und in einem Kloster abgesondert. Die Zeit der Initiation hat sie viel Geld, Geduld und manche Lebenschance gekostet. Dafür sind sie jetzt Akteurinnen eines Kultsystems, das die Regeln des religiösen, sozialen und politischen Lebens diktiert, so lange die Erinnerung zurückreicht. In Benin wurden die Priester vielerorts zur Plage. Sie beuteten ihre Anhänger aus, sprachen nach Gutdünken Recht, schändeten Gräber, kollaborierten bei Bedarf mit den Kolonialherren. Aus Furcht vor Verwünschungen unterwarfen sich auch Nichtgläubige ihren Tabus, Zwängen und Ordalien. Schließlich wurde die Nebenmacht der Priesterkaste so stark, dass das marxistische Militärregime von Präsident Kérékou seine Autorität unterhöhlt sah. Hexerei und Obskurantismus!, befanden die Kommissare und verboten 1975 alle Vodún-Kulte. Vierzehn Jahre später, im Zuge der Demokratisierung, wurden sie als nationales Kulturgut wieder zugelassen, und es kroch in den Alltag zurück, was das Hauptingredienz einer jeden Religion bildet: Angst.

Die Naturreligionen sind starke Mächte in Afrika. Es gibt zahllose Götter, allein bei den Yoruba in Nigeria zählen die Ethnologen 1700. Unter den Göttern stehen die Geister, gute Schutzgeister und böse Dämonen, die die Vorstellungswelt der Sterblichen besetzen. Schließlich die Ahnen, die wir uns nicht etwa als tote Seelen vorzustellen haben, sondern als wirkmächtige, real existierende Wesen. Sie regieren in den Alltag hinein, helfen den Hinterbliebenen oder strafen sie, man muss sich gut mit ihnen stellen, muss sie verehren, beschwichtigen und versorgen, indem man ihnen auf den Asen, den Altären, Speise- und Trankopfer darbringt. Wenn wir irgendwo Palmwein oder Bananenbier angeboten bekommen, wird zuerst ein Mund voll auf die Erde gegossen, es ist der Schluck für die Ahnen. Die jenseitigen Mächte stehen den Afrikanern sehr nahe, viel näher, als Gott und die Himmelsheiligen etwa einem europäischen Katholiken stehen, gar nicht zu reden vom Protestanten. Und weil die Götter, Geister und Ahnen den Lebenden so nahe sind, ist die Furcht vor ihnen viel größer.

Selbst einen weltlichen Treibauf wie unseren Übersetzer Dominique Hazoumé erfasst diese Furcht. Normalerweise schwärmt er von Discos, Sportwagen und MTV-Videos. Heute nicht. Er liegt nämlich auf den Knien und sendet Stoßgebete aus; die Angst vor den animistischen Mächten ist stärker, älter als die westlichen Normen, die sein Bewusstsein überformt haben. Vor Dominique hat sich ein *revenant* aufgebaut, einer der Wiedergänger aus dem Reich der Toten, die das Städtchen Saketé in ein Tollhaus verwandeln. Wilde Gestalten hocken in Baumkronen und auf Dachgiebeln, lauern hinter Hausecken, jagen Kinder, prusten grasgrüne Brühe, keckern, knurren, brabbeln und brüllen, als litten sie die Qualen des Purgatoriums. Wie Perchten, Buschgespenste oder Scharfrichter sehen sie aus. Ihre sackleinernen Gewänder schmücken Katzenfelle, Hundeschädel, Schlangenhäute, Fetischpüppchen, blutgetränkte Federn, rostige Schlüssel, kleine Kalebassen mit Zauberelixieren. Niemand weiß, wer sich unter den Kesselhauben verbirgt. Neunzehn Tage geistern die Wiedergänger durch die Straßen, schlechte Zeiten für die Hähne von Saketé. Der Fetischeur schlachtet einen nach dem anderen. Er muss die Belagerer besänftigen. Sie drehen grimmige Kreisel vor seiner Hütte, rumpeln gegen die Fenster, deuten auf die Inschrift über dem Türsturz – die Strukturformel für Methylalkohol. Am Rande des Platzes peitschen sich junge Burschen mit Gerten wechselseitig die nackten Waden blutig, ein Zeremoniell der Mannbarkeit, vollzogen unter den Augen der Ahnen. Ein Wiedergänger rennt mit gesenktem Gehörn auf mich zu und fordert eine Opfergabe. »Wir sind die Toten von Saketé«, sagt er in recht irdisch klingendem Französisch. »Im Jenseits ist es langweilig. Einmal im Jahr wollen wir *plaisir!* Saufen, fressen, tanzen, Moped fahren, Leute schrecken!« Und hin und wieder Erdlinge verdreschen, geizige, korrupte, lasterhafte.

Die Epiphanie der Toten ist ein Akt der sozialen Kontrolle, der mitunter recht gewalttätige Auswüchse annehmen kann. In den bayerischen Voralpen wurde vor nicht allzu langer Zeit noch ein vergleichbares Brauchtum gepflegt, das Haberfeldtreiben.

Auch hier übten maskierte Gestalten Selbstjustiz an Zeitgenossen, die gegen moralische Regeln verstoßen hatten. Überhaupt fühlte ich mich bei den animistischen Ritualen in Afrika oft an den strengen alpenländischen Katholizismus erinnert. Ich wuchs auf einem Bergbauernhof auf, unter dem Brünnstein, in dem unheimliche Kobolde und Felsgeister hausten. Aber da gab es, gottlob!, ein vielköpfiges Pantheon von Heiligen, die einem in der Not beistanden. Sankt Florian schützte vor dem roten Hahn, zu Antonius betete ich, wenn etwas verloren gegangen war, der Segen des heiligen Blasius, vollzogen mit zwei überkreuzten Kerzen, bewahrte mich vor Halsweh. Am Aschermittwoch zeichnete der Priester ein Aschekreuz auf mein Haupt, zu Ostern wurden geweihte Eierschalen an den Ecken der Äcker ausgestreut, und in der besonders gefährlichen Zeit nach der Winterlichtwende, in den Raunächten, zog die Familie mit Weihwasser und rauchender Myrrhe durch sämtliche Räume des Hofes und durch den Viehstall, um die bösen Geister auszutreiben. Der Herr Pfarrer segnete die Pferde und Kühe und sogar die Traktoren. Und natürlich die schwarze Wetterkerze, die die Großmutter anzündete, wenn ein Gewitter heraufdräute. So mag es nicht verwundern, dass mir das Treiben der Wiedergänger von Saketé wie ein tropisches Allerseelen vorkam. Ich hatte auch keine Probleme, mich unter den Schutz eines Vodún zu stellen. Nur die Opfergetränke waren nicht besonders schmackhaft. Ein Spiritusgebräu, in dem tote Giftschlangen schwammen, und frisches, warmes Hühnerblut, serviert in einem in der Mitte durchgesägten Kinderschädel.

Wir verlassen das Städtchen, fahren hinaus aus dem Busch, biegen in die Hauptstraße nach Porto Novo ein. Die Straße wirkt jetzt sonderbar fremd, ein Teerband, geradlinig, glatt, rational, eine Scheidelinie, die uns jäh von Saketé trennt. Und von unserer eigenen Vorzeit, vom mythischen Dunkel, das die Moderne verschlungen hat. Wir denken wieder an die Thesen von Axelle Kabou und versuchen, uns vorzustellen, wie die Menschen von Saketé aus sich selbst heraus die mentalen Bedingungen ihrer Modernisierung gebären sollen. Aber wir kommen nicht weiter bei diesem Gedanken.

*

Der greise Torwächter ist unter seinem zinnoberroten Turban eingenickt, aus dem rechten Mundwinkel ragen zwei große gelbe Zähne. Die Stallburschen, die Kamele, die Katzen, der ganze Palast scheint im Jahrhundertschlaf versunken. Wir warten im dritten Saal auf die Audienz. In den Arabesken des Gemäuers spielen satte Erdfarben mit leichten Pastelltönen, scharfe Schattenrisse mit weichen Rundungen. Der Palast des Emirs von Kano in Nordnigeria, wieder so ein Ort vollendeter Harmonie, zeitloser Ruhe. Man möchte, durchblitzt von kindlicher Klarheit, am liebsten ein Malbuch zücken und all die Wunderlichkeiten mit dem Pinsel einfangen. Draußen, im vierten Innenhof, beginnt der Hofstaat zu tuscheln, die Luftfächler, Schirmträger, Lobsänger, Robenglätter, Schranzen und Sekretäre des Emirs. Eine limonengrüne Echse huscht über das Geviert.

Da kommt er! Alhaji Ado Bayero, der Herrscher von Kano. Der Vorderlader des ersten Hofschützen kracht, und die Höflinge sinken wie vom Mündungsblitz gefällt in den Staub. Seine Hoheit schwebt an uns vorbei, als werde er auf unsichtbaren Rollen gezogen, die rundliche, untersetzte Gestalt verhüllt von einer olivbraunen Babanriga, einer weiten Robe, auf dem Kopf einen Turban, der nur Augen und Nase freilässt. Die Tuchenden sind über dem Haupt zu einem Propeller verschlungen. Griesgrämig sieht er aus, wie jemand, den Zahnweh quält. Aus Hörnern schallen dumpfe, klagende Urklänge, durchbrochen von den hellen Juchzern der langen Kakaki-Posaunen. Musikanten in erbsengrünen und himbeerroten Gewändern umspringen den Emir. Senkt den Kopf. Wagt es nicht, ihn anzureden. Meidet seinen Blick. Zieht eure Schuhe aus. Wir tun, wie vom Obersten Sekretär geheißen.

Die Emire und Sultane sind mächtig, mächtiger als jeder weltliche Würdenträger, sie sind geistige Führer, politische und zugleich religiöse Autoritäten, an denen die modernen Staatsgewalten nicht vorbeiregieren können. Sie stehen an der Spitze einer Theokratie, die im 11. Jahrhundert entstand, als der Islam in die Savannen Schwarzafrikas vordrang. Wehe dem Imam, Provinzfürsten oder Clanchef, der ihm nicht regelmäßig huldigt! Das Wort des Emirs ist Gesetz, und es wird notfalls mit Schwert und Dolch erzwungen, den Insignien seiner Macht, unter denen er soeben Platz nimmt, die Hände gefaltet, mit hartem Gesicht, die dunklen, verschatteten Augen auf einen imaginären Fluchtpunkt gerichtet. Zu seiner Linken und Rechten sitzen die Notabeln und Berater, götzenstarr, schweigend. Sie sezieren den Zug der Vasallen, die in Dreierketten vor dem Herrscher auf die Knie fallen, ihre Treue schwören und mit Gesten der Demut wieder abziehen. Strumpfsockert stehen wir da, den Kopf gesenkt, *kafirs*, Ungläubige, darauf bedacht, keine der geheimen Regeln, keines der unsichtbaren Tabus zu verletzen.

Beim Freitagsgebet ist gleichfalls Diskretion geboten. Verborgen hinter dem Windfang des Daches, das uns ein Kaufmann vermietet, beobachten wir das Ereignis. »Allahu akbar!«, schallt es von den Minaretten der Hauptmoschee. Der Verkehr steht still. Im Glutofen des Mittags strömen Tausende und Abertausende schweigend auf den weiten Platz, verdichten sich zu einem Meer von blütenweißen und zartblauen Babanrigas, beugen sich gleichzeitig nieder, richten sich wieder auf. Knien, liegen, stehen. Die Kommandos des Muezzins kämmen durch die Masse wie Windböen durch ein Kornfeld. Das Schauspiel dauert knapp zwölf Minuten und endet, wie es begann. 60 000 Knaben und Männer, ein ganzes Fußballstadion, lösen sich in den Seitenstraßen auf, ruhig, diszipliniert, vom unsichtbaren Beweger gelenkt. Rituale der Macht und des Glaubens, geboren aus dem Geist des Propheten, eine in dreißig Generationen zementierte Ordnung – der Islam in Afrika.

»Erst hatten sie die Bibel und wir das Land. Jetzt haben wir die Bibel und sie das Land«, sagt der Volksmund im Süden Afrikas. Auch die christliche Mission bemühte sich redlich, den Afrikanern das Heidentum auszutreiben, sie war allerdings nicht so erfolgreich wie die mohammedanische Konkurrenz. Viele Schäflein ließen sich zwar taufen, aber unter der Oberfläche des christlichen Bekenntnisses, in den tieferen Schichten der Volksseele herrschten die alten Gottheiten fort. Vielerorts entstanden synkretistische Glaubensformen, in denen Animismus und Christenlehre zu so genannten Freikirchen verschmolzen. In der Kapelle Saint-Charles Borromee auf der senegalesischen Sklaveninsel Gorée sehen wir, wie die Heiligen des Abendlandes afrikanisiert wurden – man schwärzte ihre Gesichter ein. Aber in der Regel sollte das christliche Himmelspersonal rosa oder bleich bleiben, denn das waren die Farben, die nicht nur Seelenfrieden, sondern auch Reichtum verhießen. Ein Gott mehr, ein weißer zumal, konnte nie schaden.

So sehen es auch die Gläubigen, die sich jeden Sonntag in einer Betonbaracke in Port Harcourt versammeln. Wir befinden uns nunmehr im Süden Nigerias, im Delta des Niger. Ein überfüllter Raum, stickige Luft. In der Mitte vier Neonröhren, angeordnet zu einem Kreuz. Ventilatoren quirlen durch blaue Weihrauchschwaden. Wildes Gestikulieren, Geschnatter, der Gesang durchbrochen von den zürnenden Rhapsodien der Priester. Der Ewig Geheiligte Orden der Cherubim und Saraphim zelebriert das Hochamt. Die Gemeinde der Betenden in langen, blütenweißen Kutten mit smaragdgrünen Säumen gleicht einer glückseligen Himmelsgesellschaft, die ins graue Erdenleben heruntergestiegen ist. Ihre Zusammenkunft, halb Engelskult, halb Soulhappening, bringt ein bisschen Würde und Frohsinn in den tristen Alltag. »Wir können nur beten für Nigeria«, sagt der Erste Apostel Bartholomäus. Dass ein bisschen was von den Ölmilliarden, die aus dem Nigerdelta sprudeln, bei den Einheimischen bleiben möge. Obgleich der Oberpriester wenig Anlass zur Klage hat. In der Sakristei zählt er die Kollekte, ein hübsches Sümmchen, das die Messe eingetragen hat. An der westafrikanischen Küste breiten sich Hunderte von Freikirchen, Sekten, Erweckungsbewegungen aus, und mancher Prediger versammelt mehr Anhänger als der Heilige Vater aus Rom oder ein Popstar. Zu einem Feldgottesdienst des deutschen Jesussektenpapstes Reinhard Bonnke strömten 1,6 Millionen Nigerianer! Wo große Armut herrscht, werden Seelenfischer reich.

So reich wie der Multimillionär David Oyedepo, der Gründer der Winners' Church. In Otta, nördlich von Lagos, ließ er das Canaan Land aus dem Busch stampfen, eine Art Glaubensbusinesscenter mit Universität, Hotel, Bank, Tankstelle, Restaurants, Shops, dazu die größte Gebetsarena Afrikas mit 50 000 Sitzplätzen. »Gott macht die Menschen reich«, verkündet ein Faltblatt. »Er wird auch dich reich machen.« Millionen glauben es, in Otta, in Westafrika, auf dem ganzen Erdteil – die geschäftstüchtigen Missionare sorgen schon dafür. Die Nachfrage ist enorm, denn Afrika geht durch schwere Zeiten, wo seit Jahren Krieg und Hunger herrschen, wo Seuchen grassieren und das Elend wächst, beschleicht die Menschen eine endzeitliche Stimmung. Sie ist der ideale Nährboden für apokalyptische Erlösungslehren. Neben den traditionellen Freikirchen, die im Zuge der Unabhängigkeit entstanden waren, nehmen seit anderthalb Jahrzehnten vor allem die protestantisch-fundamentalistischen Gemeinden, Sekten und Kulte zu, insbesondere die Pfingstbewegung. Sie propagieren einen streng bibeltreuen Glauben. Die Evolutionslehre ist Blasphemie. Homosexuelle sind widernatürlich. Kondome? Um Gottes Willen, nicht mal im HIV-geplagten Afrika!

Die neuen, radikalen Kirchen wuchern aus den Bürgerkriegsruinen von Liberia und Sierra Leone. Sie sind allgegenwärtig in den Slums von Nairobi, in den Townships am Kap, in den Bidonvilles von Abidjan. Evangelikale Wanderprediger, Apostel und Wunderheiler haben unterdessen den gesamten Küstenbogen am Golf von Guinea erobert. Sie beherrschen die Fernsehkanäle der Metropolen und dringen in die abgelegensten Bergdörfer vor, nach Kanungu in Uganda zum Beispiel, wo die »Bewegung zur

Wiedereinführung der Zehn Gebote« zur Jahrtausendwende über 500 Anhänger in den kollektiven Selbstmord trieb. In Ruanda sind die neuen Kongregationen so zahlreich wie humanitäre Organisationen, Spötter reden von regelrechten »Glaubenslandschaften«. 1994, im Jahr des Völkermords, gab es acht Kirchen, sechs Jahre später waren es deren dreihundert. In ganz Afrika sollen es unterdessen 20 000 sein. Fest steht: Auf keinem anderen Kontinent breitet sich das Christentum so schnell, ja geradezu explosionsartig aus.

Der größte »Exporteur« von neuen Religionen ist Nigeria. Um sich eine Vorstellung von der jüngsten christlichen Missionsoffensive zu machen, muss man den Expressway von der Megastadt Lagos hinauf nach Ibadan nehmen, dort liegt auch das bereits erwähnte Canaan Land. Die Einheimischen haben die Schnellstraße »Autobahn der Kirchen« getauft. Man fährt vorbei an unzähligen Riesenschildern und kunstvoll gemalten Reklametafeln. Es sind gleichsam die Feldzeichen in der Schlacht um die Seelen. Sie weisen nach rechts und links zu gewaltigen Hallen, manche so groß wie Hangars. Über den Eingängen prangt »Berg des Feuers und der Wunder« oder »Botschaft Christi« oder Redemption Camp, »Lager der Erlösung«. An Sonn- und Feiertagen ziehen sie wie Magneten Hunderttausende von Gläubigen an. Es ist kein Zufall, dass bei dieser Offensive amerikanische Tele-Evangelisten an vorderster Front stehen. Viele Kampagnen im fernen Afrika werden von christlichen Fundamentalisten aus den USA bemannt und finanziert, sie treten auf als Glaubenskrieger der religiösen Rechten, die sich im globalen Endkampf gegen den Antichristen wähnen. Mel Gibson, der Stellvertreter Christi in Hollywood, liefert die dazu passenden Blutorgien. Und auch Präsident George W. Bush, der frömmelnde Methodist, ist mit seiner manichäischen Weltanschauung – Wir, die Guten, sie, die Bösen – nicht weit von den Obsessionen moderner Kreuzritter entfernt.

An einem brüllend heißen Tag fahre ich die »Autobahn der Kirchen« mit Mr. Sunday ab, dem rechtschaffenen Anglikaner, dessen Fahrdienste ich seit zehn Jahren schätze. Er ist neuerdings auch ein Anhänger von Reinhard Bonnke, und er kann gar nicht verstehen, warum ich in einer Kleinstadt hinter Ibadan just vor einer Moschee anhalten will. Das monumentale Gebäude befindet sich noch im Rohbau, und man fragt sich, wie es finanziert wurde, hier, im Yorubaland, wo die Muslime deutlich in der Minderheit sind. Der Muezzin bittet mich in das halbfertige Minarett. »Sie dürfen die Schuhe anlassen«, sagt er. Irgendwann verrät er die edlen Sponsoren: »Glaubensbrüder aus Mekka.« Das Geld kam wahrscheinlich von Wahabiten aus Saudi-Arabien, sie gehören zu den wichtigsten islamistischen Gegenspielern der evangelikalen Christen, nicht nur in Afrika.

So könnte bald auch in Orten, wo die Gläubigen noch friedlich nebeneinander leben, der Teufel los sein. Oder der Scheitan, je nachdem, durch welche Religionsbrille man schaut. Es muss nur ein Imam durchdrehen. Oder ein Erlöser wie Reinhard Bonnke auftauchen. Als der »Mähdrescher Gottes«, wie er sich nennt, 1991 in Kano ernten wollte, kam es zu schweren Unruhen. Bonnke musste unter Polizeischutz die Stadt verlassen. Heute würde ein Auftritt des deutschen Eiferers, der Afrika mit dem Blut Jesu reinwaschen will, zur Katastrophe führen. Denn es geht leider nicht mehr so leger und gelassen zu wie in jener Zeit, als wir die Audienz bei Alhaji Ado Bayero hatten. Die moslemische Mehrheit im Norden wird gegen Andersgläubige aufgehetzt von einer Oberschicht, deren Macht seit dem Ende der Militärdiktatur erodiert. Sie haben jetzt keinen direkten Zugriff auf die Ölmilliarden mehr und daher viel weniger zu verteilen.

Ein Religionskrieg? In Nigeria? Der Präsident sah mich so befremdet an, als wolle er sagen: Von welchem Land reden Sie eigentlich? Aber Olusegun Obasanjo, der Staatschef von Nigeria, antwortete natürlich staatsmännisch – und bagatellisierte die blutigen Zusammenstöße zwischen Christen und Muslimen. »Leider gibt es immer ein paar schlechte Leute, die ihre Konflikte gewaltsam austragen.« Ein paar schlechte Leute? Im Norden des Landes brannten Kirchen und Moscheen, Tausende waren bei Pogromen und Plünderorgien ums Leben gekommen, Abertausende auf der Flucht. Das Interview fand im Jahre 2000 in der Hauptstadt Abuja statt. Unterdessen würde Präsident Obasanjo sein damaliges Urteil vermutlich selber revidieren. Kurz vor Pfingsten 2004 trat er nämlich mit höchst besorgter Miene vor das Fernsehpublikum, warnte vor einem »wechselseitigen Völkermord« zwischen Muslimen und Christen und verhängte den Ausnahmezustand über den Plateau State, ein Bundesland im Herzen der Republik. Was war geschehen? Im Februar brachten Mordbrenner in der Stadt Yelwa 49 Menschen um, die in einer Kirche Schutz gesucht hatten. Die Täter waren Muslime vom Volk der Haussa-Fulani, viele unter ihnen Hirten und Viehzüchter. Die Opfer waren Christen, Ackerbauern, die zur kleineren Ethnie der Tarok gehören. Zwischen ihnen tobt ein erbitterter Streit um Land. Die christlichen Milizen wählten den 2. Mai für ihren Rachefeldzug, einen Sonntag. Sie massakrierten nach Angaben des Roten Kreuzes 500 bis 600 Muslime.

Die Massenmorde, erklärte der Imam der islamischen Hochburg Kano, seien Teil einer westlichen Verschwörung gegen Allah und seine Anhänger. Der entfesselte Mob ging sogleich auf Christenjagd. Wer an Straßensperren keine Koransure aufsagen konnte, musste um sein Leben fürchten. Dutzende von »Ungläubigen« wurden gelyncht. Genaue Zahlen sind nicht bekannt, aber in Europa oder Amerika interessieren sie ohnehin niemanden. Samuel P. Huntingtons *Clash of Civilizations*, der Kampf zwischen den Kulturen, über den man dort gerne räsoniert, findet anderswo statt, im Irak, in Afghanistan, im Elendsgürtel um Paris. Die nackten Zahlen aber belegen, dass dieser Krieg in Nigeria schon vor Jahren ausgebrochen ist. Man schätzt, dass er seit 1999 über 10 000 Menschenleben gekostet hat. Zum Vergleich: Seit Beginn der zweiten Intifada in Palästina im Jahre 2000 starben auf beiden Seiten rund 4 000 Menschen.

Trotz dieser mörderischen Konfrontation haben die christlichen Denominationen und ihre Heilsverlagerung ins Jenseits, das theokratische Korsett des Islam und die geheime Herrschaft der alten Gottheiten eines gemeinsam: Es sind konservative, oft reaktionäre Mächte, in deren Natur es liegt, jeden Versuch der Modernisierung zu blockieren. Mancherorts stoßen wir zwar auf Fragmente einer Befreiungstheologie oder auf einen im Vergleich zu seinen arabischen Ausprägungen liberalen Islam, aber in der Regel halten sich die Religionsführer an die immer währende Maxime, die da lautet: Fortschritt ist Teufelszeug, er gefährdet die petrifizierte Ordnung, unterhöhlt die Stellung der Pfaffen, Imame und Fetischeure und macht am Ende auch noch die Frauen aufsässig. Sie verhalten sich dann wie ihre Schwestern in Malicounda, einem 3000-Seelen-Dorf im Senegal, das ich vor vier Jahren besucht habe: Sie weigern sich, ihre Töchter beschneiden zu lassen. Es reicht! Schluss mit der genitalen Verstümmelung! Mariam Traoré ist eine der rebellischen Mütter. Wenn sie über das Ritual spricht, packt sie der Zorn. »Es zerstört unsere Gesundheit.« Ihre älteste Tochter gehört zu den letzten Mädchen am Ort, welche die Qual noch über sich ergehen lassen mussten. Sie wurde zur alten Beschneiderin gebracht, die eine Rasierklinge mit Spucke benetzte, ihre Klitoris herausschnitt und die Vagina zunähte – ohne Betäubung. »Das entfernte Teil sah aus wie ein kleiner blutiger Vogelflügel.« Viele Kulturen leiten die Frauenbeschneidung aus den Schöpfungsmythen ab. Die Dogon zum Beispiel: Ihr Gott Amma schuf die Erde, das Weib. Um es zu begatten, musste er die hinderlichen Termitenhügel ausreißen – die Klitoris. Unbeschnittene Mädchen gelten als unrein; wer sich der Prozedur verweigert, wird stigmatisiert. Allein im Senegal haben eine Million Frauen die Verstümmelung – Infibulation genannt – durchlitten; die kontinentale Gesamtzahl ist unbekannt. Nach dem Eingriff kommt es häufig zu Traumata, schweren Blutungen und tödlichen Infektionen. Es ist ein barbarisches Brauchtum, das die weibliche Sexualität zerstört, um patriarchalische Besitzstände zu sichern. Wie reagierten die Männer von Malicounda? Die Traditionalisten? Die Moslems?«»Verstört und böse. Aber langsam kapieren sie«, erzählt eine Frau und deutet zur Moschee hinüber. »Der Imam sagte, dass über die Beschneidung nichts im Koran steht. Das half.«

*

Zum Glauben und seinen Verirrungen kommt eine weitere Macht des Bewahrens: der Aberglaube. Er ist unter allen Völkern Afrikas verbreitet, wir begegnen ihm in allen Schichten, allen Lebenslagen. Bei Buschkriegern, die sich mit geweihtem Wasser besprenkeln und für unverwundbar halten. Bei Präsidenten, deren Wahlkampf von Sangomas gelenkt wird. Oder bei Fußballteams, die den Ball und das Tor des Gegners verwünschen lassen. Selbst der ernste Revolutionär Ernesto Che Guevara, der auch im Kongo Guerilleros anführte, hat sich in seinem Tagebuch über deren Zaubertrank *dawa* lustig gemacht und wurde von Zweifeln an seiner Mission beschlichen: »Mit solchen Truppen einen Krieg zu gewinnen ist undenkbar.«

Wir müssen nur auf einen Markt gehen, nach Itoku im nigerianischen Abeokuta zum Beispiel, dort finden wir sämtliche Substanzen und Elixiere, die Unglück abwehren und Glück anziehen, Schlangenhäute und Affenschädel, Echsenschwänze und Vogelkrallen, Giftpilze und Rindenpulver, Leichenwaschwasser und Pavianurin, dazu alle Gestalten von Fetischen, Amuletten, Talismanen. Jim Olagunju, ein zeitweiliger Mitbewohner in meiner Hamburger Wohngemeinschaft, kam aus Abeokuta. Er vermisste die Wundermittel sehr, als er einmal in argen Nöten war. Er hatte einem Landsmann die deutsche Freundin ausgespannt, und der schickte ihm ein *juju*, einen Fluch, aus der Heimatstadt. Jim war untröstlich, er bibberte am ganzen Leib, und es erforderte einige Überzeugungskunst, ihn zu beruhigen. Erst als ich ihm erklärte, dass der Fluch nicht durchs Telefon geschleudert werden könne und ohnehin kraftlos bleibe, solange der Feind nicht einen Fingernagel, eine Schuppe oder ein Haar von ihm besitze, war er wieder der Alte. Von manchem Mittel versprechen sich die Afrikaner wahre Mirakel. In Sambia wurde eine Kartoffelart zum Verkaufsschlager, deren Verzehr angeblich gegen HI-Viren immunisiert. Dies alles sind Erscheinungsformen der traditionellen Magie, die oft mit dem Unwesen der Hexerei in einen Topf geworfen wird. Doch der Hexenglaube ist ein ungleich gefährlicherer, ein oft tödlicher Auswuchs des Aberglaubens.

In Accra schlagen fünf junge Kerle einen Mann blutig. Ein Dieb? Ein Zauberer? Hier, irgendwo zwischen den Buden des Marktes von Makola, entstand das Gerücht. Es fraß sich die Westküste entlang, nach Togo, nach Benin, nach Côte d'Ivoire, schnell und gierig wie ein Buschfeuer: Heimtückische Hexenmeister sind unter uns! Sie lassen Penisse schrumpfen und Brüste, sie stehlen die Fortpflanzungskraft, und nicht einmal die Fruchtbarkeitspüppchen können ihren Fluch abwehren. Eine Marktfrau, bei der ich mich vorsichtig nach dem Unwesen erkundige, reagiert so abweisend, als stehe der Leibhaftige vor ihr. Wer fragt, macht sich verdächtig.

Jedes Unglück kommt durch Hexerei, überall ist *juju*. Man fällt bei einer Prüfung durch. Die fetteste Ziege stirbt. Die Feldfrüchte verdorren. Auf der Haut bilden sich eitrige Pusteln. Ein Geschäft läuft schief. Das Auto überschlägt sich. Ein Kind stirbt. Die Verursacher müssen vernichtet werden. Zumeist werden Außenseiter beschuldigt, Kauze und Krüppel, Eigenbrötler, Einzelgänger. Oder besonders schöne, erfolgreiche, kluge Menschen, die den Durchschnitt überragen und das soziale Gleichheitsgebot verletzen. Oder Ausländer, Wanderarbeiter aus den Nachbarstaaten, die angeblich Jobs, Häuser und Frauen stehlen und durch bösen Blick oder per Handschlag Seuchen verbreiten. »Nun hat es auch Kumasi erwischt«, lese ich im *Daily Graphic* vom 20. Januar 1997. In Kumasi wurde ein Mann gelyncht; eine Frau hatte ihn verdächtigt, mit dämonischen Formeln ihre Schamlippen verschlossen zu haben. Eine von der Polizei veranlasste Untersuchung ergab, dass es sich um pure Einbildung handelte.

In jenem Januar 1997 schlug der abergläubische Mob in Ghana zwölf so genannte *penis shrinkers* tot. Das Familienministerium in Dar es Salaam schätzt, dass zwischen 1994 und 1998 allein in Tansania 5000 »Hexen« umgebracht wurden. In Südafrika fliehen Unschuldige, die des diabolischen Zaubers bezichtigt werden, in Schutzdörfer. Immer wieder erregen Meldungen von ausgeschlachteten Leichen oder kannibalistischen Exzessen unsere Abscheu; das Einverleiben der Körperteile von gesunden, kräftigen Menschen, bevorzugt von Kindern, soll die Dämonen bändigen. Oft ist die willkürliche Anschuldigung von Zeitgenossen von Neid und Missgunst getrieben – eine mörderische Methode, um Konkurrenten, Nebenbuhler oder Feinde loszuwerden. Die Hexenjagd ist ein Instrument des sozialen Terrors. Mancher Völkerkundler geht sogar so weit, in diesem Unwesen eine »Metapher für vampirische Sozialbeziehungen« in Afrika zu sehen. Man suche sich einen Stamm, forsche ein paar Monate und kehre heim mit der knackigen Hypothese von der »Ökonomie der Hexerei«. Man blase sie zum Grundübel Afrikas auf, und schon hat man eine probate Erklärung, warum der Kontinent nicht vom Fleck kommt und alle Hilfe von außen vergebens ist. Es soll niemandem besser gehen. Jeder muss teilen, keiner kann sparen. Richtig arbeiten will sowieso keiner. Natürlich gönnt keiner keinem etwas. Alle wollen immer alles haben. Und alle glauben an die Hexerei. So ist das bei den Schwarzen. Die bösen Innenmächte, ein neues Konstrukt postmoderner Einfältigkeit, so naiv, so simpel, so monokausal wie jene Verschwörungstheorie, die alle Ursachen an der Misere Afrikas üblen Außenmächten zuschreibt. Da braucht man sich nicht mehr der Mühe zu unterziehen, über die komplizierte Wirklichkeit nachzudenken.

Der Hexenglaube ist ein Kennzeichen vorwissenschaftlicher Gesellschaften, ein Referenzsystem, in dem unerklärliche Phänomene gedeutet werden können. Sozialhistoriker reden von einem Krisensymptom, das verstärkt in Epochen des Umbruchs auftrete; das traditionelle Afrika gerate durch die Folgen des Modernisierungsschocks – Landflucht, Entwurzelung, Verslumung, Existenzangst – aus allen Fugen. Wie einst Europa, als die Scheiterhaufen brannten und das dunkle Mittelalter noch einmal auflöderte, ehe es in der Renaissance überwunden wurde. Wie es aber zu einer Massenhysterie kommt, die über Nacht Hunderte von Kilometern durcheilt und Tausende von Dörfern erfasst, das wissen auch die Gelehrten nicht. In Ghana hat man durch öffentliche Kampagnen versucht, die Angstwelle zu stoppen – vergeblich. Auf den Märkten wurde weiterhin gelyncht, sobald der Mob irgendeinen Unschuldigen verteufelt hatte.

*

Wir sind unterwegs von Kampala, der Hauptstadt Ugandas, Richtung Westen, zu den sagenumwobenen Mondbergen. Dort haben wir eine Verabredung mit einem König, His Majesty David Matthew Olimi Kaboyo II. Aber beinahe hätten wir seinen Palast nicht erreicht. Auf halbem Wege, in den Wäldern vor Kyanjojo, lauerte eine Räuberbande; die Geistesgegenwart unseres Fahrers, der das Gaspedal durchdrückte, verhinderte einen Überfall. Zudem hätte sich unser Geländewagen beinahe überschlagen, weil 150 Kilometer hinter Kampala das Asphaltband so unversehens abriss, als sei die Teermaschine just an dieser Stelle im Boden versunken. Kein Schild, keine Vorwarnung, nichts. Es war wieder eine dieser scharfen Bruchkanten. Sie trennen Buschpiste und Schnellstraße, Land und Stadt, Moderne und Tradition.

Der König empfängt uns in einer schmucken Neureichenvilla. Er trägt eine currybraune Feincordhose, T-Shirt und Tennisschuhe mit losen Senkeln. Seinen Schreibtisch ziert eine hölzerne Miniaturlafette, deren Geschützrohr, eine Schnapsampulle, auf die Besucher zielt. Wir wollen wissen, wie es ist, über ein Reich der Armut zu herrschen. »Big task«, sagt er, »schwere Aufgabe, große Herausforderung.« Majestät pumpt sich aus dem Mahagonisessel. Eine Brandyfahne weht uns an. »Folgt mir hinaus.« Prachtvoll ist der Blick über die Moränentäler. Kaboyo II. lässt sich schwankend auf einem Felsblock nieder, vor ihm fällt der Hofmarschall auf die Knie. »Mein Volk, mein wunderbares Land.« Des Königs Arm schlägt einen Halbkreis von den Teeplantagen am Horizont bis hinauf in die Schneekuppen des Ruwenzori-Gebirges. Er herrscht laut Hofstatistik über 746 800 Untertanen, 143 910 Rinder, 13 490 Schweine, 46 330 Schafe und 80 500 Ziegen. »Wir sind arm, sehr arm.« Schuld daran ist Milton Obote, der blutrünstige Diktator. Er stieß den jungen König 1967 vom Thron. Der kämpfte fortan auf den Cocktailpartys in London und in den Squash-Hallen Amerikas heftigst gegen das Regime. 1994 kehrte er zurück. Seither genießt er die gleichen Rechte wie Queen Elizabeth in England.

Seinem Volk geht es weniger gut. Von 1000 Neugeborenen sterben 300. Nur jeder zweite Einwohner über zehn Jahre kann lesen und schreiben. Nur jeder zweihundertste Bürger hat einen Wasserhahn. Zuallererst, sagt der Hofmarschall, müsste der alte Palast renoviert werden. Wehklagend führt er uns durch die Karuzika, eine Betonruine im Stile eines römischen Amphitheaters, geschändet von Obotes Schergen, überwuchert mit Grünzeug, zerzaust von Regen und Wind. Ob wir nicht einen Edelmann im fernen Europa kennten, der dem König von Toro mit Bauzuschüssen aufhülfe? Seine Hoheit wird die bescheidenen Mittel wohl aus den niederen Ständen herausquetschen müssen. Aber deren Loyalität scheint noch größer zu sein als die Armut. Die Monarchie hat weiße Eroberer und schwarze Tyrannen überdauert, Kolonialgrenzen und Heuschreckenplagen. Das Amalgam der Tradition bindet stärker als Verfassungsparagraphen, Stimmzettel oder Präsidentenworte. Politische Macht haben die vier Königreiche in Uganda nicht. Aber sie können, weil sie im Mutterboden der Ethnien wurzeln, so mächtig ausschlagen, dass sie das fragile Staatsgebilde sprengen.

Wo die Bande der Tradition noch stark und die alten Gemeinschaften noch intakt sind, ist der Widerstand gegen die Modernisierung stärker. Wozu soll man sich umstellen auf eine neue

Zeit, man ist doch mit der alten recht gut gefahren? Diese Haltung scheint in einer Stadt wie Djenné aus jedem Gesicht und jedem Haus zu sprechen. Das Stadttor ist die Schleuse einer Zeitmaschine, die uns in eine andere Epoche befördert. Wir finden uns wieder in einem Labyrinth aus Lehm. Sehen verwinkelte Gassen, die von prächtigen Bauten gesäumt werden. Riechen den Maiglöckchenduft der blühenden Nim-Bäume. Und würden uns nicht wundern, wenn uns die Herolde von Mansa Musa entgegenkämen. Der Kaiser von Mali herrschte über ein Gebiet, das von der Atlantikküste bis in die Steppen des heutigen Nordnigeria reichte: Ein Handelsimperium der Savanne, das den Warenaustausch zwischen den Waldvölkern im Süden und den Wüstenvölkern im Norden kontrollierte und durch Zölle und Abgaben reich und mächtig wurde. Als Mansa Musa anno 1324 mit drei Zentnern purem Gold und im Geleit von 60 000 Hintersassen nach Mekka pilgerte, drang die Kunde vom märchenhaften Reichtum des »Mohrenkaisers« bis ins ferne Europa. Im Herzen des alten Mali lag das Binnendelta des Niger, ein fruchtbares Flussland, bewacht von den beiden bedeutendsten Kultur- und Handelszentren: Timbuktu im Nordosten und Djenné im Südwesten. Sie waren das Ziel von Flussflotten, Viehtrecks und transsaharischen Karawanen, welche die Wohlstandsgüter der damaligen Zeit austauschten: Salz und Kupfer, Gold und Getreide, Sklaven und Vieh. Sie sahen Legionen von Frommen einziehen, die in den *madrassa*, den Koranschulen, die Werke des großen Propheten studierten und den Islam, das geistige Fundament des Kaiserreiches, festigten. Die Bewohner der Stadt hätten reichlich zu essen. Die Mehrzahl könne lesen. Niemand laufe barfuß, und jedermann scheine einer nützlichen Beschäftigung nachzugehen. Impressionen aus dem frühen 19. Jahrhundert, aufgezeichnet vom französischen Entdeckungsreisenden René Caillié. Dem ist bis heute nichts hinzuzufügen.

Aus der Mitte von Djenné erhebt sich die größte Lehmmoschee der Welt. Ein grandioses Bauwerk im Banko-Stil, eine Erdbastion, monumental und bergeschwer, von der Sahelsonne für die Ewigkeit gebacken. Die in der Oberhälfte eingegossenen Holzpfetten ragen wie Geschützrohre aus dem Gemäuer. Doch merkwürdig: Trotz ihrer Wucht wirkt die Moschee leicht und elegant, ja verspielt. Die weichen Formen, die hochstrebenden Pilaster, der Zinnenkranz, der in den Porzellanhimmel zackt – als hätten sie Kinderhände aus Plastillin geknetet. Im Innenhof der Moschee murmeln die Gläubigen Suren. Ihre Burnusse leuchten in Ostereierfarben, mintgrün und kirschrot, puppenrosa, citrusgelb und indigoblau. Uralte Bilder, von den Jahrhunderten gemalt, durchwest von einer Aura der Unvergänglichkeit. Wie das Mauerwerk, die Minarette, Kranzgesimse und Kielbögen. Wie das ganze Stadtwesen. Es hat die Unbilden der Geschichte schadlos überdauert. Was seine Bewohner brauchen konnten, haben sie angenommen, die automatischen Handfeuerwaffen, das Radio, den Wassertank aus Kunststoff und natürlich den Außenbordmotor, denn Djenné ist ein Handelszentrum am Wasser. Was die Stadt als überflüssig empfand, hat sie verworfen. Wozu wäre zum Beispiel der *toubabou ferey* nütze, der große klobige Ziegel des weißen Mannes? Es gab erbitterte Diskussionen, als ein paar neumodische Bauherren dieses Material verwendeten. Man kann damit vielleicht eine Kaserne bauen, aber bestimmt kein Gesamtkunstwerk wie die große Moschee.

Worüber hinter den maurischen Fensterläden tatsächlich gesprochen wird, wissen wir nicht. Djenné ist eine hermetische Welt, und es kann durchaus sein, dass wir ihrem schönen Schein erliegen. Dass wir der Rhetorik seiner Eliten auf den Leim gehen, der mächtigen Männer, die uns in Afrika oft ein gefälschtes Bild der Verhältnisse präsentieren.

*

Die Autoritäten des alten Afrika – Könige, Stammesherrscher, Chiefs, Clanführer, Dorfälteste – sind die Hüter der Tradition; sie kommunizieren mit den Ahnen, schlichten Streit, regeln Landfragen, interpretieren die mündliche Überlieferung. »Wenn in Afrika ein Greis stirbt, verbrennt eine Bibliothek«, lehrt Amadou Hampâté Bâ aus Mali, der wortgewaltigste Verteidiger der präkolonialen Ordnung. Das Herrschaftswissen stützt die Macht der Führer; sie halten sich oft für unantastbar, ja unfehlbar und wehren jede Innovation ab, um ihre Privilegien und Pfründen zu bewahren. In der Kolonialära wurde ihre Glaubwürdigkeit schwer erschüttert, denn viele Chiefs ließen sich von den Eroberern korrumpieren und in deren Herrschaftssystem einspannen; die Briten wandten das in Indien erprobte Prinzip des *indirect rule* an, das auf den Staatsphilosophen Edmund Burke zurückgeht: »Neither entirely nor at once depart from antiquity.« Verlasse die Vorzeit weder vollständig noch überstürzt, bediene dich der gewachsenen Institutionen. Die Moderne, namentlich ihre politische Errungenschaft, die Demokratie, empfinden die alten Autoritäten als größte Bedrohung ihrer Stellung. Wir können diesen Konflikt in Südafrika verfolgen, in der jüngsten Demokratie des Kontinents. Die Demokratie ist in den Dörfern noch nicht angekommen, dort herrschen die *induna*, die Großmänner, und deren Loyalität gehört nicht der Republik, sondern dem *inkosi*, dem Chief. Am Kap gibt es 750 solcher Chiefs; sie haben Lobbys gebildet und wehren sich gemeinsam gegen eine Verfassung, die ihre Macht und ihre Gewohnheitsrechte empfindlich stutzt. »Sie reden von westlicher Demokratie. Wir reden von afrikanischer Demokratie«, betont Mtiyezintombi Nzimela, der Vorsitzende des National House of Traditional Leaders. Aber diese präkoloniale Demokratie ist eine Fiktion; denn ihre Repräsentanten haben vielerorts selbstherrlich und zum eigenen materiellen Vorteil regiert; sie hatten auch keine Skrupel, sich vom Apartheidregime kooptieren und aushalten zu lassen. Plötzlich sehen sich die Lokalfürsten mit Bürgermeistern und Gemeinderäten konfrontiert, mit gewählten Volksvertretern, die über die politische Gewalt verfügen und die finanziellen Zuschüsse der Provinz- und Zentralregierung erhalten. Die *inkosi* und ihre Unterlinge fühlen sich zu folkloristischen Figuren degradiert, vor allem aber fehlen ihnen die Mittel, um ihre Macht zu zementieren. Aber sie geben nicht so schnell auf. Denn die Gemeinderäte funktionieren noch nicht, die Administratoren sind jung und unerfahren, Haushaltsgelder versickern oder werden fehlgeleitet, Entwicklungsprojekte scheitern. Die Menschen im Dorf werden unruhig, weil das versprochene bessere Leben nicht kommt. Die traditionellen Führer wiegeln sie auf und nennen die Demokratie eine neue Form der Diktatur. In Wahrheit sind sie die Kleindiktatoren, die jeden Fortschritt bremsen – unter Berufung auf die heilige, immer währende Ordnung der Väter. Und die Ahnen flüstern ihnen zu: Es war gut, es ist gut, es wird immer gut sein.

*

Das größte geschlossene Herrschaftsgebiet der traditionellen Macht ist Swasiland, ein kleines, bergiges Königtum zwischen Mosambik und Südafrika mit knapp einer Million Einwohnern. Sie werden regiert von Mswati III., dem letzten absoluten Monarchen des Kontinents. Er würgt die leiseste oppositionelle Regung ab. Streiks und Demonstrationen lässt er von seinen Polizisten und Soldaten niederschlagen. Freie Gewerkschaften und Parteien sind verboten. Das Zweikammernparlament ist ein Forum der Kopfnicker, die das Staatsoberhaupt Mswati III. beraten dürfen. Wenn es eine Zeitung wieder einmal wagt, Durchlaucht zu kritisieren, dann wird der Chefredakteur vor den königshörigen Kadi gezerrt und abgeurteilt. Und weigere sich keine junge Frau, in den Harem des Herrschers einzutreten, wenn er sie erwählt hat. Es ist sein heiliges Prärogativ, sich beim alljährlichen Reettanz die schönsten Töchter seines Volkes herauszupicken. König Sobhuza II., der alte Lüstling, nahm sich siebzig Frauen, die ihm 218 blaublütige Kinder gebaren. Mswati III. ist bescheidener, aber die genaue Zahl seiner Frauen verrät sein Hofsekretär nicht. Immerhin erteilt er mir die schriftliche Genehmigung, dem Ritual, das in der Sprache siSwati *umhlanga* heißt, beizuwohnen.

Ich darf sogar ein Mädchen begleiten, die 18-jährige Zandile Shongwe.

Gestern zog Zandile mit Tausenden von Altersgenossinnen singend und schnatternd hinunter in die sumpfigen Flussauen des Lusushwana, stapfte durch den Morast und schnitt ein halbes Dutzend Schilfrohre. Aus den biegsamen Holmen werden später Windschirme für den Kral der Königsmutter Ntombi geflochten, die den Beinamen *iNdlovukazi* trägt, große Elefantin. Die Leberwurstbäume werfen schon lange Schatten, als die Mädchen in Lobamba ankommen, einem Dorf unweit der königsmütterlichen Residenz. Zandile isst zu Abend, *pap* und *seshebo*, Maisbrei mit viel Soße, und erzählt von ihren zwiespältigen Gefühlen. *Umhlanga*, der Reettanz, ist ein prächtiges Fest, bei dem alle Mädchen zwischen zwölf und zwanzig mitmachen wollen, aber sie laufen dabei Gefahr, eine Beute des Herrschers zu werden, und das will Zandile auf gar keinen Fall. »Ich? Den König heiraten? Aiiiish!« Nie und nimmermehr! Da muss sie nur an die ewigen Pflichten denken, an das steife, blutleere Hofleben, an die leidigen Kleidervorschriften. Der allmächtige König, der seine Untertanen aus jedem Geldschein anlächelt, ist ihr ohnehin nicht geheuer. Abgesehen davon will sie Krankenschwester werden. Oder Ansagerin beim Swasi-Fernsehen. Allein, der Reettanz ist trotz des Risikos einer Zwangsverehelichung einfach unwiderstehlich. Mitmachen dürfen alle, die noch nicht empfangen oder Kinder geboren haben. Das Ritual dient in gewisser Weise der Geburtenkontrolle, und in Zeiten der Aids-Seuche kommt ihm eine ungeahnte Schutzfunktion zu: Wer keusch bleibt, wird nicht infiziert. Aber im eigentlichen Sinne ist *umhlanga* eine Masseninitiation, die die jungen Mädchen, die *iNgabisa*, an ihre präformierte Rolle als Frauen heranführt. Zum ersten Mal in ihrem Leben kehren sie ihrem Elternhaus den Rücken und sind sich selbst überlassen. In der Großgruppe üben sie Schwesterlichkeit und Egalität. Nebenbei lernen sie, sich im überlieferten Machtgefüge unterzuordnen, indem sie ihren Treuedienst am König leisten. Die langen, beschwerlichen Fußmärsche von bis zu achtzig, neunzig Kilometer erziehen zur Selbstdisziplin. *Umhlanga* – eine Reise in die Reife.

Der Tag des Tanzes, frühmorgens um sechs. Die Silhouetten der Zwillingsberge, die koloniale Männerphantasien »Sheebas Brüste« getauft haben, tauchen aus dem milchigen Zwielicht. In den dichten Nebelschwaden, die den Talgrund einhüllen, sind schemenhaft nackte Gestalten zu erkennen: Die *iNgabisa* waschen sich in den heißen Quellen von Manzana. Sie plantschen, scherzen, quieken, giggeln. Mädchen beim Morgenbad – ein afrikanischer Tagtraum, zauberhaft und flüchtig wie die Impressionen eines Renoir. Die Einkleidung beginnt. Erst wird das perlenbestickte *indlamu* übergestreift, ein Röckchen, das kaum die Scham bedeckt, dann die Schärpe und die bunten Wollquasten mit dem unaussprechlichen Namen *imijijimba*, schließlich *emafahlanwane*, die Fußrasseln aus aschgrauen Raupenkokons. Die Mütter geben ihre Kenntnisse über *umhlanga* – Kleider- und Schmuckregeln, Gesänge, Tanztechniken – an die Töchter weiter. Die Männer bleiben Statisten. Auf diese Weise hält das Ritual kollektive Erinnerungen an die matriarchale Vorgeschichte wach. Zandile steckt sich die Schwanzfedern des Ligwalagwala-Vogels ins Haar, nimmt ihre Machete und den Schild aus Kuhhaut, schultert das Reetbündel und nimmt die Spitze ihrer Gruppe ein. Sie ist nämlich eine *induna*, eine Führerin.

Die *iNgabisa* ziehen auf den Festplatz, eine Riesenschlange aus 12 000 wogenden Leibern, die von einem unsichtbaren Klangmotor bewegt wird. Es ist, als hätte das Schilf laufen gelernt. Im Takt ihrer Schritte schneien Flugsamen aus den Reetähren über die Köpfe der Mädchen, tausend Füße wirbeln rotbraune Wölkchen aus der staubigen Lateriterde. Seine Hoheit Mswati III. thront auf einer Tribüne, umgeben vom Hofstaat, von den Prinzen und Prinzessinnen, die an den feuerroten Kopffedern zu erkennen sind. Allmählich schwillt das Trillern und Johlen, das Singen und Rasseln der Tänzerinnen zu einem gewaltigen Konzert an. Zwei Schritt vor, einer zurück – *umhlahlo*, der »Gehtanz«. Die

Wolkendecke reißt auf, und für ein paar Augenblicke funkeln die Buschmesser der Mädchen im Sonnenlicht. Jetzt folgt *ummiso*, der »Stehtanz«, den nur auserwählte *induna* vorführen dürfen. Zandile tanzt, springt, stampft, tief versunken im Rhythmus, wild und verzückt, im nächsten Moment leichtfüßig und schwebend wie eine Daune. Dem König ist's ein Wohlgefallen.

Ob er eine Wunschfrau gewählt hat, lässt sich nicht herausfinden. Der Hofsekretär schweigt. Diesbezügliche Erkundigungen beim Monarchen sind bei der kurzen Audienz der ausländischen Gäste nicht erlaubt, auch zur Politik oder zur Lage der Nation darf ich ihn nicht fragen. Also plaudern wir übers Wetter und die herbe Schönheit seines Königtums. Mswati III. ist ein Modernisierungsverweigerer par excellence. Er panzert sich mit Traditionen, die seine absolute Macht verewigen und ihm nebenbei den Zugriff auf die Schönsten seiner Untertanen sichert. *Umhlanga* – eine royale Fleischbeschau.

Nachts, zwischen Schlaf und Traum, hallt der tausendstimmige Gesang in meinen Ohren nach, eine unwirkliche, archaische Klangwelt: die Musik, der Tanz, der Eros Afrikas. Oder ist das nur weißer Exotismus? Zandile lächelt, als ich ihr anderntags davon erzähle. Sie hat nun wieder die Grenzlinie zwischen Tradition und Moderne überquert. Sie summt einen Popsong von den Backstreet Boys, schwärmt wie alle Mädchen der Welt von ihrer Lieblingsband und redet vom Swasi-TV und von Nike-Schuhen. Sie ist froh, dass sie verschont wurde. Der Herrscher hat diesmal nicht zugelangt.

*

Wir wissen nichts über den weiteren Lebensweg von Zandile, aber nehmen wir einmal an, dass ihre Berufswünsche wahr geworden sind. Vielleicht arbeitet sie als Krankenschwester im Hospital der Hauptstadt Mbabane. Sie bezieht ein ordentliches Monatsgehalt, ist fleißig und ehrgeizig, will irgendwann einmal die Station leiten. Aber je erfolgreicher sie ist, desto nachdrücklicher spürt sie einen anderen Bremsklotz der Tradition: die erweiterte Familie mit ihren unaufhörlichen Forderungen. Die Schuluniform für die jüngere Schwester, Medikamente für die kranke Großmutter, Studiengebühren für den Cousin, die Autorate des Onkels – sie verdient Geld, sie ist verpflichtet zu helfen. So geht es jedem, der aufsteigt. Ob Minister, Schullehrer oder Staatsbeamter, er muss die *extended family* unterstützen, den Clan, die Verwandten, die Freunde, das Heimatdorf. Wenn er nicht zu den Bittstellern geht, kommen sie zu ihm. Sie bevölkern seine Dienstwohnung in der Stadt, räumen seine Speisekammer leer, lagern in seinem Schlafzimmer. Er wird sie nicht los, die Sitte gebietet den Beistand für alle bedürftigen Mitglieder der Sippschaft. Die erweiterte Familie ist ein Versorgungsnetz, ein Ersatz der Wohlfahrtsinstitutionen, die es staatlicherseits meist nicht gibt, und wo es sie gibt, funktionieren sie zumeist nicht.

Mein Freund Jim Olagunju, das alte Schlitzohr aus Nigeria, von dem schon die Rede war, zog, nachdem er in Deutschland angekommen war, um Medizin zu studieren, in unsere Hamburger Wohngemeinschaft ein. Er sollte eigentlich nur ein paar Tage bleiben, aber er betrachtete uns als Zweigstelle seiner *extended family* – und blieb drei Monate. Das fand er ganz selbstverständlich. Ein junger Kollege aus Südafrika klagte über einen »unendlichen Rattenschwanz von Verpflichtungen«. Er ging erst von Johannesburg nach Kapstadt, aber die Tentakeln des Clans sind lang. Erst als er nach London übersiedelte, war er außer Reichweite. Wer sich in Afrika aus der Gleichheit der Armut befreien will, wird in sie zurückgerissen – durch ein ungeschriebenes Teilungsgebot, das in der traditionellen Gemeinschaft das Überleben garantierte. In der modernen Gesellschaft aber verhindert es die Akkumulation von Sparkapital, die Evolution des *homo economicus*, das Entstehen einer dynamischen Mittelschicht.

Das wird so bleiben, solange sich die Mentalität der Afrikaner nicht wandelt. Und ihre Mentalität wird sich nicht wandeln, solange die Eliten wirkliche Reformen des ökonomischen und politischen Unterbaus verschleppen oder verweigern. Aber, *ceterum censeo*, man muss als Europäer mit Ratschlägen recht vorsichtig sein, denn die meisten unserer schönen Entwicklungstheorien sind an der afrikanischen Praxis jämmerlich zerschellt. Der riesige, indolente Erdteil hat alle wohlmeinenden und aufgezwungenen Versuche der Modernisierung abgestoßen wie lästige Bazillen. Negrismé, sagen die Fachleute, und meinen: Abkoppelung. »Vielleicht haben eure Konzepte der Modernisierung einfach nie auf Afrika gepasst«, entgegnete mir Wambui Mwangi vor ein paar Jahren. Die Sozialwissenschaftlerin aus Kenia war damals Vizedirektorin des Instituts Gorée, in dem die klügsten Köpfe des Kontinents Visionen für »ein neues Afrika im 21. Jahrhundert« entwerfen. »Ich sage nicht, dass wir ein anderes oder besseres Konzept haben, sondern nur, dass wir die Realitäten berücksichtigen sollten.« Mwangi warnt davor, auswärtige Modelle blindlings nachzuahmen; es gebe genug Leitbilder auf dem Kontinent, Regionen, Gruppen oder Einzelkämpfer, denen eine ganz eigene, afrikanische Synthese von Tradition und Moderne gelungen sei, man müsse nur genauer hinschauen. In Westafrika treffen wir so genannte *waBenzi*, selbstbewusste Geschäftsfrauen vom »Stamm« der Mercedesfahrerinnen. Die Bamiléké haben in Kamerun veritable Wirtschaftsimperien aufgebaut; bei einem ihrer Initiationsfeste sah ich den Regenmacher zwischen Aufsichtsräten sitzen. In Johannesburg arbeiten Xhosa als Broker oder Banker und halten sich, wie jeder traditionsbewusste Mann, der als solcher anerkannt werden will, eine vielköpfige Rinderherde. Die Asanti in Ghana, das erdverbundenste Volk, das man sich denken kann, agieren in der dünnen Höhenluft des globalen Marktes.

*

Die Botschaft braucht keine Zeitung, kein Radio, kein Telefon. Sie fährt auf Buschtaxis und Eselskarren, fliegt durch die Dörfer und Märkte, eilt über die Waldhügel, hinaus auf die Savanne, in die staubigen Ebenen Nordghanas. Sie erreicht uns dreihundert Kilometer vor Kumasi: Der Asantehene ist tot.

Kumasi, in normalen Tagen ein lebhaftes, hektisches Handelszentrum im Herzen Ghanas, ist nicht wiederzuerkennen. Die Stadt scheint paralysiert. In den Werkstätten ruhen die Hämmer. Das Gelächter in den Kneipen, das Gefeilsche auf dem Markt wirkt gedämpft. Die Straßen sind blitzblank, kein Müll, nirgendwo. Kumasi trauert um Otumfuo Opoku Ware II., den König der Asanti. Aus allen Winden ziehen endlose Prozessionen hinauf zum Palasthügel. Die Menschen tragen Togas aus fein gewobenem Adrinka-Stoff, anthrazitschwarz oder dunkelviolett gefärbt, dazu rote Stirnbinden und Halstücher. Über ihren Häuptern schweben Trommeln, bauchig wie Bierfässer, und breite scharlachrote Schirme und Seidenbaldachine. Die dunklen Ströme münden in das Menschenmeer vor dem Manhyia-Palast, in dem der Asantehene aufgebahrt ist. Die Fürsten thronen unter den Sonnenschirmen, schöne, stolze, ernste Gesichter, umlagert von schwarzbehelmten Clanführern und Notabeln in hufeisenförmigen Trauben, wie Bienenschwärme, die sich um Weisel schließen. An der linken Flanke die Trommler und Hornbläser. Rechts die Träger der Zepter mit den vergoldeten Symbolen der jeweiligen Gemeinschaft, Panther, Widder, Ananasfrüchte, Drillingsköpfe. In der Mitte die Wächter, alte Vorderlader abfeuernd oder mit ihren Säbeln rasselnd.

Die Freifläche vor dem Palast ist unterdessen so voll, dass kein Durchkommen mehr ist. 300 000 Menschen, in einer Nacht und einem Tag herbeigeströmt, ein Querschnitt der Völker Ghanas: Mole-Dagomba aus dem Norden, Gâ von der Küste, Gondja, Ewe. Und sämtliche Ethnien der Akan, deren größte die Asanti bilden. Es ist ihr Herrscher, der zu den Ahnen geht. Hauteng drängen sie sich auf dem Platz, Körper an Körper, zur Einheit verschmolzen, gebändigtes Chaos, eine herrliches, ein Furcht erregendes Panorama von Masse und Macht.

Fünf Jahre vor dem Tod des Königs durfte ich einer Versammlung seines Hohen Rates beiwohnen und ein paar Worte mit ihm wechseln. Otumfuo Opoku Ware II. befand sich damals im Zenit seiner Macht. Der gelernte Rechtsanwalt – er hatte in London studiert – repräsentierte eine intakte altafrikanische Demokratie, die in den Stürmen der Modernisierung nicht zu einer folkloristischen Veranstaltung herabgesunken war. Die Herrschaft des *asantehene* wurzelt in einer fein verästelten Hierarchie von Paramount-Chiefs, Häuptlingen und Obmännern, wird aber durch das *asantemanhyiamu* genannte Konzil der Ältesten kontrolliert und in einem matrilinearen Auswahlverfahren von der *asantehemaa*, der Königinmutter, bestimmt. Alle Untertanen sind in das strikte Militärwesen eingebunden, ein jeder befolgt das überlieferte Gewohnheitsrecht; es bricht im Zweifel sogar staatliches Gesetz. Auf großen Freuden- oder Trauerfesten werden die Bande zwischen Distrikten, Dörfern, Clans und Individuen gestärkt. Die ersten Herrscher der Asanti waren weitsichtige Reformer. Seit dem frühen 18. Jahrhundert entstanden zentralistische Verwaltungsstrukturen und ein ausgeklügeltes Tribut- und Steuerwesen. In den Goldbergwerken wurden Kriegssklaven ausgebeutet. Mit den Europäern tauschte man Edelmetalle, Elfenbein, Kaffee, Kakao und Erdnüsse gegen moderne Feuerwaffen ein. Das technisch überlegene Heer unterwarf Nachbarvölker, die schnell assimiliert wurden. Und allmählich wich das alte Stammesdenken der Staatsidee. Die Asanti wurden reich, steinreich, dank des Goldes und einer neuen Profitquelle: Sklaven, die sie zu Abertausenden im Hinterland zusammenfingen und an weiße Händler verkauften. Aber über dieses Geschäft steht nichts in den Chroniken des Königshofes. Man preist lieber seine heutige Rolle als *global player*. Der Bergbaukonzern Ashanti Goldfields gehört zu den wenigen afrikanischen Unternehmen, deren Aktien an der Wallstreet gehandelt werden.

Ein scharfes Zischen über meinem Kopf. Ich drehe mich um – und werde schlagartig von einem kalten Schauer ergriffen. Da wächst ein pechschwarzer Hüne mit einer noch schwärzeren Perücke aus dem Boden. Er springt fuchsteufelswild herum, fuchtelt mit einem Säbel, rollt mit den Augen, klemmt die Waffe zwischen die Zähne, lässt sie krachend in die Scheide fahren. Ich muss dagestanden haben wie der kleine weiße Bub vor dem großen schwarzen Mann. Eine Hand fasst mich an der Schulter. »Sie sollten nicht seinen Weg kreuzen. Er ist einer der *abrafoo*«, erklärt eine zierliche Frau. »Das sind die Erzwinger des Gesetzes. Sie köpfen in den Trauernächten junge Männer aus der königlichen Sippe. Der Asantehene soll nicht alleine ins Dorf heimkehren.« Die Frau heißt Nana Yaa Ofori-Atta, ist eine Adelige und kennt die Überlieferung ziemlich genau. Das Wissen um die Menschenopfer in früheren Zeiten – man spricht von bis zu 3000 Untertanen, die ihrem König in den Tod folgen mussten – erfüllt die Asanti mit abgründiger Furcht. Auch Nana Yaa ist sich nicht ganz sicher: »Dieser Kult wurde vor vielen Jahren verboten, aber man weiß nie ...«

Wir trinken lauwarmes Wasser, das in Plastiktüten verkauft wird, und Nana Yaa entziffert die Zeichen um uns herum. Die geflochtenen Halskränze aus Immergrün, getragen von den Blutsverwandten des Königs. Die Helme der Chiefs, verbrämt mit grazilen Flinten, Musketen, Säbeln – Sinnbilder der Kampf- und Feuerkraft. Die Schwertknäufe, Schirmspitzen, Pulverhörner und Talismane, blitzendes Gold, Ursprung allen Reichtums. Es sind auch Weiße unter den Häuptlingen, europäische Geschäftsleute zumeist, die sich um die Wirtschaftsentwicklung verdient gemacht haben. Hinter jedem Würdenträger steht ein Gehilfe. Er richtet den Umhang, stützt seine Arme, trocknet den Schweiß, weist ihn herum. Unsichtbar müssen die Leibdiener wirken, Werkzeuge ihrer Gebieter, die keinen Schatten werfen. Manchmal erheben sich die Chiefs, tanzen kryptische Figuren, setzen sich wieder auf kleine Schemel, Nachbildungen der *sika gwa*, des goldenen Urstuhls, der einst vom Himmel fiel. Er symbolisiert die Unbezwingbarkeit der Monarchie und den Geist, der die Nation der Asanti eint. 1874 warfen die Briten den Aufstand der Asanti nieder, eroberten Kumasi und schleiften den Königspalast. *Sika gwa*, ihren Gral, aber haben sie nie berührt. »Unsere Vorfahren foppten sie mit einer billigen Replik«, erzählt Nana Yaa. Ghana errang 1957 als erstes Land Afrikas die Selbstständigkeit. Doch dem legendären Gründervater Kwame Nkrumah erging es wie der Königin von England zuvor und den Militärdiktaturen und Zivilregierungen danach: Alle bissen sich an den Asanti die Zähne aus. Sie blieben unabhängig in einem unabhängigen Staat.

Die Menschenschlange ist auf viele Kilometer angewachsen. Sie windet sich die Palasttreppen hoch, durchs Portal, vorbei an der Bahre. Der *asantehene* in ewiger Ruhe, übersprüht mit Goldstaub, auf Samt und Seide gebettet. Es ist verboten, stehen zu bleiben und in das wächserne Antlitz zu starren. Ich verneige mich unter dem beifälligen Nicken der Totenwächter. Ein weißer Mann erweist ihrem König die letzte Ehre.

*

Als ich Kumasi verließ, kam mir der Greis in den Sinn, den ich in Buipe getroffen hatte. Er lehnte am Geländer einer Brücke, die über den Volta führt. Der Volta speist den gleichnamigen Stausee. Er ist mit seinen 8482 Quadratkilometern das größte künstliche Gewässer der Welt – eines der gigantomanischen Projekte des Staatsgründers Kwame Nkrumah, die Ghana in die Zukunft katapultieren sollten. Der Grauhaarige starrte mich mit einem irren Grinsen an. Seine Kleider waren behangen mit Zivilisationsschrott, mit rostigen Sardinenbüchsen, Muttern und Schrauben, ausgefransten Elektrokabeln, stumpfen Zahnbürsten. Die Modernisierung und was sie in Afrika hinterließ: einen armen, alten Mann, der verwirrt an der Pforte zum 21. Jahrhundert steht.

Njitack Ngompé Pelé, 97. Fon, das Oberhaupt einer Dynastie, Bafoussam, Kamerun

Die Unsterblichkeit des Krokodils
Afrikas große Männer und die Macht

UNMÖGLICH, DAS KANN ES NICHT GEBEN. Die gewaltige Kuppel, die da vor uns aus dem Busch steigt – es muss eine Luftspiegelung sein. Wir reiben uns die Augen, aber die Kuppel wird immer größer. Und jetzt sehen wir auch die Stadt. Das Messegelände, den Hotelzylinder, auf dem ein Restaurant rotiert, die strenge Geometrie der Straßenzüge. Die Autobahn aus Abidjan mündet in eine breite Chaussee. Wir sind in Yamoussoukro, in der Hauptstadt der Elfenbeinküste. Aber was ist das für eine seltsame Stadt? Wir sehen kaum Fußgänger, die Geschäfte, die Banken, die Büros sind geschlossen, über die Kreuzungen huschen nur ein paar Autos. Die blühenden Gärten, die Kunstwälder, der Golfplatz – menschenleer. Das »Maison du Parti«, das protzige Haus der Staatspartei mit den goldbronzenen Windfängen, das Kongresszentrum, der Platz vor der großen Moschee – verwaist. Als hätte eine Neutronenbombe eingeschlagen und alles Leben ausgelöscht.

Erst am anderen Ende der Stadt begegnen uns mehr Menschen. Sie strömen in die Basilika mit der gewaltigen Kuppel. Der Prachtbau im Stile der Neo-Renaissance ist höher als der Petersdom zu Rom – eine surreale Erscheinung, als hätten wir uns in die Bilderwelt von Giorgio de Chirico verirrt. 24 Schritte sind nötig, um eine der gewaltigen Säulen ihrer Kolonnaden zu umkreisen. Der Marmor wurde aus Carrara in den Apuanischen Alpen importiert. Die Grünanlagen, in denen 64 Fußballfelder Platz fänden, sind den Gärten von Versailles nachempfunden. Wir folgen den Gläubigen. Das Kirchenschiff fasst 2000 Personen, es ist angenehm kühl, im Gestühl sind Klimaanlagen eingebaut. Das Hochamt beginnt, heute ist der Tag des Herrn. Das Dröhnen der Glocken lässt das tausendgliedrige Kristallgehänge über dem Altar erzittern. Weihrauchschwaden und helle Choräle steigen in die schneeweiße Kuppel hinauf. In den Buntglasfenstern wird das harte Tropenlicht tintenblau, blutrot und adventlila gebrochen. Eine Mischung aus Kühnheit und Kitsch. Aber die Katholiken von Yamoussoukro lassen über die Notre-Dame-de-la-Paix nichts kommen. Die Basilika ist ihr Mysterienspiel, ihr barockes Welttheater, das sonntägliche Farbfernsehen nach sechs grauen Wochentagen. Sie ist das eitelste Blendwerk, das der große Kommunikator Félix Houphouët-Boigny schaffen ließ. Und Yamoussoukro ist der Hauptstadttraum des ersten ivorischen Präsidenten, seine steingewordene Vision von der Zukunft, eine Retortenstadt, für Milliarden von Francs aus der Wildnis gestampft. Hier wurde er geboren. Hier ist er gestorben. Hier lebt er in seinem pharaonischen Vermächtnis ewig weiter.

Aus dem Zentrum der Stadt, umschlossen von einem Wassergraben und hohen Wehrmauern, erhebt sich wie eine spanische Zitadelle der Palast des Präsidenten. Im Schatten des Gemäuers starren ein paar Leute in das trübe, braune Wasser. Dort dümpeln Krokodile, drachenschwere, fette Echsen, die in Afrika ihresgleichen suchen. Ein Exemplar sieht besonders Furcht erregend aus, auf seinem Panzer wachsen Algen, es ist sieben Meter lang und heißt Capitaine. Die Zaungäste beobachten schaudernd, wie blutige Fleischbrocken in den eitergelben Rachen des Ungeheuers geschleudert werden. Die Fütterung ist ein öffentliches Ritual, und Monsieur Diallo, der Wärter der Krokodile, erklärt uns, was es damit auf sich habe: »Der Präsident ist unsterblich. Er lebt in Capitaine weiter.« Félix Houphouët-Boigny hat 1993 das Zeitliche gesegnet. Die Reptilien waren seine Totemtiere. Sie symbolisieren die unvergängliche Allmacht des Autokraten, seinen Bund mit den geheimen Kräften der Natur, sein Walten über den Tod hinaus. Sie sind gleichsam aus dem Urschlamm Afrikas in ein neuzeitliches Stadtwesen gekrochen, um die Gedanken des Volkes zu besetzen. Viele Ivorer sind jedenfalls von der Reinkarnation des Alten in der Gestalt eines Krokodils überzeugt.

Houphouët-Boigny war ein gebildeter, weltgewandter Mann. Er parlierte in gewähltem Französisch und spielte auf der Klaviatur afrikanischer Mythen. Kein Gründervater des postkolonialen Afrika verstand es, Tradition und Fortschritt, Herkunft und Zukunft so wirkungsvoll zu verschwistern. Seine unumschränkte Herrschaft funktionierte nach einer einfachen Gleichung: Magie + Modernität = Macht. Der ivorische Präsident verkörpert den Genotypus dessen, was man im anglophonen Afrika einen Big Man nennt, einen politischen Führer, der so stark ist, dass nicht selten sein Land dabei zugrunde geht.

*

Der Big Man ist omnipräsent. Er schaut uns aus tausend Bildern an, väterlich und weise, manchmal gütig, meistens streng, immer aber viril und ewig jung. In der Ankunftshalle des Flughafens, wenn wir sein Reich betreten, begrüßt uns sein Porträt. Er blickt uns an der Hotelrezeption über die Schulter, ob wir das Meldeformular korrekt ausfüllen. Er begleitet uns bei den Odysseen durch Ämter und Behörden. Wir treffen ihn in Krankenhäusern, Friseursalons und Kaufläden. Wir hören ihn rund um die Uhr im Radio. Die Hauptnachrichten im Fernsehen sind nichts anderes als seine Hofnachrichten. Straßen und Plätze wurden nach ihm getauft und manchmal sogar die Berge und Seen. Sein Name prangt auf den Gedenktafeln von Regierungsbauten, Messehallen, Sportstadien, Fabriken und Theatern. Sein Kopf ziert Briefmarken, die Zifferblätter von Uhren, die T-Shirts der Jugend. Er lächelt aus Millionen von Geldscheinen, die oft nur noch den Wert des Papiers haben, auf dem sie gedruckt wurden. Niemand kann sich dem Einzigen und seinem Abbild entziehen. Er okkupiert alle Vorstellungen, die sich das Volk von der Herrschaft macht.

Allerwegen hängen Gesslerhüte, vor denen sich die Untertanen zu verneigen haben. Für uns Fremde ist das ein Problem, weil wir sie oft nicht erkennen. In Kisangani, einer Stadt im Kongobecken, stolperte ich über einen dieser Hüte. Ich war gegenüber einem verwilderten Garten, in dem eine baufällige Villa stand, in eine Piroge gestiegen, um den Kongo hinaufzupaddeln nach Wagenia, zu den tollkühnen Reusenfischern. Das Boot hatte kaum vom Ufer abgelegt, da zerrissen Schüsse die Mittagsstille. Sie kamen aus der Kalaschnikow eines Soldaten. Der zinnoberrote Gürtel und die Epauletten mit der Aufschrift »Commando de Choc« wiesen ihn als Mitglied einer Spezialeinheit aus. Er war der Wächter der verwaisten Villa, und die gehörte Mobutu Sese Seko, dem Präsidenten des Zaire. Durch die Zahlung eines ordentlichen Trinkgeldes ließ sich der Soldat schließlich besänftigen, ja, er verwandelte sich sogleich in einen Leibgardisten, der mir bis zum Sonnenuntergang seinen besonderen Schutz angedeihen ließ.

Der Geburtsort des Big Man hingegen ist leicht zu finden, auch wenn wir nicht genau wissen, wo er liegt. Wir müssen einfach der besterhaltenen Teerstraße folgen, die aus der Hauptstadt ins Hinterland führt. Man nennt sie die »Straße der Macht«, und die Lage des Ahnungslosen kann brenzlig werden, wenn er sie zur falschen Zeit benutzt. Die Prätorianergarde des nigerianischen Militärherrschers Sani Abacha schoss Leute, die seinem Autokorso nicht schnell genug Platz machten, kurzerhand von der Straße. Im kenianischen Eldoret wäre das Taxi, in dem ich unterwegs nach Uganda war, beinahe unter die Räder des »Regierungszugs« gekommen, doch der Fahrer deichselte es geistesgegenwärtig in den Busch. Polizeiwagen und Militärjeeps preschten vorbei und hinterdrein die große schwarze Staatskarosse: Präsident Daniel arap Moi auf Dienstfahrt. Von Eldoret, das war mir in diesem Moment wieder eingefallen, ist es nicht weit zum Heimatdorf des *bwana mkubwa*. So heißt der Big Man in der Sprache Kisuaheli. Unterdessen ist die Wahrscheinlichkeit einer solchen Begegnung stark gesunken, denn Moi ließ sich einen »internationalen« Privatflughafen vor der Haustür bauen – mit Entwicklungszuschüssen aus dem Norden.

Unterstehe sich einer, dies laut zu sagen! Kritik, Widerrede, gar Opposition duldet der Big Man nicht. Er erwartet, dass ihm seine Untertanen ohne Vorbehalt huldigen, dass sie ihn lieben wie einen Vater und fürchten wie einen Gott. Wenn er sich, wie der liberianische Despot Samuel Doe, von seiner irdischen Seite zeigt und mit seinen Leibwächtern Fußball spielt, dann sind diese gut beraten, ihn ein paar Tore schießen zu lassen. Aber der wahre Großmann wird auch diese Gefälligkeit durchschauen, er bleibt stets misstrauisch und furchtsam, weil der gemeine Mensch im Angesicht der Macht sein wahres Ich verbirgt. Der kleinwüchsige Roi Gbetkom aus Bamoun, ein König im alten Kamerun, ließ seinen Rivalen die Beine abschneiden, damit keiner von ihnen auf ihn herabschauen könne. Der moderne Big Man ist zwar nicht mehr ganz so grausam, aber auch er bekämpft seine Widersacher gnadenlos. Er wirft sie in den Kerker, lässt sie misshandeln und notfalls liquidieren.

Im Regelfall aber greift der Big Man zu eleganteren Methoden: Er verteilt in einem fein gesponnenen Patronagenetz fürstliche Gaben, Posten und Pfründen, Ländereien und Importlizenzen, er kauft sich die Konkurrenten und Meuterer und verwandelt sie in stumme Vasallen. Denn der Big Man ist, wir ahnen es schon, nicht nur der größte, sondern auch der reichste Mann im Lande. Er hat die Politik in eine Kunst des Stehlens verwandelt. Den Staat und alles, was dazugehört, betrachtet er als sein Privateigentum. Er schröpft die Staatskasse, die Banken, die großen Unternehmen. Wenn das Geld knapp wird, lässt er die Notenpresse ankurbeln. Wenn der Präsidentenjet kaputt gegangen ist, konfisziert er die nächstbeste Verkehrsmaschine der staatlichen Fluglinie, um mit seinem Clan zum Einkaufen in die Metropolen des Nordens zu fliegen, nach Paris, nach New York, nach Lissabon, nach London. Wenn ihn die Begierde packt, steigt er über die Frauen und Töchter seiner Minister.

Der Größte aller afrikanischen Großmänner hat dieses Prärogativ sogar in seinem Namen verewigt: Mobutu Sese Seko Kuku Ngbendu Wa Za Banga, »der Gockel, der alle Hennen deckt«. Das ist jedenfalls die trefflichste der zur Auswahl stehenden Übersetzungen. Mobutu war der Sohn eines einfachen Kochs. Er sollte es als Präsident von Zaire zum Halbgott bringen. Die wenigen Bürger, die im Besitz eines Fernsehgerätes waren, sahen ihn im Vorspann der Hauptnachrichten allabendlich auf einer Wolke auf die Erde herniederschweben. Kein Zweiter beherrschte das nepotistische Schachspiel so virtuos wie Mobutu. Man sagt, er habe in vierzig Jahren sechzig Premierminister verschlissen. Aber so genau weiß das niemand, denn etliche Konfidenten wurden mehrfach gekürt. Nguz Karl i Bond zum Beispiel war Regierungschef, fiel in Ungnade, landete im Gefängnis und wurde wieder auf den Schild gehoben. Mobutus Gesindepflege erfolgte nach einem ausgeklügelten System des Klientelismus; es war konzentrisch angelegt wie die Schalen einer Schalotte: Zuinnerst wurde der vielköpfige Familienclan bedacht, dann der engere Machtzirkel, schließlich die erweiterte Stammesgemeinde, in diesem Falle die Ngbandi. Sie hielten die wichtigen Positionen im Militär, bei der Polizei und den Geheimdiensten, im Justizapparat, Bankwesen und Mediensektor, in der Staatsverwaltung, in den Gouvernements der Provinzen und natürlich im Kabinett.

Zum Geburtstag oder nach einem Wahltriumph ihres großmütigen Impresarios überschlagen sich die Günstlinge mit seitenlangen Glückwünschen und Ergebenheitsadressen in den Zeitungen – ein Ritual der Machtanbetung. Vorher muss der Big Man die Wahl natürlich gewinnen. Er sendet seine Bataillone aus, um das richtige Resultat sicherzustellen. Aber meistens muss er gar nicht fälschen und manipulieren, denn es steht eh nur eine Partei zur Wahl: seine eigene. Notfalls gründet er vor dem Urnengang noch schnell ein paar andere Wahlvereine, trojanische Pferde, die mit seinen Leuten besetzt sind. Falls gar nichts mehr hilft, erklärt der Big Man die Wahlen kurzerhand für ungültig. Sobald aber der

Potentat die Ressourcen des Staates erschöpft und nichts mehr zu verteilen hat, wird er gestürzt. Ein regelrechter Bildersturm hebt an, und seine Ikonen verschwinden über Nacht. Doch schon bald zieren frische Porträts die Wände, Erlöserbilder vom neuen Big Man. Wo immer dieser erscheint, die Untertanen sinken sogleich in den Staub und preisen seine prächtigen neuen Kleider, auch wenn er splitternackt durchs Land wandelt. Insgeheim aber wissen sie, dass der Präsidentenwechsel nichts anderes ist als ein Parasitenwechsel. Die neue Elite stiehlt wie die alte, und sie unternimmt alles, um das so lange wie möglich zu tun.

An der Avenue de la Indépendance in Yaoundé werden die Ehrentribünen mit der Präsidentenloge gar nicht mehr abgebaut – es gibt zu viele Anlässe, um dem Staatschef von Kamerun, dem großen Paul Biya, zu huldigen. Heute badet er im Volk, und wir erhalten Gelegenheit, ihn auf dem Bildschirm zu begleiten. Der Präsident steigt aus einer Limousine. Schnitt. Der Präsident steht neben einem Feuerlöscher. Schnitt. Der Präsident spricht mit einer rothaarigen Weißen im grünen Kleid. Schnitt. Der Präsident besichtigt einen Operationstisch. Schnitt. Der Präsident hört einer Militärkapelle zu. Schnitt. Der Präsident klettert in den Helikopter. Schnitt. Der Präsident steigt aus dem Helikopter. Schnitt. Abspann. Sie sahen einen Report des staatlichen Fernsehens. Zwei Stunden und fünf Minuten, kein Wort zum Bild. Führerkult ohne Kommentar.

*

An dieser Stelle erlauben wir uns einen kurzen Ausflug in die Welt der afrikanischen Eliten, denn der Big Man ist ihr Rollenmodell. Man träumt davon, so reich und mächtig zu werden wie er, und wenn man schon nicht zu den allerhöchsten Gipfeln der Staatsaristokratie aufsteigen kann, so doch wenigstens auf das Hochplateau der Bürokratie, wo die Westentaschenausgaben des Großmannes herumlaufen. Man sitzt dann an einem Schreibtisch, scheucht ein paar Unterlinge herum und schmückt sich mit den dazugehörigen Statussymbolen: Golduhr, silberne Krawattennadel, Füllfederhalter und Stempelbatterie, Visitenkarte mit Staatswappen, Handy. Sehr wichtig ist auch die Klimaanlage, sie fährt die Raumtemperatur auf Kühlschrankniveau herunter, und man muss unter seinem blütenweißen Hemd nicht mehr schwitzen wie der gemeine Afrikaner. Wenn der kleine Großmann in seinem nagelneuen Geländewagen – zurzeit ist das Modell Pajero en vogue – hinausgleitet in die Städte und Dörfer, stellt er seine Privilegien zur Schau. Er verachtet die Primitivität, den Dreck und die Armut, und niemand möge ihm zu nahe treten. Sonst ergeht es ihm wie dem hungrigen Knaben, den ich in Cotonou, Benin, ein paar Parteifunktionäre anbetteln sah. Die Herren speisten gerade zu Mittag, und der Bub bat um ein Stück Brot. Sie drohten an, ihm den Wein ins Gesicht zu schütten. »Die politische Klasse hat das Wort Gerechtigkeit aus ihrem Vokabular gestrichen«, sagt Olatunji Dare, ein regimekritischer Kollege aus Nigeria. Ein paar Wochen nach unserem Treffen in Lagos flieht er nach Übersee – er war auf die Abschussliste der Militärjunta geraten.

Ich bin damals auch hinausgefahren nach Ota, zur Hühnerfarm von Olusegun Obasanjo. Der General hatte in Nigeria anno 1976 die Macht per Putsch an sich gerissen, um sie drei Jahre später an eine zivile Regierung zu übergeben. Das festigte seinen Ruf als echter afrikanischer Demokrat und seine Freundschaft mit Helmut Schmidt. Der Empfehlung des Altbundeskanzlers hatte ich es auch zu verdanken, dass mir Obasanjo zwei Stunden Rede und Antwort stand. Ich hörte eine glänzende Analyse über das Unvermögen der Afrikaner, vernünftig zu regieren und ihr Volk fair zu behandeln. »Die Mentalität der Eliten muss sich gründlich ändern«, sagte er zum Schluss. Beim Verlassen der Farm sah ich, wie ein Arbeiter mit einem Gummischlauch ausgepeitscht wurde. Olusegun Obasanjo hat davon sicher nichts gewusst. Er ist unterdessen wieder an der Macht, diesmal als gewählter Präsident. Aber die Mentalität der Eliten konnte er bislang in keiner Weise ändern.

Sie behandeln ihre Brüder und Schwestern nicht gut, eigentlich ist es ihnen völlig egal, wie sie leben, wie ihre Krankenhäuser ausgestattet sind oder die Schulen ihrer Kinder. Den eigenen Nachwuchs schicken sie ins Internat nach Amerika oder Europa. Wenn die Dame des Hauses sich eine Schönheitsoperation wünscht, wird sie ausgeflogen in die Spezialklinik nach Kapstadt, während sich die einfachen Leute daheim nicht einmal Medikamente gegen die Malaria leisten können. Oder an Cholera krepieren müssen, wie in den Armenvierteln von Luanda. Die Hauptstadt von Angola liefert überhaupt vorzügliche Beispiele für das angenehme Leben in Afrika – wenn man zur Hautevolee gehört. An heißen Nachmittagen sehen wir in der Picina Alvalade, im Schwimmbad der Schönen und Reichen, die Funktionärskinder in Ferrari-T-Shirts herumtollen. Die Parteibonzen versammeln sich allabendlich auf der Ilha, einer Landzunge vor Luanda, um im »Farol Velho«, einem Restaurant im Besitz der Partei, Hummer und Langusten zu speisen. Die Jugend tanzt derweil Samba in der Nachtbar »Aperto«, die uns an die Copacabana versetzt; manchmal ziehen sie auch das Original vor und fliegen mit Varig übers Weekend hinüber nach Rio. Wir würden an diesen vergnüglichen Lokalitäten nie auf die Idee kommen, dass sich Angola in einem verheerenden Bürgerkrieg befindet und drei Viertel seiner Bevölkerung hungern. Der satte Kriegsherr darf sich fühlen wie der Wehrmachtsoffizier Ernst Jünger im eroberten Paris: »In solchen Zeiten gibt Essen, gut und viel Essen, ein Gefühl der Macht.« Die Staatsbourgeoisie Angolas kann sich jeden Wunsch erfüllen, denn sie hat Öl, verdammt viel Öl. Teilen wir die Fördermenge durch die Bevölkerungszahl, so verfügt ein Staat wie Gabun sogar über einen noch größeren Reichtum an schwarzem Gold. Es gab Jahre, in denen die oberen 150 000 der 1,2 Millionen Bürger pro Kopf mehr Champagner tranken, als irgendwo sonst auf der Welt getrunken wurde. Sie nennen ihn *jus d'okoumé*, nach dem »Brotbaum« im gabunischen Regenwald – Saft aus ihrem Paradies.

Die Luxussucht entzieht sich oft unserem Blick. In Khartum,

der Hauptstadt des kriegsgeplagten Sudan, müssen wir ein Motorboot mieten, um die Kinder der Reichen beim Picknick auf einer Nilinsel zu beobachten; sie tragen die teuersten Labels der Welt und trinken Whisky wie ihre islamistischen Väter, die dem Volk Abstinenz predigen. In Kinshasa müssen wir nicht nur wissen, wo Nsele liegt, das Palastdorf im Pagodenstil, das sich Mobutu von den Chinesen schenken ließ, sondern auch, wann Koffi Olomidé, der Popstar, dort auftritt; er ist der Hohepriester des Hedonismus, in seinem Publikum entdecken wir mehr Goldschmuck und Diamanten als bei einem Bummel über die Champs-Élysées. In Abidjan brauchen wir eine Sondereinladung, wenn wir auf einer Modenschau die ivorische Damenwelt, angeführt von der First Lady, in Dior-Kostümen herumschweben sehen wollen. Die Veranstaltung findet im »Ivoire« statt, einem exklusiven Hotel, in das normale Leute nicht eingelassen werden, und sie hätten auch gar nicht das Geld, um hier zu tafeln oder zu shoppen. Der angegliederte Supermarché entführt uns nach Paris; wir sehen schwarze Madams einkaufen: frischen Pyrenäenkäse, bretonische Butter, Ente aus Burgund, Fois gras, erlesene Rotweine. Anschließend gehen sie zur Unterwasser-Gymnastik oder zum Tango-Kurs, während die Männer golfen. Die Kinder spielen derweil Krieg an Computern, traktieren Daddelkästen, stopfen sich mit Junkfood voll. Oder sie gleiten übers spiegelglatte Eis, nebenan, im polargrün und gletscherblau gestrichenen Patinoire. Drinnen Winterkälte, Eisblumen, schrammende Schlittschuhkufen, draußen Tropenhitze, Orchideen, das metallische Abendlied der Zikaden. Im Keller rast das Rädchen des Stromzählers. Es ist die Stunde, in der in den Slums von Treichville die Ölfunzeln und Kerzen angesteckt werden.

Die Doppelmoral, die Herzenskälte und die Prasserei der Eliten erzürnen uns, weil ringsum die Armut herrscht. Weil sie über Brüderlichkeit und Solidarität schwadronieren und das Gegenteil praktizieren. Je höher einer aufsteigt, desto schärfer muss er sich von den Habenichtsen abgrenzen. Das absurdeste Exempel habe ich am Flughafen Houphouët-Boigny in Abidjan erlebt. Da stand ein ivorischer Geschäftsmann am Check-in, um seine Maßanzüge per Luftfracht nach Paris zu senden. Zur Reinigung. Denn: »Die Brüder hier machen sie mir nur kaputt.«

*

Im Laufe der Jahre wurde mir die zweifelhafte Ehre zuteil, einem Dutzend Big Men persönlich zu begegnen. Sie haben eines gemeinsam: Das obsessive Festhalten an der Macht, die Verteidigung ihrer Alpha-Position mit allen erdenklichen Methoden. Im Kral, sagen die Zulu, ist nur für einen Bullen Platz. Kein Zweifel, dieses Phänomen begegnet uns zu allen Zeiten und in aller Herren Länder, bei den Pharaonen und Cäsaren, Kalifen und Großmogul, Bourbonen und Habsburgern. Es ist ein Wesenszug der Macht, dass sie zum Absoluten und Unvergänglichen drängt. De Gaulle, Churchill, Adenauer, Nixon – keiner wollte wahrhaben, dass die Geschichte ohne ihn weitergehen könnte. Und natürlich beglückt in unseren Tagen der lebenslang Herrschende auch die Völker in Lateinamerika oder Asien, in Arabien oder in Nordkorea. Die »Krankheit der Macht« ist keine afrikanische Malaise. Aber vermutlich hat sie keinen anderen Kontinent so zerfressen.

Allein, von den elenden Verhältnissen, in dem das Volk lebt, erfährt der Big Man wenig. Er ist hermetisch von den Zumutungen der Wirklichkeit abgeschirmt; das tadellose Bild, das er von seinem Staat hat, wird durch einen geschlossenen Beraterzirkel gemalt und, sollten Zweifel aufkeimen, in den strahlendsten Farben nachgefärbt. Er nimmt nur noch wahr, was er wahrnehmen will. Sein Palast wird bevölkert von devoten Geistern, von Jasagern und Stiefelputzern, Speichelleckern und Duckmäusern. Im Stab seiner engsten Vertrauten herrscht das Mittelmaß. Niemand soll so allwissend sein wie der Big Man. Selbst Hofnarren sind unerwünscht, denn in ihrem Spiegel könnte er seine eigenen Verirrungen erkennen, vor allem aber seine Mediokrität. Er ist nämlich für sein Amt nicht qualifiziert, »nicht intellektuell, nicht ideologisch, nicht politisch und schon gleich gar nicht moralisch«. So hat es der ugandische Präsident Yoweri Museveni ausgedrückt.

Die Adjutanten des Big Man sind stets darauf bedacht, dass der Besucher die Etikette einhält und den Erlauchten nicht mit unbotmäßigen Fragen belästigt. Einmal war ich während einer Pressekonferenz des südafrikanischen Präsidenten Thabo Mbeki gezwungen, ein gewisses Örtchen aufzusuchen. Der Türsteher verweigerte mir den Austritt. »Solange der Präsident spricht, verlässt niemand den Saal.« Mein Protest ließ den Mann ungerührt. »Klagen Sie vor dem Verfassungsgericht, wenn Ihnen das nicht passt!« Man muss der Fairness halber hinzufügen, dass Mbeki kein klassischer Big Man ist, aber seine Berater gebärden sich so unterwürfig, dass man ihn für einen solchen halten könnte. Wenn wir es schaffen, zu ihrem Herrn vorzudringen, so tritt uns dieser stets locker, schlagfertig, mitunter sogar gewitzt gegenüber. Mbeki schmauchte sein Pfeifchen und philosophierte über die Renaissance Afrikas. Nicéphore Soglo, Staatschef von Benin, gab den lässigen Wirtschaftsgelehrten. Der simbabwische Präsident Robert Mugabe machte sich lustig über deutsche K-Gruppen, die sich erbittert über den richtigen Weg zum Kommunismus stritten; man habe sich die Sache angehört und solidarische Spenden gerne angenommen, aus allen Lagern, versteht sich. Nur Daniel arap Moi, Staatschef von Kenia, verhielt sich arrogant und abweisend. Er drehte einfach ab, als ich ihm bei einem Empfang eine kurze Frage stellte – als hätte er sie nicht gehört.

Der Big Man wird von einer höfischen Aura umwölkt, die zugleich beklemmend und komisch wirkt, mitunter auch lächerlich. Kamuzu Banda trug stets Gehrock und Homburg-Zylinder; er regierte Malawi wie ein Operettenkönig, die Zeremonien, die Amtstracht, die silbergrauen Perücken, das Verbot von Miniröcken und Frauenhosen, die verordnete Prüderie versetzte das Land zurück in die viktorianische Epoche. Banda war Präsident auf Lebenszeit, er gab sich den Beinamen *Ngwazi*, Erlöser. Sein Reich auf Erden wurde zu einer unfreiwilligen Parodie der britischen

Kolonialherrschaft. Wer in solchen Reichen aufsteigen will, muss um die Gunst Seiner Hoheit buhlen. Folglich blüht am Hofe das reine Sykophantentum; es wird geschachert, verraten, angeschwärzt, intrigiert. Aber dieses byzantinische Gewese ist wiederum keine afrikanische Eigenheit, sondern eine Begleiterscheinung aller Herrschaft, die sich für unumschränkt hält. In Deutschland trat sie zuletzt im Hause Hohenzollern unter Wilhelm II. auf. Allein, der Kaiser war stets konfrontiert mit den Gegenpolen der bürgerlichen Gesellschaft, er war eingebunden in die Dynamik einer aufbrechenden Industriemacht. »Das moderne Leben ist zu kompliziert, als dass ein Herrscher sich wie ein Stammeshäuptling in alten Zeiten aufführen kann«, notiert die Kaiserinmutter anno 1892.

In Afrika hat das »moderne Leben« verspätet begonnen, und vielerorts ist es noch gar nicht angekommen. Zwar gibt es nur noch einen einzigen absolutistischen Herrscher auf dem Kontinent, Mswati III. von Swasiland, aber in den meisten Staaten überdauerte jenes Machtprinzip, das Norbert Elias »Königsmechanismus« genannt hat. »Die Staaten in Afrika werden von Stammeshäuptlingen regiert«, sagt Margret Dongo, eine Oppositionspolitikerin aus Simbabwe. In solchen Befunden wird die Rolle der traditionellen Führer allerdings falsch interpretiert. Sie waren die Hüter der Einheit ihres Volkes, sie regelten Landfragen, schlichteten Streit, legten das Brauchtum aus, kommunizierten mit den Vorfahren. Aber ihre Befugnisse waren beschränkt durch Ältestenräte, durch das Wohlwollen der Gemeinschaft, durch den Legitimationszwang ihrer Autorität. Die Kandidaten mussten sich kasteien oder schwere Prüfungen bestehen; in manchen Kulturen wurden sie anlässlich der Amtseinführung fürchterlich verprügelt. Wenn heute vom »Häuptlingssyndrom« gesprochen wird, ist jene sakrale Macht der Chiefs gemeint, in der sich irdischer Einfluss mit höheren Instanzen verbindet, mit den Göttern, Geistern und Ahnen. Sie ermächtigen den Big Man, die Geschicke der Menschen zu steuern, den Schicksalsgott zu spielen und sogar in den Lauf der Natur einzugreifen. Der ersehnte Regen nach einer langen Dürre, der Blitz, der in ein aufsässiges Dorf schlägt, oder das Ende einer Viehseuche werden von den *praysingers*, den traditionellen Lobsängern, als Manifestationen seiner Macht ausgelegt.

Wie stark diese Macht auch dann noch ist, wenn ihr Inhaber wankt oder stürzt, konnte ich 1997 in Kinshasa während der Götterdämmerung des Mobutu Sese Seko erleben. Ich war gerade dabei, die letzte Ausreisehürde am Flughafen von Njili zu nehmen, doch irgendetwas in meinem Reisepass gefiel dem Sicherheitschef nicht, und seine Gorillas versuchten, mich in die Abflughalle zurückzudrängen. Ich kramte in meiner Not ein Interview aus der Tasche und hielt es dem Offizier unter die Nase. Er überflog die erste Seite, stutzte, wich zurück und ließ mich passieren. Es handelte sich um einen Ausdruck der Antworten, die mir Präsident Mobutu in schriftlicher Form gegeben hatte. Kurz darauf floh er aus dem Zaire, im Handgepäck die Paraphernalien seiner Herrschaft, die Leopardenfellmütze und den Häuptlingsstock mit dem Adlerschnabel, der aussieht wie ein Dosenöffner für Riesen. Das profane Reich des Diktators befand sich im Untergang, doch seine sakrale Macht war ungebrochen. Die losen Blätter mit seinen Worten wirkten wie ein Abwehrzauber.

Von Zeit zu Zeit muss der Big Man seine magischen Energien nachladen. Dafür gibt es Medizinmänner, Hexenmeister oder Fetischeure, die Mittler zwischen den Welten der Toten und der Lebenden. In Porto Novo, Benin, traf ich vor Jahren den Voodoo-Priester Tozé, auf dessen Armbanduhr Omar Bongo abgebildet war. Er erzählte mir, dass er regelmäßig nach Haïti und Zentralafrika reise, um die Mächtigen zu beraten. Omar Bongo, der Präsident der Urwaldrepublik Gabun, fälle keine Entscheidung, ohne vorher *fâ*, das Orakel, zu befragen. Er hüte sich, gegen den Willen der Götter zu verstoßen.

*

Nichts und niemand kann die Macht des Big Man brechen. Wer daran zweifelt, fahre nach Sara-Kawa, einem Städtchen am Fuß der Kabyé-Berge in Togo. Dort steht eine Weihestätte der besonderen Art. Sie wurde errichtet zu Ehren des Diktators Gnassingbé Eyadéma. Denn hier ist am 24. Januar des Jahres 1974 sein Flugzeug im Busch zerschellt; Eyadéma war der Einzige, der den Absturz überlebt hat. Ein Oval aus Stahlbeton, umsäumt von einem Kreuzgang, friedet die Überreste der DC3 ein. Nichts darf berührt oder verrückt werden, die Metalltrümmer, Blechfetzen und Schrauben sind Reliquien. Vor der Arena erhebt sich ein monumentales Standbild des Generals. Er deutet mit der Rechten auf die Erde: Sehet diese Stelle! Hier sollte ich vernichtet werden. Aber Präsident Eyadéma, der längstregierende Gewaltherrscher des postkolonialen Afrika, ist unsterblich. Nur die armen Teufel der Opposition, die in seinen Kerkern verrotten, wollen nicht daran glauben.

Man darf annehmen, dass sie dem Big Man den langsamen Tod wünschen, den sie selber sterben. Oder ein furchtbares Ende, wie es Samuel Doe erleiden musste. Der Tyrann aus Liberia wurde von den Schergen des Rebellenführers Prince Johnson zu Tode gequält; sie haben das Ritual per Videokamera aufgezeichnet. Man sieht einen Klumpen Fleisch, blutüberströmt, die Knochen zertrümmert, die Knie zerschossen, eine wimmernde, namenlose Kreatur, die einmal ein Big Man war. »Was hast du mit dem Geld des liberianischen Volkes getan?«, fragen die Peiniger. »Ich habe Schmerzen! Ich habe Schmerzen!«, brüllt das Opfer. Prince Johnson befiehlt, ihm die Ohren abzuschneiden. Zwei junge Männer säbeln sie mit einem Bajonett ab. Die Hinrichtung, mit sadistischer Lust vollstreckt, dauerte stundenlang. Sie folgte dem archaischen Antrieb, dass der Big Man physisch vollkommen ausgelöscht werden müsse, um seine magische Macht zu zerstören.

Jean Bédel Bokassa war das Schicksal gnädiger. Der Despot aus der Zentralafrikanischen Republik wurde gestürzt und durfte in Bangui seinen Lebensabend unter Hausarrest verbringen. Er vergleiche sich mit dem leidenden Jesus, heißt es. Eine Visite beim gefallenen Urwaldkaiser wurde behördlicherseits abgelehnt. So fuhr ich hinaus zu seinem aufgelassenen Palast in Berengo, siebzig Kilometer von der Hauptstadt entfernt. Ein junger Mann, der sich Mohammed nannte, begleitete mich. Den vollen Namen wollte er nicht verraten; er sei im Pressebüro des Präsidenten tätig gewesen, das müsse genügen. Nach einstündiger Fahrt halten wir an, und ich will meinen Augen nicht trauen: Da stehen Verkehrsampeln, richtige Lichtanlagen, Signaturen der Zivilisation im unermesslichen Waldland! Es sind die Ampeln des Imperators, erklärte Mohammed. Wenn sie auf Rot standen, so bedeutete dies: Achtung, die Kavalkade des Kaisers sticht gleich ins Land! Oder: Schweige Verkehr, der Kaiser denkt! Wir stehen vor den Regulatoren des totalen Machtanspruchs. Der Herrscher wollte selbst die Bewegungen seiner Untertanen fernsteuern.

Bokassa residierte bis zu seinem Sturz anno 1979 in Berengo. In diesem denkwürdigen Jahr ist vermutlich auch die rote Schubraupe vor seinem Palast stehen geblieben. Sie ist so rostzerfressen wie die blecherne Sonne mit dem Kaiseradler über dem Haupttor. Dahinter ein weiter, vierkantiger Hof, eingerahmt von kariösen Gebäudezeilen, im Zentrum zwei Bronzestatuen des Allmächtigen. Auf der Veranda des Hauptgebäudes lauschte er den Serenaden, die aus Paris eingeflogene Kammerorchester spielten. Bokassa habe klassische Musik geliebt, sagt Mohammed, der Cicerone. Er führt mich hinüber in den Mitteltrakt, durch eine mintgrünmolkegelb gefliese Küche, in einen kahlen Raum mit großen Kühl- und Gefrierschränken: Bokassas Speisekammer. »Hier fraß er.« Eingelagertes Fleisch, von Tieren und Menschen, bevorzugt von Kindern, geht die Fama. Der Sonnenkönig aus Zentralafrika, ein Kannibale? Viele Zeitgenossen sind unerschütterlich davon überzeugt. Ihre ebenso simple wie einleuchtende Erklärung: Bokassa habe Menschen gefressen, um sich deren Lebenskräfte einzuverleiben. Er hat es, so viel steht fest, neben dem Ugander Idi

Amin zur höchsten Perversion gebracht, zu der ein Big Man in Afrika je fähig war.

Mengistu Haile Mariam in Äthiopien, Hissène Habré im Tschad, Sekou Touré in Guinea, Juvenal Habyarimana in Ruanda, Siad Barre in Somalia, die Liste der Despoten wurde lang und länger im postkolonialen Afrika, und man darf annehmen, dass die Gnade des frühen Todes so manchen der legendären Staatsgründer davor bewahrt hat, dem Machtwahn zu verfallen und Krieg gegen das eigene Volk zu führen. Ihre Namen blieben unbefleckt, die Magie ihrer Macht wirkt bis heute. Sie wird konserviert in den Zeichen und Wundern, die sie geschaffen haben, in Prachtbauten, Parteitempeln, Paradeplätzen oder in ihren Grüften. Sie verleiht dem Mausoleum von Jomo Kenyatta, der Kenia in die Unabhängigkeit führte, die Aura eines Titanengrabes. Sie umknistert das Denkmal, das man dem ersten angolanischen Präsidenten in Luanda gesetzt hat: ein raketenartiges Gebilde hoch über der Hauptstadt, das wie eine letzte gewaltige Erektion des Agostinho Neto in den Tropenhimmel zackt.

*

Einmal an der Macht, immer an der Macht. Es geschah in der jüngsten Geschichte Afrikas nicht oft, dass ein Big Man freiwillig zurücktrat oder sich abwählen ließ. Jerry Rawlings aus Ghana zählt zu den rühmlichen Ausnahmen, General Kérékou aus Benin, Julius Nyerere, der Tansanier, Abdou Diouf, der Senegalese, Nelson Mandela natürlich und jüngst, zur allgemeinen Überraschung, auch Daniel arap Moi. Im Normalfall führen Staatsstreiche, Palastrevolten oder Rebellionen das Ende eines Herrschers herbei. Oder das Gesetz der Biologie. Der nigerianische Despot Abacha soll eine Überdosis von Viagra nicht verkraftet haben; er erlag jedenfalls bei einem Schäferstündchen mit drei Prostituierten einem Herzinfarkt. Seine Frau wurde auf der Flucht am Flughafen von Lagos festgenommen – mit 43 Koffern, in denen sich angeblich eine Milliarde Dollar befanden.

Wenn der Big Man geht oder gehen muss, dann beginnt der Kampf der Diadochen, und das Volk darf ein paar Tage lang auf eine bessere Regierung hoffen. Und wir Chronisten hoffen mit. Benin war so ein Fall. Dort hatte Nicéphore Soglo den Militärherrscher Mathieu Kérékou aus dem Sattel gehoben, bei den ersten freien Wahlen 1991 gesiegt und ein Fanal für den Kontinent gesetzt: Im ehemaligen Dahomey sollte nach dem Ende des Kalten Krieges die zweite, die innere Dekolonisation Afrikas beginnen, die Befreiung von den korrupten, parasitären Eliten, der Weg in eine echte Demokratie. Soglo wurde zur Symbolgestalt des Neuaufbruchs, und ich war ziemlich beeindruckt, als ich ihm am Ende des Wendejahres in Cotonou gegenübersaß. Da präsentierte sich ein scharfsinniger, beredter Politiker, ein Intellektueller, der an der Pariser Sorbonne Jura studiert und eine Ausbildung an der École Nationale d'Administration, der Verwaltungsschule der französichen Eliten, absolviert hatte; als Direktor der Weltbank in Washington, zuständig für Afrika, hatte er eine Reihe von lehrreichen Studien zu Entwicklungsproblemen vorgelegt. Auf das eigene Land aber wird er die gewonnenen Erkenntnisse nur zögerlich anwenden. Schon bald zieht er wie ein Dandy durch Benin, heller Anzug, weißer Panamahut, hochnäsiges, selbstgefälliges Auftreten. Der Staatsapparat schwillt unter seiner Ägide zum Wasserkopf, zahlreiche Familienmitglieder, Verwandte und Spezis erfreuen sich einkömmlicher Positionen. Benin wäre längst bankrott gewesen, hätte nicht der Schutzpatron Frankreich regelmäßig die Haushaltsdefizite ausgeglichen. Fünf Jahre später wird Soglo abgewählt – und zurück kommt das Chamäleon Kérékou.

Aber Frederick Chiluba, der würde es in Sambia gewiss ganz anders machen ... Dachte ich. Auch dort wurde ein Big Man vom Sockel gestoßen: Kenneth Kaunda, einer der Architekten des postkolonialen Afrika. Er regierte 27 Jahre und hinterließ, um im Bild zu bleiben, eine verwahrloste Baustelle. In der Fremde war KK ein geachteter Staatsmann, man sah ihn gerne auf Gipfelkonferenzen und nahm ihn ernst als Stimme des Südens. Den Niedergang, den er im eigenen Land verursachte, wollte er nicht wahrhaben, die Macht hatte seinen Realitätssinn getrübt. Mit der Zuversicht des Unbesiegbaren und den Propagandasoldaten der Werbeagentur Saatchi & Saatchi trat er 1991 zu den ersten freien Wahlen an. Doch es begab sich in jenem Jahr so ähnlich, wie es in der Bibel geschrieben steht: Der schmächtige Frederick Chiluba, ein Frischling aus dem Hinterland, schlug den großen Kaunda wie weiland David den Goliath. Alle Versuche, den Herausforderer auf afrikanische Art zu neutralisieren – zunächst durch Posten und Pfründen, schließlich durch Gefängnis und Rufmord –, waren vergeblich gewesen. Chiluba, ein fleißiger, unbestechlicher Arbeitersohn, der sich vom Handlanger zum Gewerkschaftsboss hochgearbeitet hatte, wurde Präsident, und das Volk bejubelte ihn, wie es einst Kaunda bejubelt hatte. Der Neue trat mit einem radikalen Reformprogramm an: Abschaffung der sozialistischen Misswirtschaft, Privatisierung der verrotteten Staatsbetriebe, Wiederbelebung des Kupferbergbaus, Förderung der Landwirtschaft.

Acht Jahre später begegnen wir Chiluba im State House von Lusaka. Er ist Schirmherr einer Friedenskonferenz für den Kongo und verkündet den Durchbruch bei den Verhandlungen. »Wir Afrikaner lösen afrikanische Konflikte selber«, erklärt er. Die Probleme des eigenen Landes hat er nicht gelöst. Viele Reformen versanden auf halbem Wege, die Mehrheit der Sambier stellt ernüchtert fest, dass es ihr nicht besser geht als unter Kaunda, und mancher wünscht sich sogar den Alten zurück. Chiluba ist zum Ende seiner zweiten und letzten Amtsperiode vor allem damit beschäftigt, seine Herrschaft zu zementieren. Die Verantwortung für die Misere, wie könnte es anders sein, schiebt er dem Ausland zu, namentlich den Geldgebern aus den Industriestaaten, die ihre Hilfe an demokratische Konditionen geknüpft haben. »Sie wollen eine Marionettenregierung in Sambia, die sie von Sonnenaufgang bis Sonnenuntergang kontrollieren … Wo seid ihr, Sambier? Verteidigt eure Souveränität!« Eine besonders im Wahlkampf beliebte Methode, um antikoloniale Reflexe zu stimulieren. Aus der Provinz gehen Bittbriefe ein, Parteifreunde beknieen ihn: Mach's noch mal, Chef! Du bist unersetzlich, niemand regiert so weise wie du! Der Chef respektiert schließlich doch die Verfassung und macht den Weg frei für einen Nachfolger, der mithilfe kräftiger Wahlmanipulationen 2002 das Erbe antritt. Noch im gleichen Jahr wird Chiluba angeklagt wegen Bestechung und Veruntreuung von Staatseigentum im großen Stil.

Aber noch, im Juni 1999, regiert Chiluba, der kleine, misstrauische, hochmütige Mann, dessen Herrschsucht der seines Vorgängers gleichkommt. Als Korrespondent lässt man sich ungern daran erinnern, wie man bei seiner Amtsübernahme in den kollektiven Lobgesang einstimmte. Wie konnte man nur so enorme Erwartungen an diesen Chiluba knüpfen? Hatte man nicht richtig hingesehen? War man zu hoffnungsfromm? Die eigenen Kommentare, ein Jahrzehnt später nachgelesen, lösen peinliches Befremden aus. Ich hatte mich damals von den Heilserwartungen der Menschen anstecken lassen, hatte mit ihnen auf die große Wende gehofft – und war, wie so oft in Afrika, wieder einmal enttäuscht worden.

Als im Nachbarland Zaire ein gewisser Laurent Kabila den todkranken Präsidenten Mobutu stürzt und die Macht an sich reißt, sind die Erwartungen so gering, dass sie gar nicht enttäuscht werden können. Schon nach hundert Tagen stellt sich heraus: Kabila ist ein *revenant*, ein Wiedergänger Mobutus. Im November 1998 besuche ich in Kinshasa eine Pressekonferenz von vier Mitgliedern seines Kabinetts. Strom, sagt der Minister für Energie, sei das Wichtigste auf der Welt, und bald werde ihn jeder *citoyen* haben. Man plane 21 000 Kilometer neue Teerstraßen, verkündet der Minister für Planung. Außerdem sollen Traktoren bestellt werden, 2000 Stück, tropenfest, mit Klimaanlage und Drehpflug. Natürlich werde man alle Malaisen, Korruption inklusive, entschlossen bekämpfen, fügt der Minister für Gesundheit hinzu. Seine Randbemerkung dauert 65 Minuten, und am Ende gewinnen die Zuhörer den Eindruck, es solle wieder einmal der neue Mensch erfunden werden. Das Land, das gestern noch Zaire war und heute wieder Kongo heißt, möge blühen! Vier Minister Kabilas, vier Visionäre im Morgenrot. Nur die liebe Sonne, sie ist im Kongo bis zum heutigen Tage nicht aufgegangen ...

Der Chronist wird vorsichtig in Afrika. Er will, die Verluderung der politischen Eliten im Hinterkopf, nicht mehr ausschließen, dass sich die Geschichte andernorts wiederholt. Und stellt sich dennoch immer wieder die gleichen Fragen: Warum sind ehrenwerte Männer, die einst Befreiungskriege führten, Kolonialregime überwanden und mit großen Idealen antraten, zu lausigen Despoten degeneriert? Wie kam es, dass der Panafrikanist Kwame Nkrumah, einer der genialsten Köpfe des Kontinents, schließlich verbittert im Exil starb, weit weg von Mutter Afrika, im grauen, kalten Rumänien des Genossen Nicolae Ceauşescu? Ghana war der erste unabhängige Staat im modernen Afrika; sein Geburtsdatum, der 6. März 1957, leitete das Ende der kolonialen Ära ein. Nkrumah sollte der Erste sein, der eine aufbrechende Nation durch eine Mischung aus altafrikanischer und kommunistischer Kommandowirtschaft lähmte und sich selber zum Messias machte. Marion Gräfin Dönhoff erzählte mir von einem seiner öffentlichen Auftritte im Jahre 1960; die Anbetung des Staatschefs habe sie an den Führerkult der Hitlerzeit erinnert. Sechs Jahre später endete Nkrumahs Herrschaft: durch einen Militärputsch.

*

Robert Mugabe ist, während diese Zeilen geschrieben werden, noch an der Macht. Die Karriere dieses Big Man verdient es, genauer untersucht zu werden. Denn er führte Regie beim unglaublichsten Lehrstück über den selbst verschuldeten Ruin eines afrikanischen Staates. Blättern wir also noch einmal zurück im Buch der Geschichte, in jene Jahre, als Mugabe noch ein angesehener Zeitgenosse war. März 1988, Staatsbesuch von Bundespräsident Richard von Weizsäcker in Simbabwe. Da standen sie, Robert und Richard, brüderlich Hand in Hand, und ein Kinderchor sang

»Kein schöner Land ...« Am Tag nach dem Staatsempfang hatte ich Gelegenheit, Richard von Weizsäcker bei einem Spaziergang zu den Victoria-Fällen nach seinen Eindrücken über den Amtskollegen zu befragen. Die Antwort war im Gedonner der Wassermassen kaum zu verstehen. »Ein kluger, besonnener Politiker, der um Ausgleich bemüht ist.« Es war, als würde Robert Gabriel Mugabe in diesem Moment zum Staatsmann geweiht. Der Aufwiegler, der Kommunist, der Terrorist, vergessen die Feindbilder des Kalten Krieges. Auch ich, es soll nicht verschwiegen werden, gehörte seinerzeit zu den Bewunderern Mugabes. Hier war endlich ein afrikanischer Führer, der aller Welt beweisen würde, dass der postkoloniale Niedergang kein unabänderliches Naturgesetz ist.

Im Jahre 1980 übernimmt der 56-jährige Premier Mugabe einen wohlhabenden, intakten Staat, keine jener Ruinen, die die Kolonialherren normalerweise zurückließen. Simbabwe ist gesegnet mit natürlichen Reichtümern, mit Bodenschätzen und fruchtbarer Erde, mit einem enormen touristischen Potenzial, einer gepflegten Infrastruktur und gut ausgebildeten Arbeitskräften. Es wird nicht einfach sein, dieses Land auf den Hund zu bringen. Mugabe und seine Clique schaffen es. Zu Beginn des 21. Jahrhunderts steht Simbabwe am Abgrund. Die Ökonomie schwer angeschlagen, die kommerzielle Landwirtschaft, wichtigster Devisenbringer, beinahe zerstört, der Fremdenverkehr am Ende. Die Hyperinflation durchbricht die Marke von 200 Prozent. Hunderte von Firmen melden Konkurs an. Das Kapital flieht und mit ihm die hoch qualifizierten Fachkräfte. Simbabwes Volkswirtschaft schrumpft schneller als jede andere der Welt. Drei Viertel der Bevölkerung leben unter der Armutsgrenze, sechzig Prozent der Erwerbsfähigen sind arbeitslos; den meisten Simbabwern geht es miserabler als unter dem weißen Kolonialjoch.

Dann, der 20. Februar 2002, ein historisches Datum: Es ist der Tag, an dem Titewo Sibanda im Städtchen Gwanda einen Sack Maismehl in Empfang nimmt. 86 Jahre musste die Frau alt werden, um das zu erleben. Zum ersten Mal in der Geschichte ihres

Landes verteilen die Vereinten Nationen Nahrungsmittel. In Simbabwe, der »Kornkammer Afrikas«, die in guten Erntejahren eine halbe Million Tonnen Mais exportierte, hungern sechs Millionen Menschen! Wegen der anhaltenden Dürre, lässt Präsident Mugabe verlautbaren. Das stimmt und ist zugleich eine billige Ausflucht. Denn er selber, sekundiert von seiner Partei, der *Zimbabwe African National Union – Patriotic Front* (Zanu-Pf), hat die Misere verursacht; der Groll der Regengötter verschärft sie nur.

Der alte Mann braucht zwanzig Jahre für das Zerstörungswerk. Es dauert ebenso lange, bis ihm ein echter Herausforderer gegenübertritt: Morgan Tsvangirai und seine *Movement for Democratic Change* (MDC). Mugabe greift zu den ultimativen Mitteln, um seine Macht zu sichern: Gewalt und Landraub. Seine Reservearmeen – Parteimilizen, selbst ernannte Kriegsveteranen und die Banden jugendlicher Mordbrenner – besetzen Farmen, die sich nach wie vor in der Hand weißer Großgrundbesitzer befinden, und überziehen die Provinzen mit einer regelrechten Terrorkampagne: Sie foltern, plündern, vergewaltigen, töten. Im März 2002 finden Präsidentschaftswahlen statt, vorher muss der Todfeind MDC vernichtet werden. Ich traf in diesen Tagen Pearson Mbalekwa, einen Abgeordneten der Zanu-Pf, dem die Wahlkampfmethoden offenbar unheimlich geworden waren. »Es ist wie bei der Hitlerjugend, Sie wissen schon.« Er meinte die SA, als er von Mugabes Schlagetots sprach, nur dass diese keine braunen, sondern grüne Jacken tragen. Bis zum Wahltag werden die *green bombers* und andere Marodeure 107 Aktivisten und Anhänger der Opposition umbringen.

Die Außenwelt reagiert empört, vor allem dann, wenn weiße Farmer unter den Toten sind. Sie haben Namen, die schwarzen Opfer sind nur Zahlen. Nun liefert also auch das friedliche Simbabwe jene Bilder, die ins Wahrnehmungsraster von Afrika passen: von Mörderhorden, Folteropfern und Hungerkindern. Und von einem Diktator, der den Hass schürt auf Weiße und Regimegegner, auf diese »Agenten« an der Spitze einer »globalen Konspiration«; sie wollen, so Mugabe, Simbabwe rekolonialisieren und das finstere Rhodesien wiederherstellen. Die Verschwörungstheorie gehört zum Instrumentarium der Machthaber in Afrika, sie exkulpiert ihr eigenes Versagen: Schuld an der Malaise sind immer die anderen, die europäischen Siedler, die Neokolonialisten, die Briten, die Weltbank, die Auslandspresse, die Homosexuellen. Schwule sind im Menschenbild Mugabes nicht vorgesehen; er vergleicht sie mit Schweinen. Der Präsident kann sich auf auswärtige Schreibtischhelfer verlassen, die nibelungentreu seine Komplottgeschichten nachbeten. Der Länderreferent für Simbabwe, angestellt beim renommierten Institut für Afrikakunde in Hamburg, warf uns Korrespondenten vor, eine regelrechte Kampagne gegen Mugabe und seine Regierung zu führen. Aber Simbabwe muss man nicht »kaputtschreiben«; es richtet sich unter der Anleitung von Robert Mugabe selber zugrunde.

Die Lichtgestalt aus dem Süden, der antikoloniale Held und große Versöhner, verehrt von engagierten Christen, Linken, Solidaritätsgruppen in aller Welt, er ist nicht wiederzuerkennen. Immer mehr Landsleute beginnen, Mugabe zu verachten, und auch wir sehen ihn unterdessen mit ganz anderen Augen. Er erinnert, horribile dictu, mit seinem Zahnbürstenbärtchen an die Hitler-Parodie von Charlie Chaplin. Er sei zu jener Witzfigur des afrikanischen Führers verkommen, die die Welt so gerne zeichne. Das befindet kein Geringerer als Erzbischof Desmond Tutu, der Friedensnobelpreisträger aus Südafrika. Robert Mugabe ist zum Big Man mutiert. Und dennoch bleibt seine Metamorphose rätselhaft, der Weg von A nach B, vom Was-er-wollte zum Wie-er-wurde.

*

Im Jahre 1996 sprach ich Robert Mugabe zum ersten und einzigen Mal unter vier Augen. Der Präsident ließ mich, argwöhnisch beäugt vom Protokollchef, im Empfangsraum des State House in Harare warten, während er vermutlich oben in seinen Privatgemächern ruhte. Jemanden warten lassen, das bedeutet in Afrika, ihm seine Macht zu demonstrieren. Es hatte Monate gedauert, ehe meinem Antrag auf ein Interview entsprochen wurde, jetzt kam es auf ein paar Minuten nicht mehr an. Unser Gesprächstermin war für 13 Uhr vereinbart worden. Ich sollte mich noch zwei Stunden gedulden müssen. Dann endlich schiebt mich der Protokollchef in ein schmales Kabinett. Beim Eintritt überschreiten wir einen visuellen Schnittpunkt, an dem vier Porträts des Präsidenten zu sehen sind. Der regierungsamtliche Monatskalender zeigt ihn zusammen mit Bill Clinton im Weißen Haus. Die Wände sind kahl, die Vorhänge zugezogen, damit das Sonnenlicht nicht hereinfluten kann. Der Raum wirkt wie die Schleusenkammer einer Zeitmaschine. Robert Mugabe schlendert herein, lächelt, schüttelt meine Hand, setzt sich in einen thronartigen Sessel. Die Reise in die Vergangenheit beginnt. Wir schweben auf den Wortwolken des Präsidenten in eine Epoche, in der es den Staat Simbabwe noch nicht gab.

Die letzten Tage des Kolonialismus. Weiße Farmen gehen in Flammen auf, schwarze Frauen und Kinder liegen massakriert im Busch. Robert Mugabes Guerilla gegen die Truppen der weißen Siedler und ihre dunkelhäutigen Askaris. In den Depeschen nach Europa wird von wechselseitigen Gräueltaten berichtet. 1979, »ungeschlagen im Felde«, kapituliert das rhodesische Regime. »Ich sagte Ihnen schon, dass ich den bewaffneten Kampf, der das Volk befreite, angeführt habe. Die Menschen haben das bis zum heutigen Tag nicht vergessen.« Mugabe sitzt da wie sein eigenes Denkmal. Es ist, als lebte er noch immer in der glorreichen Partisanenzeit, als sei die Erinnerung an den Kampf ein Jungbrunnen und zugleich die immer währende Legitimation seiner Herrschaft. Die Alten, davon ist er überzeugt, werden den *chimurenga*, den Befreiungskrieg, niemals vergessen. Die Mehrzahl der Jungen aber – die Hälfte der zwölf Millionen Simbabwer sind unter 18 – war noch nicht geboren, als Mugabe im Busch kämpfte. Seine Vita kennen sie nur aus den Schulbüchern. 1924 in Kutama geboren.

Sohn eines armen Tagelöhners. Von linkskatholischen Jesuiten in Missionsschulen erzogen. Jurastudium an der Universität Fort Hare, Südafrika. Ideologische Schulung durch die Werke von Marx und Lenin. Lehrer in Accra im heutigen Ghana, stark beeinflusst vom Denken Nkrumahs. Ab 1960 aktiver Widerstand in der Heimat. Gefängnis, Folter, Flucht, Exil in England. Rückkehr nach Rhodesien. Zehn Jahre Haft. Bewaffneter Kampf. Befreiung. Eroberung der Macht. Versöhnung der Unterdrückten mit den Unterdrückern, gerechte Landreform, staatliche Gesundheitsfürsorge für jeden Bürger, eine Bildungspolitik, die auf dem Kontinent ihresgleichen sucht – es fing musterhaft an und ging ganz passabel weiter. Wäre Mugabe vor der Präsidentschaftswahl 1996 abgetreten, hätte er, geschätzt als *elder statesman*, in Würde ergrauen können. Aber er ließ sich wieder wählen; die Süße der Macht hatte ihn süchtig gemacht.

Im Zentrum von Mugabes Ideologie steht die Landfrage, die Rückgabe der geraubten oder erschwindelten Heimaterde im Zuge einer maoistisch inspirierten Agrarrevolution. Er ließ diese Frage über zwanzig Jahre lang ungelöst, um sie immer wieder als Trumpfkarte bei Wahlen zu ziehen und den permanenten *chimurenga* zu predigen. Die schönsten Latifundien, die der Staat zunächst aufkaufte und später zwangsenteignete, durften sich linientreue Parteibonzen unter den Nagel reißen; mancher schwarze Landlord teilte die Fläche in kleine Parzellen auf, um sie zu Wucherpreisen an Landlose zu verpachten. »Wir sind immer noch die Helden des Befreiungskampfes.« Während unseres Interviews wiederholt Mugabe diesen Satz wie den Refrain eines Rosenkranzgebetes. Er ist gefangen in einer Zeitfalle. Spötter glauben, der Präsident habe den Bodenkontakt verloren wie der »fliegende Robert«, der unter seinem Schirm in den Wolken der Allmacht entschwindet. »Nein!«, sagt Mugabe resolut. »Ich weiß, was in jeder Ecke des Landes passiert.« Und wieder saust die Zeitmaschine in die heldenhafte Epoche zurück. »Ich habe gegen den Kolonialismus und für die Freiheit gekämpft.«

Um den Präsidenten Mugabe zu verstehen, muss man mit dem Veteranen Mugabe reden. Sein Volk hat unter der Repression der Weißen gelitten. Er selber wurde von Weißen gejagt, eingesperrt und schwer misshandelt; es heißt, er sei vergewaltigt worden. Mugabe sah Mitstreiter im Knast verrotten. Er durfte nicht zur Beerdigung seines Sohnes reisen. Soll er schweigen, wenn ausgerechnet Briten, deren rhodesische Vettern einst das Land raubten und barbarische Verbrechen verübten, seiner Regierung »unzivilisiertes Handeln« vorwerfen? Soll er sich von Tony Blair schurigeln lassen wie ein Boy in den verfluchten Kolonialtagen? Nein, dieser Mann will nie wieder von Weißen gedemütigt werden; sie haben ihm die Menschlichkeit abgesprochen, und ganz tief in seinem Herzen hasst er sie vermutlich. Doch insgeheim weiß Mugabe die Vorzüge ihrer Kultur zu schätzen: Sie haben sein Volk zwar unterdrückt und ausgebeutet, doch zugleich haben sie ihm über die jesuitische Erziehung das geistige Rüstzeug zur Befreiung vermittelt, die humanistische Aufklärung, das Gebot christlicher Nächstenliebe, den unstillbaren Drang nach Gerechtigkeit. Die Doppelnatur der Fremdherrschaft spiegelt sich im Wesen des Robert Gabriel Mugabe – er ist ein Produkt des Kolonialismus.

Nach der Befreiung galt es, die Selbstbestimmung Simbabwes mit allen Mitteln zu verteidigen – auch wenn dabei die Demokratie zugrunde ging und das eigene Volk litt. Wer dem Regime wie half, war nachrangig. Die Zuschüsse für die Landreform, die aus London kamen, betrachtete man als Kompensation für die koloniale Plünderung. Die Geschenke der kommunistischen Staaten nahm man als Bruderhilfe an. Während die Beziehungen zum Westen kühl blieben, knüpfte man enge Bande mit dem Osten. Als in Rumänien Nicolae Ceaușescu gestürzt und hingerichtet wurde, trauerte Mugabe um einen guten Freund. Seinem Genossen Mengistu, dem Massenmörder aus Äthiopien, gewährte er jahrelang Asyl. Die Nordkoreaner bewunderte er. Sie haben seine berüchtigte Fünfte Brigade ausgebildet, die Elitetruppe, die der Präsident Anfang der 1980er Jahre ins Matabeleland schickte, um seinen Erzrivalen Joshua Nkomo zu bändigen und den militanten Widerstand der Ndebele zu brechen. Die Ndebele sind nach den Shona die zweitgrößte Ethnie des Landes. Tausende und Abertausende wurden gefoltert, verschleppt, umgebracht. Aber schon damals, als der Friedensbote Mugabe zum ersten Mal sein wahres Gesicht zeigt, schauen die Zeitzeugen nicht so genau hin. Die exakte Zahl der Ermordeten ist bis heute nicht bekannt, die Schätzungen gehen von 3000 bis 20 000 Personen. Man vermutet, dass die Opfer in aufgelassenen Bergwerksstollen verscharrt wurden. Sollten die Massengräber je entdeckt werden, könnte es Mugabe ergehen wie dem Serben Slobodan Milosevič: Er müsste sich vor dem Internationalen Strafgerichtshof für schwerste Kriegsverbrechen verantworten. »Schon allein deshalb kann er nicht abtreten«, glaubt der Schriftsteller Chenjerai Hove. »In seinem Keller liegen zu viele Leichen. Mugabe ist ein verzweifelter Despot.«

Haben wir, die wohlmeinenden Berichterstatter, hinter der Maske des Demokraten die Fratze des Diktators nicht gesehen? Wollten wir sie in solidarischer Verblendung nicht erkennen? Sollte der verbitterte Greis, der unablässig behauptete, Mugabe sei sich selber treu geblieben, schon immer Recht gehabt haben? Auch um diesen alten Mann zu finden, bedurfte es einer Reise mit der Zeitmaschine. Als sie im Rugbystadion von Harare landet, bleibt der Jahreszeiger irgendwo zwischen 1965 und 1970 stehen. Der alte Mann sitzt auf der Tribüne, aschfahl und steif wie eine Wachsfigur, und verfolgt das Gekloppe auf dem Spielfeld, als sei es ein fernes, unwirkliches Geschehen. Schwarze Kellner im roten Livree servieren auf Silbertabletts Gin. Wie früher, in der guten alten Kolonialzeit. »Damals sah man hier die glücklichsten schwarzen Gesichter in ganz Afrika«, sagt der Grauhaarige. Er heißt Ian Smith und war einmal der mächtigste Mann im Lande, seinerzeit, als es noch Rhodesien genannt wurde. Dem Ex-Premier sind nur eine Farm, ein Domizil in Harare und seine Erinnerungen geblieben. Smith sieht sich noch immer als Frontkämpfer des Kalten Krieges, vom Leid, das sein Regime über die schwarze Bevölkerung gebracht hat, will er nichts wissen. Es war ein gelobtes Land, für Weiße, für Siedler, für Großfarmer, und nun sind schwarze Kommunisten an der Macht: Der große Vorsitzende, die Einheitspartei, das Politbüro. Die Vokabel Simbabwe vermeidet Smith, die Befreiungskämpfer nennt er standhaft »Terrs«, Terroristen. In ihrem Staate, sagt er, regieren nur noch Misswirtschaft, Korruption und Repression.

Das sagt der Richtige. Ian Smith hatte einst den Law and Order Act eingeführt, ein drakonisches Notstandsgesetz, um die Revolte jener Schwarzen zu ersticken, die nicht ganz so glücklich waren. Jetzt richtet es Mugabe gegen den gewaltfreien Widerstand des eigenen Volkes. Er hat sich, Ironie der Geschichte, seinem Vorgänger anverwandelt. Armee, Polizei, Geheimdienste, Staatsbetriebe, Banken, Verbände, in alle Winkel des Staates, der Wirtschaft und der Gesellschaft wuchert die Zanu-Pf: eine Partei, aus der Gewalt geboren, durch die Gewalt lebend. Sie hat den Staat und die Gesellschaft militarisiert und verfügt über eine gut geölte Propagandamaschinerie, den staatlichen Rundfunk und das Fernsehen. Die freie Presse, die unabhängige Justiz, die Bürgerrechte wurden schrittweise abgeschafft. Hoch über der Partei, ausgestattet mit einem Arsenal von Ermächtigungsgesetzen, thront Robert Mugabe. Dazu musste er allerdings ein bisschen am Lancaster-House-Abkommen herumdoktern, an der liberalen Übergangsverfassung, die 1979 in London ausgehandelt worden war. Die Operationen – insgesamt sechzehn *amendments* – waren erfolgreich. Mugabe, früher Regierungschef unter einem neutralen Staatsoberhaupt, ist unterdessen Exekutivpräsident. Er kann Beschlüsse des Parlaments kippen, den Notstand verhängen, Krieg erklären, missliebige Gesetze abschaffen und per Dekret neue erlassen. Und er kann 30 der 150 Parlamentssitze nach persönlichem Gutdünken besetzen. »Dieser Mann hat einen Staatsstreich in Zeitlupe durchgeführt«, sagt der Politikwissenschaftler John Makumbe. »Er steht über dem Gesetz.« Mugabe ist das Gesetz.

Die Shona, das Mehrheitsvolk in Simbabwe, zu dem auch der Präsident gehört, sind friedliche, aber auch recht untertänige und duldsame Leute. Die Tatsache, dass es den Diktator ohne Murren gewähren ließ, erbost eine Politikerin wie Margaret Dongo. »Wir Simbabwer sind selber schuld. Wir haben einen neuen Gott auf Erden geschaffen: Comrade Bob.« Dongo war die erste hochrangige Parteifunktionärin, die einzige Frau im Zentralkomitee und noch dazu das jüngste Mitglied, die Mugabe und seiner Clique Verrat an den eigenen Prinzipien vorwarf. »Früher hatte er natürliche Autorität, er war eine Vaterfigur. Heute zählt nur noch eines für ihn: Macht, Macht, Macht.« Man schmähte die Dissidentin Dongo im Parlament eine Hure und dreckige Hündin. Die Furcht vor dem Big Man sei der Hauptgrund gewesen, warum es nie zu einer parteiinternen Revolte gekommen ist, erzählt ein Abgeordneter der Zanu-Pf. Es habe zwar ein paar wackere Jungtürken gegeben, die es versucht hatten. »Doch wenn sie aufstanden, um zu kritisieren, und sich dann umdrehten, ist niemand mehr hinter ihnen gestanden.« Der instinktsichere Taktiker Mugabe hat es verstanden, seine Gegnerschaft zu spalten oder zu isolieren. Dissens wurde im Keim erstickt, Rivalen wurden ausgeschaltet oder durch Pfründen gefügig gemacht. Es gibt nur einen Nachfolger von Präsident Mugabe: den Parteichef Mugabe.

Ist dieser Mann ein machtkranker Psychopath? »Das glauben viele. Aber sie machen es sich zu einfach«, meint Mike Auret, ein altgedienter Vorkämpfer für die Menschenrechte in seinem Land. »Mugabe hat einen Messias-Komplex, er fühlt sich zum Retter seines Volkes berufen.« Wie ein schwarzer Moses, der vom alttestamentarischen und marxistischen Chiliasmus geleitet wird und sich als Vollstrecker der Geschichte sieht. Er selber hat sich übrigens nicht in außergewöhnlichem Maße bereichert, das unterscheidet ihn von den meisten Big Men. Mugabe ist ein Asket, der wenig isst, nicht trinkt und leibliche Genüsse verschmäht, ein konservativer Moralist, sittenstreng und manchmal geradezu verklemmt wirkend. Der einzige private Fehltritt war das Verhältnis mit seiner Sekretärin Grace, die später seine Frau wurde: eine luxusgeile First Lady, das weibliche Pendant zum Big Man.

»Die geschichtliche Entwicklung hat aufgehört. Es gibt nur noch eine unabsehbare Gegenwart, in der die Partei immer Recht behält.« Lesen wir in George Orwells utopischem Roman »1984«. In Simbabwe hat die Geschichte im Jahre 2000 aufgehört, zum 20-jährigen Jubiläum der Unabhängigkeit. Robert Mugabe steht auf dem Heroe's Acre, der nationalen Weihestätte für die Helden des *chimurenga*. In diesem Jahr ist der Präsident ganz allein, keine Genossen, keine Claqueure, kein Volk. Es gibt nichts zu feiern. Er legt ein Blumengebinde nieder, direkt vor der Bronzeskulptur, die einen Befreiungskrieger mit Kalaschnikow und Panzerfaust zeigt. Ein martialisches Standbild, stalinistisch anmutend, als hätte es Vera Muchina aus Stahl und Eisen gegossen. Dahinter ein Fries aus bronzenen Halbreliefs, die Apotheose des Big Man: Es beginnt mit einer Mutter und ihrem hilflosen Kind, die von einem Kettenhund der Kolonialpolizei angefallen werden, und endet mit Robert Mugabe. Die totalitäre Sprache der Bilder wird verstärkt durch den Urvogel Simbabwes, der wie eine Sphinx aus dem Schatten eines gewaltigen Obelisken schaut. Im Halbrund ruhen die toten Veteranen. Sie werden sich vermutlich im Grab umdrehen. Denn ihre noch lebenden Mitstreiter haben die Früchte der Freiheit ganz alleine aufgefressen. Unter den Toten ist Sally, Mugabes erste Ehefrau. Wenn sie noch lebte, glauben ihre Verehrer, wäre alles ganz anders gekommen. Sie war angeblich prinzipientreu und fürsorglich, eine »Mutter der Nation«, das Korrektiv an Mugabes Seite. Aber die luxusgierige First Lady hat die gemeinsamen Ideale ebenso verraten wie ihr Gatte.

Am Tag nach dem Jubiläum besuchte ich den Heroe's Acre und rupfte drei Blümchen aus dem Bukett, das Mugabe niedergelegt hatte. Sie liegen jetzt in meinem Bücherregal. Drei dürre Pflänzlein, die Farben ausgebleicht, verflogen wie der kurze Sommer der Demokratie in Simbabwe. Zu Stroh geworden im Herbarium revolutionärer Blütenträume.

*

Im Herbst desselben Jahres traf ich Morgan Tsvangirai, den Chef der Opposition, auch er ein furchtloser Gewerkschaftsführer, ein Mann des Volkes, unbestechlich, beflügelt von einer demokratischen Vision. Die Parallelen zu Chiluba sind augenfällig. Sambia – ein Menetekel für Simbabwe? Könnte Tsvangirai eines fernen Tages nicht auch so enden wie sein Vorgänger Mugabe? Tsvangirai reagierte auf diese Frage äußerst pikiert. »Völlig ausgeschlossen. Ihre Frage ist typisch. Sie tragen die alten Vorurteile gegen Afrika mit sich herum.«

Fast die gleichen Worte hatte ich schon einmal gehört, im November 1997, in einem Hinterhof von Abidjan. Sie kamen aus dem Munde eines Geschichtslehrers, der schon mehrfach im Gefängnis gesessen hatte. Er war damals der Chef der oppositionellen *Front Populaire Ivoirien* (FPI) und diktierte in meinen Notizblock, was an der Elfenbeinküste alles schief läuft und warum. Die Korruption, die Misswirtschaft, der Nepotismus. Die Schnellanalyse gipfelte in einem historischen Vergleich: »Unsere Führer bauen Paläste wie euer Bayernkönig Ludwig II.« Sodann folgte eine Auflistung dessen, was die Elfenbeinküste brauche: echte Demokratie, soziale Gerechtigkeit, radikale Wirtschaftsreformen, eine Politik, die ethnische Polarisierungen abbaut, um einem Bürgerkrieg wie in anderen Ländern Afrikas vorzubeugen. All dies werde geschehen, wenn er erst einmal Präsident sei, sagte der Geschichtslehrer zum Abschied. Es war eine beeindruckende Unterrichtseinheit, nur eines hatte mich irritiert: der scharfe Tonfall, mit dem er einen Arbeiter antrieb, der in Zeitlupe eine Rädertrage durch den Hinterhof schob.

Genau 13 Monate später meutert das Militär, die Revolte weitet sich aus, es kommt zum Putsch. Präsident Henri Konan Bédié flieht, fortan herrscht General Robert Guéi, der Armeechef. Nach einer wirren Phase von Machtkämpfen wird wieder gewählt, und unser Geschichtslehrer kandidiert für das Amt des Präsidenten. Aber Laurent Gbagbo scheint schon im Wahlkampf die meisten seiner klugen Ideen vergessen zu haben. Allassane Ouattara, den aussichtsreichsten Rivalen, disqualifiziert er mit denselben Tricks wie das alte Regime: Die Mutter des Kandidaten stamme aus Burkina Faso; er sei kein richtiger Ivorer und daher nicht wählbar. Gbagbo siegt, der Machtwechsel beginnt mit einem Massaker. Am Tage der Inauguration bringen fanatische Anhänger seiner Partei über hundert Menschen um, in der Mehrzahl Arbeitsmigranten, die aus den ärmeren Nachbarländern zugewandert sind. Die chauvinistischen Töne des neuen Präsidenten werden das gespaltene Land noch tiefer spalten. Wir, die wahren Ivorer. Sie, die Fremdarbeiter. Hier der christliche Süden, dort der muslimische Norden. Wieder rebelliert das Militär. Und diesmal bricht der Bürgerkrieg aus. Die Elfenbeinküste, einst als Musterland Afrikas gepriesen, versinkt in Gewalt und Anarchie. Und in Abidjan, im Regierungspalast, sitzt ein Geschichtslehrer, so entrückt von seinem Land wie einst Ludwig zwo.

*

Tausend Kilometer nördlich von Abidjan, im Sektor 29 der burkinischen Hauptstadt Ouagadougou, auf einer steinigen, graslosen, von schäbigen Häusern umsäumten Freifläche, befindet sich ein einsames Grab. Die Steine sind frisch gestrichen. Rot, grün, gelb, die Grundfarben Afrikas. Auf dem Epitaph drei Symbole: Haue, Buch und Gewehr. Darunter die Inschrift: Capitaine Thomas Sankara. Es war nicht einfach, jemanden zu finden, der uns an dieses Grab führt. Denn der Tote wird geächtet. Wer seinen Namen ehrt, gilt als Staatsfeind.

Der Offizier Thomas Sankara kam 1983 durch einen Staatsstreich in Obervolta an die Macht. 33 Jahre jung, forsch, sendungsbewusst, ein glühender Revolutionär, der die afrikanischen Verhältnisse auf den Kopf stellen wollte: »Wir werden es wagen, die Zukunft zu erfinden.« Es ging Schlag auf Schlag. 1984: Massenimpfung von 2,5 Millionen Kindern binnen 15 Tagen. 1985: Programm zur Pflanzung von zehn Millionen Bäumen. 1987: Kampagne zur Alphabetisierung. Sankara setzte das unbedeutende Obervolta auf den Weltatlas; das Land hieß fortan Burkina Faso, Republik der aufrechten Menschen. Die Entwicklungshilfe des Westens entmündige das Volk, verkündete der Staatschef. Sein bitterarmes Land sollte den Sprung in die Moderne aus eigener Kraft schaffen. Personenkult, Privilegien, Pfründen – aus und vorbei. Die habgierigen Dorfobmänner wurden entmachtet, Tributpflicht und Kopfsteuer abgeschafft, die Limousinen der Minister konfisziert und durch bescheidene Renault 5 ersetzt. Die korrupten Staatsbeamten wurden zu Enthaltsamkeit und Ehrlichkeit verpflichtet und, zweimal die Woche, zu Leibesübungen! Es war eine preußische Umerziehung mit marxistischer Fibel. Das einfache Volk, die Jugend, die Bauern, die Frauen jubelten. Auf den Partys der städtischen Elite keimte der Hass gegen den »geliebten Despoten«. Ausgerechnet Blaise Compaoré, sein engster Kampfgefährte, sollte Sankara verraten und den Umsturz vom 15. Oktober 1987 anführen. Seinen Duz-Freund ließ er vor den Toren Ouagadougous hinrichten. Der Leichnam wurde im Sektor 29 der Hauptstadt verscharrt, und man sah Hunde auf das Grab pissen. Compaoré folgte dem Beispiel seines ivorischen Schwiegervaters Houphouët-Boigny: Er ist bis heute Präsident von Burkina Faso geblieben. Aber es vergeht kein Tag, an dem ihn nicht der Schatten seines Vorgängers verfolgen würde.

Die kurze Ära des Thomas Sankara, eine unbedeutende Episode? Eine Legende? Ein schönes Gegenbild zum Big Man? »Keineswegs«, befindet der Diplomat Harald Ganns, einer der besten deutschen Afrika-Kenner. »Sankara gehörte zu den größten politischen Talenten, die Afrika und die Dritte Welt je hervorgebracht haben. Aber er verkündete die Wahrheit mit der Waffe. Das war sein Verhängnis.« Das andere Afrika, das rebellische, demokratische Afrika, sah in diesen Jahren hoffnungsvoll auf Burkina Faso. Da war ein neuer Typus von Führer, einer, der die materiellen Lockungen der Macht verachtete und lieber seine Gitarre zupfte. Der träumte und den Träumen Taten folgen ließ. Der der Jugend des Kontinents neues Selbstbewusstsein einhauchte. Sankara, totgeschwiegen von den Mächtigen, kanonisiert von den Ohnmächtigen, stieg auf zu den tragischen Helden Afrikas, zu den Robert Sobukwes und Patrice Lumumbas. Aber vielleicht hat auch ihn das gewaltsame Ende vor den Irrwegen des Big Man bewahrt. Sein Grab leuchtet jedes Jahr in neuen Farben. Rot, grün, gelb, aufgefrischt von unsichtbarer Hand.

Hauptsache, die Räder drehen sich: Unterwegs nach Ibadan, Nigeria

Drei Mahlzeiten oder drei Parteien?
Der lange Weg zur Demokratie

DIE DEMOKRATIE HAT SICH IM HILTON EINGEMIETET, hoch über den heißen Blechdächern von Addis Abeba, Suiten 701 bis 705 respektive 801 bis 805. Die Kosten pro Raum und Tag dürften ungefähr dem Preis des kobaltblauen Kleides entsprechen, das die Demokratie heute trägt. Sie kommt aus Amerika, ist Juristin von Beruf und in diesen Tagen als politische Missionarin der Vereinten Nationen unterwegs. Sie gehört zu einem kleinen Team, das die ersten freien Distrikt- und Regionalwahlen in der Geschichte Äthiopiens observieren soll. Wir schreiben das Jahr 1992. Telefone schrillen, Computer surren, Faxe knistern. Manchmal schaut die Advokatin gedankenverloren auf die Hütten hinunter, die bis an die Gartenmauern des Hotels heranwuchern. Dort soll die Demokratie hin. Das Problem ist nur, dass die meisten Bewohner der Hütten nicht so genau wissen, was sie sich darunter vorzustellen haben.

Die erste Umfrage im Armenviertel hinter dem Hotel fällt ziemlich ernüchternd aus. Eine junge Frau, die gerade Wäsche auswringt, sagt: »Ich werde wählen. Aber wen nur? Und welche Partei? Ich kenne mich doch nicht aus.« Ein grauhaariger Mann mit einem zerbeulten Borsalino auf dem Kopf kommt des Weges. »Die Wahl? Sie wird uns schon nicht schaden.« Der nächste Gesprächspartner zieht mich in seine Hütte, es muss ja nicht jeder hören, was er zu sagen hat. »Keiner kennt die Kandidaten, keiner kapiert den Sinn.« Er vertreibt ein paar neugierige Knirpse, die durch den Türspalt lugen. »Das ist keine echte Wahl.« Der Mann ist 23 Jahre und arbeitslos. Er redet, als läge die Zukunft schon hinter ihm.

Keine echte Wahl. Und ein Häufchen Beobachter, die ihr den Segen erteilen sollen.

Ich war einer dieser *election observers*, einer von zweihundert, die sich in einem Land von der dreifachen Größe Deutschlands verloren. Mein Einsatzgebiet lag in der Hauptstadt. Zusammen mit Schweden, Russen, Tansaniern und Brasilianern wanderte ich durch die Kebele, die Stadtbezirke von Addis Abeba, befragte Bürger, inspizierte Wahllokale, sprach mit Offiziellen, sammelte Daten und Fakten. Man hatte uns mit einer Art Uniform ausgestattet: weiße T-Shirts mit aufgedruckten Friedenstauben, aus deren Gefieder ein großes weißes Auge schaute – das Auge der Demokratie. Unsere Tagesberichte landeten in einer schwarzen Box im Hotel. Sie verhießen wenig Gutes für die Wahltage. Tenor: Die Bürger seien kaum informiert; in den örtlichen Wahlausschüssen gehe es drunter und drüber. Es gebe zu wenig Registrierkarten, vielerorts warte man immer noch auf die versiegelten Urnen. Lokale Machthaber würden ihre Reviere »säubern«, die Büros der Gegner abfackeln und den Leuten böse Überraschungen ankündigen, falls sie »falsch« wählen sollten. Niemand weiß zu sagen, wie viele unabhängige Kandidaten in den Provinzgefängnissen sitzen, wie viele misshandelt oder gar umgebracht wurden.

Je mehr Menschen wir befragen, desto größer wird die Skepsis. Wir müssen uns dabei immer wieder die Rahmenbedingungen in Äthiopien vorstellen: 33 Millionen Wahlberechtigte, aufgesplittert in achtzig Völker und Streu-Ethnien; 33 000 Wahllokale; 120 Parteien und Grüppchen mit diffusen Programmen, welche die meisten Wähler nicht lesen können, weil sie Analphabeten sind; die Infrastruktur durch den jahrelangen Bürgerkrieg zerstört, das Telefonnetz rudimentär, in neun von zehn Haushalten kein Fernsehen, keine Zeitungen, das Radio durch Staatskommissare gesteuert, mancher Landstrich von Duodezfürsten oder *shiftas* regiert, von Räuberbanden; die Menschen desinformiert, eingeschüchtert, ja verängstigt. Wie könnte unter derartigen Umständen eine freie und faire Wahl funktionieren? Sie funktionierte nicht.

»Sie kommen zu spät«, erklärt Leenco Lata, »das Rennen wurde schon vor Wochen entschieden.« Lata spricht für die oppositionelle Oromo Liberation Front (OLF), welche die Oromo, das größte Volk in Äthiopien, repräsentiert. Sie hat die Wahlen boykottiert, und jetzt, während der Auszählung, herrscht eine hochexplosive Stimmung in ihrem Hauptquartier. Hunderte von zornigen Anhängern bevölkern den Innenhof. Manche fuchteln mit Gewehren und mustern mich feindselig. Was will der Fremdling mit dem großen weißen Auge hier, wo doch die Wahl ein einziger Schwindel war? Hat er nicht gesehen, wie die allmächtige Regierungspartei EPRDF, die Revolutionär-Demokratische Front des äthiopischen Volkes, die Konkurrenz gewaltsam eliminiert hat? Wurden Beobachter wie er vielleicht gar von der Regierung bezahlt?

Die Regierung hat wenig Grund zur Klage. Der Mann, der sich in der Abenddämmerung des letzten Wahlabends inkognito unters Volk mischt, wird sogar sagen, dass der Anblick der langen Warteschlangen vor den Urnen zu den »glücklichsten Momenten« in seinem Leben gehört habe. Es ist Meles Zenawi, der Regierungschef. Der Wahlausgang dürfte ihn nicht minder beglückt haben, schließlich siegten seine EPRDF-Bataillone mangels Konkurrenz haushoch. Doch dann dieser Ärger mit den einäugigen Beobachtern. Sie reden von Durchstechereien, üblen Tricks, systematischer Einschüchterung, und in ihrem Abschlussbericht steht das befremdliche Resümee, man habe »im Wesentlichen Einparteienwahlen ohne Wettbewerb« verfolgt. Das wurmt den Triumphator, aber er lässt sich bei der Pressekonferenz nichts anmerken. Nur einmal verdüstert sich die Miene von Meles Zenawi – als ich ihn frage, warum einer unserer amerikanischen Kollegen im Beobachterteam des Landes verwiesen worden sei. Weil er an einer Kundgebung der OLF teilgenommen und somit das Gebot der

Neutralität verletzt habe, erklärt der Regierungschef. Nach der Pressekonferenz spricht mich eine äthiopische Kollegin an. »Wie lange habt ihr denn für eure Demokratie gebraucht? Zweihundert Jahre, nicht wahr? Aber wir sollen das in einem Jahr schaffen ...«

*

Addis Abeba, ein Jahr davor. Das Standbild Lenins wird vom Sockel gekippt, sein stählernes Antlitz spiegelt sich in einer Wasserlache. Kinder spielen auf ausgebrannten T-34-Panzern, überall in der Stadt begegnen uns hungrige Soldaten in zerrissenen Uniformen. Seit dem 4. Juli 1991, Schlag 4 Uhr 43 nachmittags, schweigen die Waffen. Der Bürgerkrieg ist vorbei, die Diktatur des Mengistu Haile Mariam gestürzt. Ich besuche das Yekatit 66, eine ehemalige Kaderschule, in der die dreihundert wichtigsten Handlanger des geflohenen Despoten interniert sind. Die Frau von Gebre Berhan hatte mich eingeschleust, um ihrem Ehemann zu helfen. Berhan, ein freundlicher alter Herr, war Mitglied des Politbüros und Chefdolmetscher von Mengistu. »Ja«, bekennt er in akzentfreiem Deutsch, »es gab Exzesse.« Es gab den »roten Terror«, der Tausende von Regimegegnern das Leben gekostet hat. In einer Ecke des Saales sitzt einer der Schergen von Mengistu: Oberst Tesfaye, Leiter der Staatssicherheit, die mit brüderlichem Beistand der ostdeutschen Stasi aufgebaut wurde. »Aber wir haben doch dem Volk gedient«, sagt Gebre Berhan. Das Regime, dem er diente, hat Äthiopien in das ärmste Land der Welt verwandelt. Millionen von Menschen sind umgekommen, kriegsversehrt, entwurzelt, halb verhungert, verzweifelt. Ein Jahr nach der Stunde null werden sie an die Urnen gerufen. Eine Zumutung, in der Tat. Man stelle sich vor, die Deutschen hätten anno 1946 ihren ersten Bundestag wählen sollen ...

*

1989, nach dem Fall der Mauer, beginnt auch in Afrika eine Zeitenwende. Im Osten, im Süden, überall, wo Diktaturen herrschen, erschallt der Ruf nach Freiheit. Und wieder fegt quer über den »schwarzen« Kontinent jener *wind of change*, von dem der britische Premier Harold Macmillan sprach, als in den frühen sechziger Jahren die Kolonialmächte abzogen und die afrikanischen Staaten in die Unabhängigkeit entließen. In Dakar, Abidjan, Porto Novo, Niamey, Lusaka, Libreville, Bangui oder Nairobi, allerorten gehen die Menschen auf die Straße, erst die Schüler und Studenten, dann die Arbeiter, schließlich die Lehrer und sogar die Beamten. Die Massen fordern Brot und Arbeit, Meinungs- und Pressefreiheit, Menschenrechte und Demokratie. Sie klagen die zweite, die innere Dekolonialisierung ein, die Befreiung von selbstherrlichen Autokraten, Militärherrschern und Einparteienregimen, von schwarzen Machtcliquen, die sie unterdrückt und ausgeplündert haben wie weiland die weißen Kolonialherren. Viele Staatschefs folgten zunächst ihren altbewährten Gewaltreflexen, doch bald müssen sie erkennen, dass der anschwellende Unmut nicht mehr mit Knüppeln, Panzern und Gewehren niederzuhalten ist.

»Du Dieb, hau endlich ab!« Solche Töne hat Félix Houphouët-Boigny, der greise Präsident der Elfenbeinküste, noch nie aus dem Munde seiner Untertanen vernommen. Seit 1960 herrscht er über sie. Im ersten Jahrzehnt haben sie ihn vergöttert, im zweiten verehrt, am Ende des dritten wären sie ihn am liebsten los. Den Alten beschleicht die Furcht. Voller Entsetzen soll er sich immer wieder das Video von der Hinrichtung des rumänischen Despoten Ceauşescu angesehen haben. Es ergeht ihm wie vielen Gründervätern des postkolonialen Afrika. Als ich im Januar 1993 nach Afrika übersiedelte, befand sich die Welt zwischen Kairo und Kapstadt in einer turbulenten Umbruchsphase. Namibia war gerade unabhängig geworden, in Südafrika dämmerte das Ende der Apartheid herauf. Die Welle der Demokratisierung hatte die Hälfte der 48 subsaharischen Staaten erfasst. Die versteinerten Verhältnisse waren in Bewegung geraten, und es geschahen wundersame Dinge. In Benin ließ sich Präsident Mathieu Kérékou nach 17 Jahren marxistisch-leninistischer Zwangsherrschaft freiwillig abwählen. Der sambische Präsident Kenneth Kaunda stimmte der Einführung eines Mehrparteiensystems zu, ebenso sein Kollege Paul Biya in Kamerun. Die Gefängnisse Afrikas öffneten sich, Parteien entstanden, an Runden Tischen wurden neue Verfassungen entworfen, Nationalkonferenzen bereiteten die Wende vor. Dann folgten serienweise Wahlen, und meistens waren es die ersten in der jeweiligen Nationalgeschichte, die diesen Namen verdient hatten. Die Diplomaten aus dem Westen schwärmten in ihren Berichten von der »schwarzen Perestroika«.

In jener Umbruchszeit, als der Kongo noch Zaire hieß, entdeckte ich in der Urwaldstadt Kisangani eine Steintafel mit der verwitterten Aufschrift:
Une seule Nation
Un seul Peuple
Un seul Parti

Die vierte Zeile war unleserlich, aber ich ergänzte sie, einem deutschen Zwang folgend, geradezu unwillkürlich: Ein Volk, ein Reich ... und Mobutu Sese Seko, der Führer. Er ist der Vorsitzende der Mouvement Populaire de la Révolution (MPR), der einen und einzigen Partei, daneben hat es keine andere zu geben. Nun aber schien selbst der gerissenste aller afrikanischen Potentaten umzudenken; sein Sinneswandel wurde beschleunigt, weil die Sponsoren aus Paris, Brüssel und Washington, die ihn während des Kalten Krieges so großzügig im Kampf gegen die kommunistische Weltherrschaft alimentiert hatten, den Geldhahn zudrehten. Also sprach der »Leopard« im April 1990: Wir sind jetzt Demokraten! Jeder *citoyen* möge sich frei und ungezwungen politisch betätigen! Und sogleich schossen die Parteien wie Pilze aus dem Boden, 417 an der Zahl. Bei näherer Betrachtung stellte sich allerdings heraus, dass Strohmänner des Potentaten jede zweite dieser Parteien gegründet hatten – es waren trojanische Pferde, besetzt mit seinen Unterlingen, oder reine Phantomparteien. Die MPR hatte plötzlich hundert Häupter, der Multi-Mobutismus war geboren. Kengo wa Dondo, der letzte Premierminister unter Mobutu, sagte mir einmal augenzwinkernd: »Im Grunde sind wir alle Kinder aus dem Bauch von Mutter Zaire.«

Aus der Maskerade Mobutus ließ sich schon ablesen, was ein paar Jahre später offensichtlich werden sollte: Der »Wind des Wandels«, der wie ein Orkan angehoben hatte, war nur ein leises Lüftlein. Dem demokratischen Aufbruch fehlte der Unterbau, die institutionellen Anker, die Zivilgesellschaft, die freie Presse und der offene Diskurs, vor allem aber fehlte das historische Subjekt, das selbstbewusste, emanzipierte, städtische Bürgertum. Die alten Eliten überlebten den Sturm, und es begann eine Phase der Restauration.

*

Die Partei ist wieder allmächtig. Schon die Architektur treibt unsere Zweifel aus. Nehmen wir das Hauptquartier der Kenya African National Union (Kanu), eines der markantesten Bauwerke in Nairobi: ein Turm, 25 Stockwerke hoch und kreisrund. Rund wie die Hütten und Krals und Trommeln. Ich, die unfehlbare Partei, bin aus dem Volk gewachsen. Gewiss lag es nicht in der Absicht der Erbauer, dass der Zylinder mit dem Lamellenkranz an der obersten Etage wie ein Virus anmutet, der sich in die Hauptstadt gebissen hat. Wahrhaftiger hätte sich die Machtstellung der Kanu gar nicht in Beton gießen lassen: Partei = Parlament = Regierung = Staat, oder knapper: Kanu = Kenia. Sehenswert ist auch die Dependance der togolesischen Staatspartei in Kara: hypermodern, futuristisch anmutend, wie ein Ufo, das neben der maoesken Kongresshalle gelandet ist. Oder der Betonbunker der Zanu-Pf in Harare, Simbabwe: ein Monument der Alleinherrschaft. Auf der Fassade prangt ein Emblem, das uns im Süden der Sahara öfter begegnet: der Hahn. Die Kanu, die beninische Staatspartei Madep, die Malawi Congress Party, die angolanischen Rebellen der Unita, sie alle führen ihn im Wappen. Ein Hühnerhof, ein Gockel. Ein Staat, eine Partei.

Die Abgeordnetenhäuser Afrikas hingegen nehmen sich in

der Regel so bescheiden aus wie das Parlament in Ouagadougou; man könnte es für ein Hallenbad halten. Oder es handelt sich um potemkinsche Erscheinungen, um riesige, leere, gähnende Bauten wie das Maison du Peuple in Kinshasa. Es beherbergt eine der größten Volksvertretungen der Welt, 782 Abgeordnete segnen hier die weisen Ratsschlüsse der Exekutive ab, wobei etliche Deputierte den Plenarsaal noch nie von innen gesehen haben. Aber die Legislative hat ohnehin wenig Bedeutung in Afrika. Sie ist nur Fassade, hinter der Kopfnicker und Ja-Sager manchmal palavern. Gehen wir zum Beispiel hinter die Fassade des »Hauses des Volkes«, ein Geschenk der Chinesen, aufgestellt in der guineischen Hauptstadt Conakry. Treten wir in das kleine, moosgrün getünchte Bureau und hören uns an, was Dr. Ibrahim Sow über das Leben eines Oppositionsabgeordneten zu berichten hat. »Wir haben noch nie ein Gesetz durchgebracht, seit wir in die Assemble National gewählt wurden. Man hat manchmal das Gefühl, nur Dekoration zu sein. Das hinterlässt einen guten Eindruck bei Ausländern: Seht her, wir haben mehrere Parteien.« Aber in den Köpfen des Volkes herrscht nach wie vor nur einer: der Autokrat Lansana Conté. »Die Leute denken wie der alte Mann, der einmal zu mir sagte: Doktor Sow, ich wähle dich. Aber erst, wenn du Präsident bist.« Das Volk misstraut auch den Abgeordneten der Opposition, weil sie ihr Mandat oft auf wundersame Weise verwandelt – sie werden zu Sinekuren, zu Inhabern eines mühelosen, einträglichen Amtes. Wenn wir in das Plenum eines afrikanischen Parlaments gelassen werden, fällt uns auf, dass die Abgeordneten ziemlich wohlgenährt aussehen, während die Zuhörer in der Regel recht dünn sind.

*

»Brauchen wir drei Parteien oder drei Mahlzeiten am Tag?« Dieser berühmte Satz wird Nicolas Mayugi zugeschrieben, einem jesuitisch geschulten Politiker aus Burundi, der einst Präsident der Einheitspartei Uprona war. Ich habe ihn in abgewandelter Form in vielen Hauptstädten Afrikas gehört, auf Cocktailpartys, in Parteizentralen, an Universitäten. Alle Versionen drücken den gleichen Gedanken aus: Demokratie und Pluralismus mögen westlichen Wohlstandsgesellschaften gut bekommen, für arme Länder aber sind sie unverdaulich; dort gehe es dem Volk in erster Linie um einen vollen Magen. Nun könnte man solche Argumente einfach als Dogmen aus der Rechtfertigungslehre der Mächtigen abtun, wären sie nicht auch bei europäischen Afrikanisten im Schwange. Die Demokratie, ein Produkt der westlichen Moderne, sei der kommunitären Kultur Afrikas fremd, ja, sie sei geradezu »unafrikanisch«, hören wir. Sie lasse sich nicht einfach exportieren wie Impfstoffe oder Telefonsysteme. Häufig wird dabei auf die Verhältnisse im präkolonialen Afrika verwiesen, auf die Palaverdemokratie, auf akephale, »kopflose« Gemeinschaften, die so lange debattierten, bis ein Konsens gefunden wurde. Kurzum: Afrika brauche sich nicht ein fremdes Wertesystem überstülpen zu lassen, sondern müsse nur zurückkehren zu den Urgestalten der eigenen Polis. In den Reminiszenzen wird allerdings gern ausgeblendet, dass Frauen im alten Afrika nichts zu sagen hatten und Randgruppen oder Minderheiten ausgeschlossen wurden. Die romantisierte Vergangenheit liefert keine Strategien für die Macht- und Verteilungskonflikte der Gegenwart, und man wird dem Politikwissenschaftler Rainer Tetzlaff zustimmen müssen: Das Dorfpalaver könne als kleinräumiges Ordnungssystem mit einer überschaubaren Zahl von Teilnehmern funktionieren, aber als Entscheidungsverfahren in komplexeren postkolonialen Gesellschaften sei es von begrenztem Nutzwert.

Andererseits: Wie sollte das Allheilmittel Demokratie in Staaten angewandt werden, die gar nicht mehr existieren? Die geplagt sind von Bürgerkriegen? In denen *warlords* herrschen und keine Regeln mehr gelten? Wie könnten in chronischen Krisengebieten reguläre Wahlen stattfinden? Urnengänge ohne Infrastruktur, Lokalverwaltung, Wählerregister? Wahlkämpfe ohne Massenmedien und Telefonnetz? Europäer verdrängen solche Fragen gern, wenn sie die Demokratisierung fordern. Auch den Einwand, der Pluralismus könne tribalistische Geister wecken, will man nicht gelten lassen, man hält ihn für ein vorgeschobenes Argument der politischen Eliten, die in Wahrheit nur Reformen verhindern wollen. In der Regel ist der Verdacht auch begründet. Aber es gibt Politiker wie Yoweri Museveni, die gute Gegenargumente anführen. Die Afrikaner, befindet der Präsident von Uganda, seien noch nicht reif für die moderne Demokratie, Parteien würden die Völker entlang ethnischer Trennlinien entzweien; er verweist gerne auf das archaische Stammesdenken der Acholi oder auf die Zentrifugalkräfte im Königreich Buganda. Und auch so manches Beispiel aus Osteuropa und Afrika lehrt, wie schnell die Liberalisierung zur Destabilisierung führen kann, weil autoritär geprägte Gesellschaften auf die Kräfte, die sie freisetzt, nicht vorbereitet sind.

Besonders der schwache postkoloniale Staat, der nur durch Repression zusammengehalten wird, ist für tribalistische Strömungen anfällig. Weil seine Institutionen nur Schimären sind, gehört die Loyalität der Menschen zuvorderst ihrer Kultur- und Sprachgruppe, dem gemeinsamen Siedlungsraum, dem erweiterten Clan, den Autoritäten ihrer Ethnie, die es in der Hauptstadt zu etwas gebracht haben; auf diese Größen können sie sich verlassen, während sie vom Staat wenig zu erwarten haben. Dennoch sind die Konflikte, die wir uns angewöhnt haben, »Stammeskriege« zu nennen, zumeist politischer und sozioökonomischer Natur. Sie werden von Politikern und Volksaufwieglern geschickt »ethnisiert«, um die Anhängerschar in eine Schicksalsgemeinschaft mit gesteigerter Aggressionsbereitschaft zu verwandeln. Irgendwann glaubt das einfache Volk an die identitätsstiftende Kraft des »Stammes«.

Musevenis Gegenmittel, Kein-Parteien-Demokratie genannt, ist zwar eine *contradictio in adiecto*, aber sie funktionierte zunächst erstaunlich gut. Die Menschenrechte standen nicht nur auf dem Papier, die Gewalten waren geteilt, die Bürger durften geheim wählen und mussten sich nicht mehr, wie in früheren Zeiten üblich, hinter dem Kandidaten ihres Vertrauens aufreihen. Sie hatten allerdings nur eine Wahl: für oder gegen das große Movement, für die Bewegung, die Uganda in eine bessere Zukunft katapultieren wollte. Man muss nicht so weit gehen wie mancher Beobachter, der Museveni wegen seiner strategischen Weitsicht schon zum »Bismarck Afrikas« glorifizierte, aber seine vorläufige Bilanz konnte sich sehen lassen. Er hatte die Schreckensherrschaft von Idi Amin überwunden, das Volk versöhnt und das Land auf Reformkurs gebracht. Er verzichtete auf übertriebenen Personenkult und regierte streng, aber pragmatisch. Uganda erlebte in den 1990er Jahren eine für den Kontinent geradezu märchenhafte Wirtschaftsblüte, zehn Prozent Wachstum per annum machten es zum Musterschüler der Weltbank. Die Hauptstadt Kampala im Jahre 1995: Überall wird gebaut, gehämmert, gesägt, betoniert. Die Uhren gehen genau, der Strom fließt, der Verkehr steht, das Bruttosozialprodukt wächst. Und, Sensation in Afrika, der Uganda-Shilling gewinnt gegenüber dem US-Dollar an Wert!

Museveni hatte die Uganda AG gegründet, eine sanfte Entwicklungsdiktatur. Es schien, als würde er den praktischen Beweis für eine These der Modernisierungstheoretiker in Europa erbringen wollen: erst Wohlstand, dann Demokratie. Mit den Jahren aber hinkten die politischen Reformen immer weiter hinter den ökonomischen her, die soziale Schere zwischen Armen und Reichen klaffte weiter auseinander. Und das Volk begann zu skandieren: *Change! Change!* »Ach, das dumme Volk«, sagte die hoffärtige Elite, es weiß doch gar nicht, was es will, es sei einfach nur *democrazy* – eine Verballhornung des Wortes *democracy* im anglophonen Afrika. Frei übersetzt bedeutet es: der durchgedrehte Plebs. Im Zynismus erkennen wir die Furcht der Mächtigen. Es graut ihnen vor der Herrschaft des Volkes, und deshalb deuten sie immer wieder auf ihre Schwächen und Kinderkrankheiten hin, die gerade in Entwicklungsländern auftreten. Aber die parlamentarische Demokratie, das hat die Geschichte hinlänglich bewiesen, ist die gerechteste Regierungsform – solange keine gerechtere erfunden wird. Und eine halbe Demokratie gibt es nicht, das weiß man auch in Uganda.

Museveni las die Zeichen an der Wand und mobilisierte beim Wahlkampf im Jahre 1996 eine halbe Million Helfer. Es war eine Kampagne, in der sich die Regierung und ihre Gegner wechselseitig mit Schmutz bewarfen und in den Massen gefährliche Leidenschaften weckten. Der Kandidat der Opposition sei ein Vaterlandsverräter, gifteten Musevenis Kohorten; er spalte das Volk und unterhöhle die nationale Einheit. Der Präsident sei gar kein richtiger Ugander, sondern ein Bastard ruandischer Abkunft, geiferte die Opposition. Eine xenophobische Beleidigung, die sich übrigens auch Kenneth Kaunda in Sambia oder Allassane Ouattara an der Elfenbeinküste anhören mussten: Wollt ihr ein Halbblut als Präsidenten? Einen Ausländer gar? Aber einen echten Big Man fechten solche Invektive nicht an. Wir sehen Museveni bei einer Triumphfahrt durch die Hauptstadt. Er steht wie Papstvater auf seinem Mobil und wedelt mit einem Eukalyptuszweig. Ein Student flüstert uns zu: »Er hat die Macht mit der Waffe erobert. Er wird sie nicht an der Wahlurne abgeben.«

*

»Wir warten und warten, zehn Jahre schon. Nichts ist geschehen ... nur leere Versprechungen ... aber die Geldbeutel der Minister, die sind voll.« Stürmischer Applaus. Der so spricht und dabei demonstrativ auf seine Hosentaschen klopft, ist nicht irgendein Redner. Es ist Ben Ulenga, der Verfemte. Er war im bewaffneten Widerstand gegen das Besatzungsregime der Südafrikaner im damaligen UNO-Treuhandgebiet Südwestafrika. Er saß mit Nelson Mandela im Gefängnis. Er stieg nach der Befreiung in den innersten Führungszirkel der South West Africa People's Organisation (Swapo) auf, jener Bewegung, die die alleinige Macht im unabhängigen Namibia übernahm. Er bekleidete Ministerämter. Im Zenit seiner Karriere aber beging Ben Ulenga eine Todsünde: Er kritisierte die Amtskirche der Swapo und warf ihren Hohepriestern Machtgier, Korruption und Nepotismus vor. Schlimmer noch: Er kehrte der Partei den Rücken, schloss sich dem Congress of Democrats an und trat als Kandidat der Opposition gegen den unfehlbaren Präsidenten Sam Nujoma an. Gegen den Big Man, der den Befreiungskampf angeführt hatte. Ben Ulenga wurde zum Ketzer, und die werden in Afrika nicht alt.

Ich erlebte ihn im Herbst 1998, bei einem Wahlkampfauftritt in Kuisebmond. Das ist die Township am Rande der Hafenstadt Walvis Bay: winzige, ärmliche Häuschen, kein grüner Fleck, staubige Straßen, darüber die hohen Lichtmasten, die einst vom südafrikanischen Militär aufgepflanzt wurden, um die Ghettos der Schwarzen wie Gefängnishöfe auszuleuchten. Und am Horizont die gewaltigen Sanddünen der Wüste Namib, die Unabänderlichkeit, das Nichts. Die Menschen murren, aber sie nehmen ihr Schicksal hin. Sie sind so arm wie vor der Unabhängigkeit. Nur die fünfhundert Leute, die sich heute in die Gemeinde von Kuisebmond getraut haben, wollen einfach nicht aufhören, auf ein besseres Leben zu hoffen. Es gehört eine Menge Zivilcourage dazu, sein Gesicht in einer Versammlung des geächteten Ulenga zu zeigen. Mancher Zuhörer schaut ängstlich zur Tür, sieht die bösen Blicke und Drohgebärden der jungen, grölenden, angetrunkenen Swapo-Anhänger, die in dichten Trauben in die Halle drängen und von Polizisten nur halbherzig zurückgehalten werden. Wer hier sitzt, macht sich der Unterstützung eines Landesverräters schuldig. »Die Swapo-Regierung hat in den letzten zehn Jahren total versagt!«, ruft Ulenga. »Ihre Zeit ist abgelaufen!«

Der Chef dieser Regierung, Hage Geingob, empfängt mich zwei Tage später im Tintenpalast der Hauptstadt Windhuk. »Ulenga betreibt Rufmord!«, wettert er und bügelt alle Vorwürfe ab. »In Namibia gibt es keine systematische Korruption.« Er tut, was wir von einem Premierminister erwarten, und malt ein schönes Bild von seinem Land. Der innere Frieden gefestigt. Die Demokratie stabil. Pressefreiheit. Unabhängige Justiz. Und die Wirtschaft stehe auch nicht so schlecht da. Na gut, die Arbeitslosigkeit ... Und die sozialen Spannungen, der Aufstand oben im Caprivi-Zipfel? Der Krieg in Kongo, bei dem ausgerechnet das arme Namibia mitmischt? Geingob weicht den heiklen Fragen vergleichsweise aus. »Ihr Ausländer sucht Fehler, weil ihr nicht glauben könnt, dass ein afrikanisches Land etwas richtig macht.«

Aber mancher dieser Fehler wird auch in den eigenen Reihen angesprochen, ganz vorsichtig zwar, aber unüberhörbar. Zum Beispiel von Michaela Hübschle, der Ministerin für das Gefängniswesen. In ihrem Amtszimmer hängt die Ikone von Che Guevara, und dem Besucher wird gleich klar: Hier sitzt ihm eine leidenschaftliche Anwältin des Befreiungskampfes gegenüber. Vermutlich wurde die weiße Farmerstochter gerade deshalb zu einer Häretikerin, im doppelten Sinne sogar. Die deutschstämmigen Großgrundbesitzer, deren Vorväter einst das Land raubten, nennen sie »Swapo-Sau«, und die schwarzen Genossen trauen ihr nicht mehr über den Weg. Denn die streitbare Ministerin hat in einer freimütigen Minute eine Allegorie aus George Orwells »Animal Farm« gebraucht, und zwar jene Schlüsselszene, in der die befreiten Tiere nächtens in das Herrenhaus schauen und plötzlich erkennen, wie ihre Führer – die Schweine – sich den ehemaligen Unterdrückern anverwandelt haben und menschliche Züge tragen. »Das hat mir die Partei sehr übel genommen.« Michaela Hübschle sitzt zwar noch am Kabinettstisch, aber in der aktuellen Wahlliste der Swapo taucht sie nicht mehr auf.

In jeder Kritik wittert die Partei das Zersetzerische, Usurpatorische, Staatsfeindliche. Es gibt in ihren Augen keine Opposition, sondern nur Feinde, Erzfeinde, deren Beschwerden Kriegserklärungen gleichkommen. Und wenn sie auch noch aus der gleichen Volksgruppe kommen, dann sind sie nicht nur Hochverräter. Sie begehen eine Art Blutschande. Ulenga ist ein Ovambo, ein Angehöriger der numerisch stärksten und machtpolitisch dominanten Ethnie in Namibia. Er wurde zum Vogelfreien erklärt. In seiner Heimatregion beschimpfen sie ihn als Volksschädling. Man lädt ihn nicht mehr auf Initiationsfeste oder Hochzeiten ein. Einer seiner Cousins schlug vor, ihn umzulegen. Wann immer ich Oppositionelle wie Ulenga treffe, beschleicht mich eine merkwürdige Beklemmung – es ist das Gefühl, dass man sie vielleicht zum letzten Mal lebend sieht. Morgan Tsvangirai, der Mann, der es in Simbabwe gewagt hat, den machtbesessenen Präsidenten Robert Mugabe herauszufordern, lacht, als ich ihm von diesen Anwandlungen erzähle: »Sicher bin ich nur unter Wasser.« Die längliche Narbe über dem rechten Auge Tsvangirais erinnert an den letzten Attentatsversuch. Auf einer Werbetour durchs Hinterland wurde sein Autokonvoi beschossen; das hat seinen Fahrer das Leben gekostet. Ein anderes Mal wollte ihn eine Hand voll Mordbuben aus dem zehnten Stock eines Hochhauses werfen. Im letzten Wahlkampf wurden über hundert seiner Mitstreiter und Anhänger von Mugabes Parteihorden erschlagen. Tsvangirai hat alle Anschläge überlebt. Bisher.

Manchmal versagen die Bremsen der Autos. Oder die Leibspeise ist mit Gift gewürzt. Oder Steine fallen vom Himmel. Ein schwarzer Hund hat seinen Weg gekreuzt, sagt der Volksmund in Simbabwe, wenn einem Regimegegner solche Missgeschicke widerfahren. Richard Leakey, Mitbegründer der kenianischen Oppositionspartei Safina, erzählt mir von einem typischen Zwischenfall. Er hatte in Nakuru, einer Hochburg des Präsidenten Daniel arap Moi, eine Rede gehalten. Auf dem Weg von der Tribüne zum Auto prasselten Wurfgeschosse und Peitschenhiebe auf ihn und seine Assistenten nieder. »Ich wusste, wenn du umfällst, kriegen sie dich.« Leakey trägt seit einem Flugzeugabsturz zwei Beinprothesen. Wäre er gestürzt, hätte ihn der von Moi's Boys aufgestachelte Mob zu Tode getrampelt, und niemand wäre schuld gewesen. Eine Stampede, hätte es im Polizeibericht geheißen, da kann man nichts machen ...

*

Der politische Mord ist das letzte Mittel, zu dem die Mächtigen greifen. Im Normalfall müssen sie es nicht anwenden, denn sie verfügen über ein vielfältiges Arsenal, um ihre Gegner zu neutralisieren oder auszuschalten. Bleiben wir beim Beispiel Simbabwe: Da sind zunächst einmal die Instrumente des Staatsapparates, der Fuhrpark, die Hubschrauberflotte, das Kommunikationssystem, die Finanzmittel aus Sondertöpfen. Da ist die gut geölte Propagandamaschinerie, die von Parteibütteln kontrollierten Fernsehanstalten, Radiostationen und Zeitungen. Kein Redakteur wagt es, den Mund aufzumachen. Selbst die Populärkultur wird zensiert. Der Song mit dem Titel *Corruption*, geschrieben von Thomas Mapfumo, dem populärsten Musiker des Landes, darf nicht mehr über den Äther gehen. Da ist ferner ein engmaschiges Netz von Parteibüros und Funktionären, von Spitzeln und Volksaushorchern, die jeden abweichenden Gedanken, jeden Quergeist melden. Wenn wir uns zum Beispiel im Teegarten des Hotels Bronte in Harare mit einem Regimekritiker unterhalten, sitzen stets auffällig unauffällige Herren am Nebentisch.

Sobald der Widerstand eine kritische Masse erreicht hat, treten die Organe der Staatssicherheit auf den Plan, Polizei, Armee, Paramilitärs, Geheimdienste, Milizen; sie verfahren nach einer Losung, die schon unter Kaiser Wilhelm I. exekutiert wurde: Gegen Demokraten helfen nur Soldaten. Natürlich gibt es auch subtilere Machttechniken, um es erst gar nicht so weit kommen zu lassen. Man bringe die Wortführer der Kritik einfach durch großherzige Geschenke zum Schweigen, durch eine schöne Villa oder ein flottes Automobil, durch eine Import-Export-Lizenz, durch lukrative Posten in der Regierung, in einer Behörde, in einer Botschaft. Man kaufe sich die Stimmen der Opposition, mit US-Dollars oder französischen Francs, denn die eigene Währung ist nicht viel wert. Man treibe Keile in die oft heillos zerstrittene Gegnerschar. Man spiele die ethnische Karte aus und hetze rivalisierende Volksgruppen gegeneinander auf. Bleibt die Konkurrenz trotz alledem hartnäckig, kann man immer noch die Wahlgesetze ändern, Wahlausschüsse manipulieren, Stimmbezirke umzeichnen, das Resultat fälschen oder gleich ganz annullieren.

Bei jüngeren Querulanten genügen meist schon Abmahnungen. Im »L'unité«, einem beliebten Biergarten in Yaoundé, berichtete ein Kollege von seinen Erfahrungen. Er hatte als Stringer, als Zulieferer der BBC, immer wieder höchst unappetitliche Depeschen über die präsidialen Aktivitäten in Kamerun nach London gekabelt. Eines Tages klopften zwei väterliche Typen an seine Wohnungstür. »Junge, du arbeitest zu viel«, erklärte der eine, und der andere fügte hinzu: »Du solltest dir mehr Freizeit gönnen, verstehst du?« Der Kollege verstand. Eine Zensur findet zwar nicht statt. Aber würde er weiterhin so fleißig sein, könnte es ihm ergehen wie dem vorlauten Literaten Mongo Beti, den nachts ein paar Halbstarke übel zugerichtet haben.

Die nächste Stufe ist schon etwas robuster, man kann sie wiederum in Simbabwe studieren. Dort werden Richter, deren Urteile nicht im Sinne der Regierung ausfallen, zwangspensioniert, Zuwiderhandelnden droht eine ganz andere Form des »Rechts«, nämlich die Lynchjustiz des aufgewiegelten Mobs. Natürlich hat die Staatsmacht mit solchen Exzessen nichts zu tun, genauso wenig wie mit der Bombe, die bei der letzten unabhängigen Zeitung *Daily News* explodiert und die Druckerpresse zerstört. Dass nur das Militär über den eingesetzten Sprengstoff verfügt, ist üble Nachrede. Schließlich die *ultima ratio*, die Stufe der physischen Vernichtung, Folter und Dunkelhaft, der inszenierte Unfall, das Femegericht, die Auslöschung des Gegners. Man muss nur in den Jahresberichten von Amnesty International blättern, Afrika nimmt darin viel Platz ein, und Simbabwe steht derzeit ganz vorne.

»Das Volk soll Angst haben vor der Staatsmacht«, sagt Chenjerai Hove, der Schriftsteller. Es soll in den Hütten bleiben und sich ducken. Wir spüren diese »Kultur der Furcht« in Abidjan, in Brazzaville, in Luanda, in Harare, in Monrovia, in Bujumbura. Wir gehen über große, menschenleere Plätze und sind nach Einbruch der Dämmerung allein auf den Straßen. Die Macht schätzt das Schweigen, die Stille. Aber irgendwann sind sie plötzlich wieder da, die Massen. Sie ziehen durch die Metropolen. Sie trommeln und trällern und tanzen. Sie hören nicht auf, nach Demokratie zu rufen und nach freien Wahlen. Denn irgendwann wird er kommen, der Tag, an dem die Regierung nachgeben wird und das Volk an die Urnen ziehen lässt.

Schon hören wir wieder die Stimmen der Bedenkenträger. Es sei wie bei der einsamen Sommerschwalbe, sagen sie, eine Wahl mache noch keine Demokratie. Im Übrigen müsse man sich ins Gedächtnis rufen, was sogar afrikanische Politologen wie Claude Ake sagen: Urnengänge auf ihrem Kontinent würden bestenfalls zur »Demokratisierung der Ohnmacht des Volkes« führen. Das mag von Fall zu Fall stimmen, hält aber die Afrikaner nicht davon ab, zu fordern, was sie wie jeder Europäer für ihr gutes Bürgerrecht halten. Sie feiern den Tag des Urnengangs wie einen Festtag, so war es jedenfalls bei fast allen Wahlen, über die ich in den vergangenen fünfzehn Jahren berichtet habe. Unvergesslich, wie die Leute im nigerianischen Städtchen Ikot-Otu ihre Schule in ein Wahllokal verwandelten. Wie sie frühmorgens die Ziegen aus dem Klassenzimmer scheuchten und aus Fensterläden und Türflügeln eine Wahlkabine zimmerten. Wie sie alles fein säuberlich anrichteten, die gläserne Urne und die Stimmzettel, das Fässchen mit der unlöslichen Tinte, damit keiner zweimal abstimme. Und dann die strahlenden Gesichter, nachdem das Kreuzlein gemacht wurde. Endlich, wir dürfen wieder mitreden! Die schlimme Zeit unter dem Militärdiktator Abacha ist vorbei! Oder Mosambik, 1995, die ersten freien Wahlen nach zwanzig Jahren Bürgerkrieg, Matias Mabasso, der Bauer an der Bahnstation von Umpala. Er steht neben einem Warnschild mit Totenkopf – »Alto! Minas!« Achtung, tödliche Landminen! – und ist so aufgeregt, dass er keinen ganzen Satz herausbringt: »In meinem Herzen ... die Wahlen!« Weiter nach Kampala, auf den großen Busbahnhof, zur öffentlichen Auszählung, die einem Volksfest gleicht. Jedes Kreuz, jeder Stimmzettel, verfolgt von tausend Argusaugen und, je nach Ergebnis, Jubelchöre aus den diversen Anhängerscharen. Und noch einmal zurück nach Addis Abeba, ins Kebele 56. Der Stolz des alten Mütterchens, das vierzehn Stunden in der glühenden Hitze anstand und nun lächelnd den Stimmzettel mit den Symbolen *kulf* (Schlüssel), *kerar* (Gitarre) und *masero* (Krug) in Empfang nimmt. Sie weiß zwar nicht, welche Parteien sich dahinter verbergen, aber sie darf ganz allein entscheiden, zum ersten Mal in ihrem Leben.

Westlicher Firlefanz, überflüssig im armen Afrika? Drei Mahlzeiten oder drei Parteien? Hätte der Politiker, der diese Weisheit verkündete, nur die Wahlen in Südafrika erlebt, die kilometerlangen Schlangen, die Fröhlichkeit, die unendliche Geduld. Er hätte sehen können, wie hungrig die Menschen sind – hungrig nach Demokratie. *One man, one vote*. Ein Mensch, eine Stimme. Das war der Leitspruch, der das Ende der Apartheid besiegelte. Es ging nicht nur darum, Nelson Mandela wählen zu können. Es ging um ein Grundrecht, das ein Stück Menschenwürde wiederherstellt, um eine Errungenschaft der bürgerlichen Revolution, die den Afrikanern vorenthalten wurde.

PS: Beinahe hätten wir das Wunder von Kenia vergessen. Denn wer hätte in diesen bleiernen Zeiten für möglich gehalten, was dort zur Jahreswende 2002/03 geschah? Die scheinbar unbezwingbare Kanu – sie ist seit der Unabhängigkeit 1963 ohne Unterbrechung an der Macht – wurde bei den Präsidentschaftswahlen regelrecht hinweggefegt. Das Wahlvolk verabschiedete Präsident Daniel arap Moi nach 24 Amtsjahren mit einem Tritt in den Allerwertesten, und Uhuru Kenyatta, der von ihm auserwählte Thronfolger, wurde schwer gedemütigt. Die Auguren hatten Chaos und Konfusion nach dem Abgang des Big Man prophezeit, den Zerfall der Parteienlandschaft in tribalistische Sprengel, eine Phase der Instabilität. Doch dann kam der alte Mwai Kibaki an der Spitze einer multiethnischen Allianz namens *National Rainbow Coalition* und errang einen Erdrutschsieg, von dem nicht einmal seine Anhänger zu träumen wagten. Die Kenianer können stolz auf dieses Ergebnis sein. Sie haben bewiesen, dass auch in Afrika das Unmögliche möglich ist – eine demokratische Wahl ohne Gewaltexzesse, bei der die Opposition gewinnt. Schafft Mwai Kibaki, der anerkannte Ökonom, nach dem Machtwechsel auch die Wende in einem heruntergewirtschafteten Staat? Ein 71-Jähriger, ein Renegat der Kanu und zugleich ein ausgefuchster Veteran der alten Elite, der unter den Präsidenten Kenyatta und Moi als Minister diente und schon einmal Vizepräsident war? Wird er es wagen, die Kartelle der Korruption zu sprengen? Hält sein fragiles Bündnis unter dem Regenbogen? Pole, pole, sagen die Kenianer. Langsam, langsam. Erst mal wird gefeiert. Dann wird man schon sehen.

Archaisch und postmodern: Buschkrieger in Freetown, Sierra Leone

Krieg und Frieden
Über die blutige Geschichte des postkolonialen Afrika

WIR SCHREIBEN DAS JAHR 1993, das Kriegsjahr 18. Oder ist es das Kriegsjahr 32? Das kommt ganz darauf an, wie wir zählen. Wir können 1961 beginnen, als sich die Angolaner gegen das portugiesische Kolonialregime erhoben. Oder 1975, im Jahr der Unabhängigkeit, als der Bürgerkrieg ausbrach. Aber den Menschen in Angola ist es egal, wie wir rechnen. Sie kennen nur den Krieg, den ewigen Krieg. Irgendwann ist in ihrem Land die Zeit stehen geblieben wie die Zeiger auf der Uhr am Zollamt des Hafens von Luanda. Es ist immerzu 7 Uhr 44. Ich schaue jeden Abend auf diese Turmuhr, sie liegt auf Augenhöhe, gleich vis-à-vis meines Zimmers im Hotel Presidente. Wenn die Sonne in den Atlantik taucht und die Tropenhitze allmählich der Nachtkühle weicht, wenn die Straßen still und leer werden, fangen die besten Arbeitsstunden an. Ich ordne meine Aufzeichnungen, und die erstarrten Zeiger wirken beruhigend. Sie sind wie Kompassnadeln im Sturm der Bilder.

Ich war am späten Nachmittag aus Malanje zurückgekehrt, aus einer eingeschlossenen Stadt 400 Kilometer im Nordosten der Hauptstadt Luanda. Eine alte Iljuschin 76 hatte mich mitgenommen, eines jener Transportflugzeuge, die aus der heldenhaften Ära der angolanisch-sowjetischen Militärbrüderschaft übrig geblieben waren und nun einer nützlicheren Sache dienen: Sie versorgen die hungernden Menschen im Landesinneren über eine Luftbrücke mit Nahrungsmitteln. Gestern war die Maschine attackiert worden, ein paar Einschusslöcher am Seitenruder hinten links zeugen davon, heute hatten wir Glück. Der russische Pilot schraubte den altersschwachen Vogel aus 5000 Metern Höhe in einer engen Spirale auf die Landepiste hinunter, um den Flaks der Belagerer möglichst wenig Zielfläche zu bieten. Beim Abflug ging's im Korkenzieherstil wieder steil hinauf in die Wolken. Dazwischen lagen sieben Stunden im Kessel von Malanje.

Aus dieser Stadt führen keine Landwege. Die Straßen sind vermint. Züge rollen seit Jahren nicht mehr. Nur Lebensmüde wagen es, den tödlichen Ring, den die Rebellen in einem Radius von acht bis zehn Kilometern um das Zentrum gelegt haben, zu durchdringen. Nachts liegt Malanje unter sporadischem Artilleriefeuer. Manchmal fallen Stoßtrupps in die *muceques* ein, in die Armenviertel der Randbezirke. 350 000 Einwohner, dazu 40 000 Flüchtlinge aus dem Umland – umzingelt, ausgehungert, terrorisiert. Die Stadt wird von den Regierungstruppen gehalten. Die Belagerer gehören zur União Naçional para a Independência Total de Angola, kurz Unita. Sie kämpfen seit der Unabhängigkeit des Landes, und sie werden vorerst weiterkämpfen, weil keiner den anderen besiegen kann und beide über schier unermessliche Rohstoffe verfügen, um den Krieg zu finanzieren: Erdöl respektive Diamanten.

Nun sitze ich also wieder an meinem wackligen Schreibtisch, schaue auf die reglosen Zeiger und lasse die Eindrücke aus Malanje vorüberziehen. Das blutüberströmte Kind, das zwei Sanitäter auf einer Trage unter dem verblichenen Porträt des Staatsgründers Agostinho Neto vorbei ins einzige Hospital der Stadt tragen. Die Frauen in den Krankenzimmern, denen Tellerminen Arme und Beine abgerissen haben. Milagre Pascoal, eine Mutter von dreißig Jahren, die erzählt, wie es sie beim Ausgraben von Kassava-Wurzeln erwischt hat; die die Bettdecke hochhebt und den eitrigen Stumpf zeigt, der von ihrem rechten Bein übrig geblieben ist. Der Arzt Jeovete Sapateiro, der beklagt, dass seinem Krankenhaus die Antibiotika ausgegangen seien. Die Kinder vor den leeren Lagerhäusern, ihre Storchenbeine und aufgedunsenen Kwashiokor-Bäuche. Der zaundürre Junge, der auf der Landebahn Reiskörner zusammenkratzt und in einer Plastiktüte verstaut, auf der *O futuro certo* steht, die Zukunft ist sicher – ein Wahlslogan des Präsidenten Eduardo dos Santos. All die Einzelschicksale, welche die Leiden eines Krieges erst begreifbar machen, die Namen, die im kleinen Notizbuch des Reporters gleichsam herausgerissen werden aus der Anonymität einer Vernichtungsmaschinerie.

Wie viele Menschenleben hat dieser Krieg schon gekostet? Wie viele werden noch folgen? Niemand weiß es. Die Zahl der Landminen in Angolas Erde – rund zehn Millionen – übersteigt die Zahl seiner Einwohner. Schulen und Krankenhäuser, Straßen, Brücken, Schienenstränge, Stromleitungen, die Infrastruktur ist flächendeckend zerstört. In den Fabriken stehen alle Räder still. Die Kaffeeplantagen werden von der tropischen Wildnis überwuchert. Die meisten Menschen sind zu jung, um den Anfang dieses Krieges erlebt zu haben. Sie wissen nicht, wie es ist, im Frieden zu leben, denn der Frieden währte nur kurz. Der erste Waffenstillstand anno 1988 hielt ein knappes Jahr. Das Abkommen von Gbadolite, 1989 ausgehandelt, zerbrach nach ein paar Tagen. Der Vertrag von Bicesse, unterzeichnet im Mai 1991, war nach 16 Monaten Makulatur. Dann, 1994, ein neuer Anlauf in Lusaka. Wieder vergeblich. Dazwischen drei gescheiterte Friedensmissionen der Vereinten Nationen. Eine Geschichte der Vergeblichkeit.

Was könnte der Korrespondent an seinem Fenster zum Hafen anderes zu Papier bringen als die immer gleichen Berichte über die Gewalt und das Elend und die Verzweiflung, die der Krieg gebiert? Natürlich wird er am Ende der Geschichte schreiben, dass die Hoffnung zuletzt stirbt. Er wird aus dem Hotel gehen und die palmengesäumte Avenida 4 de Fevereiro hinunterspazieren. Er wird die Bonzen der Regierungspartei MPLA sehen, die in nagelneuen Geländewagen zum Hummeressen hinaus auf die Ilha rauschen. Er wird einem beinamputierten Soldaten begegnen, der einen Müllhaufen nach Essbarem durchwühlt. Er wird in das Halbdunkel des verfallenen Kirchleins Nossa Senhora da Nazarené treten, auf die zersprungenen tintenblauen Azulejo-Kacheln schauen und auf die Heiligenfiguren aus Gips, denen Arme und Nasen fehlen. Er wird die alten Frauen murmeln hören. Santa Maria! Hilf Angola! Er wird schreiben und hoffen. Und wieder schreiben und abermals hoffen. Aber seine Texte werden immer kürzer ausfallen, der Ton immer pessimistischer.

Als ich zum ersten Mal eine Berühmtheit aus Angola treffe, ahne ich noch nicht, wie sehr dieses Land die Zuversicht eines Afrika-Korrespondenten erschüttern kann. Es ist ein Maitag des Jahres 1991 in München. Ich sitze einem wohlbeleibten Mann im maßgeschneiderten Glencheck gegenüber. Er hält einen Häuptlingsstab der Ovimbundu aus Ebenholz und Elfenbein, an seinem Ringfinger blitzt eine käfergroße Yoruba-Goldmaske, in die Manschettenknöpfe ist der schwarze Hahn graviert. Das Emblem der Unita. Dieser Mann, eine Erscheinung von unheimlicher Kraft und Würde, ist der Anführer der Rebellen, die seit sechzehn Jahren gegen die Regierung Angolas kämpfen. Sousa Jamba, ein Abtrünniger der Unita, nennt ihn einen »Schlächter mit Doktortitel«, an dessen Händen Blut klebe; das Europaparlament hat seine Truppe wegen zahlloser Mordanschläge, Massaker, Hinrichtungen und Folterungen als terroristische Vereinigung eingestuft. Aber die Freunde von der CSU, die der Mann hier in München besucht, halten ihn für einen heldenmütigen Freiheitskämpfer. Er heißt Jonas Savimbi, und seine Vita ist schnell erzählt: 1934 als Sohn des Bahnhofsvorstehers von Muhango geboren; protestantische Missionsschule; kirchliches Stipendium in Lissabon; Universität Fribourg, angeblich Dissertation über die Staatsidee von John Locke. Das Kriegshandwerk erlernt er in China, an der Guerilla-Akademie zu Nanking. Der Rest seines Lebens ist Kampf, erst gegen die weißen Unterdrücker, dann gegen die schwarzen Befreier.

Die Nelkenrevolution stürzt die Caetano-Diktatur in Portugal und beendet die Kolonialherrschaft in Angola. 1975 wird das Land in die Unabhängigkeit entlassen, seither regiert die MPLA, ein korruptes marxistisches Regime, von der Sowjetunion mit Waffen und von Kuba mit Söldnern unterstützt. Die rechtsgerichtete Unita wird alimentiert von Amerika und, klammheimlich, von Südafrika. Es entbrennt einer jener klassischen Stellvertreterkriege auf der Südhalbkugel, in dem die ideologischen Konflikte zwischen Ost und West gewaltsam ausgetragen werden. Wobei es zu aberwitzigen Konstellationen kommt: Amerikanische Konzerne fördern Öl in der Exklave Cabinda, die Kommunisten in Luanda verdienen Milliarden am schwarzen Gold. Für die harten Dollars kaufen sie Waffen bei den Sowjets – um auch jene US-Bohranlagen zu sichern, welche die Rebellen mit Kriegsgerät aus Amerika attackieren. Keiner spielt so virtuos auf der Klaviatur der Weltanschauungen wie Jonas Savimbi. Er verknüpft altes Stammesdenken mit Geopolitik, gibt sich erst chinafreundlich und antiimperialistisch, dann prowestlich und antisowjetisch. Ein Machiavelli aus dem Busch, dessen ideologische Verrenkungen nur einem Ziel dienen: der absoluten Macht.

Vier Leibwächter haben sich um seinen Stuhl herum aufgebaut. Man muss annehmen, das sie den Revolver ziehen, wenn ihr Patron mit unanständigen Fragen belästigt wird. Dies ist schließlich eine Audienz, kein Interview. »Die Vergangenheit ist vergangen«, würgt Savimbi jeden Versuch, über die Kriegsjahre zu reden, gleich ab. Nach dem Fall der Berliner Mauer sei eine neue Ära angebrochen, eine Ära des Friedens, der Versöhnung, des Wiederaufbaus. Savimbi schaut aus dem vierzehnten Stock des Arabella Hotels in den Münchner Maihimmel und dann hinüber zum Maximilianeum. »Dr. Strauß war unser Freund.« Der bayerische Ministerpräsident könne leider nicht mehr erleben, wenn er, Savimbi, zum Präsidenten gewählt werde. »Bis bald in Luanda«, sagt er zum Abschied. Aus unserem Wiedersehen im Regierungspalast wurde nichts. Savimbi verlor ein Jahr später die ersten freien und halbwegs fairen Präsidentschaftswahlen, sprach von Betrug und rief seine Spießgesellen wieder zu den Waffen. »Es war nicht anders zu erwarten«, erklärte mir seinerzeit Arlindo Barbeitos. »Savimbi ist ein machtkranker Psychopath.« Barbeitos, Poet, Soziologe, Adorno-Schüler, einst überzeugt von der marxistischen Mission der MPLA, hat wie so viele Intellektuelle sein Heimatland verlassen. Er konnte den Wahnsinn nicht mehr ertragen.

Es ist die Zeit, in der die verheerendste Phase des Bürgerkrieges beginnt, und die Angolaner werden erst anno 2002 wieder auf Frieden hoffen dürfen. Im Februar selbigen Jahres wird ein kugeldurchsiebter Körper gefunden – der Leichnam des Dr. Jonas Savimbi. Er liegt im Busch, fliegenübersät. Das Ende eines Mannes, der als einer der grausamsten Rebellenführer in die Annalen des postkolonialen Afrika eingeht. Seine Truppen raubten, mordeten, vergewaltigten fast dreißig Jahre lang. Savimbis Tod ist auch die Stunde, um an seine Helfershelfer und Impresarios zu erinnern, an Ronald Reagan und die CIA, an Maggie Thatcher, an das Apartheidregime in Südafrika – und an die CSU, die ihn als Frontkämpfer gegen die rote Gefahr hofierte. Sie tragen an der Tragödie Angolas ebenso Mitschuld wie die Kommissare aus Moskau und die Söldner aus Havanna: eine halbe Million Tote, vier Millionen Flüchtlinge, Hungersnot, Massenelend, ein Staat in Ruinen.

*

Die Kongo-Wirren. Biafra, der furchtbare Sezessionskonflikt in Nigeria. Die endlosen Bürgerkriege im Sudan, in Angola, Mosambik, Äthiopien. Die Schreckensherrschaft von Bokassa und Idi Amin. Die Massaker in Sierra Leone und Liberia. Der Völkermord in Ruanda. Die Selbstzerfleischung Somalias. Und immer wieder Staatsstreiche, Putschversuche, Militärrevolten, ethnischer Aufruhr, im Tschad, in Burundi, in Togo, zuletzt in Madagaskar und an der Elfenbeinküste. Die periodische Wiederkehr der Gewaltausbrüche hat das bekannte Wahrnehmungsraster der Außenwelt eingeschliffen: Afrika, der blutige Erdteil. Ein Hort zeitlosen Unfriedens, ewigen Krieges. Eine wabernde Konfliktmasse. Seit 1945 wurden im Süden der Sahara 54 Kriege und Bürgerkriege geführt

– kein Kontinent, der in diesem Zeitabschnitt eine vergleichbare Bilanz aufzuweisen hätte. Obwohl die Zahl der zwischenstaatlichen Feldzüge relativ niedrig ist und sich die Konflikte auf drei, vier Krisenherde konzentrieren, musste zwangsläufig das Zerrbild von einem allgegenwärtigen Krieg entstehen. Der *bellum africanum* wurde gleichsam zum Aggregatzustand eines Kontinents.

Gelegentlich hört man den Einwand, der chronische Unfrieden sei erst durch die europäischen Eroberer heraufbeschworen worden – als wäre das vorkoloniale Afrika eine Insel der Gewaltlosigkeit gewesen. Es gab Kriege, solange die Menschen zurückdenken können, blutige Auseinandersetzungen zwischen Sippen, Clans, Dorfgemeinschaften, Stämmen, Stadtstaaten und staatsähnlichen Gebilden. Die Reiterheere des Bornu-Imperiums waren weithin gefürchtet, das alte Ghana unterhielt eine mächtige Kriegerkaste. Die Zulu fielen während der großen Difaqane über die Nachbarvölker her, ihr legendärer Führer Shaka erwarb sich sogar den Ehrentitel »schwarzer Napoleon«. Die Entstehung hoch organisierter Staatswesen war häufig mit Aggressionskriegen und schweren inneren Erschütterungen verbunden; der Aufstieg Abessiniens oder die Gründung des westafrikanischen Küstenreiches der Asanti kostete ungezählte Menschenleben und verursachte enorme Verwüstungen.

Es sind eindrucksvolle Zeugnisse der damaligen Kriegskultur erhalten. Wir müssen nur den Palast der Könige von Dahomey besuchen und die wunderlichen und gruseligen Szenen auf den polychromen Halbreliefs betrachten, die rund um die Wandelgänge des Marstalls laufen. Da sehen wir Krieger im Kopfstand reiten und Sklaven, denen Flinten in den Rachen gerammt oder Erdklumpen in den After geschoben werden. Die suggestive Kraft der Bilder ist so groß, dass wir uns nicht wundern würden, wenn auf dem Paradeplatz hinter uns die Frauen-Füseliere und Bogenschützinnen zu exerzieren begännen. Das Heer der Amazonen, gegründet 1727, zog in die Schlacht, als unsere Ururgroßmütter noch rechtlose Heimchen am Herd waren. Ihre Parole: »Männer aufs Feld, Frauen an die Front.« Es müssen recht raue, martialische Zeiten gewesen sein. König Guézo, der Büffelstarke, herrschte von 1818 bis 1858, als das Reich von Dahomey in voller Blüte stand; sein Thronsessel ruht auf vier Totenköpfen, sein Fliegenwedel ziert ein Kinderschädel. Eine Tapisserie zeigt seinen Nachfolger, den ruchlosen Roi Glélé (1858–1889), der mit einem ausgerissenen Menschenbein auf sein Opfer eindrischt. Die Wände schmücken Schlachtmotive, farbenfroh und gnadenlos, Harken, die auf Leichen niedersausen, Häupter und Hände, als Trophäen an Pferdehälsen baumelnd. Der Krieg als Vater der Kunst: Hast du das Abbild des Feindes, dann besitzt du seine Seele, seine List, seine Kraft. Das alte Afrika war also mitnichten ein pazifistisches Idyll. Und dennoch: Gegen die modernen Kriege in der zweiten Hälfte des 20. Jahrhunderts nehmen sich die früheren Konflikte geradezu harmlos aus.

*

Ach, unser Mann aus Afrika, pflegten mich die Kollegen in Hamburg zu begrüßen, zum alljährlichen Ritual der Korrespondententagung. Ich hatte ungefähr fünf Minuten Redezeit, um über die Lage auf einem Kontinent mit fünfzig Staaten zu berichten, und natürlich konzentrierte ich mich auf die Hauptkonflikte, denn das sind schließlich jene Ereignisse, die für berichtenswert gehalten werden. So stand am Ende meiner *tour d'horizon* das vertraute Resümee: Aus Afrika nichts Neues. Ein leitender Redakteur drückte es einmal zum Amüsement der Runde anders aus: »Negerkampf im Tunnel«. Was sieht man da? Ziemlich wenig. Niemand will so genau wissen, was wirklich passiert in Afrika, da unterscheidet sich der Pressemensch nicht vom Normalbürger. Allein, die Interesselosigkeit ist angesichts der Natur des Gegenstandes durchaus verständlich – man hat als Chronist selber oft genug Mühe, dem Lauf der Dinge zu folgen. Das gilt besonders für einen Krieg, der zum Ende des Jahrtausends ausbricht.

Diesmal geht es nicht um eines der üblichen Scharmützel irgendwo in der Dritten Welt, die man sich angewöhnt hatte zu ignorieren. Es geht um einen großen Krieg, um den größten, verheerendsten, der in diesen Jahren auf der Welt stattfindet. Der wie ein Mahlstrom das gesamte Zentrum des Erdteils erfasst, von der Mündung des Kongo bis hinauf an die Nilquellen. Der bislang weit über zwei Millionen Männer, Frauen und Kinder entwurzelt und vermutlich drei Millionen Menschenleben ausgelöscht hat. Läge der Schauplatz dieses Krieges in einer bedeutsamen Weltgegend, auf dem Amselfeld zum Beispiel oder im Sinai, wir könnten ihn allabendlich in der Tagesschau verfolgen. Aber er ereignet sich im Kongo, unten, weit in Afrika, und er lässt sich nicht in Blitzreportagen von einer Minute und dreißig Sekunden abhaken. Es handelt sich um ein äußerst komplexes Geschehen, in dem sich die Krisen und Konflikte der Großregion überlappen: die Bürgerkriege im Sudan, in Uganda, Burundi, Angola und der Zentralafrikanischen Republik, die Nachwehen des Genozids in Ruanda, die Erbfolgekriege im Kongo. Sieben Staaten schießen mit und sieben Rebellenbewegungen, 200 000 Kombattanten, vielleicht mehr, so genau wissen das nicht einmal die Militärexperten. Hinzu kommen Söldner aus Belgien, Südafrika, Serbien und, 400 Mann stark, ein Korps aus Nordkorea. Hinter den Fronten laufen zahllose Unterkriege, Massaker, Gegenmassaker. Ist es verwunderlich, wenn sich mancher aus dem Norden herbeigejettete Sonderberichterstatter wie in einem Orlog vorkommt, in einem mittelalterlichen Krieg? Wir lesen von Stammesfehden und Blutritualen und, horribile dictu, von der Wiederkehr der Menschenfresserei. Keine Depesche, die nicht auf das »Herz der Finsternis« verwiese, auf Joseph Conrads meisterhafte Erzählung über den Allmachtswahn und die Grausamkeit des weißen Mannes, deren Titel zum klassischen Klischee über Afrika verdreht wurde: gewalttätig, primitiv, finster – so kennen wir den Kongoneger seit Kaiser Wilhelms Zeiten!

In der Regel werden die Wirren, die zu analysieren die Katastrophenreporter vorgeben, durch sie selber erzeugt. Der Krieg im

Zentrum Afrikas mag archaisch anmuten, er wird mit Macheten, Messern, Speeren, Pfeil und Bogen geführt, doch zugleich kommt modernstes Gerät zum Einsatz, computergesteuerte Waffen, Infrarotsensoren, Satellitentelefone. Es ist ein politischer Konflikt um die staatliche Neuordnung Mittelafrikas und zugleich eine wirtschaftliche Verteilungsschlacht im Zeitalter der Globalisierung. Denn in den Nachschublinien wirken Herren in Nadelstreifen, Waffenhändler, Börsenspekulanten, Finanzjongleure, Rohstoffmagnaten. Vermutlich hat Madeleine Albright, die amerikanische Ex-Außenministerin, die transnationalen Verstrickungen mitgedacht, als sie den Flächenbrand im Kongobecken den »ersten afrikanischen Weltkrieg« nannte. Sie wurde seinerzeit belächelt.

Um die Krise an den Großen Seen zu verstehen, müssen wir ins Jahr 1994 zurückblenden, in jenen Sommer, als alle Welt das Ende der Apartheid in Südafrika bejubelte, während zwischen den tausend Hügeln Ruandas einer der furchtbarsten Völkermorde der Menschheitsgeschichte geschah. Das Terrorregime der Hutu brachte 800 000 Menschen um, überwiegend Angehörige des Minderheitsvolkes der Tutsi, aber auch Oppositionelle aus der eigenen Ethnie, ehe es von aus Uganda einmarschierenden Rebellen gestürzt wurde. Die Massenmörder flohen im Schutz eines gewaltigen Flüchtlingsstromes hinüber nach Ostzaire und »exportierten« den Konflikt. Denn dort, in der Anonymität der Flüchtlingslager, wurden sie von den Vereinten Nationen durchgefüttert, konnten sich militärisch reorganisieren und schon bald Racheschläge gegen Ruanda verüben. Im Oktober 1996 erhob sich die *Alliance des forces démocratiques pour la libération du Congo*, ein Bündnis zairischer Aufständischer, unter ihnen zahlreiche Banyamulenge, die Nachfahren ethnischer Tutsi, die vor Generationen in den Kongo eingewandert und von Mobutus Regime schikaniert worden waren. Der Chef der Rebellen war ein gewisser Laurent Désiré Kabila, ein Lebemann und Geschäftemacher von zwielichtigem Ruf. Seine Truppen zerschlugen die Flüchtlingscamps im Grenzgebiet und eroberten binnen sieben Monaten den Zaire. Der Feldzug gegen Diktator Mobutu war militärisch und politisch von einer Außenmacht – USA – und sieben Nachbarstaaten – Ruanda, Uganda, Burundi, Eritrea, Äthiopien, Tansania, Angola – flankiert worden, ein Novum in der Geschichte des Erdteils: Erstmals fegte eine afrikanische Koalition eine Despotie hinweg. Ich berichtete damals, im April 1997, aus Kinshasa über das Endspiel des legendären Mobutu Sese Seko.

Unerträgliche Schwüle, leer gefegte Boulevards, die Hauptstadt im tropischen Stupor. Warten auf Kabila. Provinz um Provinz fällt, die Rebellen stoßen unaufhaltsam durch das Kongobecken Richtung Kinshasa vor. Der Präsident hat den Ausnahmezustand verhängt. Er verschanzt sich in der Militärkaserne Tsha Tshi und wirft dem Feind seine Elitetruppe entgegen, die Division Spéciale Présidentielle. Es ist sein letztes Aufgebot. Wir sitzen beim Abendbrot in der Residenz des deutschen Botschafters und verfolgen die jüngsten Frontberichte von CNN. In Lubumbashi, der Metropole der kupferreichen Provinz Shaba, wird heftig gekämpft. Die Serviererin, eine Schale mit Kartoffelsalat in der Hand, steht salzsäulenstarr vor der Mattscheibe. Der Mann, der da in die Mikrofone bellt, nennt ihr Land »Demokratische Republik Kongo« und fordert den Kopf Mobutus. Sie blickt in das feiste Gesicht des Rebellenchefs Kabila.

Der nächste Tag, Mittwoch, der 9. April, sollte dramatische Nachrichten bringen: von Mobutus Soldateska, die auf Zivilisten einprügelt, von Straßenschlachten, untermalt durch leichtes Artilleriefeuer, und sogar von Attacken auf westliche Botschaften. So steht es jedenfalls in den morgendlichen Depeschen der Deutschen Presseagentur, erstellt im 4000 Kilometer entfernten Nairobi. Aber auf unserer Veranda im Botschaftsgarten ist von den dpa-Detonationen wenig zu spüren. Sese und Seko, die beiden Pfaue, die Botschafter Klaus Bönnemann von Mobutu geschenkt bekommen hatte, hocken starr und stumm wie Wetterhähne auf dem Dachgiebel. Von Brazzaville am gegenüberliegenden Flussufer bellen ein paar Schüsse herüber. Aber in Kinshasa treibt das Leben so träge dahin wie die Hyazintheninseln auf dem Kongo. Ich begleite eine Patrouille der GSG-9-Eliteeinheit, die zum Schutz der deutschen Mission eingeflogen worden war. Keine besonderen Vorkommnisse. Um 14 Uhr 07 meldet das Radio, Verteidigungsminister Likulia Bolongo sei per Präsidialdekret zum neuen Regierungschef ernannt worden. Somit hat der untergehende Zaire drei Premierminister: Kengo wa Dondo, den rechtmäßigen, Etienne Tshisekedi, den selbst ernannten, sowie Bolongo, den installierten. Noch einmal stellt der Großinquisitor eine Marionette auf, es ist sein letzter kalter Staatsstreich.

Um halb drei Uhr schrillt das Telefon. Lubumbashi ist gefallen. Die Bevölkerung tanzt auf den Straßen. Bilder von Mobutu brennen. *Le debut de la fin* – der Anfang vom Ende.

Am Spätnachmittag ruft der Botschafter seine in Kinshasa verbliebenen Mitarbeiter zusammen. Die Frauen und Kinder wurden schon vor zwei Wochen ausgeflogen oder hinüber nach Brazzaville evakuiert. Man erörtert den Krisenplan, legt Codewörter für den Funkverkehr fest und Sammelstellen für deutsche Staatsbürger. Auf dem Gelände der Mission stehen zwei Schlauchboote für den Ernstfall bereit. Eine Malaria-Attacke wirft den Chef de Mission aufs Bett; in der Residenz ist außer mir niemand mehr, um ihn zu versorgen. Die Notbelegschaft verleiht mir den Ehrentitel Florence Nightingale. Es ist, als läge die ganze Stadt im Fieber. Ein französischer Diplomat besucht die Botschaft. Er spricht von einer »angelsächsischen Verschwörung« gegen das frankophone Afrika.

Donnerstag, 10. April. Erneut stellt Kabila ein Ultimatum: Abdankung des Diktators binnen drei Tagen oder Krieg bis zum bitteren Ende. Das anberaumte Gespräch mit Mobutu findet nicht mehr statt. Ein Bote überbringt die schriftlichen Antworten auf die Fragen, die ich dem Präsidenten ins Camp Tsha Tshi übermittelt hatte – es ist vermutlich das letzte Interview, das er einem Korrespondenten gibt, und es enthält nur einen bedeutenden Satz:

»Ich trete nicht ab.« Nzanga Mobutu, sein Sohn, sagt das vereinbarte Mittagessen ab; er sei mit den Nerven am Ende, lässt er mitteilen. Abends besuche ich Frédéric Kibassa, den Präsidenten der Oppositionspartei UDPS. Er wagt nach Einbruch der Dämmerung nicht mehr, im Haus Licht zu machen. »Je näher Kabila rückt, desto gefährlicher wird Mobutu.« Es drohe eine Nacht der langen Messer. Der Sekretär flüstert mir zu: »Der Leopard ist angeschossen. Er will uns alle mit in die Hölle nehmen.«

Auch Kengo wa Dondo, der abgesetzte Premier, empfängt mich am darauf folgenden Abend noch einmal im *Maison blanc*. Er spricht von einen Coup d'Etat. Morgen will er seinen Rücktritt einreichen. Nächsten Dienstag, frühmorgens, wird sich Kengo wa Dondo, der ehrliche Makler und Hoffnungsträger, aus dem Staub machen – nicht ohne übers Wochenende noch schnell die Zentralbank um ein paar Milliönchen erleichtert zu haben; aber die leeren Tresore wird man erst am späten Nachmittag entdecken.

Die Gefühlslage der Stadt: ein seltsames Gemenge aus Fatalismus und Furcht, Hochspannung und Gleichgültigkeit. »L'Etat zairois asphyxié«, titelt eine Zeitung. Der Staat Zaire erstickt.

Samstag, 12. April. Der Präsident tritt im kobaltblauen Uniformrock vor die Kamera des Staatsfernsehens. Ultimatum? Abdankung? Niemals! »Zaire ist mein Land.« Der Big Man haut noch einmal verzweifelt um sich. Ein paar Tage später flieht er aus dem Land. Er ist todkrank, Prostata-Krebs, am 7. September 1997 wird er in Rabat sterben. Seine Soldaten desertieren in hellen Scharen. Die Funktionäre ziehen den grauen Abacost aus, die zairische Ausgabe des Mao-Kittels, und begrüßen mit Jubelrufen Laurent Kabila, den *Grand Libérateur*.

Ein Jahr später, bei meiner nächsten Visite, werden Kabila und seine von Tutsi dominierte Kerntruppe nicht mehr als Befreier gefeiert, sondern als Besatzer empfunden. »Die sind inkompetenter, brutaler und korrupter als die Mobutisten«, wettert ein Autohändler. Aber sein Business läuft prächtig, die Nachfrage nach Luxuslimousinen ist gestiegen. Fragt sich nur, wie lange ihm die neue Kundschaft noch erhalten bleibt. Kabilas Kriegsallianz ist im Frieden brüchig geworden, an allen Peripherien des Staates brennt es. In den rohstoffreichen Südprovinzen wachsen die Sezessionsgelüste, im Osten haben sich die Fulero, Rega, Bembe, Hunde erhoben. Der Kongo zerfällt in die Herrschaftsgebiete von Rebellengruppen und Kriegsfürsten, und der ruchloseste unter ihnen sitzt im Präsidentenpalast von Kinshasa: Laurent Desiré Kabila. Er entpuppt sich als Revenant, als Wiedergänger Mobutus. Seine nachhaltigste Leistung ist die Umbenennung des Landes: Zaire heißt jetzt wieder Kongo.

Schon anderthalb Jahre nach dem Machtwechsel beginnt die Götterdämmerung der Kabilisten. Und wieder erheben sich die Aufständischen in den Kivu-Provinzen im Osten. Nunmehr richten die ehemaligen Waffenbrüder aus Uganda und Ruanda ihre Gewehre gegen den treulosen, raffgierigen Kabila, und der ruft seinerseits ausländische Nothelfer herbei: Namibia, Angola, Simbabwe. Die Interventionsmächte, getrieben von politischen Kalkülen, ökonomischen Begierden oder ethnischen Wahnideen, suchen sich ihre jeweiligen Verbündeten unter den kongolesischen Rebellenfraktionen. Angola, stärkste Militärmacht der Region, ist einmarschiert, um die exterritorialen Operationsbasen der Unita zu zerstören. Die Kameraden aus Simbabwe, allen voran Generalstabschef Vitalis Zvinavashe, lassen sich die Militärhilfe mit Schürfrechten und Firmenbeteiligungen entlohnen. Auch die Invasoren aus Uganda machen unter dem Vorwand, die Refugien ugandischer Rebellen auszuräuchern, einträgliche Geschäfte mit Edelhölzern, Gold und Diamanten. Und mit Waffen. Oberbefehlshaber James Kazini und etliche hochrangige Offiziere sind an lukrativen Joint Ventures beteiligt. Schließlich Ruanda, das kleine, übervölkerte Nachbarland. Seine Armee jagt die 30 000 übrig gebliebenen *génocidaires*, die nach dem Völkermord 1994 hinüber in die kongolesischen Urwälder geflüchtet waren. Man sagt der herrschenden Minderheit, den Tutsi, auch nach, neuen Lebensraum im dünn besiedelten Osten des Kongo zu suchen und das Großreich Hima anzustreben. Was als nationaler Aufstand begann, eskaliert erneut zum kontinentalen Krieg.

*

Lusaka, Juni 1999. Ein Friedensgipfel für den Kongo, wieder ein Versuch, den Flächenbrand zu löschen. Aber irgendetwas stimmt hier nicht. Wo sind die Kameraaugen, Mikrofone und Notizblöcke? Wo ist die Weltpresse? Man will es einfach nicht für möglich halten. Da laufen Verhandlungen, um den größten Krieg in der Geschichte Afrikas zu beenden, und niemand schaut hin. Zwei Journalisten aus Europa, keiner aus Amerika; die afrikanischen Kollegen bleiben unter sich. Im Vestibül des Konferenzhotels treffe ich einen alten Bekannten: Aldo Ajello, den Sondergesandten der Europäischen Union, der sich als Friedensstifter der UNO in Mosambik einen guten Namen bei den Afrikanern gemacht hat. »Es ist leider wahr«, räumt Ajello ein, »das auswärtige Interesse ist extrem begrenzt.« Sechs Friedensgipfel sind gescheitert, die Außenwelt hat den Glauben an eine gütliche Lösung verloren. Es fällt zusehends schwerer, das wechselhafte Mosaik militärischer Bündnisse und politischer Wahlverwandtschaften zu überschauen. Die einzelnen Steine fügen sich zu einem düsteren Panorama der Region: Hunderttausende von Flüchtlingen, die zwischen zahllosen Fronten herumirren; eine hochexplosive, durch Argwohn und Hass vergiftete ethnische Gemengelage; beängstigende Mengen von Waffen, die, um nur die Hauptlieferanten zu nennen, aus den USA, Frankreich, Südafrika und China stammen.

Der sechste Konferenztag in Lusaka. Wir Chronisten haben uns ans Warten gewöhnt, an das sture Schweigen der Unterhändler aus sechzehn Nationen, das zähe Gefeilsche hinter verschlossenen Türen, das Geraune in der Stadt: Der Durchbruch ist nah. Aber die Kongolesen machen nicht den Eindruck, als sei ihnen an einem baldigen Waffenstillstand gelegen. Sie logieren zufällig auf meiner Hoteletage, arrogante Herren in italienischen Designer-Anzügen, die auch nachts ihre Sonnenbrillen nicht abnehmen und sich den Champagner palettenweise in ihre Suiten karren lassen. Angeführt werden sie von Außenminister Abdoulayi Yerodia, der vor allem durch ellenlange Zigarren Marke Valdez Emperador und dümmliche Kommentare auffällt. Eines Abends sitze ich mit dem südafrikanischen Verteidigungsminister Mosiuao Lekota beim Nachtmahl, als Yerodia mit seinen Gorillas hereinstolziert. »Diese Esel«, knurrt Lekota. »Sie wollen gar keinen Frieden. Mit solchen Leuten verhandeln wir hier. *What a bad joke.*« Ein schlechter Witz, fürwahr.

Aber schon im nächsten Akt werden Yerodia und seine Komparsen von der Bühne des Kriegstheaters verschwinden – zusammen mit dem Hauptdarsteller Kabila. Denn dem neuen Gewaltherrscher fehlt das machiavellistische Feingespür Mobutus, um die Macht nach innen abzusichern. Im Januar 2001 wird Laurent Kabila umgebracht – von einem seiner Leibwächter. Die präsidiale Gewalt geht wie in einer Erbmonarchie auf seinen Sohn über. Joseph Kabila übernimmt einen Rumpfstaat, der de facto dreigeteilt ist. Im Osten stehen die Rebellen des Rassemblement congolais pour la Démocratie, die von Ruanda alimentiert werden. Aus dem Nordosten, unterstützt von Uganda, rückt das Mouvement de Libération du Congo vor. Die Hauptstadt, der Meerhafen Matadi und die rohstoffreichen Südprovinzen sind unter Kontrolle der Regierungstruppen und ihrer Alliierten aus Angola, Simbabwe und Namibia. Aber Kabila junior scheint anderes im Sinn zu haben als sein Vater. Von einem Friedensplan hören wir, von freien Wahlen und richtiger Demokratie. Die Kongolesen haben solche Schalmeientöne schon zu oft gehört, als dass sie noch viel darauf gäben. In Lingala, ihrer Hauptsprache, bedeutet das Wort für heute zugleich gestern und morgen. Die Geschichte – eine ewige Wiederkehr des immer Gleichen: weiße Peiniger, schwarze Blutsauger, Leopold II. und der belgische Kolonialterror, die Despotie Mobutus, Kabila I, Kabila II. Die Zeit strömt dahin, träge wie der Kongo-Fluss, und die Menschen an seinem Ufer wissen nicht, woher er kommt, wohin er fließt.

Das Blutvergießen geht weiter, und im Norden ist es nur noch kurze, widersprüchliche Glossen wert. Der große Krieg in Afrika wird zu einer Angelegenheit der Fachgelehrten. Sie schreiben lange Abhandlungen über die »Somalisierung« Zentralafrikas, über die Chaosmächte und den Zerfall eines Staates, der einmal Zaire hieß. Doch die Prämisse, dass es sich dabei um einen funktionierenden Staat handelte, einen Staat, wie wir Europäer ihn kennen, ist irreführend. Die Unabhängigkeit hatte den Kongolesen ein Danaergeschenk beschert: ein Staatsgebiet, entworfen auf den Reißbrettern der weißen Herren, ausgestattet mit einem kolonialen Obrigkeitssystem aus dem 19. Jahrhundert. Es war kein Staat, sondern eine Staatshülse, die einem ethnisch äußerst heterogenen Territorium übergestülpt und nach dem Leitbild der Eroberer zusammengehalten wurde: durch einen repressiven Machtapparat. Das staatliche Gewaltmonopol, in erster Linie auf die Armee und paramilitärische Kräfte gestützt, reichte indes nicht weit über die Grenzen der Kapitale, der Bergbauzentren und größeren Städte hinaus; es fehlte an Strukturen und Steuerungskompetenzen, um das riesige Staatsgebiet (2 344 885 Quadratkilometer oder achtzig Mal die Fläche der ehemaligen Kolonialmacht Belgien!) zu verwalten und die Grundbedürfnisse der Bevölkerung zu sichern. Die Institutionen dieses »schwachen Staates« – Legislative, Administration, Steuerwesen, Polizei, Gerichtsbarkeit – waren nur potemkinsche Kulisse. Im Sinne der modernen Staatslehre von Thomas Hobbes könnte man auch sagen: Der große Leviathan ist nicht in Afrika angekommen. Was die postkolonialen Herrscher als Staat ausgaben, war ein Selbstbereicherungsinstrument. Dem Staatsvolk, zusammengewürfelt unter dem Fanal des Nation Building, ging es im Laufe der Jahre immer schlechter, während der starke Mann und die parasitären Eliten einen ungeheuren Reichtum anhäuften. L'etat c'est moi: Präsident Mobutu konnte schalten und walten und plündern wie weiland der Sonnenkönig. Er stand schließlich auf der richtigen, auf der antikommunistischen Seite und wurde von den weißen Vätern in Washington und Paris regelmäßig belobigt – und großzügig mit Entwicklungsgeschenken bedacht. »Er ist ein Hurensohn«, pflegten Geostrategen wie Henry Kissinger zu sagen, »aber er ist unser Hurensohn.« Unvergesslich auch, wie Marshall Mobutu im Kreise deutscher Waffentechniker im Urwald steht und den Absturz einer Rakete miterlebt, die diese für ihn gebastelt hatten.

Nach dem Ende des Kalten Krieges ließ der Norden seine Satrapen im Süden fallen. Mein Freund Nuruddin Farah, der Schriftsteller aus Somalia, drückte es mit einer Fabel aus: »Die zwei großen fetten Katzen waren weg, jetzt begann die Stunde der Ratten.« Keine fünf Jahre vergehen, da sackt das Kunstgebilde Zaire in sich zusammen – als hätte man gleichsam die Korsettstangen aus dem Staatskostüm gezogen. Und niemand springt Mobutu Sese Seko bei, nicht einmal die Franzosen. »Aus dem stabilen bipolaren System wurde ein labiles multipolares, das lokale Konflikte ignoriert und so zum Chaos drängt«, stellt der Historiker Alexander Demandt fest. Es kümmert keinen mehr, wenn in der so genannten Dritten Welt die Völker aufeinander schlagen. Für Afrika bedeutet das: Unter dem doppelten Druck zentrifugaler Binnenkräfte und grenzüberschreitender Konflikte droht das politische Gefüge zu bersten, das seit der Kolonialzeit konserviert wurde. Jeder vierte Staat zerfällt oder hat bereits aufgehört zu existieren. In Somalia, Sudan, Burundi, Angola, Liberia, Sierra Leone oder den beiden Ländern namens Kongo herrschen Willkür und Anarchie. »Man denkt einzig, dass Afrika so tief gesunken ist, dass es nur noch aufwärts gehen kann«, meint der Politikprofessor Mwayila Tshiyembé – ein Kongolese. Jean-François Bayart, der Doyen der französischen Afrikanisten, vergleicht die Situation in Zentralafrika mit dem Zustand Europas während des Dreißigjährigen Krieges. Aber ein Westfälischer Friede ist fern. Die Geburt einer neuen Ordnung, von lebensfähigen Staaten mit stabilen Grenzen, könnte noch Jahrzehnte dauern.

Auch für uns Korrespondenten hat sich die Lage grundlegend

geändert. Sie ist unübersichtlich geworden – und ungleich gefährlicher. Als ich Ende der achtziger Jahre meine ersten Kriegsberichte aus Afrika lieferte, konnte man sich auf die Kampfparteien in gewisser Hinsicht noch verlassen. Man zog entweder mit den Regierungstruppen oder mit den Rebellen ins Feld und war in deren Obhut einigermaßen sicher, solange man nicht auf die törichte Idee verfiel, die Fronten zu wechseln. Die einzige Bedrohung, der man hilflos ausgesetzt war, kam aus den Wolken. Im Jahre 1988, während des Bürgerkrieges in Äthiopien, begleitete ich einen Konvoi der Befreiungsbewegung TPLF vom Sudan hinauf ins Hochland von Tigray, Lastwagen, vollbeladen mit Hirse, Reis und Speiseöl, um die Bevölkerung in den abgelegenen Dürregebieten vor dem Hungertod zu bewahren. Wir waren nur nachts unterwegs, kurz vor dem Morgengrauen hielt der Zug an, die Fahrzeuge wurden unter Bäume rangiert und mit Astwerk getarnt, um gezielte Angriffe der äthiopischen Luftwaffe zu erschweren. Auf dem Rückweg in den Sudan machte ich in einer kleinen Gebirgsstadt Rast. Sie waren plötzlich da, man sah sie nicht kommen: drei MIG 27, sowjetische Kampfjets, die blitzschnell aus den Bergen am Horizont stachen und in vielleicht fünfzig Metern Höhe über die Dächer donnerten. In den Straßen brach Panik aus, die Menschen rannten schreiend in ihre Häuser, Ziegen und Hühner stoben auseinander. Ich stand wie angewurzelt da. Die Schatten der Stahlvögel, das infernalische Getöse, die lähmende Angst. Werden sie Bomben abwerfen? Das Städtchen blieb an diesem Tage verschont. Es war eine der üblichen Scheinattacken, um die Menschen zu terrorisieren. Trotz dieser Unwägbarkeiten ließ sich das Risiko begrenzen; man musste sich nur an die ungeschriebenen Regeln des Krieges halten.

Nach der Zeitenwende von 1989 galten diese Regeln nicht mehr. Aus den Ruinen der zusammengebrochenen Staaten waren atavistische Kräfte aufgestiegen, Kriegsfürsten, Clanmilizen, tribalistische Horden, Geheimbünde, Trupps von Kindersoldaten. Sie konnten sich im anarchischen Machtvakuum schnell entfalten, und man war gut beraten, ihren Weg nicht zu kreuzen. Aber das ließ sich nicht immer vermeiden.

»Was schnüffelst du hier herum?«

»Nun ... kann ich euren Kommandeur sprechen?«

»Was willst du von ihm?«

»Reden. Über eure Mission.«

Die Lage ist höchst unangenehm. Ich stehe, umringt von einer Rotte aggressiver junger Männer, vor dem Brook Fields Hotel in Freetown, Sierra Leone. Das Gelände gleicht einem Landsknechtlager. Kokelnde Feuerstellen, rostige Gewehre, Fahnenfetzen in den Bäumen, darunter Marketenderinnen bei der Schönheitspflege. Die Kerle wirken aufgestachelt und wepsig, manche stehen offenbar unter Drogen, junge, naive, unwägbare Gewalt. Sie tragen Ray-Ban-Brillen und Macheten, Kung-Fu-Jacken und Kaurischnecken, amerikanische Eishockey-Helme und Perlhuhnfedern, Nike-Sneakers, Balaclavas und Fellbeutel. An mancher »Uniform« sind Nähkissen befestigt, Kokarden aus Plastiktüten, Handgranaten, Talismane – eine bizarre Kombination aus Buscharchaik, Waffenfetischismus und Warenkult. Die Rambos aus Hans Magnus Enzensbergers düsterem Essay »Aussichten auf den Bürgerkrieg« stehen mir gegenüber, die Ausgeburten einer pervertierten Moderne, die in den Naturzustand zurückgesunken ist, in den Zustand der reinen Gewalt. Sie nennen sich *kamajor*, Jäger, und gehören zu einer der Milizen, die gegen die grausamen Rebellen ins Feld ziehen und nicht minder grausam zurückschlagen. Ich schaue in die Mündungen der Karabiner, die sich auf meinen Kopf richten. Aber Nelson Mandela, überall in Afrika als Heiliger verehrt, hilft wieder einmal. Ich verteile Blechsticker mit seinem Porträt an die Jungs, und schon schlägt ihre Feindseligkeit in neugierige Lässigkeit um. Endlich taucht SS, der Anführer, auf. »Willkommen bei der Armee der Armen.« Er verrät das Geheimnis der Truppe. »Wir sind gegen die Kugeln des Feindes immun.« Unverwundbar – wodurch? »Wir besprenkeln uns mit magischem Wasser.« Einige Burschen tragen weiße Stirnbänder. »Das sind unsere *invisibles*. Du kannst sie nur sehen, weil sie momentan nicht kämpfen.«

Auch im Osten des Kongo zogen unverwundbare Krieger durch die Urwälder; dort nannten sie sich Mai Mai. Aber ich mied ihre Reviere, man musste allerwegen mit tödlichen Begegnungen rechnen. Die Fronten waren unsichtbar geworden, die Kampfparteien unberechenbar. In wechselnden Allianzen standen sich die regulären Forces Armées Zairoises, diverse Interventionstruppen und Rebellenfraktionen, Kriegsfürsten, versprengte Regierungssoldaten, flüchtige Massenmörder, Stammesmilizen und Räuberhorden gegenüber. Es war, als hätte der *bellum omnium contra omnes* sein Haupt erhoben, der Krieg aller gegen alle. Ich blieb bei meinen Recherchen stets in Goma und seiner näheren Umgebung, das Hinterland war zu einer Todeszone geworden. Goma ist eine Stadt am Kivu-See, über die im kurzen Zeitraum von acht Jahren alle Katastrophen Afrikas hereingebrochen waren: zwei Bürgerkriege, eine Choleraepidemie, ein Millionenheer von Flüchtlingen und, als sei's des Unglücks nicht genug, ein Vulkanausbruch. Goma glich einer Trümmersiedlung, wechselweise beherrscht von Rebellen und Regierungstruppen. Während sich die Aufständischen halbwegs zivil gebärdeten, musste man vor den Soldaten stets auf der Hut sein – sie hatten die Raubnatur Mobutus angenommen. Fremde, Weiße, UNO-Mitarbeiter, Journalisten waren eine leichte Beute, sie führten Dollars mit sich, Handys, Kameras, Tonbandgeräte, Laptops, Werkzeug und Ausrüstung, Benzinkanister, Geländewagen.

Zur Jahreswende 1996/97 war ich mit meiner Frau Antje in Goma, um Spenden an ein Waisenheim zu übergeben. Wir mussten über Silvester bleiben, weil alle Rückflüge nach Nairobi aus unerfindlichen Gründen ausfielen. Als einzige Gäste im schäbigen Hotel du Lac wurde uns ein spezielles Feuerwerk geboten: Betrunkene Soldaten jagten auf der Veranda einige Garben aus ihren Maschinenpistolen in den Nachthimmel. Am Neujahrstag, auf dem Weg zu den Massengräbern der Cholera-Opfer am Rande der Stadt, liefen wir einem bewaffneten Kerl in einer zerlumpten Armee-Uniform in die Arme. Die angebotene »Besuchsgebühr« war ihm zu gering. Er richtete seine Kalaschnikow auf uns. Wir verhandelten. Er drohte mit Geiselnahme. Wir verhandelten weiter. Er bellte: »J'arrêt la Madame!« Ich gab ihm zehn Dollar und sagte energisch: »Genug! Schluss jetzt!« Wir drehten uns um und gingen langsam weg. Es sind die Augenblicke, in denen man damit rechnen muss, erschossen zu werden. Ein Leben zählt nicht viel, die Hemmschwelle des Tötens ist nach jahrelangen Gewaltexzessen niedrig.

Der afrikanische Soldat ist das einfältigste und gemeingefährlichste Geschöpf des Kontinents. Stecke junge, arbeitslose Männer in eine Uniform, drücke ihnen ein Schießgewehr in die Hand, und lasse sie auf die Menschheit los. Wenn du ihnen keinen Sold zahlst, kannst du sicher sein, dass sie zu Strauchdieben mutieren und dem Volk jene Angst einprügeln, die dich an der Macht hält. Noch effektiver sind Kindersoldaten, denn die haben noch kein Gewissen und betrachten den Krieg als Spiel. Du musst sie zwangsrekrutieren und mit Drogen vollpumpen, dann sind sie so skrupellos wie alte Landsknechte. Und umgekehrt: Wenn du zur Armee gehst, dann bist du was. Du hast Essen. Du hast ein Kasernendach über dem Kopf, eine fesche Uniform, gewichste Stiefel, reichlich zu saufen. Und du hast eine Waffe, die dir Macht schenkt. Du wirst jedem die Gurgel durchschneiden, der dir das wegnehmen will. Denn dann wärst du wieder ein hungerndes Nichts. Dann müsstest du wieder zurücktreten in das Heer der bedeutungslosen Millionen.

Alle Macht des schwachen Staates kommt aus den Gewehrläufen. Sorgt er nicht mehr gut für seine Soldatenkinder, werden sie zur größten Gefahr für ihn: Sie drehen die Gewehrläufe um und schießen auf alles und jeden. Am Ende zerfällt die Armee in ein Lumpenmilitariat, in Horden von *Sobels*. So hat man in Sierra Leone jene Zwitterwesen getauft, die zugleich Soldaten (*soldiers*) und Aufständische (*rebels*) sind. Sie begegnen uns in den Ruinen, die einmal Staaten waren, in Liberia, im Kongo oder in der Zentralafrikanischen Republik.

*

Was tun, um den Wahnsinn im Kongo zu beenden? Die Weltgemeinde schickt ein paar Sonderbotschafter in den Urwald, die außer griffigen Parolen – »Afrikanische Lösungen für afrikanische Probleme!« – wenig zu bieten haben. Hinter vorgehaltener Hand heißt es ohnehin, man müsse diesen Krieg einfach »ausbluten« lassen. Aber man sei doch im Geiste der universellen Humanität verpflichtet, irgendetwas zu tun, ruft das schwindende Häufchen der Afrika-Freunde. Eingreifen! Dazwischenschlagen! Frieden stiften! Die Forderung nach militärischer Intervention wird geradezu reflexhaft erhoben, und als Berichterstatter aus Afrika ist man gelegentlich geneigt, sie selber zu unterschreiben. Man hofft auf eine neutrale Außenmacht, die den ethnischen Mordglimmer in Burundi löscht. Man wünscht sich eine schlagkräftige Truppe herbei, die das Blutvergießen im Sudan beendet oder einem Staatsverbrecher wie Charles Taylor in Liberia das Handwerk legt. Doch der Ruf nach Militärmissionen, die den Frieden erzwingen, ist so ehrenwert wie wirklichkeitsfern. Das wissen wir spätestens seit der UNO-Operation »Restore Hope«, die Somalia vor sich selber retten wollte.

Am Anfang, Dezember 1992, stand eine hollywoodreife Landung in Mogadischu, am Ende, Februar 1995, ein schmählicher Abzug. Die gefeierte Friedensmacht, die nach dem Ende des Kalten Krieges auf dem Manövergelände Somalia die »Neue - Weltordnung« testen wollte, verwandelte sich in eine verachtete Kriegspartei. Als ich am 13. Juli 1993 in Mogadischu eintraf, kannte ich das Video noch nicht, das ein Amateurfilmer am Vortag aufgenommen hatte. Es zeigt einen Luftangriff von UNO-Kampfhubschraubern. Drei schwarze Blackhawks schweben über einem brennenden Gebäude und schießen mit ihren 22-Millimeter-Bordkanonen auf alles, was sich in den Trümmern bewegt. Man sieht blutüberströmte, verstümmelte Gestalten aus dem Inferno kriechen. 73 Menschen starben. Das mutmaßliche »Widerstandsnest« war ein Friedensrat gewesen, in dem Clanälteste und Religionsführer ein Gesprächsangebot an die UNO debattiert hatten. Unter anderen Vorzeichen hätte man wohl von einem Kriegsverbrechen gesprochen.

»UNO = Mörder!« lese ich auf einer Hauswand auf dem Weg zum Hauptquartier der Vereinten Nationen. Es sieht aus wie das Heerlager einer Besatzungsmacht. Ich trage mich in die Akkreditierungsliste ein. Zwei Zeilen über meinem Namen steht: Kraus, Hansjoerg, Presscard No. 076109. Der deutsche ap-Fotograf war tags zuvor zusammen mit drei Kollegen an den Ort des Massakers geeilt; der aufgebrachte Mob hatte die Männer umzingelt und drei von ihnen totgeschlagen. Mogadischu im Sommer 1993 – das war für Journalisten der gefährlichste Arbeitsplatz der Welt. Seit dem Sturz des Regimes von Siad Barre zur Jahreswende 1991/92 ist Somalia ohne rechtmäßige Regierung. Es gibt keine Ordnungsmacht mehr, keine Militärs, keine Polizisten, keine Richter. Die Hauptstadt ist geteilt in die Herrschaftsgebiete von Kriegsfürsten, und Mohamed Farah Aidid, der ruchloseste unter ihnen, hat Fremde zu Freiwild erklärt.

Ich nehme in einer Absteige Quartier, die den trefflichen Namen Al Sahafi trägt, »Journalist«. Jeden Abend versammelt sich die Weltpresse auf dem Flachdach des Hotels, um die nächtlichen Artilleriegefechte zwischen den Aidid-Milizen und den UNO-Truppen zu beobachten. An diesem Abend detoniert die erste Granate um Viertel nach zehn, und im nächsten Moment funkelt ein gespenstisches Feuerwerk über den Ruinen der Stadt. Dumpf donnern die Abschüsse der Mörser, Maschinengewehre hämmern, Leuchtspurgeschosse zeichnen rote Bahnen in die Nacht. Vom Flughafen steigen gefechtsklare Helikopter auf. Plötzlich ruft ein Kollege: »Achtung, wir sind unter Beschuss!« Ich hechte hinter ein kleines Mäuerchen, knapp über meinem Kopf schwirren Geschosse. Ein feines, letales Zischen, leise wie ein

Windhauch. Man liegt da und denkt: Was, zum Teufel, mache ich hier?

Um tagsüber in der Stadt zu recherchieren, muss ich eine Hand voll »Assistenten« anheuern: einen Fahrer, einen ortskundigen Übersetzer, drei bewaffnete Burschen, die als Leibgarde fungieren. Sie halten ihre Kalaschnikows aus den Wagenfenstern, während wir auf einem klapprigen Jeep durch die Straßen rasen. Wenn das Gefährt anhält, weil eine Kamelherde den Weg blockiert oder ein Menschenauflauf, muss stets das Schlimmste befürchtet werden: ein Hinterhalt, Heckenschützen, Lynchjustiz, Kidnapping. Weiße, die sich in das Labyrinth von Mogadischu wagen, werden für Amerikaner gehalten und als Spione beschimpft. In den Straßen zirkulieren Flugblätter: »Sie wollen uns kolonisieren, christianisieren, kommerzialisieren.«

Die humanitäre Militärmission, ausgezogen, um Hunderttausende vor dem Hungertod zu bewahren und vor marodierenden Banden zu schützen, hatte ein Klima des Hasses erzeugt, und das lag vor allem an der Art und Weise, wie sie unter dem Oberkommando der Amerikaner durchgeführt wurde. Die US-Marines gingen vor wie John Wayne. Hier die braven Bürger, dort die Gesetzlosen, dazwischen ein Sheriff, der aufräumt. »Wanted: General Mohamed Farah Aidid, 25 000 Dollar Kopfgeld, *dead or alive*.« Leider war der Warlord, den man als Kernbösewicht ausgemacht hatte, bei einem nicht unbedeutenden Teil der Bevölkerung ziemlich beliebt. Außerdem mussten die bewaffneten Samariter der Unosom bald feststellen, dass die Verhältnisse in Somalia ein bisschen komplizierter sind als in einer Kleinstadt in Arizona. Sie waren auf einem Territorium gelandet, dass sie ungefähr so gut kannten wie den Mars. Von der Sozialstruktur der Gesellschaft, von ihren Sitten, ihrer Religion hatten sie nicht die geringste Ahnung. Wer das *Restore Hope Soldiers Handbook* aufmerksam studiert hatte, konnte 21 Typen von Landminen unterscheiden, aber keine drei Clans. Issa oder Issak? Egal. Es handelt sich um irgendwelche Kameltreiber irgendwo in der Halbwüste, die sich am

Ende doch alle gleich verhalten: »Somalis sind empfänglich für aggressive Methoden zu Lösung dessen, was sie als Problem wahrnehmen«, lehrt der landeskundliche Leitfaden. Vorsicht! Afrikanische Urgewalt, archaisch und animalisch! Aber wurde dieses Stereotyp nicht durch die tagtäglichen Erfahrungen bestätigt? Die Soldaten der Unosom sahen Kriegsfürsten an der Spitze von schießwütigen Horden, und es ging ihnen vermutlich wie dem österreichischen Forschungsreisenden Haggenmacher, der schon vor 120 Jahren schrieb: »Der Somali raubt und mordet, wo es ihm möglich ist.« Entsprechend einfühlsam gingen die Blauhelme mit den Subjekten ihrer Rettungsaktion um. Menschenrechtler dokumentierten zahlreiche Fälle von grober Misshandlung, ja Folter und Totschlag, wobei sich belgische und kanadische Soldaten besonders hervortaten.

Man stellte sich die Sache recht einfach vor: schwaches Land, starke Interventionsmacht, schnelle Lösung. Und Weihnachten wieder heim zu Muttern. Das Unternehmen Somalia musste zwangsläufig scheitern, weil die politischen Zielsetzungen naiv und diffus waren und, als man nicht mehr weiterwusste, dem Primat des Militärischen geopfert wurden. Die UNO ging, das Elend und der Terror blieben. Daran hat sich bis zum heutigen Tage nichts geändert.

*

Im Frühjahr 1995 durchquerte ich mit dem französischen Fotografen Pascal Maître das Kongobecken. 2000 Kilometer auf Lastwagen und Pirogen, Flussschiffen und Eselskarren, drei Wochen lang. Wir kamen durch Dörfer, in denen seit Jahren kein Europäer mehr gesehen worden war. Wir warteten an namenlosen Flüssen, weil die Fähren nicht mehr funktionierten. Wir quälten uns über endlose, schlammige, überwucherte Pfade und sahen tagelang keinen Himmel mehr. Manchmal kamen wir uns vor wie der alte Tacitus in Germanien: *Terra sylvestris horribile*, furchtbares Waldland. Zehn Meilen, hundert Meilen, tausend Meilen – ein unermessliches grünes Meer, keine Nachrichtenverbindungen, keine Infrastruktur, Wege, die im Nichts enden. Feldstecher seien hier nutzlos, befand ein Inspektor der UNO, der das Gelände vorsondierte. Das Gelände hat die Fläche Europas. Darauf sind die Kriegsschauplätze verstreut, 2400 Kilometer Frontlinie in einer von Flüssen durchäderten Waldwildnis, extremes Klima, unpassierbare Sümpfe, anarchische Verhältnisse, eine verrohte Soldateska, Stammesmilizen, Räuberhorden. Wer diese Weltgegend gesehen hat, gibt den Gedanken an eine militärische Intervention schnell auf – es wäre eine Mission impossible. Aber die Frage des Eingreifens hat sich nach der Schmach von Somalia ohnehin erledigt. In Washington, London oder Paris ist niemand mehr willens, ein solches Abenteuer im Kongo zu finanzieren, geschweige denn, das Leben seiner Soldaten aufs Spiel zu setzen. Amerikanische Steuergelder dürfen nicht mehr »in Rattenlöchern verschwinden«, dröhnt der Republikaner Jesse Helms. Ein Satz, der die Haltung des reichen, mächtigen Teils der Welt auf den Punkt bringt. Afrika wird abgeschrieben: geostrategisch unbedeutend, wirtschaftlich marginal, politisch ein hoffnungsloser Fall.

Massiver Druck auf die Kriegsparteien? Beharrliche Krisendiplomatie? Friedensinitiativen einflussreicher Regierungen? Präventive Maßnahmen, um Konflikte einzudämmen? Ein Waffenembargo gar? Alles schön und gut, heißt es in den Kommandozentralen des Nordens. Aber was könnten schon auswärtige Vermittler ausrichten, wenn selbst die angesehensten Staatsmänner Afrikas kapitulieren müssen? Außerdem habe man ja seine Mindestpflicht getan und 5500 UN-Beobachter in den Kongo gesandt. Ceterum censeo: ausbluten lassen.

Die Blauhelme, die in Bunia am Albertsee stationiert sind, verhalten sich jedenfalls dementsprechend. Im April 2003 schauen sie tatenlos einem Massaker zu, bei dem 966 Menschen sterben, manche werden im städtischen Hospital abgeschlachtet wie Vieh. Berichterstatter ziehen Parallelen zu Srebrenica, zu jenem Massenmord in Bosnien, der unter den Augen holländischer

Blauhelme geschah. Die meisten der 600 UN-Soldaten kommen aus Uruguay; sie sprechen weder die Verkehrssprachen Kisuaheli noch Französisch, von den lokalen Idiomen gar nicht zu reden. Selbst wenn sie dazwischen schlagen wollten, sie könnten es nicht – es mangelt ihnen an einem robusten Mandat und an militärischer Professionalität. Das Geschehen um sie herum muss ihnen genauso erscheinen, wie es jenseits von Afrika dargestellt wird: als primitiver Stammeskrieg in einer bedeutungslosen Weltgegend.

Hema gegen Lendu, sesshafte Ackerbauern gegen nomadisierende Viehzüchter, Kain und Abel, der ewige Kampf ums Land, das klingt so einleuchtend biblisch, erklärt aber wenig. Kein Zweifel, es geht um Weidegründe und Ackerland, um die Vormacht mittels »ethnischer Säuberungen«, wobei allerdings gern vergessen wird, dass die Volksgruppen vielfältig durchmischt sind. Aber wie überall in den potenziell reichen Provinzen des Kongo geht es auch hier noch viel mehr um das, was unter dem Land liegt oder darunter vermutet wird: um Erdöl und Gold. Und um Coltan, den begehrten Rohstoff, der bei der Produktion unserer Handys, Computer-Chips, Videorecorder oder Playstations gebraucht wird. Die eigentliche Triebkraft des Krieges ist also nicht der ethnische Wahn, sondern die ökonomische Gier. Aus dieser Perspektive wird der »Stammeskonflikt« im ostkongolesischen Distrikt Ituri zu einem Stellvertreterkrieg zweier Außenmächte, welche die tribalistischen Energien für ihre Zwecke nutzen. Die verfeindeten Milizen wurden nach dem militärischen Rückzug von Ruanda und Uganda zu deren wirtschaftlichen Statthaltern – sie führen die lukrativen Geschäfte weiter. Die Krieger der Lendu werden von Uganda trainiert und bezuschusst. Die Minorität der Hema erhält Bruderhilfe aus Ruanda; sie teilt mit der dort regierenden Tutsi-Minderheit die Ängste vor einem Genozid. Pessimisten der Region sehen in der jüngsten Eskalation im Ostkongo die Vorboten des nächsten großen Krieges: Hier das übervölkerte Ruanda und sein Expansionsdrang, dort die hoffärtige Regionalmacht Uganda, beide hochgerüstet, beide von Wirtschaftsinteressen und Machtgelüsten getrieben.

In Wirklichkeit ist natürlich auch der Konflikt zwischen Hema und Lendu viel komplizierter, aber eines lässt sich mit Gewissheit sagen: Er hat völkermörderische Dimensionen angenommen. Nun ist der Fall eingetreten, in dem die Vereinten Nationen zum Eingreifen verpflichtet sind – ob sie wollen oder nicht. Es gibt nämlich eine Konvention aus dem Jahre 1948, welche die Weltgemeinschaft nach der Katastrophe von Auschwitz beschlossen hat, um künftige Völkermorde zu verhindern. Sie gilt auch für Afrika, daran muss man die Signatarstaaten erinnern. Denn beim Genozid in Ruanda, den wir im nächsten Kapitel untersuchen werden, rührten sie keinen Finger.

*

Vielleicht hat der junge Mann gerade an das Reisfeld daheim gedacht. Oder daran, wie grün sein Dorf in diesen Tagen wohl aussähe, wenn jemand die Kassava-Setzlinge pflanzen könnte. Vielleicht hat er die Regenzeiten gezählt, die seit seiner Flucht vergangen sind. Er wirkt jedenfalls abwesend, versunken in Erinnerung, wie er da so an einem der dicken Stämme lehnt, die vom Regenwald übrig geblieben sind, und durch das Geäst in die bleigrauen Wolken schaut. Ich nehme ihn zunächst gar nicht wahr, als ich mit seiner Schwester spreche, mit Siam Bayoh, die gerade ihr sechsmonatiges Büblein stillt und ihre Geschichte erzählt. Wie sie zum ersten Mal fliehen mussten, 1991, als der Bürgerkrieg in Sierra Leone auflöderte, und sie ein Refugium fanden, diesseits der Grenze, in Guinea. Wie sie sich in Sicherheit wiegten und von den Aufständischen ein zweites Mal heimgesucht wurden. Und wie ihre Odyssee weiterging. Wieder Flucht, wieder Auffanglager, wieder Warten. Und noch eine Regenzeit in der Fremde, die elfte. Heimkehren? Ja, schon. Aber die Ungewissheit, die Rebellen. »Fragen Sie meinen Bruder.« Siam Bayoh führt uns zu jenem jungen, unscheinbaren Mann, der unter einem Baumriesen sitzt. Sein

Kopf ist kahl. Die Augen sehen alt aus, der Blick flackert. »Ich kann gar nicht heimgehen«, sagt Fala Bayoh. Er deutet auf die zwei Holzkrücken, dann auf das verstümmelte rechte Bein. »Die Rebellen haben es abgehackt.« Wann? Wo? »In Guéckédou, letztes Jahr.« Würde er die Täter wiedererkennen? Er scheint die Frage nicht zu verstehen. Oder er will nicht antworten. Er klagt über das Maismehl, das im Lager verteilt wird, wo sie doch in der Heimat seit jeher Reis essen. Fala Bayoh wirkt verstört, aufgewühlt. Ich höre auf zu fragen. Weil ich mich selber dabei entdecke, schamlos im Trauma dieses armen Teufels herumzubohren. Manchmal ist der Journalismus ein unanständiger Beruf.

Die Geschwister Bayoh: Zwei von 11 300 Menschen, die in Telikoro leben, einem Flüchtlingslager im Süden Guineas. Zwei von 645 400 Heimatlosen aus Sierra Leone und Liberia. Sie erzählen die immer gleiche Leidensgeschichte, nur die Orte und die Namen der Akteure sind andere. Diesmal befinden wir uns in der Languette, einem fruchtbaren Landstrich, der wie ein Papageienschnabel von Guinea nach Sierra Leone hineinzackt. Die Revolutionary United Front (RUF), Rebellen aus Sierra Leone, terrorisieren den Osten ihres Landes und fallen in ihrer unersättlichen Gier nach Diamanten über die guineische Grenzregion her. Liberianische Aufständische, vereinigt unter dem Banner der Ulimo K, greifen aus ihren Schlupfwinkeln in Guinea den Norden Liberias an. Hinter den Rebellen operieren die Armeen Guineas und Liberias; sie beschuldigen sich gegenseitig, die Umstürzler der jeweils anderen Seite zu alimentieren, und führen einen unerklärten Krieg. Ein Déjà-vu für den Berichterstatter: Die Konflikte dreier Länder, kompliziert ineinander verzahnt, geschürt von Räuberpräsidenten, ein halbes Dutzend Kampfparteien, reguläre Söldner und Rebellentrupps, Plündererhorden und Stammesmilizen, viele Kämpfer noch Teenager, halbwüchsige, drogenenthemmte Mordbuben. Mittendrin die Flüchtlinge und Zivilisten in der Languette, Tausende und Abertausende, umzingelt von Chaosmächten, ein tödlicher Synergismus, den niemand mehr begreift.

Die Beuteobjekte aber kann jedes Kind aufsagen: Arbeitssklaven, Frauenkörper, Vieh und Nahrungsmittel, Tropenholz und, vor allem, Diamanten. Der Politologe Stefan Mair hat für diesen Zustand einen trefflichen Begriff gefunden: postmodernes Raubrittertum.

Der Reichtum der Krisenregionen ist ihr Fluch: die strategischen Rohstoffe des Kongobeckens, das schwarze Gold und die Edelsteine in Angola, die Ölquellen im Südsudan – sie ermöglichen es den Kombattanten, ihren Krieg ad infinitum weiterzuführen. Eine Studie der Vereinten Nationen schätzt allein den Jahresertrag aus den illegalen Diamantenminen Sierra Leones auf 140 Millionen Euro. Die ungeschliffenen Steine werden von RUF-Rebellen nach Liberia geschmuggelt und von dort ausgeführt. Wichtigste Bestimmungsländer: Belgien und die Schweiz. Mit den Profiten werden Waffen gekauft, überwiegend in der Ukraine, die über Burkina Faso und Liberia in die Gefechtszone gelangen. Als prominentester Mittelsmann für die Deals mit Kriegsgerät und so genannten Blutdiamanten gilt Charles Taylor, seines Zeichens Präsident von Liberia. Auch das südafrikanische Bergbauimperium De Beers hatte noch im Februar 2000 eine Holding in Monrovia, nachzulesen in den *Diamond Intelligence Briefs*, dem Fachblatt der Branche. In Liberia darf man den Werbeslogan des Konzerns umschreiben: *A diamond is a killers best friend*.

Eine Militärpatrouille eskortiert mich in den Süden der Languette, nach Guéckédou. Der abgeschlagene Kopf eines Rebellen, den die Einwohner zur Abschreckung am Ortseingang auf einen Pfahl gespießt hatten, wurde von Aasvögeln abgenagt. Das Zentrum zerfetzt von Granaten, Gebäudereste, verkohlte Autowracks, kugelzersiebte Mauern. Das Hospital: völlig zerstört. Die neuen Lehrwerkstätten am Stadtrand, teilfinanziert mit deutschen Entwicklungsgeldern: ausgeraubt bis auf den letzten Nagel. Guéckédou, der Handelsknoten im Dreiländereck Sierra Leone – Liberia – Guinea: ein Anschauungsobjekt des *furor africanus*. Einer der Soldaten aus meinem Geleitschutz bringt seine Kalaschnikow in

Anschlag und imitiert lachend das trockene Knattern einer Salve. Trrrrr! Trrrr! Ich stöbere in den Unterlagen, die vom geplünderten Ortsbüro der Vereinten Nationen übrig geblieben sind, rote Registrierkarten für Flüchtlinge, Passbilder, leere Briefbögen. »Ich weiß gar nicht, wie ich es ausdrücken soll«, sagt ein Entwicklungshelfer aus Liberia, der in Guéckédou Handwerker ausgebildet hatte. »Du wirst den Gedanken nicht los, dass unser Leben nie wieder normal ablaufen wird.« Was soll man dazu sagen? Ich sitze auf einem Schutthaufen im Innenhof des UN-Büros, rauche, schweige in die Mittagsglut. Da ist er wieder, dieser ansteckende Pessimismus, das übermächtige Gefühl der Vergeblichkeit, dem ich nichts mehr entgegenzusetzen habe. Sudan, Angola, Kongo, die Bilder stürzen auf mich ein. Es ist, als blickte man in ein Kaleidoskop des Schreckens.

*

»Auch wir bedauern, dass wir unsere Entwicklungsarbeit nicht fortsetzen können. Dass wir gezwungen sind, Waffen zu kaufen. Dass wir so viele junge Männer in den Krieg schicken müssen.« Negasso Gidada ist in Argumentationsnot. Es ist ja auch nicht einfach für den ehemaligen Leiter des Dritte-Welt-Hauses in Frankfurt, den Krieg in seinem armen Land zu rechtfertigen. Aber er kann nicht anders. Denn Negasso ist unterdessen Staatspräsident. Er empfängt mich in seinem Amtssitz, dem alten Kaiserpalast zu Addis Abeba. Unser Gespräch wird manchmal durch unheimliches Gebrüll unterbrochen – die hungrigen Löwen unten im Garten. Es sind die Symboltiere des Herrschers von Äthiopien.

»Ohne diesen Krieg hätten wir die Hungerkatastrophe vermeiden können«, sagt der Präsident.

»Man hätte diesen Krieg vermeiden müssen«, erwidere ich.

»Nein, das war nicht möglich. Wir wurden angegriffen. Das Recht auf Selbstverteidigung ist kein Prärogativ reicher Staaten.«

Äthiopien im Jahr 2000 – das ist wie eine Reise in eine andere, eine vaterländische Zeit, als der Krieg noch ein ganz selbstverständliches Mittel der Politik war. Als die Soldaten, sauber gestaffelt und patriotische Lieder schmetternd, auf die Schützengräben des Feindes zustürmten und im Sperrfeuer der Maschinengewehre zusammenfielen wie Dominosteine. Als noch Mann gegen Mann kämpfte, mit dem Bajonett. Die Depeschen vom Felde erinnern an die Völkerschlachten des Ersten Weltkriegs, und in der äthiopischen Hauptstadt Addis Abeba ist jene Begeisterung zu spüren, die Europas Jugend einst in die Stahlgewitter trieb. »Ein glänzender Sieg unserer heldenmütigen Armee«, orgeln die Zeitungen in chauvinistischer Einmut. In den Straßen tanzende Menschen, Freude über die jüngste Großoffensive, die Eritrea, dem »Aggressor«, die bislang schwerste Niederlage zufügte. Die Marktfrau, der Schuhputzer, die Pfaffen, der Präsident – alle begrüßen den Feldzug. Noch um Mitternacht werden die Jubel-Bulletins der Regierung unter meiner Hoteltür durchgeschoben. Über die jungen Männer und Frauen, die in den Bergen ihr Leben ließen, ist darin nichts zu lesen. Man schätzt die Zahl der Gefallenen auf 100 000.

Kein Zweifel, die Eritreer haben den Krieg im Mai 1998 vom Zaun gebrochen und äthiopisches Territorium völkerrechtswidrig besetzt. Aber geht es nur um das Yirga-Dreieck, einen Grenzstreifen von 412 Quadratkilometern? Dort der Aggressor Eritrea, hier das Opfer Äthiopien – ist es wirklich so einfach? Blättern wir zehn Jahre zurück, in die Endzeit der Mengistu-Diktatur. Damals stürzten die eritreische Volksbefreiungsfront EPLF und die tigrinischen Rebellen von der TPLF mit vereinten Kräften den Tyrannen. Zwei Jahre später stimmten die Eritreer für ihre Unabhängigkeit. Fortan regierte jede Befreiungsbewegung einen Staat, und aus den Waffenbrüdern wurden alsbald erbitterte Rivalen, die um die Hegemonie am Horn von Afrika stritten. Die Grenzfrage blieb offen. Asmara ging von der Gültigkeit der Kolonialgrenzen von 1908 aus, die der damalige Herrscher Menelik II. mit den Italienern ausgehandelt hatte. Basta! Addis Abeba verwies auf administrative Gewohnheitsrechte aus der Ära von Kaiser Haile Selassie. Ironie der Geschichte: Die heute so heftig umkämpfte Ortschaft Badme gab es seinerzeit noch nicht. Und selbst auf der amtlichen Landkarte von 1994, die ich bei der Ethiopian Mapping Authority kaufe, ist sie nicht zu finden. Jetzt braucht man Badme nicht mehr einzuzeichnen, es sei denn als Friedhof.

Währungspolitische Keilereien, der Zwist um den Hafen von Assab, gegenseitige Ausweisungen von Staatsbürgern, Eigensinn, Eitelkeit, Argwohn – wenn man den Hergang der Ereignisse rekonstruiert, ergeht es einem wie beim Zwiebelschälen: Da kommt immer wieder eine neue Schale, eine Provokation, ein versetzter Markstein, ein Dolchstoß, eine abstruse Verschwörungstheorie. Dann der 6. Mai 1998, der Zwischenfall in der Badme-Ebene, wo jede Seite ganz genau zu wissen glaubt, wo wann welche Demarkationslinie gezogen wurde. An diesem unseligen Tag wurden vier bewaffnete Inspekteure aus Eritrea erschossen, einer von hinten, heißt es. Eine Woche später rollten die Panzer – ein wohl vorbereiteter Militärschlag der Eritreer, der die Äthiopier überraschte. Seither herrscht Krieg. »Und der Frieden ist weit, verdammt weit«, meint Sam Ibok. Der Nigerianer leitet die Abteilung Konfliktmanagement bei der Organisation für Afrikanische Einheit, die ihren Sitz in Addis Abeba hat. Er ist einer jener beneidenswert gelassenen Afrikaner, die sich ihre Zuversicht durch keinerlei Katastrophe rauben lassen. Aber diesmal ist auch er mit seinem Latein am Ende. »Unsere massiven Versuche der Vermittlung waren leider vergeblich. Manchmal denke ich, denen fehlt die Kultur der Konfliktlösung.«

Vielleicht sind sich die Kampfhähne einfach zu ähnlich. Sie sprechen dieselbe Sprache, pflegen einen gleichermaßen übersteigerten Nationalstolz und konservieren die kriegerische Tradition des Befreiungskampfes. Jeder erkennt im Gesicht des Feindes die eigenen Züge. Die ebenso gescheiten wie starrsinnigen Führer Meles Zenawi und Isayas Afewerki sollen sogar Cousins sein. Ihre ewige Rivalität, ihr dogmatischer Streit um die einzig wahre kommunistische Lehre führte schon früher zu blutigen Scharmützeln.

Unterdessen toben sich die Feinseligkeiten zwischen den zwei Befreiungsbewegungen im Krieg zweier Staaten aus. Die Armeen beiderseits hochgerüstet, die Gesellschaften militarisiert, die Staatschefs unversöhnlich – wer könnte da nachgeben? Fair verhandeln? Kompromisse schließen? Offenbar keiner. In Eritrea stehen 250 000 Bürger unter Waffen, in Äthiopien sind es 350 000. Über das vom UN-Sicherheitsrat verhängte Waffenembargo können die Generalstäbe nur lachen. Denn beide Seiten waren als strategische Verbündete von den Amerikanern aufgerüstet worden – für den Feldzug gegen das islamistische Regime im Sudan. Und beide gingen rechtzeitig zum Shopping auf den globalen Bazar. In Russland, Bulgarien, China, Nordkorea, Italien und Belgien kauften sie Waffen im Wert von über 1,1 Milliarden Mark, T-55-Panzer, MiG-29-Jäger, MI-24-Kampfhubschrauber, das feinste, modernste Kriegsgerät, dazu jede Menge Schießmaterial. »Wir haben mehr Munition als Ziele«, prahlt Regierungschef Meles. Für die Waffenkäufe und die laufenden Kriegskosten – das Londoner Institute for Strategic Studies taxiert sie auf vier Millionen Mark pro Tag – hätten die Äthiopier genug Getreide beschaffen können, um die Hungersnot in ihrem Lande abzuwenden. Stattdessen: Hunderttausend Tote, Dörfer und Städte dem Erdboden gleich, Milliarden an Aufbauressourcen verpulvert, biblische Flüchtlingszüge. Das ist der Preis für einen Fetzen Land. »Der Krieg ist ein nationales Anliegen«, erklärt ein Diplomat, er wirke wie Amalgam im fragilen Vielvölkerstaat Äthiopien. Und die Hungersnot? »Dafür sind wir zuständig, die internationale Gebergemeinde.« Sie muss die Bevölkerung eines Landes notversorgen, das zu den potenziellen Kornkammern Afrikas gehört. In Zahlen ausgedrückt: Zwei Jahre vor Kriegsbeginn fuhr Äthiopien eine Rekordernte ein und exportierte 400 000 Tonnen Getreide.

»Wir hatten keine Wahl«, wiederholt der Präsident.

Er schaut aus dem Fenster des Kaiserpalastes. Die Löwen sind still. Sie zerfleischen gerade den Kadaver eines Rindes.

Schuldig oder nicht schuldig? Das Zentralgefängnis für Massenmörder in Kigali, Ruanda

Der verleugnete Völkermord
Ruanda oder die Erfindung der Grausamkeit

KEIN SCHRITT MEHR, KEINE BEWEGUNG. Ich stehe starr da, eingefroren vom Schrecken, den der Dunkelstoßer auslöst. Er kommt mit der Dämmerung, gleich nach dem Gebetläuten. Wehe dem saumseligen Knaben, der sich jetzt noch draußen herumtreibt! Der Dunkelstoßer holt dich, mahnte die Großmutter, er setzt die Erde unter Strom. Es ist, als habe mich der Dämon der Kindheit wieder befallen, im Kirchhof von Ntarama, am helllichten Tag. Ich halte die auf dem Boden verstreuten Objekte zunächst für Steinchen, Aststücke, welkes Laub, ehe ich erkenne, was da liegt: Fingerglieder, Stockzähne, Wirbelknochen. Von Menschen. Die Erde steht unter Strom.

Im Kirchenschiff nebenan liegen zerstückelte Leichen zwischen den Stuhlreihen. Abgeschlagene Hände, blutzerklumpte Kleider, verdorrte Hautfetzen, Oberschenkel im letzten Stadium der Fäulnis. Tote Säuglinge in den Tragetüchern ihrer Mütter, die Schreie versteinert, die Falten wie von unsichtbarer Hand drapiert. Dazwischen Utensilien des Alltags, Löffel, Blechtöpfe, Körbe. Das Szenarium hat etwas Unwirkliches, künstlich Arrangiertes – *Nature morte*, ein Stillleben der Grausamkeit. Unsere Vorstellung will sich in ästhetische Kategorien flüchten, weil die Wirklichkeit unerträglich ist. Weil es einfach nicht wahr sein kann, nicht wahr sein darf, was wir in der Kirche von Ntarama sehen. Aber da ist dieser unbeschreibliche Leichengestank. Und die Stille, die Totenstille, die aller Auslöschung folgt.

Das Massaker geschah am 15. April 1994. Die Mörder verrammelten die Eingänge der Kirche, in die die Dorfbewohner geflohen waren. Dann begannen sie, die Schutzsuchenden abzuschlachten. Mit Macheten, Messern, Äxten. Stuhlreihe für Stuhlreihe. Im Schichtdienst. »An diesem Tag starben mindestens 4000 Menschen«, berichtet der Küster. Ntarama war einer der zahllosen Schauplätze des Völkermordes von Ruanda – des furchtbarsten Menschheitsverbrechens seit dem Holocaust und den *Killing Fields* von Kambodscha. In hundert Tagen brachten das Regime der Hutu und seine Helfershelfer zwischen 500 000 und 800 000 Menschen um. Fünf Menschen pro Minute. Die Außenwelt hörte ihre Schreie nicht. Wenn sie überhaupt auf Afrika sah, dann auf ein ganz anderes Ereignis.

Es waren wunderbare Tage, damals, im Frühsommer 1994, als die Apartheid unterging. Südafrika lag im kollektiven Freudentaumel. Schwarze und Weiße feierten Nelson Mandela und den Triumph der Demokratie. Wir Korrespondenten in Johannesburg, angesteckt vom allgemeinen Jubel, schenkten den Meldungen aus Ruanda zunächst wenig Beachtung. Als die ersten Horrorberichte durchsickerten, sandte ich eine kurze Depesche nach Europa. Der Artikel erschien am 15. April 1994, am Tag des Massakers von Ntarama, unter der Dachzeile »Grausamer Stammeskrieg in Ruanda«. Wenn ich den Text heute lese, schäme ich mich dafür. Er enthält die unverzeihlichsten Irrtümer, die mir in meiner Zeit als Korrespondent in Afrika unterliefen. Das Gros der Kollegen teilte diese fatale Fehleinschätzung, und dafür gab es zwei einfache Gründe: Wir urteilten auf der Grundlage widersprüchlicher, verwirrender, unscharfer Agenturberichte. Und wir nahmen die Tragödie durch ein zählebiges Deutungsraster wahr: Ruanda, das abgelegene, unübersichtliche, vorzeitliche Land der tausend Hügel, dessen Stämme sich seit Menschengedenken die Schädel einschlagen.

Die ersten Fernsehbilder vom Massenmord waren so ungeheuerlich, so unbegreiflich, dass die Kommentatoren von einer »Verirrung der Natur« sprachen. Oder von einem Blutrausch.

Oder von der *maladie de tuer*, der »Krankheit des Tötens« – als sei der Völkermord wie ein Virus über Ruanda gekommen. Ich griff, 3000 Kilometer vom Schauplatz entfernt, zur abgedroschenen Lateinerformel *bellum omnium contra omnes*. Der Krieg aller gegen alle. Das passt immer dann auf Konfliktherde, wenn man die Tatsachen nicht kennt. Heute wissen wir: Der Genozid war nicht das Werk archaischer Chaosmächte, sondern einer gebildeten, modernen Elite, die sich aller Instrumente eines hoch organisierten Staates bediente: des Militärs und der Polizei, der Geheimdienste und Milizen, des Verwaltungsapparates und der Massenmedien. Die Täter waren keine Dämonen, sondern Erfüllungsgehilfen eines diktatorischen Systems, das die ethnische Minderheit der Tutsi ausrotten wollte und zugleich – dies wird häufig unterschlagen – alle regimekritischen Hutu. Sie folgten einem genau festgelegten Programm. Es begann mit der Mobilisierung der Todesschwadronen und der Bereitstellung der Waffen und Transportmittel. Es endete mit der Entsorgung der Leichenberge und der Verteilung der geraubten Ländereien und Güter.

In jeder Phase des Genozids ist jene mörderische Besessenheit und kaltblütige Perfektion zu erkennen, die auch die Organisatoren des Holocaust angetrieben hat. Der Geist der Täter, das Tatschema, das Ziel – es war, als seien die Nazis im Zentrum Afrikas auferstanden. Théoneste Bagosora kam dabei die Rolle eines »schwarzen Heydrich« zu; in seinem Hause fand sich ein Terminkalender, in dem er die Grundzüge der ruandischen »Endlösung« skizziert hatte. Oberst Bagosora stand an der Spitze einer Clique von Offizieren, die nach dem Attentat auf Präsident Juvénal Habyarimana am 6. April 1994 die Kontrolle des Militärs und der Zivilverwaltung an sich gerissen hatten. Zahlreiche Dokumente belegen, dass die Mordaufträge mit geradezu preußischem Bürokratenfleiß erfüllt wurden. Ein Propagandist rühmte die bei Joseph Goebbels gelernten Lektionen. Sie wurden vor allem im Hetzsender *Radio Milles Collines* angewandt: Wir oder sie! Verteidigt euch gegen das Ungeziefer! Schlagt das Unterholz aus! Lasst keinen

Tutsi überleben! Die Antreiber fanden genug willige Helfer unter den verarmten, ungebildeten Bauern, in deren Bewusstsein sich die Tutsi-Hutu-Schablone geätzt hatte. Neid und Gier, der Kampf um knappes Land in einem übervölkerten Agrarstaat, steigerten sich zu mörderischem Hass. Tötet! Tötet! Tötet!, schrien die Präfekten, Unterpräfekten und Bürgermeister, die Parteifunktionäre und Professoren, die Schlagersänger und katholischen Pfarrer. Und viele Hutu, erzogen in traditioneller Autoritätshörigkeit, folgten blind den Befehlen. Sie mordeten im Glauben, den Willen der Geschichte zu vollstrecken.

*

Wir wissen nicht viel über das präkoloniale Ruanda, es gibt kaum schriftliche Zeugnisse. Es war eine traditionelle afrikanische Gesellschaft von Ackerbauern und Viehzüchtern, die in Clans und kleinstaatlichen Gebilden lebten. Im 18. Jahrhundert kristallisierte sich ein Staat heraus, der am Ende des 19. Jahrhunderts, unter Rwabugiri, zur höchsten Blüte gelangte. Die Macht der Herrscher bemaß sich nach der Größe ihrer Rinderherden. Das Wort *Tutsi*, ursprünglich eine Bezeichnung für eine Person mit reichem Viehbestand, wurde zum Sammelbegriff für die regierende Elite. Für die Masse stand der Terminus *Hutu*, was so viel wie Gefolgsmann, Untergebener bedeutete. Doch die Sprachregelung wollte mit der Sozialstruktur nicht übereinstimmen. Es gab nämlich auch reiche Hutu-Fürsten und mittellose Tutsi. Und es gab den biblischen Zwist um knappes Land: Kain gegen Abel, sesshafte Ackerbauern gegen umherziehende Viehhirten. Die ethnische Differenz aber fiel kaum ins Gewicht, die Volksgruppen lebten friedlich miteinander. Sie teilten die Sitten und Bräuche, den Naturglauben und die Mythen, die Traditionen und das Territorium. Sie tanzten dieselben Tänze und besangen die gleichen Helden. Sie verständigten sich in einer gemeinsamen Sprache – Kinyarwanda – und waren durch Mischehen verbunden. Bei Alison Des Forges, der wohl profundesten Kennerin der ruandischen Geschichte, lesen wir über die unterschiedlichen Merkmale: »Die meisten Ehen wurden innerhalb der Gruppe geschlossen, in der das Paar aufgewachsen war. Diese Praxis schuf innerhalb jeder Gruppe einen gemeinsamen Genbestand, was bedeutete, dass im Laufe der Generationen Viehzüchter immer mehr aussahen wie andere Viehzüchter – groß, dünn und schmalgesichtig – und die Bauern wie andere Bauern – kleiner, kräftiger und mit breiteren Gesichtszügen.« Die Gegensätze zwischen Macht und Ohnmacht, Reichtum und Armut aber waren in der Regel nicht ethnisch, sondern ökonomisch bedingt. Heutzutage würde man von Schichten oder Klassen sprechen.

Ein halbes Jahrtausend blieben die Verhältnisse unverändert. Dann kamen die Europäer und erklärten die Differenz zum Naturzustand: Hier die Minderheit der Watutsi, eine hochwüchsige, hellhäutige, blaublütige, hamitische Herrenrasse, die aus dem Niltal eingewandert ist, dort die autochthone Mehrheit der untersetzten, negroiden, servilen, bäuerlichen Bahutu aus der Bantufamilie. Dazwischen die Twa, die kleine Gruppe der Ureinwohner, die Jäger und Sammler, die Wilden, die »Untermenschen«. Es war ein Engländer namens John Speke, der die Ruander anno 1863 erstmals auseinander dividierte. Auf der Suche nach den Quellen des Nils erfand er en passant die so genannte »hamitische Hypothese«. Im Jahre 1898 bekräftigte sie der Völkerforscher Richard Kandt, und aus losen, vielfältig vermischten Volksgruppen wurden biologisch sortierte Stämme. Die »hamitische Hypothese« war ein Geisteskind der seinerzeit modischen Rassenlehren, die nicht nur die Minderwertigkeit der Afrikaner wissenschaftlich untermauern, sondern auch beweisen sollten, dass sich alle Formen höherer Entwicklung auf ihrem Kontinent kaukasoiden Einflüssen verdanken. Zugleich gehörte die postulierte Ungleichheit – der Völkerkundler Claude Meillassoux spricht von »imaginärer Ethnographie« – zum Machtkalkül der weißen Eroberer: Weil man nicht genug Vollstrecker der Fremdherrschaft hatte, wurden Tutsi selektiv eingebunden und privilegiert; sie durften unter der deutschen Kolonialverwaltung zum Beispiel Missionsschulen besuchen und einflussreiche Posten bekleiden. Es waren gleichsam »weiße Schwarze«. Somit wird auch verständlich, warum die geistige Elite der Tutsi fleißig am Mythos der Kolonialforscher mitstrickte – er lieferte die historische Begründung ihrer Überlegenheit und legitimierte ihre Herrschaft. Die Ruander blieben zwar durchmischt, aber das wirtschaftliche und soziale Gefälle zwischen den Volksgruppen wuchs. Und allmählich sickerte die »hamitische Hypothese«, dieses Gemeinschaftsprodukt europäisch-afrikanischer Geschichtsklitterung, als rassisches Stereotyp ins kollektive Gedächtnis.

Nach dem Ersten Weltkrieg übernahmen die Belgier das koloniale Regiment und zementierten die Hegemonie der Tutsi. Ab 1934 schrieben sie sogar den Vermerk der ethnischen Zugehörigkeit im Personalausweis vor. Erst als in der Tutsi-Elite die Rufe nach Unabhängigkeit lauter wurden, schwenkten die weißen Patrons um – denn hinter solchen Bestrebungen witterten sie in den Hochzeiten des Kalten Krieges kommunistische Umtriebe. Die Belgier, allen voran fanatische katholische Missionare aus Flandern, förderten fortan die Hutu und predigten eine »soziale Revolution« gegen die Feudalherrschaft der Tutsi. Die radikale Sammelbewegung ParmeHutu übernahm den »rassistischen Diskurs« der Kolonialisten, schreibt die Ethnologin Heike Behrend: Es galt, die Tutsi, diese fremdländischen Eindringlinge, mit allen Mitteln zu bekriegen. 1959 wurden Abertausende von Tutsi niedergemetzelt. Die »soziale Revolution« nahm ihren blutigen Lauf.

Als Ruanda drei Jahre später in die Unabhängigkeit entlassen wurde, regierte bereits eine Oligarchie der Hutu. Sie pervertierte die von den Europäern eingeführte ethnische Segregation zu einer Art »schwarzen Apartheid«: Tutsi wurde der Zugang zum Militär und zur Polizei verwehrt. Sie durften keine Ämter in der Verwaltung übernehmen. Ihre Kinder durften nur in festgelegten Quoten Schulen und Universitäten besuchen. Ganze Dörfer wurden in Reservate zwangsumgesiedelt. Und in regelmäßigen Abständen kam es zu Massakern an der Minderheit. 1973 putschte sich General Juvénal Habyarimana an die Macht. Seine Diktatur, alimentiert vom Schutzpatron Frankreich, sollte 21 Jahre währen. Die byzantinisch verästelte Dynastie der Habyarimanas konnte in dieser Zeit gewaltige Reichtümer anhäufen. Eine besondere Funktion kam dabei *akazu* (»kleines Haus«) zu, einem klandestinen Netzwerk mächtiger Personen aus der Heimatregion des Präsidenten; im Zentrum des Netzes saß seine Gattin, Agathe Habyarimana, die machtbesessene, geldgeile, skrupellose Lady Macbeth am Hofe des Autokraten. Mit den Jahren aber wuchs auch der Widerstand gegen den räuberischen Klan. Die Flüchtlinge, die nach den periodischen Gewaltexzessen in die Nachbarländer emigriert waren, formierten sich zu einer Befreiungsarmee, und ein neues Klischee war geboren: Tutsi-Rebellen gegen Hutu-Militärs. In Wirklichkeit saßen im Exekutivkomitee der Ruandischen Patriotischen Front (RPF) fünfzehn Hutu und elf Tutsi! Ihre erste massive Angriffswelle im Oktober 1990 konnte mithilfe französischer Interventionstruppen noch abgewehrt werden.

Doch allmählich nahm der Außendruck zu; die Weltbank und diverse Geberländer drohten sogar, die großzügige Entwicklungshilfe zu reduzieren. Die Regierung sah sich gezwungen, demokratische Reformen einzuleiten und ihren bellizistischen Kurs abzuschwächen. Präsident Habyarimana stimmte pro forma sogar dem Friedensabkommen von Arusha zu – ein taktisches Manöver, das in den Augen der Falken des Regimes einem Verrat gleichkam. Am 6. April 1994 gegen acht Uhr abends, als der Staatschef zusammen mit seinem burundischen Amtskollegen Cyprien Ntaryamira von einer Konferenz aus Dar es Salaam zurückkehrt, wird sein Flugzeug beim Anflug auf Kigali abgeschossen; die Umstände sind bis heute nicht geklärt. Das Attentat ist der Auftakt zum Massenmord. Schon in der ersten Nacht und am darauf folgenden Vormittag lassen die Drahtzieher in der Hauptstadt Kigali alle machtpolitisch wichtigen Konkurrenten sowie Dissidenten hinrichten. Premierministerin Agathe Uwilingiyimana, eine Symbolgestalt der Demokratisierung, wird tot in ihrem Versteck gefunden; sie ist nackt, ein Geschoss hat ihre linke Gesichtshälfte zerfetzt, in ihrer Vagina steckt eine Bierflasche. Binnen einer Woche erfasst der Mordbrand das ganze Land. Die »Endlösung« läuft.

Die Eskalation von Gewaltexzessen, die Eigendynamik des entfesselten Mobs, die Ursachen kollektiven Wahns sind gut erforscht. Auch dass halbstarke Kerle, verhetzt wie Hitlerbuben, aufgepeitscht durch Alkohol und Drogen, zu Bestien werden können, lässt sich noch halbwegs nachvollziehen. Aber wie erklären wir uns die Verwandlung von Menschen in Mordmaschinen? Wie kommt es, dass ein Arzt seine Patienten im Krankenbett umbringt? Dass Schuljungen ihre Klassenkameraden zerstückeln? Dass Pfarrer ihre Gläubigen mit Benzin übergießen und anzünden? Dass Familienväter Embryos aus den Leibern von Müttern reißen? Dass Männer ihre Ehefrauen massakrieren? Dass normale Bürger ihren Opfern die Sehnen durchschneiden, um sie an der Flucht zu hindern und erst am nächsten Tag abzumetzgern? Was ging im Physikprofessor vor, der eine Mordliste seiner Kollegen erstellt? Wie konnten die katholischen Nonnen Gertrude und Maria 5000 Tutsi aus dem Kloster von Sovu verweisen, um sie, wie vorher abgesprochen, in die Messer ihrer Mörder treiben? Hinter vorgehaltener Hand hören wir eine Erklärung, die wir schon ahnen: Dies seien eben Phänomene animalischer Urgewalt, konserviert auf einem dunklen, rückständigen Kontinent.

»Haben Sie Richburg schon gelesen?« Es war die Standardfrage von Diplomaten, Nothelfern und Kollegen, die ich in der Zeit nach der Katastrophe oft hörte, und die Antwort war nicht schwer zu erraten: Sensationell! Brillant! Dieser Wille zur schonungslosen Wahrheit! Endlich schreibt einer, was wirklich los ist in Afrika! Was jeder denkt und keiner laut sagen darf, ein Weißer schon gleich gar nicht. Aber der Autor muss die Wahrheit nicht auf dem Altar der Political Correctness opfern, er hat schließlich die Hautfarbe seiner Subjekte. Der schwarze US-Bürger Keith B. Richburg, von der *Washington Post* an die afrikanische Front entsandt, schrieb den Bestseller »Jenseits von Amerika«. Seine Wahrheit liest sich so: »Mir kann die Scheinheiligkeit und Doppelmoral gestohlen bleiben, auf die man allenthalben stößt, wenn über Afrika geredet oder geschrieben wird. Vieles davon von Leuten, die niemals dort waren, geschweige denn drei Jahre damit zugebracht haben, zwischen Leichen herumzulaufen.« Drei Jahre zwischen Leichen! Afrika, ein Massengrab. Ruanda erinnerte Richburg an eine »krankhafte Version der Steinzeit«. Die »surreale Odyssee« durch Afrika habe ihn desillusioniert, resümiert der Reporter. Er hat eine Illusion durch eine andere ersetzt: Am Anfang der Irrfahrt stand das Wunschbild von »Mutter Afrika«, mit dem Afroamerikaner gerne ihre Vorgeschichte verklären. Am Schluss bleibt des Zerrbild von der »Hölle Afrika« übrig, und Richburg ist froh, Amerikaner zu sein, dessen Ahnen auf einem Sklavenschiff in die Zivilisation gerettet wurden. So hat eines der größten Verbrechen der Menschheitsgeschichte doch noch eine glückliche Fügung gefunden – aus einem Akt der Barbarei wurde eine Mission zur Erlösung von derselben. Aber es geht Richburg ja auch nicht um Tatsachen, sondern um die Vorstellung, die wir uns von Tatsachen machen, um Mosaiksteine des Schrecklichen, die er zu einem Horrorgemälde des gesamten Kontinents zusammenfügt. Immerhin ist ihm dafür zu danken, die Schablonen seiner Wahrnehmung gleich selber zu entlarven. Afrika erschien ihm wie »eine ganze Ansammlung von Somalias«; dieses Land sei zu einem Prisma geworden, »durch das ich den Rest Afrikas sah«. Man stelle sich vor, ein Chronist schlösse von der Falls Road im nordirischen Belfast oder den Massengräbern in Bosnien auf den Zustand Europas ... sancta simplicitas!

Aber die Einfalt ist wirkmächtig. Sie fördert eine Denkweise, die wir »Richburg-Syndrom« nennen können. Es ist ein mühseliges Geschäft, dagegen anzuschreiben. Die Afrikaner sind nicht anders. Es gibt keine »negroide« Sonderform der Grausamkeit.

Man wiederholt sich, man wird müde. Hat uns das zwanzigste Jahrhundert nicht gelehrt, wie dünn die Membran der Zivilisation ist? Sehen wir unter der Haut des Schlangeneis nicht die Barbarei schimmern? Müssen wir erst Wolfgang Sofskys »Traktat über die Gewalt« lesen, um zu erkennen, dass das Massaker ein universaler Topos ist, das zu allen Zeiten in allen Kulturen der gleichen Vernichtungslogik folgt, in Srebrenica, in Bogota, in My Lai, in Auschwitz, in Ntarama?

Du schlägst die Zeitung *Kangura* auf und liest von den geldgierigen Tutsi, die wie der »ewige Jude« die Banken und das Kreditwesen unterwandern und arme Hutu ausbeuten. Du schaltest *Radio Milles Collines* an und hörst, dass sie *inyenzi* sind, Kakerlaken, Volksschädlinge, die du vernichten musst, ehe sie dich vernichten. Du hörst Simon Bikindis Hit »Ich hasse Hutu!« – Hutu, die andere Hutu verachten und nicht mitmachen. Du denkst an den Nachbarn, einen strebsamen Tutsi, der viel mehr hat als du. Du begehrst seinen fruchtbaren Acker, sein schönes Haus, seine hübsche Frau. Du trittst aus deiner armseligen Hütte, nimmst eine nagelneue Machete entgegen, schließt dich der *Interahamwe* an, den Milizen, »die gemeinsam schlagen«, ziehst hinüber zum Nachbarn. Aber du kannst ihn nicht erschlagen. Die Blutsbrüder brüllen: Wenn du es nicht tust, bist du ein Verräter! Wenn du nicht tötest, töten wir dich! Und du tötest. Schlitzt den Bauch des Nachbarn auf, köpfst seine Kinder, vergewaltigst seine Frau. Die anderen töten auch, alle töten. Du begehst kein Unrecht, du verteidigst nur dich und dein bedrohtes Volk. Du musst die Söhne töten und die Enkel, kein Zeuge darf überleben, kein Rächer nachwachsen. Am Abend kommst du erschöpft nach Hause und hörst im Radio wieder die Stimme von Kantano Habimana: Arbeitet weiter, die Gräber sind noch nicht voll! Am anderen Morgen gehst du wieder hinaus. Die Arbeit muss getan werden. Du hast keine Hemmungen mehr, das Massaker entgrenzt dich. Du empfindest Lust, Mordlust. Schinde dein Opfer, trenne seine Arme vom Leib, steche seine Augen aus, schneide seine Geschlechtsteile ab, vernichte die Organe seiner Schaffenskraft, Wahrnehmung und Fortpflanzung. Du hast Macht, absolute Macht über Leben und Tod. Die Gesetze, die Moral, die Tabus sind außer Kraft. Du feierst ein Blutfest, einen gewaltigen Karneval des Terrors, dein Ich hat sich aufgelöst in der Einheit und Freiheit des mordenden Kollektivs, in einer utopischen Gemeinschaft, die das Böse ein für allemal auslöscht. Du reinigst dein Land, auf dass seine Geschichte neu beginne.

Den maßgeblichen Außenmächten – Belgien, USA, Frankreich und den Vereinten Nationen – war der Ernst der Lage bereits in den ersten 24 Stunden der Massaker bewusst. Ihre Hauptsorge aber galt der Evakuierung der eigenen Staatsbürger. Die Regierung in Washington wies ihre Vertreter sogar schriftlich an, das G-Wort nicht zu gebrauchen. G für Genozid. Denn diese Definition hätte die Weltgemeinde im Geiste der nach dem Holocaust beschlossenen Konvention zur Verhütung des Völkermordes zum Eingreifen verpflichtet. Aber die Amerikaner fürchteten eine neuerliche Schmach – die gescheiterte Militärmission in Somalia lag noch nicht lange zurück. Ging es um den Balkan, sprach man ohne zu zögern von Völkermord. Aber Ruanda? Das war »Stammesgroll« (tribal resentment), wie Präsident Bill Clinton befand. Und sein französischer Amtskollege François Mitterrand sprach: »Ein Genozid ist in Afrika nicht so schlimm wie anderswo.« Dieser Satz nährt einen furchtbaren Verdacht: Ist man untätig geblieben, weil es sich »nur« um Afrikaner handelte, die sich, wie seit unvordenklichen Zeiten üblich, wieder einmal die Schädel einschlagen? Nur eines lässt sich zur Entlastung anführen: Auch die Afrikaner schwiegen. Nicht einmal die einflussreichen Südafrikaner, die gerade die Apartheid überwunden hatten, erinnerten die Weltgemeinde an ihr »Nie wieder!«

Frankreich blieb dem Mörderregime eng verbunden – bis zuletzt. Die Mitterrands pflegten herzliche Freundschaften mit den Habyarimanas. Wenn Madame Habyarimana zum Shoppen nach

Paris jettete, kehrte sie des Öfteren mit stattlichen Geldgeschenken heim. Französische Experten bildeten ruandische Militärs aus, berieten sie im Feldzug gegen die Rebellen und halfen beim Aufbau von Eliteeinheiten; ein Projekt trug den bezeichnenden Decknamen *Opération Insecticide* – der moderne Soldat, trainiert auf dem Felde der Schädlingsbekämpfung. Die Armee wurde reichlich mit Kriegsgerät versorgt, zwischen 1990 und 1994 erreichten Ruanda 36 Waffenlieferungen aus Frankreich. Noch am 3. Mai 1994 (!) empfing Mitterrand den ruandischen Außenminister Jérôme Bicamumpaka. Zwei Tage später bestellte ein Militärgesandter aus Kigali bei der staatlichen Rüstungsagentur Sofremas noch einmal Waffen für acht Millionen Dollar. Das wankende Hutu-Regime musste gestützt werden, es war schließlich ein frankophones Bollwerk gegen anglophone Aggressoren, die man ihn Paris gerne »schwarze Khmer« nannte. Der alte Faschoda-Komplex brach wieder durch. In Faschoda, einem kleinen Ort im Sudan, waren Ende des 19. Jahrhunderts die Begehrlichkeiten der stärksten Kolonialmächte aufeinander geprallt. Die Franzosen planten eine durchgehende Einflusssphäre quer durch Afrika, vom Senegal bis hinüber nach Dschibuti. Die Briten streben eine geschlossene Herrschaftszone von Kairo nach Kapstadt an, der Schnittpunkt der Hegemonialachsen lag in Faschoda. Die Konfrontation am Nil hätte beinahe den Ersten Weltkrieg ausgelöst, doch die Franzosen gaben klein bei. Die Schmach verfolgt sie seit hundert Jahren, denn die überseeischen Territorien sind neben der Force de Frappe und dem Sitz im UN-Sicherheitsrat die dritte Säule des französischen Großmachtanspruchs. Am Ende des 20. Jahrhunderts sollten sie ihre *chasse gardé* in Ruanda verlieren, das konnte auch die *Opération Turquoise* nicht verhindern. Es war eine Militärmission, bei der sich die Brandstifter als Feuerwehrleute aufspielten: Die Franzosen schufen einen *cordon sanitaire*, durch den die Massenmörder fliehen konnten – ein letzter Freundschaftsdienst an der Despotie der Hutu. Sie unternahmen nichts, um die Pogrome an den Tutsi zu verhindern.

Aber der wahre Skandal ist nicht die unterlassene Hilfeleistung am Ende der Tragödie, sondern in den Monaten, als sie sich anbahnte und schließlich wie ein Höllensturm entlud. Man hätte den Völkermord verhindern können – mit einer schlagkräftigen Interventionstruppe. »Ich hätte nur 5000 Soldaten und ein klares Mandat gebraucht«, sagt Roméo Dallaire, der damalige Kommandeur der in Ruanda stationierten UN-Friedensmission Unamir I. Er hatte bereits am 11. Januar 1994 ein verschlüsseltes Telegramm nach New York gesandt, das detaillierte Informationen zum geplanten Genozid enthielt und die Vereinten Nationen hätte alarmieren müssen. Aber die zuständigen Herren, darunter Kofi Annan, seinerzeit Chef der Abteilung für Friedenseinsätze, erkannten die Gefahr nicht – oder wollten sie nicht erkennen. Nichts geschah, trotz Dallaires eindringlicher, schließlich verzweifelter Hilferufe. Der Vertreter Ruandas durfte sogar weiterhin im erweiterten Sicherheitsrat der Vereinten Nationen sitzen und die Gewaltexzesse bagatellisieren. Mit nachhaltigem Erfolg. Die Ratsmitglieder legten die Stirn in Falten und verwendeten Begriffe aus dem Vokabular der Gleichgültigkeit. Von »Gewalttätigkeiten« war die Rede, von »Aderlass« oder »Gemetzel«, von »verhängnisvollen Umständen« oder einem »humanitären Drama«. Am 21. April 1994, der Massenmord lief auf Hochtouren, reagierte die UNO: Sie folgte einer Empfehlung von Kofi Annan, zog alle Blauhelme bis auf 270 Mann ab und überließ Hunderttausende von Menschen ihren Schlächtern. Es war die schändlichste Entscheidung in der Geschichte der Vereinten Nationen.

Filmaufnahmen dokumentieren den Rückzug aus Ruanda. In einer Szene sehen wir belgische Blauhelme, die weiße Klosterschwestern aus einer Gemeindehalle evakuieren. Sie werden umringt von flehenden Menschen. Bitte, lasst uns nicht zurück! Schützt uns, wir werden alle umgebracht! Die Soldaten geleiten die Nonnen zu den abflugbereiten Hubschraubern. Auf der Rückseite des Gebäudes dringen die Todesschwadronen ein und beginnen ihre »Arbeit«. »Lasst uns wenigstens Waffen da, damit wir uns verteidigen können!«, betteln die Schutzlosen. Die Helikopter heben ab. In der Halle, die langsam aus dem Blickfeld verschwindet, werden in den nächsten Stunden und Tagen zweitausend Menschen ermordet.

Belgische Blauhelme, die abgezogen wurden, rissen sich auf dem Flugfeld von Kigali die Epauletten von der Uniform. Sie haben ihre Ehre als Soldaten verloren. Kofi Annan, der Afrikaner, der erste schwarze UN-Generalsekretär, wird sich später für das Versagen der Vereinten Nationen entschuldigen. General Roméo Dallaire ist ein gramzerfressener Mann. Er schluckt ein Dutzend Tabletten pro Tag, um die Angstattacken zu unterdrücken. Er unterzog sich einer Therapie, weil das Grauen in seinen Träumen wiederkehrt. »Ich stehe bei Sonnenuntergang in einem Tal. Um mich herum sind kleine Grabhügel, meine Arme sind voller Blut, und ich schreie. Ich stehe bis zur Hüfte in Menschenkörpern … die Körper krümmen sich und wehklagen … manchmal starren Kinder auf mein blaues Barett, in ihren Augen steht der blanke Horror.« Die Scham lässt den General nicht mehr los. »Wir haben durch unsere Tatenlosigkeit einen Völkermord ermöglicht.« Aber, horribile dictu, es war ja nur eine Stammesfehde irgendwo im Herzen der Finsternis …

»Der Bedarf an Blutwurst ist vorerst gestillt«, sagte mir im März 1995 ein deutscher Diplomat in Kigali. Im selben Monat hatte die Botschaft ein vertrauliches Schreiben an das Auswärtige Amt in Bonn gekabelt. »Die schwerwiegendsten Folgen der Ereignisse, die Ruanda von April bis Juli 1994 heimsuchten, sind die durch sie ausgelösten unterschiedlichen Bevölkerungsbewegungen«, heißt es in bestem Amtsjargon. Im nächsten Absatz werden die »Massaker und Kampfhandlungen« sowie die »apokalyptischen Ereignisse« erwähnt. Dann folgen die Zahlen.

Bevölkerung Ruandas
März 1994   7,8 Millionen
November 1994 5,7 Millionen
Das Wort »Völkermord« kommt in diesem Bericht nicht vor.

Hutu gegen Tutsi. Das Klischee hat die Katastrophe überdauert. Es vergiftet die Vorstellungswelt der Ruander. Nehmen wir zum Beispiel Emmanuel Karemera, einen 17-jährigen Studenten, der per Anhalter nach Kigali will. Ich lese ihn an einer Straßensperre vor dem Städtchen Gabiro auf. Hier habe eine jener Mordschleusen der *Interahamwe* gestanden, heißt es. Die Milizionäre legten eine Latte auf zwei Pfähle. Wer darunter durchgehen konnte, galt als Hutu, denn die sind kleinwüchsiger. Wer anstieß, musste ein Tutsi sein und per Buschmesser oder Beil auf das rechte Maß gebracht werden – man schlug ihm die Beine ab. Emmanuel sitzt schüchtern auf dem Rücksitz, nach ein paar Kilometern legt er die Befangenheit ab. Er habe übers Wochenende seinen Bruder besucht, erzählt er. Der Bruder sei Soldat, nein, Befreiungskämpfer. »Meinen Vater, meine Mutter und fünf Geschwister haben die Hutu umgebracht. Ich habe nur noch einen Bruder und einen Onkel.« Es regnet in Strömen. Hinter den verschlierten Scheiben wirkt die Landschaft wie auf einem pointillistischen Gemälde von Paul Signac: ein Teppich aus grünen Pinseltupfern, dazwischen Flecken in oszillierendem Blau. UNO-Blau, die Farbe der Zuversicht. Es sind die Zeltplanen der Flüchtlinge, die in diesem Landstrich gestrandet sind.

Ein weiterer Anhalter steigt zu, ein griesgrämiger, übernächtigter Mann, der gleich einnickt. Emmanuel mustert ihn argwöhnisch. Hutu oder Tutsi? Täter oder Opfer?

»Gut möglich, dass er ein Hutu ist«, sagt Emmanuel.

»Woran erkennst du das?«

»Tutsi haben kleinere Nasen. Wir haben gelernt, dass ein Hutu drei Finger in sein Nasenloch stecken kann. Wer es nicht kann, ist Tutsi.«

Im Verlauf der Reise stellt sich heraus, dass auch der zweite Passagier ein Tutsi ist. Auch er hat Angehörige verloren.

Es gibt Hutu, die aussehen wie Tutsi. Und Tutsi, die aussehen wie Hutu. Und Menschen, die die Merkmale beider vereinen. Weil sie oft selber nicht sagen können, wer was ist, wäre die präziseste

Bezeichnung wohl Hutsi oder Tutu. Die ethnischen Absurditäten, das musste ich bei meinem ersten Besuch in Burundi lernen, kennen jedenfalls keine Grenzen. Burundi ist Spiegelbild von Ruanda. Es wird mehrheitlich von Hutu bevölkert und von einer Tutsi-Ethnokratie beherrscht. Seit Jahren tobt der Bürgerkrieg, seit Jahren kommt es zu Massakern und Gegenmassakern.

Ausgangssperre in der Hauptstadt Bujumbura. Niemand darf das Hotel verlassen.

»Was lesen Sie da?«

Der Mann am Tresen hatte mich schon eine Weile beobachtet. Unversehens tritt er an den Tisch – »Gestatten, Gilbert Rukiye« – und fragt, ob er meine Lektüre ansehen könne. Eine kleine Länderkunde von Burundi, Namen, Fakten, Jahreszahlen. Er blättert das Heftchen durch, stößt auf eine Kabinettsliste und schlägt vor, sie handschriftlich zu korrigieren. Sébastien Ntahuga (Tutsi); Libère Bararunyeretse (Hutu); Astere Girukwigomba (Tutsi); Gérard Niyibigira (Hutu)?! »Unsinn! Der ist ein Tutsi!« Nach drei Minuten ist die Riege komplett. Hinter jedem Minister steht jetzt ein rotes Brandzeichen: H oder T. Das sind in Monsieur Rukiyes Augen nicht nur zwei Buchstaben, die Personen in gute und böse scheiden. Es sind auch manichäische Zeichen, mit deren Hilfe sich die Politik, die Geschichte, ja die ganze Welt deuten lässt. Folglich ziert die Tutsi-Partei Uprona (in der bedauerlicherweise immer noch Hutu mitwirken) ein großes T. Umgekehrt steht hinter der Hutu-Partei Frodebu (in der auch verräterische Tutsi eingeschrieben sind) ein großes H. Nelson Mandela, den Messias aus Südafrika, umstrahlt die T-Aureole, sein Gegenspieler, der Zulu-Führer Mangosuthu Buthelezi, trägt das H-Schandmal. Die Franzosen, »diese Teufel«, werden auf der H-Seite geführt, die Deutschen im T-Konto.

Der Buchstabe H ist wie ein Todeskuss.

Gilbert Rukiye, 32 Jahre alt, verheiratet, zwei Kinder, Zahntechniker von Beruf. Er ist Tutsi. Ich hätte ihn für einen Hutu gehalten, aber das war schon deshalb unmöglich, weil im Hotel nur

Tutsi verkehren durften. Nach dem dritten Bier sagt Rukiye: »Wir sind im Krieg gegen die Hutu. Wir werden ihr Fleisch essen.« Erst wenn die Leiche des Feindes verschwinde, sei seine Seele vernichtet. »Und so soll es à la longue im ganzen Land sein?«, frage ich. »So wird es sein. Wir werden niemals zulassen, dass sie uns abschlachten wie in Ruanda.« Wenn man diesem Mann zuhört, will man beinahe glauben, in ihm wüte eine Art Tollwut. Die Augen flackern. Die Fäuste krampfen. Nur das junge, faltenlose Gesicht bleibt starr und maskenglatt. »Bevor die uns umbringen, bringen wir sie um.« So denken viele. Letzte Frage: »Würden Sie für einen Hutu einen Zahnersatz anfertigen?« – »Warum nicht ... wenn er zahlen kann. Außerdem ...« Rukiye deutet an, dass man sich die Prothese nachts wieder holen könne.

Die nächste Lehrstunde im Fach Allgemeine Typologie erhalte ich beim Frühstück mit einem italienischen Missionar. Er spricht von Sträuchern. »Sträucher?« »Ja, Sie wissen schon, ich meine die Kurzen.« Die kurzen Hutu sind Sträucher, die langen Tutsi sind Bäume. Weiße Helfer verwenden auch die Bildpaare Tomaten/Karotten oder Holländer/Tunesier. Sie haben eine Tarnsprache eingeführt.

Links die Tankstelle von Kamenge. Die Zapfsäulen wurden herausgerissen. Rechts ein Militärposten, drei dösende Soldaten. Das Taxi rattert in das verbotene Quartier von Bujumbura. Ruinen säumen die Straße, Hüttenreste unter zerfetzten Blechdächern, Mauern, übersät mit Geschossnarben, schiefe Strommasten, aus deren Isolatoren Drähte fransen. Ein Stadtteil, gesäubert, bereinigt, verwandelt in einen Friedhof. Kamenge ist »Huturein«. Die gnädigen Tropen überwuchern das Trümmerviertel. Auf einer Freifläche, die einmal ein Bolzplatz gewesen sein mag, grasen Ankole-Rinder. Die Hirten seien Tutsi, meint der Fahrer. Tutsi-Kühe auf Hutu-Weiden. Der Wahn ist Tat geworden.

Kehrtwende. Die Soldaten sind in der Zwischenzeit aufgewacht und haben die Straße gesperrt. »Was schnüffelt ihr hier herum?«, knurrt ein Offizier und richtet sein Sturmgewehr auf uns.

Ich stamme etwas von Tourist und *mzungu*, weißer Mann, und dass wir uns verfahren hätten. Zehn Minuten Notlügen. Der Soldat lässt uns passieren. »O Gott, ich lebe noch!« Der Fahrer zittert. »Ich bin ein Hutu«, sagt er. Er sieht nicht so aus.

Leere Dörfer, niedergebrannte Hütten. Türen stehen sperrangelweit auf, Fensterscheiben sind zertrümmert, in den Vorgärten sprießt Unkraut. Die Bewohner sind geflohen oder tot. Wir könnten noch in Kamenge sein, aber dies ist wieder Ntarama. Die Auslöschung der Menschen macht alle Orte gleich.

Captain McMahon eilt auf mich zu. »Helfen Sie uns, die wollen uns nicht hineinlassen.« Vor dem Maschendrahtzaun, der die Kirche von Ntarama einfriedet, wartet seine Einheit von Blauhelmen aus Australien. Die jungen Männer schauen auf die Pyramide von Schädeln, die im Kirchhof aufgeschichtet wurde; manche knipsen das Mahnmal mit ihren Kleinkameras. Aber betreten dürfen sie die Gedenkstätte nicht. »Das sind nur Touristen, keine Soldaten«, schimpft der Kustode. »Als das große Morden begann, sind sie abgehauen. Danach sind sie wiedergekommen. Zu spät. Wir brauchen sie nicht mehr.« Erst wenn die Blauhelme verschwinden, dürfe ich die Kirche besuchen. Rat- und hilflos stehen die Weltpolizisten am Zaun. Ich überrede Captain McMahon und seine Truppe zum Abzug. Der Anblick davonkriechender Militärlaster – ein Sinnbild für die Rolle der UNO in Afrika. Schon bald nach dem Völkermord sollte ihr eine neue Aufgabe zuwachsen.

Bis zum 6. Juli 1994 registrierten die zairischen Zollbeamten am Grenzübergang von Gisenyi nach Goma genau 4881 Flüchtlinge aus Ruanda. Zehn Tage später können sie die Durchgangszahl nur noch grob überschlagen: ungefähr 1,1 Millionen Menschen, eine der größten Massenfluchten seit dem Ende des Zweiten Weltkrieges. Am Rande von Goma ist eine »Großstadt« mit der Einwohnerschaft Münchens herangewuchert. Die Stadt hat keinen Namen, keine Infrastruktur. Sie ist auf keiner Landkarte eingezeichnet. Ich kam am 29. Juli nach Goma, an einem Freitag, und nächtigte in den nächsten Tagen auf einem Feldbett im Heerlager französischer Fallschirmjäger von der *Opération Turquoise*. Am Samstag fuhr ich mit dem Fotografen zum ersten Mal in die Flüchtlingscamps an der Straße von Goma hinauf nach Katala. Fünfzig Kilometer liegen zwischen diesen Orten, fünfzig Kilometer Agonie.

Tausende von Leichen säumen die Straße. Manche sind in Bastmatten eingeschlagen, manche liegen unverhüllt da. Viele wurden auf Haufen geworfen, weil die Räumkommandos nicht mehr nachkommen. Zwischen den Toten liegen die Halbtoten. Der Fotograf tut seine Arbeit. Er tritt ganz nah an die Frau im Straßengraben. Sie fleht: »Wasser! Wasser! Ich sterbe!« Auf den Fotos werden später ihre Hände zu sehen sein, die sich in die Erde krallen, das zerlumpte Kleid mit den roten und gelben Blumen, der verrotzte kleine Bub, der sich wimmernd an sie klammert. Fünf Meter neben der Mutter und dem Kind liegt ein nackter Mann. Er ist mit blutigem Kot beschmiert und windet sich vor Schmerz. »Mein Magen!«, brüllt er. Die Cholera zerfrisst ihn, er wird nicht mehr lange leben. Der Fotograf wischt sich den kalten Schweiß von der Stirn. Er steigt aus dem Straßengraben und sagt: »Irgendwann wird uns Gott für diesen Voyeurismus strafen.«

Wir fahren weiter. Links und rechts schier unermessliche Flüchtlingslager, Zelte, Hütten, Notunterkünfte, ein Meer des Elends bis zum Horizont. Wir machen Notizen. Schießen Bilder. Besuchen Ambulanzen. Befragen Flüchtlinge, Ärzte, technische Helfer. Beobachten Caterpillars, die tiefe Gräben in den Vulkanboden reißen. Hören das dumpfe Schaben, wenn die Leichen von den Kippern in die Massengräber rutschen. Wie alle Reporter kabelte ich meinen Horrorbericht nach Deutschland, und bei manchem Leser mag der Eindruck entstanden sein, die Seuche sei schlimmer als der Völkermord. Ein frankophiler Redakteur empörte sich über folgenden Absatz: »In den Cafés von Paris wird im nächsten Frühjahr der Kaffee getrunken, der in Goma wächst. Die Stauden am Rande der Straße hinauf nach Katala stehen gut im Saft, die Bohnen färben sich schon zartrot. Darunter liegen die Toten.« Diese Sätze wurden als geschmackloser Affront gegen Frankreich empfunden. Im Rückblick lässt sich feststellen: Ich hatte mich damals recht gnädig ausgedrückt.

Hat der alte Mann mitgemordet oder ist er nur mitgelaufen? Warum ist er geflohen? Was weiß er von den Gräueln in der Heimat? Natürlich ist er unschuldig, und vom Völkermord hat er nie gehört. Der alte Mann, er heißt Mathieu Kinovori, redet nur von der Rache der Sieger. »Zurück nach Ruanda? Gott sagt nein! Wir fürchten uns vor den Rebellen. Sie schlitzen unsere Bäuche auf und reißen die Gedärme heraus.« Aber vielleicht sagt Gott, wenn es ihn gibt, etwas ganz anderes: Ich habe euch, dem Volk der Hutu, die Cholera gesandt, dies ist mein Strafgericht! Die Seuche rafft jeden Tag 3000 Menschen hin.

Man arbeitet an solchen Orten wie in Trance. Es ist eine Art psychischer Abwehrmechanismus, der einen davor bewahrt, an dem, was man sieht, zu verzweifeln. Die Fragen kommen erst in der Nacht, wenn man schlaflos auf dem Feldbett liegt, die Zweifel am Beruf, das Unbehagen, zur Meute der Weltpresse zu gehören, zu den Katastrophenreportern, die zwischen den Leichenbergen herumwieseln und die globale Katastrophenlust stillen. Versage ich als Mensch, weil ich als Journalist funktioniere? Muss ich nicht meinen Auftrag, dieses Inferno zu beschreiben, vergessen, um zu helfen? Hätte ich den kleinen Jungen nicht einfach mitnehmen und wenigstens zum Waisenheim von Ndosho bringen müssen? Das Kerlchen, das sich am Vormittag an seine sterbende Mutter geklammert hatte und am Nachmittag, als wir auf der Rückfahrt nach Goma wieder vorbeikamen, keine Kraft mehr zum Schreien hatte? Die Mutter bewegte sich nicht mehr, der Mann daneben – der Vater? – war tot. Wir blieben nicht stehen. Das Bild des Jungen, der hinter der Biegung verschwindet, lässt mich nicht mehr los.

Weihnachten 1994 fuhr ich zum zweiten Mal nach Goma, um dem Waisenheim draußen in Ndosho eine Geldspende zu überbringen. Die Flüchtlinge hatten sich unterdessen ganz gut in den

Lagern eingerichtet. Es gab Feldküchen, Wasserspeicher, Latrinen, Lagerhäuser, Behelfshospitäler. Humanitäre Organisationen hatten allerwegen ihre Feldzeichen aufgepflanzt; »Projektlandschaft« nennt man das in der Sprache der Vereinten Nationen. »Für afrikanische Verhältnisse geht es den Leuten hier nicht schlecht«, merkt ein Helfer aus Österreich sarkastisch an. Die Ärztedichte sei in den Lagern höher als im Umland, das Wasser sauberer und das Essen so reichlich, dass manche Flüchtlinge überschüssige Lebensmittel auf den heimischen Märkten verkaufen. Warum sollten sie zurück in die Ungewissheit wandern?

Im Lager Mugunga entdecken wir kleine Läden, Kneipen, Discos, Friseursalons und Schneidereien. Wir bleiben vor dem Nachtclub »Exotica« stehen und erkundigen uns nach dem Abendprogramm im Kino »Ambiance«. Eine Hochzeitsgesellschaft zieht vorbei. Die Braut trägt ein schneeweißes Organza-Kleid, der Bräutigam einen anthrazitschwarzen Zweireiher. Gravitätisch schreiten sie durch ein Spalier von zerlumpten Gestalten. Im Hintergrund raucht der Nyiragongo-Vulkan. Ein bizarrer Anblick. Keine Fragen, keine Fotos! Verschwindet! Leibwächter drängen uns ab. Die frisch Vermählten zeigen Prunk und verbergen ihre Namen. Der Bräutigam sei in Ruanda ein hoher Regierungsfunktionär gewesen, ein Mittäter, sagen die Mitläufer. In Mugunga lebt ein Gutteil der schätzungsweise 30 000 Ex-Soldaten und eine unbekannte Zahl von Hutu-Milizionären, die den Genozid in Ruanda ausführten. Das Camp ist in administrative Zonen aufgeteilt, in Präfekturen und Subpräfekturen, wie in der Heimat jenseits des Kivu-Sees. »Beamte« verwalten und bedrohen die Flüchtlinge, auf dass keiner auf die Idee komme heimzukehren. Die Mörder im Schutz der Masse: Sie haben ihre Uniformen ausgezogen. Manche sind allerdings noch an den klobigen schwarzen Springerstiefeln zu erkennen. Oder an den Pfeifchen, deren Getriller den Mob auf unschuldige Opfer hetzte. In den großen Lagern können die Schergen des gestürzten Regimes in aller Ruhe den Gegenschlag vorbereiten. »Sie planen die Rückeroberung Ruandas. Sie haben sich insgeheim bewaffnet und führen bereits Vergeltungsschläge durch«, sagt ein UN-Funktionär. »Das Tragische dabei ist: Wir füttern sie durch, damit sie wieder morden können.«

»Wir werden zurückschlagen, und diesmal werden wir gewinnen«, tönt Jérôme Bicamumpaka. Man sieht den Ex-Außenminister abends im Hotel des Masques dinieren. Auch seine Kollegen von der »Exilregierung« logieren in besseren Herbergen, die Lager sind schließlich unzumutbar. Stanislas Mbonampeka, vormals Justizminister, empfängt mich im Evangelischen Gästehaus von Goma. War da was? Ein Genozid? Nichts gesehen, nichts gehört. Mbonampeka redet von einem »konventionellen Krieg«. Und die Massenmorde abseits der Kriegsschauplätze? »Wenn jemand einen Völkermord geplant hat, dann sind es Paul Kagame (damals Chef der RPF-Rebellen, heute Präsident von Ruanda, B. G.) und seine Horden.« Keine Schuld, keine Reue, nirgends.

Gereza ya Kigali prangt über dem Torbogen. Eine Zwingburg des Kolonialismus, belgisch, backsteinkalt, fensterlos, zinnenbewehrt. Das Zentralgefängnis. Auf einer Schiefertafel lesen wir die aktuelle Statistik. Kapazität des Gefängnisses: 2000. Insassen: 7941. Nombre de décès: 0. Null Todesfälle. Der Kalfaktor öffnet das schwere Eisentor. Wir treten durch eine Schleuse, hinter uns senkt sich ein stählernes Sperrgitter. Ein Heer von Männern, auf der Größe eines Handballfeldes zusammengepfercht, empfängt uns. An den dürren Gestalten hängt die rosarote Sträflingskluft in Lumpen herab. Die Männer starren uns schweigend an. Wir sind allein mit fast 8000 Gefangenen. Sie stehen in den Innenhöfen, ununterbrochen der Gluthitze des Tages oder den Tropengüssen der Nacht ausgesetzt. Zum Liegen ist kein Platz – außer für die Schwerkranken und Sterbenden, die zusammengebrochen sind. Glücklich, wer eine Matratze in den Baracken erkämpft hat. Er teilt sie sich mit Spinnen, Kakerlaken und Flöhen. Die Luft unter den heißen Blechdächern ist stickig und pestilent; es riecht nach Urin, Schweiß, Wundbrand. Die Räume sind erfüllt von einer gespenstischen Kakophonie aus Husten, Wimmern, Keuchen, Murmeln und Stöhnen. »Sie haben Blut an den Händen«, sagte mir ein Beamter des Justizministeriums. Alle? »Ja, alle.«

Die kahl geschorenen Frauen im Seitentrakt – lauter Mörderinnen? Die klagende Mutter, auf dem Schoß ein rachitisches Kind und eine zerfledderte Bibel – ein Monster mit Machete? »Sie werden uns alle umbringen.« Von der schimmelzerfressenen Wand grinsen die Marlboro-Cowboys herunter. »Sie schlagen uns mit Stahlruten und Knüppeln. Sie lassen uns verhungern.« Emmanuel M., 38, ist seit fünf Monaten hier. »Ich weiß nicht, warum. Ich bin unschuldig«, beteuert er. Wie könne er, ein baptistischer Pastor, ein Mörder sein? John M., 27, war Lehrer. »Sie haben gesagt, ich hätte in Kibuye getötet. Sie lügen. Wie kann ich denn in Kibuye töten, wenn ich hier in Kigali war? Wie kann denn ein intelligenter Mensch so etwas tun?« So etwas: den Genozid. Zwei Stimmen, die für Tausende sprechen. Niemand hat hier etwas mit dem Völkermord zu tun, alle sind Opfer der Siegerjustiz, wahllos eingekerkert von den Rebellen, die die Hutu-Tyrannei gestürzt haben. Die Hölle, heißt es bei Sartre, sind immer die anderen. Aber sind all diese erbarmungswürdigen Gestalten Täter? Wer war nur Mitläufer? Wer ist durch bösartige Verleumdung hier gelandet? Die neuen Machthaber wollen solche Fragen nicht hören, vor allem, wenn sie von Ausländern gestellt werden. Oder von Menschenrechtsexperten, die ihnen brutale Rachefeldzüge vorwerfen. Sie schätzen, dass bei ihren Vergeltungsaktionen bis zu 50 000 Hutu umgebracht wurden. Auge um Auge, Zahn um Zahn.

Sieben Jahre später, in einem Gerichtssaal, begegnet uns die Stille von Ntarama wieder. Sie nistet im Schweigen des Angeklagten, zwischen den zögerlichen, ängstlichen Worten des Zeugen, in den Sprechpausen, die durch die Übersetzung der Aussagen vom Kinyarwanda ins Englische entstehen. Wir befinden uns in der tansanischen Stadt Arusha, 700 Kilometer östlich von Ntarama, im *Tribunal pénal international pour le Rwanda*. Das Strafgericht der Vereinten Nationen versucht, die Hintergründe des Massenmordes von 1994 aufzuklären und die Verantwortlichen zu bestrafen. Einer der mutmaßlichen Täter sitzt gerade auf der Anklagebank im Gerichtssaal II. Ein wohlbeleibter, gepflegter Mann mit Goldrandbrille und einer schmissartigen Narbe auf der rechten Wange: Juvénal Kajelijeli, Ex-Bürgermeister von Mukingo in der Präfektur Ruhengeri, verhaftet am 5. Juni 1998 in Benin, Gerichtsakte ICTR-98-44. Ihm wird vorgeworfen, die Ausrottung der Tutsi in seinem Amtsbereich organisiert und bei der Ausführung persönlich mitgewirkt zu haben.

Kajelijeli soll zu den allerersten *génocidaires* gehört haben, die nach dem Attentat auf Präsident Habyarimana am 6. April 1994 den Befehl zum gleichzeitigen Losschlagen gaben. Jedenfalls wurde er anderntags schon um sieben Uhr morgens auf dem Marktplatz von Mukingo gesehen, an der Spitze eines Trupps von 200 bestens ausgerüsteten Schlächtern – sie begannen ihr Mordwerk früher als geplant. Eine schalldichte Glaswand trennt die Zuschauerränge vom Gerichtsraum. Gerade sagt ein Augenzeuge unter dem Decknamen JAO aus; ein dunkelgrüner Vorhang schützt ihn vor den Blicken des Angeklagten. Kajelijeli schweigt. Er lässt seine Verteidiger sprechen, eloquente Anwälte aus Frankreich und Amerika. Sie verschleppen und verzögern einen Prozess, der nun schon zehn Monate dauert. Zu lange für die Opfer drüben in Ruanda. Sie fordern Schnellgerichte, die Todesurteile verhängen. Viele haben das Vertrauen in das Tribunal verloren, und es vergeht keine Woche, in der ihm nicht seine Nutzlosigkeit attestiert wird. »Hunger vergeht, Unrecht nie«, sagt der Volksmund in Ruanda.

»Zugegeben, unsere Ergebnisse sind bisher recht mager«, räumt der Russe Jakow Ostrowski ein. Er ist einer der sechzehn Richter des Tribunals. »Aber unser Auftrag beweist, dass die internationale Gemeinschaft massive Menschenrechtsverletzungen nicht mehr ungestraft durchgehen lässt.« Wenn sie schon nichts getan hat, sie zu verhindern, möchte man hinzufügen. Immerhin zeigt dieses Tribunal, dass sich kein Staatsverbrecher mehr hinter den Grenzen und Gesetzen des eigenen Landes verstecken kann. Wer sich immer noch unantastbar wähnt, muss spätestens seit dem 4. September 1998 umdenken. An diesem Tag verurteilte das Tribunal Jean Kambanda zu lebenslänglicher Haft; dem ehemaligen Premierminister von Ruanda konnte aktive Beteiligung am Völkermord nachgewiesen werden. Es war ein historischer Schuldspruch. Zum ersten Mal in der Geschichte des Völkerrechts wurde ein Regierungschef für seine Verbrechen verurteilt.

»Wenn die Opfer sehen, dass die Täter büßen müssen, nehmen ihre Rachegefühle ab. Deshalb ist unser Tribunal auch eine treibende Kaft der Versöhnung«, glaubt der tansanische Richter William Sekule. Doch vor aller Versöhnung steht die Seelenqual der Erinnerung, und die ist mitunter so unerträglich, dass Zeugen zusammenbrechen. Wie wäre das sardonische Grinsen zu ertragen, mit dem der Angeklagte Hassan Ngeze eine Aussage in der Strafkammer I kommentiert? Er war Chefredakteur des Hetzblattes *Kangura*, und der elegante Herr neben ihm, Ferdinand Nahimana, leitete *Radio Milles Collines*. Mit kalter, unbewegter Miene sitzen die Beschuldigten im Neonlicht, vor ihnen das Verteidigerteam, englische Barrister mit silbergrauen Perücken, französische Winkeladvokaten, ein scharfzüngiger Amerikaner, der gerade im Kreuzverhör die Glaubwürdigkeit einer Zeugin erschüttert. Ein Verteidiger fordert, die Tonbandaufnahmen von *Radio Milles Collines* als Beweismittel zuzulassen – es handelt sich um 270 aufgezeichnete Sendestunden. Die Auswertung kann Wochen und Monate dauern.

Schweigen im Saal, man hört nur noch das Surren der Klimaanlage. Wir fühlen wieder diese gespenstische Stille, jene *silence complet*, von der Eugénie Musayidire erzählt, deren Mutter, Bruder und Verwandte 1994 umgebracht wurden. Gott habe damals in Ruanda gelebt und tagsüber in anderen Ländern gearbeitet, schreibt sie in einem Gedicht.

In der Nacht zum 6. April 1994
Ist er nicht mehr zurückgekehrt!

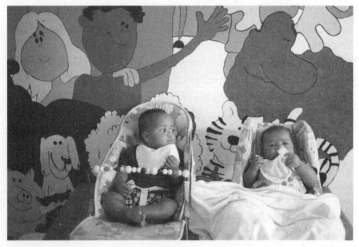

Abgeschoben, ausgesetzt, auf den Müll geworfen: Aidswaisen in Kapstadt, Südafrika

Das neunte Bild
Aids und die Folgen für Afrika

DER MANN STRAMPELT auf seinem rostigen Fahrrad zum See hinunter. Auf dem Gepäckträger klemmt ein prächtiger Fisch, der bestimmt zwanzig Pfund wiegt. Ich frage den Mann, wie es kommt, dass er mit dem Fisch zum See fährt und nicht, wie man annehmen würde, in umgekehrter Richtung. Er radelt weiter, als hätte er meine Frage nicht gehört. Ich wiederhole sie. Er schweigt. Der Mann ist unterwegs zu einem Fischerdörfchen am Nordufer des Ukerewe. Die Fremden nennen den See Lake Victoria, so haben ihn einst die britischen Kolonialherren zu Ehren ihrer unersättlichen Queen getauft. Ein Fisch, der sich dorthin bewegt, wo er herkommt. Merkwürdig, denke ich. Es ist dieser Anflug des Absurden, den wir in Afrika manchmal empfinden, wenn uns etwas partout nicht einleuchten will. Wenn uns das Alltägliche, Banale, Bodenständige plötzlich so erscheint, als habe es eine unsichtbare Kraft aus den Angeln gehoben. Aber dieses Gefühl hat mich in Afrika schon oft beschlichen, und so messe ich der zufälligen Begegnung keine tiefere Bedeutung bei. Es ist ein heller, heiterer Morgen in den Tropen, ein Sonntag in Uganda. Ich ahne nicht, dass dieser Tag im Jahre 1995 mein Bild von Afrika verdunkeln wird. Es ist der Tag, an dem ich zum ersten Mal einen Menschen sehen werde, der an den Folgen von Aids starb. Einen von Millionen Afrikanern, die der Seuchentod schon geholt hat oder noch holen wird. Die Episode mit dem Fisch auf dem Fahrrad erscheint mir heute wie ein Menetekel.

Golo Mwila (Name geändert, B. G.) ist kurz vor Sonnenaufgang gestorben. Sie liegt in ihrem kleinen Laden, umgeben von Waschpulvertüten, Speiseölkanistern, Sardinendosen, Zuckersäcken und allerlei Haushaltswaren. Am Kopfende der Matratze kniet der Vater und betet, neben ihm die Mutter der Toten, die Kinder, ein paar Nachbarn. Der Leichnam ist spindeldürr, die Haut knittrig wie Pergament. Die Angehörigen haben die Kinnlade der Toten mit einer Mullbinde hochgebunden. Golo Mwila wurde 34 Jahre alt. Sie hinterlässt vier Kinder. »Was soll ich nur tun?«, klagt der Vater. »Ihr Mann ist gegangen, und jetzt auch noch sie. Ich bin zu alt, um für die Enkel zu sorgen.« Man hat den Tod seit Monaten erwartet. Vor dem Kramladen, im Schatten eines Mangobaumes, steht der Sarg. Eine reife Frucht plumpst auf den Holzdeckel.

Auch das nächste Dorf, drei Kilometer vom ersten entfernt, trauert. Der junge Mann wurde keine dreißig Jahre alt. Er ist vorgestern gestorben. Seine Mutter bietet mir eine Schale *matoke* an, Kochbananengemüse. Auf ihrem T-Shirt prangt die Kathedrale der Hauptstadt Kampala. Darunter steht: »Februar 1993, Papst Johannes Paul besucht Uganda.« Der Pontifex erwähnte die Seuche nicht. Die Gläubigen sprechen von *slim disease*, von der Suppenkasparkrankheit. Am Rande der Trauergemeinde treffe ich einen Sozialarbeiter, der den Hinterbliebenen beisteht. »In Uganda ist die Ansteckungsrate sehr hoch.« Wie hoch? »Hoch ... extrem hoch.«

Vage Daten, Mutmaßungen, Grobschätzungen. Ich war vor dem Abstecher an den Ukerewe in Kampala gewesen und hatte Marble Magezi getroffen, die Sprecherin der Gesundheitsorganisation Taso. »Dreißig Prozent der Ugander sind infiziert. In diesem Land ist fast jede Familie irgendwie betroffen«, erklärte sie. 30 Prozent. Ich kritzelte die Zahl in mein Notizbuch und machte ein großes Fragezeichen dahinter. Denn damals, im März 1995, gehörte ich noch zu jenen Korrespondenten, die die Statistiken für maßlos übertrieben hielten. Meine Skepsis war ein Abwehrreflex gegen die Formel, aus der die Horrorgeschichten destilliert wurden: Aids = Afrika = Apokalypse. So einfach konnte, so katastrophal durfte es nicht sein. Die Stille und die Leere in den Dörfern, in denen nur noch Alte und Kinder lebten, schrieb ich seinerzeit ganz anderen Phänomenen zu. Der Landflucht vor allem, aber auch der Malaria. Denn diese Krankheit war bis dahin ganz unzweifelhaft die schlimmste Plage der Tropen – sie kostete pro Jahr bis zu zwei Millionen Menschen das Leben.

Aber der Archivordner mit der Aufschrift »HIV/Aids in Afrika« wurde dick und dicker. Die Berichte handelten von überfüllten Leichenhallen und Waisenkinderheeren, von endlosen Beerdigungszügen und ausufernden Friedhöfen, und sie stimmten fast alle in einen gespenstischen Grabgesang ein. Der schwarze Tod aus Afrika. Ein Erdteil stirbt. Afrika in Agonie. So manche Analyse kam zum Schluss, demnächst werde sich wohl auch das Problem der Bevölkerungsexplosion erledigen – als wäre die virale Attacke durch ein biologisches Programm ausgelöst worden, mit dem sich der Planet gegen den größten Schädling, den Menschen, verteidigt.

*

Reden? Über die Seuche? Nein, auf keinen Fall. Er habe nichts zu sagen. Beim letzten Besuch in Lusaka, ein knappes Jahr ist's her, servierte mir Herbert Maka (Name geändert, B. G.) Tee im Hause eines Industriellen. Ein dünner alter Mann im Livree, freundlich, scheu, dienstbar. Von den zwölf Enkeln, für die er und seine Frau seit 1994 sorgten, waren noch fünf am Leben. Im Jahr darauf ist Maka nur noch ein Enkel geblieben. Söhne, Töchter, Schwiegerkinder, Kindeskinder, sein Familienzweig ist fast ausgestorben. Ein Fluch, glaubt Maka. Der alte Hausdiener schämt sich, aber er hat keine Worte dafür. Die Seuche ist unfasslich, rätselhaft.

Wir schlagen die Zeitung auf und lesen in den Todesanzeigen den immer gleichen Satz. *Died of an illness*. An einer Krankheit gestorben. Man stirbt an Malaria, Tuberkulose oder durch einen Verkehrsunfall. Aber niemals an den Folgen der Immunschwäche. Aids ist ein Unwort, denn es verbindet den Tod mit der Sexualität, und über die redet man in Afrika nicht, jedenfalls nicht so, wie wir das in Europa tun. »Dieses Thema ist tabu«, sagt der Aids-Aktivist Wingston Zulu. Er hat sich im Jahre 1990 angesteckt. Als er sich öffentlich zu seiner Krankheit bekannte, schlugen ihm Angst und Abscheu entgegen. »Du streckst die Hand aus, und die Leute erstarren. Du läufst mit einem Stigma herum.« Wer sich infiziert hat, ist irgendwie schuldig. Gleichzeitig tun viele so, als würde das *Acquired Immune Deficiency Syndrome* gar nicht existieren. Aber in Sambia ist es unmöglich geworden, die Pandemie zu leugnen. Nach amtlichen Angaben beträgt die Prävalenz Ende 1999 bereits 19,7 Prozent. Jeder fünfte Sambier ist demnach HIV-positiv. Da klingt die Gegenrechnung der damaligen Gesundheitsministerin Nkandu Luo, immerhin achtzig Prozent der erwachsenen Bevölkerung sei HIV-negativ, schon beinahe makaber. Sie kennt vermutlich das Lied, das die Schulmädchen im Süden ihres Landes singen: *Aids, wir hassen dich!/ Du hast unsere Eltern umgebracht/Du hast unsere Brüder umgebracht/Du hast unsere Schwestern umgebracht/Nun willst du uns umbringen/Willst die Menschheit auslöschen/Aids, wir hassen dich!/ Geh weg!*

Sambia gehört zu den Staaten, die die Seuche am härtesten heimgesucht hat. Sie liegen fast ausnahmslos im Süden Afrikas: Simbabwe mit einer Infektionsrate von 33,7 Prozent; Botswana, wo Aids die Lebenserwartung angeblich um 25 Jahre – von 65 auf 40! – gedrückt hat; Südafrika mit der höchsten Zuwachsrate der Welt: jeden Tag 1500 bis 1700 neue Fälle. Die Vereinten Nationen schätzen die Zahl der infizierten Afrikaner auf knapp dreißig Millionen. 1998 kamen 200 000 Afrikaner durch Kriege und bewaffnete Konflikte um. An Aids sollen zwölfmal so viele gestorben sein. Dies sind, nota bene, nur Schätzungen, Hochrechnungen oder Extrapolationen. In Afrika muss man vorsichtig umgehen mit Statistiken, sie sind nicht selten verzerrt, übertrieben, auffrisiert oder einfach aus der Luft gegriffen. Aber selbst wenn die Zahl der

Infizierten nur halb so hoch wäre, läge sie weit über dem Grenzwert des medizinischen Notstandes.

Im Januar 2000 setzte der Sicherheitsrat der Vereinten Nationen zum ersten Mal in seiner Geschichte ein Gesundheitsthema auf die Agenda: HIV/Aids in Afrika. Der amerikanische Geheimdienst CIA entwarf ein Szenario, das so düster ausfiel, als wäre es im Kalten Krieg entstanden. Was früher der Kommunismus war, ist heute Aids: die »größte Bedrohung« für Demokratie, Sicherheit und Stabilität auf dem Erdteil; bis zum Jahr 2010 werde die Seuche das Bruttosozialprodukt Schwarzafrikas um zwanzig Prozent reduzieren. Seit dem 11. September 2001 ist die größte Bedrohung eine ganz andere: der globale Terrorismus. Aids wurde wieder zu einem Nebenthema, zu einem afrikanischen Thema. Es bewegt die Weltmedien nur noch am Rande. Für die Afrikaner ist es die verheerendste Katastrophe, die seit dem Sklavenhandel und der Kolonialherrschaft über ihren Kontinent hereingebrochen ist.

*

Eins, zwei, drei, vier ... und fünf: der Herr im taubenblauen Anzug, der soeben durch das Vestibül eilt – ein Todeskandidat? Man kann es sich gar nicht vorstellen in der pompösen Eingangshalle der Anglo American Corporation. Art déco-Ornamente, Löwen, Springböcke, Protea-Kelche, die Urnatur Afrikas, auf sandsteinernen Halbreliefs oder in Glas geschliffen – das Bildprogramm eines Weltkonzerns, der kraftstrotzend wie ein Palazzo der Medici an der Main Street 44 zu Johannesburg steht. Und trotzdem, man wird diesen Zählzwang nicht los. Eins, zwei, drei ... Jeder fünfte Mitarbeiter HIV-positiv. Das stand neulich in der Wochenzeitung *Sunday Times*, ganz groß auf der Seite eins. Der Vorstand des mächtigsten Rohstoff- und Industriekonglomerats Südafrikas weigert sich, diesen Prozentsatz numerisch umzurechnen. Denn dann wären allein von den rund 160 000 seiner Beschäftigten im südlichen Afrika 32 000 vom Virus befallen. Auch Clem Sunter, der Chefkommunikator von Anglo, will solche Zahlenspiele nicht mitmachen – sein Bestseller *Aids. Challenge for South Africa* hat ihm den Ruf einer Kassandra eingetragen. In diesem Buch warnt er vor den volkswirtschaftlichen Folgen der Pandemie. Die Produktivität fällt. Der Arbeitskräftepool schrumpft. Die Kaufkraft schwindet. Die Steuereinnahmen sinken. Die Gesundheitskosten explodieren. »Das könnte eintreten, wenn wir nicht intervenieren. Jeder Finanzdirektor, der Aids ignoriert, sollte gefeuert werden.« Es wird einem unheimlich, wenn man Sunter zuhört, weil Aids zu einer Abstraktion wird, zu einem Parameter im ökonomischen Kalkül. Aber so wird geredet in einem Wirtschaftsimperium, das Rezessionen getrotzt hat und Sanktionen, Kursstürzen und Massenstreiks. Nun nagt eine ganz neue, unwägbare Gefahr an seinen Fundamenten. »Die Lage ist schlimm«, räumt Clem Sunter ein. Aber: »Südafrika ist ein Land, das schon eine Reihe von Wundern erlebt hat.« Südafrika wird ein Wunder brauchen.

Längst übersteigen die Zahlen unser Vorstellungsvermögen. Amalgamated Beverage Industries, der Marktführer im Sektor Softdrinks, dessen Bilanzen als Barometer für die Kaufkraftentwicklung in Südafrika gelten, registriert massive Absatzeinbrüche in KwaZulu-Natal – das ist die Provinz mit der höchsten HIV-Rate: 36,2 Prozent. In diesem Bundesland, unweit der Grubenstadt Newcastle, liegt auch die berüchtigte Raststelle an der Staatsstraße R 23; eine Stichprobe des Medical Research Council ergab, dass 56 Prozent der getesteten Fernfahrer das Virus im Körper tragen. Bei der sambischen Firma Chilanga Cement sind die ausgefallenen Arbeitsstunden allein durch den Besuch von Beerdigungen binnen drei Jahren um das Fünfzehnfache angewachsen. Es trifft vor allem das ökonomisch aktivste Segment der erwerbstätigen Bevölkerung, junge Frauen und Männer unter vierzig. In den großen Städten rafft die Seuche hoch qualifiziertes Personal hin, Facharbeiter, Ingenieure, Computerexperten, Buchhalter, Krankenschwestern. »Wir bilden unterdessen für jeden höheren Posten drei Leute aus«, sagte mir ein Manager der Barclay's Bank in Lusaka. 2001 starben in Sambia 1967 Lehrer am Immunschwächesyndrom, im Vorjahr waren es über 2000 – eine Hiobsbotschaft für das ohnehin marode Schulwesen, denn pro Jahr werden nur knapp tausend Lehrer graduiert. Auf dem Land fehlen die Arbeitskräfte, um die Felder zu bestellen. Gleichzeitig reduziert die häusliche Pflege der Kranken das dürftige Einkommen. Aids verschärft den Hunger. Aids frisst das Wachstum auf. Aids unterhöhlt die Entwicklung.

*

Wohin wollen Sie? Zum Mutter-Teresa-Heim. Dem Taxifahrer ist mein Ziel in Mutendere, einem Stadtteil von Lusaka, wohl bekannt. »Dort bringen wir die Leute hin, wenn sie am Ende sind. Vor vier Wochen habe ich meine Schwester abgeliefert. Sie hat zu viel herumgemacht, Sie wissen schon ...« Er erwähnt das so beiläufig, als handle es sich um ein unabwendbares Schicksal. Flache, schmucklose Langhäuser, im Garten purpurne Bougainvilleen, Astern, Gemüserabatten. Am Eingang eine Gipsfigur, die Himmelskönigin im azurblauen Mantel. Das Heim zum Sterben. Bitt' für uns ... Aus einem Trakt dringt Rosenkranz-Geleier. Schwester Vincenca öffnet die Tür zum Männerflügel. Der Tod schaut uns aus hundert Gesichtern an. Glasige, stumpfe Blicke, gekrümmte, abgemagerte Körper auf Stahlrohrliegen, schnarrender Husten, Ventilatoren, die durch die medikamentöse Luft quirlen. »Jeden Monat kommen 90 Neuzugänge«, rechnet die Nonne vor. »Und jeden Monat sterben 45 bis 50 Menschen.« Laut amtlicher Statistik werden ihnen im kommenden Jahrzehnt über eine Million Landsleute folgen.

Der Tod erntet in Sterbesälen, Hospizen, Kinderheimen, Hinterhöfen, Blechverschlägen, Strohhütten. Wir sehen ihn nicht. Deshalb wirken die nebensächlichen Dinge so unheimlich. Das unbenutzte Dreirad in der Ecke. Der Blechreifen, der nicht mehr rollt. Die Bilder an der Wand, Donald Duck, Bambi, Cinderella, Szenen aus der globalisierten Kinderwelt. Wir befinden uns im Waisenhaus von Kabwata. Zwischen den Flügeln des Blechtors klemmt der Arm einer Plastikpuppe, um das Scheppern zu dämpfen. Es vergeht kaum ein Tag, an dem nicht Kinder an das Tor klopfen. Manche haben nach dem Tod ihrer Eltern monatelange Odysseen hinter sich. Acht Mütter betreuen die Kinder, freiwillig, ohne Entgelt. Sie kochen auf einem alten E-Herd und waschen mit der Hand. »Wir dachten, wir müssen unbedingt etwas tun«, sagt Emily, eine der Mütter. »Es sind so unendlich viele ...« Man schätzt, dass allein in Lusaka 200 000 elternlose Kinder leben. In ganz Afrika soll die Zahl der Aids-Waisen unterdessen auf elf Millionen angeschwollen sein: ein Heer von entwurzelten, verzweifelten, hoffnungslosen und oft auch gewalttätigen Kindern, die kriminelle Gangs bilden, sich kriegerischen Milizen anschließen oder einfach nur hungrig und ziellos durch den Kontinent irren.

Der Gegner ist nicht fassbar. Er tritt im Gewand des Gerüchts oder mythisch verbrämt auf, er kleidet sich in Dogmen und Denkverbote, Tabus und Traditionen. Der Feldzug, den Clement Mfusi und eine Hand voll Aktivisten in Lusaka führen, ist manchmal so aussichtslos wie der Kampf gegen Windmühlen. »Unser großes Problem ist die Unwissenheit und der Aberglaube«, berichtet Mfusi, »vor allem auf dem Lande, wo die meisten Analphabeten sind.« Jeder dritte Sambier glaubt, der Erreger werde durch Hexerei, böse Blicke oder Moskitos übertragen. Im Dorf Chiawa unweit von Lusaka wollte ein Häuptling alle Verdächtigen, die angeblich per Zauberei Aids verbreiten, durch das Schlucken eines giftigen Gebräus überführen. 16 Menschen überlebten das »Gottesurteil« nicht. Die Aufklärer rennen immer wieder vergeblich gegen die Bollwerke des Brauchtums an. Bei den Tonga, Kaonde, Lunda, Lala und anderen Volksgruppen ist *dry sex* üblich. Die Frauen trocknen mit Baumrinde, Kräutern, Papier oder einem Gemisch aus Erde und Pavianurin ihre Vagina aus. Die Männer schätzen das, weil sie angeblich beim Geschlechtsverkehr ihre Männlichkeit stärker spüren. Die Polygamie ist weit verbreitet, und vielerorts wird noch die Witwenvererbung gepflegt: Ein Bruder oder Vetter des Verstorbenen schläft mit dessen Frau, um sie von den Dämonen des Todes zu reinigen. Wenn wir diese Sitte hinterfragen, hören wir befremdliche Antworten: Das sind doch bewährte Traditionen, Gewohnheitsrechte, die es immer gab, und was es immer gab, ist nützlich und ganz normal. So normal wie zum Beispiel die genitale Verstümmelung von Mädchen in Westafrika. Oder wie das Herausstechen von Kinderaugen, das in manchen Fischerdörfern an der Küste von Mosambik bis heute üblich ist. Die Augäpfel werden an den Netzen befestigt, damit diese die Beute besser sehen können. Ihr Europäer werdet das nie verstehen können, sagen uns die Hüter der Überlieferung. Wir wollen sie gar nicht verstehen, diese barbarischen Rituale.

Frauen werden in Afrika selten gefragt. Sie haben in der Regel weder Rechte noch Eigentum. In ökonomischen, sozialen und sexuellen Fragen bestimmen allein die Männer. Sie haben schließlich *lobola* bezahlt, den Brautpreis, und halten sich an das Motto der nigerianischen Poplegende Fela Kuti: »Frauen sind da, um Männer glücklich zu machen.« Was die Männer nicht freiwillig bekommen, holen sie sich häufig gewaltsam; die offiziellen Vergewaltigungsraten in Afrika sind extrem hoch, über die Dunkelziffern können wir nur mutmaßen. Frauen, die sich gegen das fatale Sexualregiment auflehnen, werden fortgejagt. Gladice ging es so. »Ich kam vom Land in die Stadt und wohnte bei einer Tante. Wir hatten nichts«, erzählt sie. »Was sollte ich tun?« Sie ging anschaffen, acht Jahre lang. Jetzt ist sie Sozialarbeiterin bei Tasintha, einem Selbsthilfeverein. Am Wochenende besucht sie die Aufreißschuppen »Adam's Apple« oder »Cockpit«, um mit den Mädchen zu reden. »Hau ab!, sagen die meisten. Oder sie fragen: Wie sollen wir überleben?« Viele Frauen, darunter oft Aids-Witwen mit einer Schar Kinder, zwingt die Armut zur Prostitution. Manche verkaufen ihren Körper schon für 5000 Kwacha, für zwei Dollar. Trockener Sex, ohne Kondom. »Lieber morgen an Aids krepieren als heute an Hunger. Das ist ihre Philosophie.«

Schuld am Verhängnis seien zumeist die schönen Mädchen, die Verführerinnen, erklärt Dawson Lupunga. Er war der Sozialminister von Sambia, ein Mann im Alter der *sugar daddies*, jener älteren, wohlhabenden Herren, die sich »saubere« Schulmädchen halten. Und hin und wieder eine Jungfrau gebrauchen. Das soll vor Ansteckung schützen und sogar Aids heilen.

Die Kirchen verdammen zwar diese Praktiken, stoßen aber selber ins Horn der Gegenaufklärung. Kondome? Teufelszeug. Die Seuche? Eine Strafe Gottes. Seid enthaltsam! Sündigt nicht! Eine zeitlose Weltanschauung. Schon der alte Paracelsus lehrte im 16. Jahrhundert, der Allmächtige habe die Syphilis auf die geile Menschheit herniedergeschleudert. Vierhundert Jahre später verkündigt der christliche Fundamentalismus die gleiche Weisheit: Aids, die »Lustseuche«. Auf einem Kontinent, in dem die sexuelle Aktivität oft schon mit zwölf beginnt, muten die Aufrufe zur Keuschheit weltfremd und lächerlich an. Es gibt – gottlob! – zahlreiche Kirchenleute, die nicht viel reden, sondern handeln und die in Anbetracht der Pandemie geradezu kriminellen Gebote des Vatikans ignorieren. »Es ist unsere Christenpflicht, Leben zu schützen«, sagt ein irischer Priester. Sein Auto ist voll geladen mit Kondomen; er verteilt sie sogar nach dem Gottesdienst. Aber die Nonnen im Mutter-Teresa-Heim schweigen, wenn wir sie nach präventiven Mitteln fragen.

*

Das Schweigen begegnet uns auch auf allerhöchster Ebene, im Ordinariat des Bischofs, im Ministerbüro, im Umfeld des Präsidenten. Nehmen wir den Tag im Oktober 2001, an dem eine Fragestunde zum Thema HIV/Aids im südafrikanischen Parlament zu Kapstadt angesetzt ist. Thabo Mbeki, der Staats- und Regierungschef, soll die Maßnahmen seines Kabinetts erläutern. Aber er antwortet nicht auf die Fragen der Abgeordneten. Er liest einen vorbereiteten Text ab, monoton, unbeirrbar, mit einem Schuss jener Arroganz, die die Macht verleiht. Der Präsident bezweifelt die hohe Infektionsrate in Südafrika und präsentiert veraltete Statistiken der Weltgesundheitsorganisation. Die ausländischen Beobachter auf der Pressetribüne schütteln den Kopf. Wie kann der Präsident des Landes mit der weltweit höchsten Zahl von Infizierten – damals bereits 4,7 Millionen Menschen! – die Lage bagatellisieren? Was treibt ihn dazu, den kausalen Zusammenhang von HIV und Aids zu bestreiten? Die Kommentatoren haben simple Erklärungen zur Hand. Mbeki verhalte sich typisch afrikanisch – unbelehrbar und borniert. Er sei, wie so viele Politiker auf diesem Kontinent, eben auch ein Anhänger der »Voodoo-Wissenschaft«.

Ist es wirklich so einfach? Um Mbekis Haltung zu begreifen, müssen wir uns noch einmal vor Augen führen, wie die Aids-Pandemie weltweit wahrgenommen wird: als »schwarze« Seuche, die zum Ende des 20. Jahrhunderts aus dem mittelalterlichen Dunkel Afrikas kroch. Hier sprang das Virus vom Tier auf den Menschen über, hier begann seine tödliche Passage um den Globus. Die Auslöser des Unheils waren nach allgemeiner Überzeugung primitive Urwaldmenschen, die Affenfleisch essen. Zum Common Sense gehört ferner, dass die Afrikaner das Virus durch ihr zügelloses Sexualleben verbreiten. Sie »schnakseln« halt gern, sagt die bayerische Plapperfürstin Gloria von Thurn und Taxis – als ob mehr Sex etwas Verwerfliches wäre. Recht hat sie, rülpst der Stammtisch. Aber solche Klischees werden auch in gebildeten Ständen gepflegt, sie passen ins präformierte Bild von Afrika.

Ein Mann wie Thabo Mbeki, der die Vision von der *African Renaissance* entworfen hat, die Erneuerung des Kontinents aus eigener Kraft, muss die immer gleichen Stereotype als tiefe Kränkung empfinden. Was soll er dazu sagen, wenn ihm ein weißer Ingenieur per E-Mail mitteilt, dass Aids gar nicht schnell genug gehen könne, damit die »Kaffern« endlich verrecken? Mbeki gehört zu einer Generation, die ihr Leben dem Befreiungskampf gegen die Apartheid gewidmet hat, gegen ein System, das dieses kranke Denken kultivierte. Nun, da die Apartheid überwunden wurde, sterben die Befreiten. Man sucht händeringend nach Erklärungen, warum das so ist. Und entdeckt die Hypothesen von David Rasnick oder Peter Duesberg, zwei der so genannten Aids-Dissidenten aus Amerika. Sie reden von der »Viruslüge«. Bestreiten, dass HIV sexuell übertragen wird und zu Aids führt. Behaupten, die Armut sei die wahre Ursache des Massensterbens. Die neue südafrikanische Machtelite nimmt derartige Irrlehren gerne auf. Denn durch sie lässt sich die Pandemie auf die elenden Lebensbedingungen zurückführen, welche die Apartheid hinterlassen hat.

In Afrika kursieren die wildesten Spekulationen über die Vorgeschichte des Erregers. Er sei im Zuge einer Polio-Impfkampagne im Kongo von weißen Medizinern verbreitet worden, heißt es. Oder: Das Pentagon habe ihn zu militärischen Zwecken entwickelt und an Schwarzen erprobt. Oder: Aids sei ein Ausbund der perversen Kultur des Nordens, eine Schwulenseuche, verbreitet von kalifornischen Männern, die es treiben wie die Hunde. Dieser Unsinn ist übrigens auch jenseits von Afrikas weit verbreitet, und zum Beweis wird angeführt, dass das Virus erstmals 1982 im Blut von Homosexuellen isoliert worden sei. Der kleinste gemeinsame Nenner all dieser Projektionen und Verschwörungstheorien lautet: Die tödliche Gefahr kommt von außen, aus jener Welt, die auch die Sklaverei und den Kolonialterror gebracht hat. Die Hölle sind immer die anderen – ein klassischer Abwehrgestus Afrikas.

Wenn wir uns aber jenseits der konspirativen Hirngespinste fragen, warum die Epidemie gerade im Süden der Sahara so dramatische Dimensionen angenommen hat, stoßen wir auf unbequeme Tatsachen. Wir stellen nämlich fest, dass der gewaltsame Versuch der Modernisierung des Erdteils jenes Feld bestellt hat, auf dem die HI-Viren ideale Bedingungen vorfinden. Das präkoloniale Afrika konnte den Mächten Europas nichts entgegensetzen, es wurde entdeckt, erobert, geplündert und nach dem Ende der Kolonialära von den eigenen Eliten nach dem kapitalistischen oder realsozialistischen Modell »entwickelt«. Dieser Prozess zerstörte jahrhundertealte Wirtschaftsformen, kulturelle und religiöse Traditionen, die soziale Ordnung und ihre Sicherungssysteme. Die Lebenswelten des alten Afrika gingen unter. HIV/Aids nähre sich aus den Verheerungen eines ganzen Jahrhunderts, befindet der Soziologe Reimer Gronemeyer; er sieht in der Globalisierung den letzten Akt einer Tragödie, die mit der Kolonisierung begann. »Der ökonomische Niedergang und der Aufstieg der Epidemie gehören zusammen wie Zwillinge.« So wie das Virus das Immunsystem der menschlichen Körperzellen zerstört, zersetzt es die letzten Abwehrkräfte der afrikanischen Gesellschaft.

Es ist kein Zufall, dass die Infektionsraten gerade dort exorbitant hoch sind, wo die Modernisierung besonders rücksichtslos vorangetrieben wurde: im Kupfergürtel Sambias und auf den Teeplantagen Malawis, in den Diamantenminen Botsuanas und auf den Tabakfarmen Simbabwes. Vor allem aber in den Bergbau- und Industriezentren Südafrikas, dem Land des institutionalisierten Rassenwahns. Die Apartheid schuf Menschenreservate, so genannte Bantustans, um die Wohn- und Arbeitswelt der schwarzen Bevölkerung zu trennen. Die erzwungene Mobilität entwurzelte Millionen. Die Männer mussten ihre *homelands* verlassen und als Lohnsklaven in den Goldgruben und Fabriken arbeiten, wo sie, säuberlich nach »Stämmen« geordnet, in Hostels kaserniert oder in Townships gepfercht wurden. Das System der Wanderarbeit zerriss Familien, Dörfer, Gemeinschaften, das gesamte soziale Gewebe. Es hinterließ ein Trümmerfeld, auf dem Krankheit und Not, Aggression und Alkoholismus, Prostitution und Vergewaltigung gedeihen. Die Mehrheit der Menschen vegetiert am Existenzminimum. Sie sind oft mangelernährt, ihr Gesundheitszustand ist entsprechend schlecht. Hinzu kommen Unwissen und Aberglaube, die Macht der Männer über die Frauen, die Verirrungen der Sexualität, die Gleichgültigkeit der Armut, das große Leugnen und Schweigen. Und so erscheint die Seuche wie ein Brennspiegel, in dem wir alle Malaisen Afrikas gebündelt sehen.

*

Aids ist ein globales Phänomen. Es verbindet den armen und den reichen Teil der Welt, und zugleich trennt es die beiden Hemisphären. Denn es ist ein himmelweiter Unterschied, ob jemand in

Göttingen oder in Guguletu vom Virus befallen wird. In Göttingen gibt es eine Universitätsklinik, fachkundige Mediziner, hochwirksame Medikamente, vorzügliche Beratungsdienste, gesunde Ernährung, sauberes Wasser. In Guguletu gibt es nichts von alledem. Nur ein Community Health Centre entdecken wir hier, eine jener Notversorgungsstationen, die der Staat in die Slums vor Kapstadt gestellt hat. Wir finden es nicht gleich, weil wir die rostzernagten Container zunächst für Bauschuppen halten. Aber da steht eine lange Warteschlange, weit über hundert Patienten, die seit der Morgendämmerung vor dem Medikamentendepot ausharren. Um sie herum ist Trostlosigkeit: Blechhütten, schlammige Wege, giftige Kloaken, Müllberge. Häufigste Todesursachen bei jungen Männern: Aids und Mord. In dieser Umwelt wirken sogar die zinnoberroten Blütenkelche der Hibiskusstauden traurig. »Unsere Probleme sind nicht mit Pillen zu lösen«, sagt die Schwester an der Ausgabe. »Wir brauchen Arbeitsplätze. Wir brauchen Schulen. Wir brauchen eine bessere Gesundheits- und Sexualerziehung. Wir brauchen Aufklärung. Wenn sich die Menschen einmal am Tag die Hände waschen würden, gingen die Infektionskrankheiten drastisch zurück.«

Aber in den Townships vertraut man auf die Heilkraft der weißen Medizin und nimmt die »magic pills«, wenn man sie überhaupt bekommt, so maßlos ein, dass sich immer tückischere Resistenzen bilden. Oft sind außer Panado (Aspirin) und Hustensaft ohnehin keine Medikamente erhältlich, gar nicht zu reden von den viel gepriesenen Anti-Aids-Cocktails. Die HIV-Infizierten in Guguletu wissen nicht einmal, dass es diese lebensverlängernden Präparate gibt. Dabei müssten sie nur ein paar Kilometer laufen, bis zum Groote Schuur Hospital am Fuße des Devil's Peak, dessen Gipfel man von hier aus gut sehen kann. Das berühmte Krankenhaus, in dem der Starchirurg Christiaan Barnard 1967 zum ersten Mal in der Medizingeschichte ein menschliches Herz verpflanzt hat, ist vom Community Health Centre so weit entfernt wie die Erste von der Dritten Welt. Oder wie Guguletu von Göttingen. Es ist ein kolonialer Krankenpalast mit hoch qualifizierten Ärzten, modernsten Apparaturen und teuersten Arzneien. Nichts, was hier nicht zum Einsatz käme. Für den, der es sich leisten kann.

Kapstadt ist ein Mikrokosmos der Welt. Die perversen Ungleichheiten, die hier in engster Nachbarschaft auftreten, spiegeln die globale Apartheid im Gesundheitssektor. Rund dreißig Milliarden Euro gibt die Pharmaindustrie pro Jahr für Forschungszwecke aus; nur ein Zehntel dieser Summe wird »Krankheiten der Armut« wie der Malaria gewidmet. Der Kenntnisstand über die Tuberkulose, an der jährlich drei Millionen Menschen sterben, hat sich seit Jahrzehnten kaum verändert – sie ist aus den Wohlstandsgesellschaften nahezu verschwunden und droht erst heute wieder aus den Ländern der ehemaligen Sowjetunion einzusickern. Wer weiß schon, dass in den Cape Flats die höchsten TB-Raten der Welt gemessen werden? Wen kümmert die Bilharziose im Kongo? Wen die Schlafkrankheit in Gabun? Für das Studium des männlichen Haarausfalls wird mehr ausgegeben, und mit Elixieren gegen Fettsucht oder Hunde-Alzheimer lässt sich besser verdienen als mit Tabletten oder Sera für Leute, die kein Geld haben. Die Afrikaner, immerhin 13 Prozent der Erdbevölkerung, kaufen nur ein Prozent der Weltproduktion an Medikamenten. Geht es indes um pharmakologische Feldversuche, sind sie gefragtes Humanmaterial. Der Konzern Pfizer aus New York wurde zum Beispiel beschuldigt, in Nigeria wilde Tests mit an Meningitis erkrankten Kindern durchgeführt zu haben. Aber werden auf dem Felde von HIV/Aids nicht gewaltige Forschungsanstrengungen unternommen? Und könnten deren Ergebnisse nicht schon bald auch den Entwicklungsländern zugute kommen? Die Einwände sind berechtigt. Sie übersehen nur das Hauptproblem: die Armut.

*

Acht Porträts hängen an der Stirnwand des Speisesaals, darunter die Namen: Asive, Sweetness, Siphanathi, Johannes. Lachende, vergnügte Gesichter, Momentaufnahmen aus einem kurzen Leben. Keines der Kinder wurde älter als vier Jahre. Sie starben an den Folgen von Aids. Der nächste Todeskandidat heißt Sikelela: 13 Monate jung, ein Winzling aus Haut und Knochen, in der Nase ein Schlauch zur künstlichen Ernährung. Er kam HIV-positiv zur Welt. »Sikelela würde weniger leiden und länger leben, wenn er die Medikamente bekäme, die es in Amerika und bei euch in Europa gibt«, sagt die Sozialarbeiterin Francis Herbert. »Aber die sind für uns einfach viel zu teuer.« Sie führt uns durch ein Kinderheim in der Township Crossroads. Es liegt direkt unter der Einflugschneise des internationalen Flughafens von Kapstadt und heißt *Beautiful Gate*, »Schöne Pforte«, eine Wendung aus der Apostelgeschichte. Ehe die infizierten Kinder da durchgehen, soll ihnen ein bisschen Liebe und Menschenwürde zuteil werden. Sie wurden abgeschoben oder ausgesetzt. Oder von verzweifelten Wöchnerinnen auf der Entbindungsstation zurückgelassen. Oder einfach auf den Müll geworfen wie verdorbenes Fleisch. Die Anti-Aids-Cocktails aus dem Norden würden für jedes Heimkind an die 750 Euro kosten – pro Monat. »Das ist unbezahlbar«, wiederholt Francis Herbert. »Aber vielleicht wird das bald anders. Wir hoffen auf unsere Richter.«

Pretoria High Court, Gerichtssaal 2 D, März 2001. Nicht nur die Mitarbeiter von *Beautiful Gate* verfolgen gespannt den Prozess in der Hauptstadt. Das Urteil hat globale Bedeutung. Da stehen sich der reiche Norden und der arme Süden exemplarisch gegenüber, drei Dutzend Pharmakonzerne aus den Industriestaaten, darunter Boehringer Ingelheim, Merck, Rhone-Poulenc, Hoffman-La Roche und, stellvertretend für die Entwicklungsländer, die Regierung Südafrikas. David gegen Goliath also. Der Riese verteidigt den internationalen Patentschutz, um an seinen Produkten weiterhin exklusiv zu verdienen. Der Zwerg beruft sich auf seine Verfassung, in der das Grundrecht auf Leben verankert ist, und fordert den verbilligten Zugang zu Medikamenten. Denn gerade dort, wo Anti-Aids-Cocktails am dringlichsten gebraucht werden, sind sie unerschwinglich: 95 Prozent der HIV-Infizierten leben in den Armutszonen der Welt. In diesem Fall heißt das Gesetz des freien Marktes: Wer nicht zahlen kann, stirbt. Die Pharmaindustrie rechtfertigt ihre stratosphärischen Preise mit hohen Forschungs- und Entwicklungskosten. Man müsse die Spitzenmärkte fokussieren, verrät ein Sprecher des deutsch-französischen Konsortiums Aventis. »Wir haben eine Verpflichtung gegenüber unseren Shareholders.«

Die Regierungen im Süden haben eine Verpflichtung gegenüber ihren Bürgern. Südafrika will sich durch Parallelimporte aus Schwellenländern wie Indien behelfen, wo Medikamente zu einem Bruchteil des Nord-Preises erhältlich sind. Oder durch Generika, Nachahmepräparate, die im eigenen Land kostengünstig erzeugt werden. Die Brasilianer haben es vorgemacht: Man zerlege ein Markenprodukt, klaue die patentgeschützte Formel, braue eine Kopie unter neuem Namen zusammen und bringe sie kostenlos unters Volk. In Brasilien soll die Sterberate bei Aids dadurch um fünfzig Prozent gesunken sein – ein Resultat, das sich nur schwer überprüfen lässt. Die Pharmaindustrie nennt diese Form der Selbsthilfe Piraterie und beruft sich auf ein Schutzabkommen der Welthandelsorganisation WTO, das internationales Patentrecht und globalen Freihandel verknüpft. Südafrika ignorierte alle Abmahnungen – schließlich geht es nicht um Computer-Software oder Musiktitel, sondern um Menschenleben. Was dann geschah, beschreibt John le Carré in *The Constant Gardener*, einem Thriller über die Machenschaften der Branche: »Big Pharma hat das US-Außenministerium gedrängt, den armen Ländern mit Handelssanktionen zu drohen … weil sie versuchen, die Agonie von Millionen HIV-positiven Menschen zu erleichtern.« Eine literarische Fiktion? Mitnichten. Denn Südafrika landete prompt auf der *watchlist 301* für ökonomische Missetäter; Washington soll sogar überlegt haben, dreißig Millionen Dollar Entwicklungshilfe zu stornieren.

Vor dem Gerichtsgebäude in Pretoria zirkulieren Flugblätter.

Sie klagen den entfesselten Kapitalismus an, das Freihandelsdiktat der Reichen, die Menschenverachtung der Multis. »Was kümmert uns euer geistiges Eigentum? Unsere Leute verrecken!«, ruft ein Aktivist. Die Advokaten ahnen, dass dieser Prozess zu einem Waterloo werden und das Ansehen der Pharmaindustrie schwer schädigen könnte – und ziehen die Klage zurück. Man bekräftigt im gegenseitigen Einvernehmen die Ausnahmeregelung der WTO, die im Falle eines nationalen medizinischen Notstandes angewandt werden kann. In Südafrika herrscht dieser Notstand. Der Weg zum Import oder zur Eigenproduktion billigerer Medikamente ist frei.

Der zweite Teil der Geschichte beginnt eine knappe Stunde nach der Niederlage Goliaths. David verkündet in Gestalt der südafrikanischen Gesundheitsministerin (und Ärztin!) Manto Tshabalala-Msimang, die Ausgabe von antiretroviralen Aids-Arzneien sei keineswegs die erste Priorität ihrer Regierung. Man wisse zu wenig über deren Nebenwirkungen und könne sie sich auch im Sonderangebot nicht leisten. Abgesehen davon, verfüge ihr Land über adäquate Medikamente im Kampf gegen opportunistische Infektionen, die Aids-Patienten befallen. Im Klartext: So preisgünstig könnt ihr eure Wunderdrogen gar nicht anbieten, dass wir sie wollen würden. Die Äußerungen der Ministerin entrüsten jene humanitären Organisationen, die die Sache der südafrikanischen Regierung durch eine höchst effiziente, www-gestützte Globalkampagne flankiert hatten. Ein Mitstreiter spricht von einem »Dolchstoß in den Rücken«.

Vielleicht hätte sich Sikelela erholt. Vielleicht hätte er noch viele Jahre leben können. Wenn das Waisenheim *Beautiful Gate* über antiretrovirale Präparate verfügt hätte. Am 16. März 2001 um 12 Uhr 20, ein paar Tage nach meinem Besuch, ist das Kind gestorben. Bald wird sein Bild an der Stirnwand des Speisesaales hängen. Das neunte.

*

Ein Pharmakonzern aus Amerika entdeckt sein Herz für Afrika und teilt mit, den Preis für Aids-Arzneien, die dorthin exportiert werden, drastisch zu senken. Der deutsche Hersteller Boehringer bietet sogar an, *Nevirapine*, ein therapeutisches Grundpräparat, fünf Jahre lang kostenlos zu liefern; es reduziert ganz erheblich die Wahrscheinlichkeit, dass das Virus von der Mutter auf das neugeborene Kind überspringt. Aber die Regierung in Pretoria reagiert nicht auf die Offerte. Sie schweigt, bramarbasiert, taktiert. Und die Gesundheitsexperten in ihren Reihen wiederholen, was der prominente Abgeordnete Peter Mokaba verkündet hat. »Diese Anti-Aids-Mittel sind Gift ... sie können zu einem Genozid führen.« Man müsse verhindern, »dass unsere Leute als Versuchskaninchen missbraucht werden«. Solche Sätze kommen in Südafrika gut an. Denn hier haben weiße Wissenschaftler im Geiste der Apartheid Erreger gezüchtet, um die schwarze Bevölkerung unfruchtbar zu machen oder ganze Townships auszurotten. »HIV? It does not exist!«, beschied Mokaba. Das Virus sei eine Fiktion und Aids eine Erfindung der weißen Pharma-Multis, die, getrieben von nackter Profitgier, arme Länder zwingen wollen, ihre Produkte zu kaufen. Peter Mokaba starb an den Folgen von Aids. Parks Mankahlana, der Sprecher des Präsidenten, teilte sein Schicksal. Jeder Parteigenosse weiß es, keiner sagt es.

Es bedurfte eines Urteils des Verfassungsgerichts, um die Regierung zur Kurskorrektur zu zwingen. Ihre Weigerung, die umstrittenen Anti-Aids-Mittel zuzulassen, bleibt ein Skandal. Doch die Empörung über diesen Skandal verengt den Blick. Man glaubt, das Problem Aids in Afrika medikamentös lösen zu können. Das ist eine Obsession der westlichen Medizin. Sie erklärt der Seuche den Krieg und schickt ihre *aids warriors* in die Schlacht gegen die Killerviren. Wieder werden wir Zeugen einer Modernisierungsattacke, und wieder bleiben die Waffen der Samariter – Cocktails und Kondome – stumpf. Ein Jäger aus Tansania hat mir einmal erklärt, wozu sich Präservative am Besten eignen: zum Abdichten des Gewehrlaufs, wenn er durch einen Fluss watet. Dieser findige Mann ist kein Ausnahmefall. Vielen Afrikanern leuchtet der Sinn und Zweck der Vorbeugung nicht ein. Unsere Hygienelehren bleiben ihnen fremd. Sie schlucken die Medikamente mit verseuchtem Wasser. Sie erbrechen die Mittel, weil sie ihr unterernährter Körper nicht verträgt. Sie nehmen sie unregelmäßig oder falsch ein, weil sie in zerrütteten Verhältnissen leben; es ist niemand da, der sie anleiten und ihre Therapietreue kontrollieren könnte. Manche Patienten verkaufen die teuren Arzneien, um ihre Not zu lindern. Die Gesundheitskrieger können bestenfalls die Auswirkungen der Pandemie abschwächen, vor ihren Ursachen aber müssen sie kapitulieren. Wenn sie merken, dass Aids nicht nur ein medizinisches, sondern ein ökonomisches, soziales und kulturelles Problem ist, dann sind sie in Afrika angekommen. Dann wissen sie: Es gibt keine einfache und schnelle Lösung mit der chemischen Keule. Und spätestens dann erscheinen ihnen die Thesen von Präsident Thabo Mbeki in einem milderen Licht: Der wahre Feind ist die Massenarmut. Sie ist zwar nicht die Ursache der Seuche, aber sie bereitet den Mutterboden, auf dem sie sich entfaltet.

Uns Berichterstattern wird bisweilen vorgeworfen, wir würden HIV und Aids nur durch die afrikanische Brille betrachten und die Seuche in anderen Teilen der Welt verharmlosen. Natürlich bedroht die Pandemie die Menschen in den wohlhabenden Ländern genauso, und gewiss wird die Sorglosigkeit in Europa wieder abnehmen, wenn sie über den Osten des Kontinents in dessen Zentrum zurückkehrt. In manchen Regionen Afrikas aber hat sie schon heute eine Größenordnung erreicht, die die Existenz ganzer Staaten bedroht. Ja, es stimmt, die Sichtweise von uns Chronisten ist afrozentrisch, und jeder Tag, jede Statistik, jede Feldstudie bestärkt uns darin. Man kann die Zahlen mit guten Gründen anzweifeln. Viele Todesfälle werden geradezu reflexhaft der Kategorie Aids zugeordnet, obwohl sie andere Ursachen haben. Wir stehen vor einem komplexen Krankheitsbild, vor einem Syndrom, unser Wissen über die Immunschwäche und ihre inneren Gesetze ist nach wie vor lückenhaft. Die Kritik am vorläufigen Erkenntnisstand und an den schulmedizinischen Lehrmeinungen füllt unterdessen Bibliotheken. Wir können lange Abhandlungen über den »Mythos HIV« nachlesen, über die »Aids-Hysterie« und »die größte Lüge des Jahrhunderts«. Aber dann gehen wir wieder hinaus in die Wirklichkeit, nach Edendale zum Beispiel, auf einen der tausend aus allen Nähten platzenden Friedhöfe in KwaZulu-Natal. Dort wird ein Baggerführer berichten, dass er unterdessen auch am Wochenende durcharbeite, weil er sonst mit dem Ausheben der Gruben nicht mehr nachkomme. Ein Gesundheitsbeamter wird erläutern, warum die ausufernden Gräberfelder das Grundwasser zu verseuchen drohen. Eine alte Frau wird uns erzählen, dass es seit Menschengedenken noch nie so viele Tote in so kurzer Zeit gegeben habe. Eine Erklärung für das große Sterben wird sie nicht haben.

Die Außenwelt verhält sich so, wie sie sich immer verhält, wenn es um Afrika geht: ziemlich gleichgültig. Was sollen wir davon halten, wenn in einem fachkundigen Beitrag über Aids-Medikamente in der *Frankfurter Allgemeinen Zeitung* die Tragödie im Süden der Sahara in keinem einzigen Nebensatz erwähnt wird? Wenn wir über die Komplikationen der HAART-Therapie aufgeklärt werden und vom allerneuesten Superwirkstoff T-20 erfahren, den sich in Afrika nur die Reichen und Mächtigen leisten können? Wenn wir die Zahlen vergleichen? 600 Aids-Tote in Deutschland im Jahre 2002 – das ist schlimm. Aber welches Umstandswort könnten wir angesichts der 6300 Aids-Kranken verwenden, die jeden Tag in Afrika sterben? Es fällt uns keines ein. Stephen Lewis, der Sonderbeauftragte des UN-Generalsekretärs Kofi Annan für HIV/Aids in Afrika, erklärte bei der Vorlage seines letzten Jahresberichts: »Am 11. September 2001 starben 3000 Menschen durch einen furchtbaren Terrorakt, und in ein paar Tagen redete die Welt von Hunderten von Milliarden Dollar für den Kampf gegen den Terror ... 2001 starben 2,3 Millionen Afrikaner an Aids, und man muss bitten und betteln um ein paar hundert

Millionen Dollar.« Als der kanadische Ex-Diplomat von seiner jüngsten Rundreise durch Lesotho, Simbabwe, Malawi und Sambia nach New York zurückkehrte, legte er alle Zurückhaltung ab. Er sprach von einer Art »pathologischem Gleichmut« und warf dem reichen Teil der Welt *mass murder by complacency* vor. Frei übersetzt: Massenmord, begünstigt durch satte Selbstzufriedenheit.

*

Schreiendes, leidendes, hilfloses Afrika. Die Bilder von der Seuche wirken so niederschmetternd, dass wir das Rettende nicht mehr wahrnehmen. In Südafrika läuft unter dem Namen LoveLife die aufwendigste Präventionskampagne der Welt. Die Regierung hat das Aids-Budget verdreifacht. In keinem anderen Land werden mehr Kondome verteilt. Im Radio, im Fernsehen, in den Zeitungen hören und lesen wir jeden Tag eindringliche Mahnungen. Über den Blechdächern der Townships sehen wir großflächige Aufklärungsplakate. Zehntausende von Bürgern tragen die rote Aids-Schleife, sie flattert sogar an den Fassaden öffentlicher Gebäude. Zahllose Menschen versuchen die Seuche mit bescheidenen Mitteln einzudämmen. Sie sammeln Spenden, betreuen Waisen, pflegen Kranke, bilden Netzwerke, stehen sich gegenseitig bei. Am Kap, im Süden Afrikas, auf dem ganzen Kontinent. Das hilflose Afrika wehrt sich.

Kennt ihr Leute, die an Aids erkrankt sind? Jaaaaaaa!!!, schallt es aus dreihundert Kinderkehlen. Zwei Gebäudetrakte, zugige Klassenzimmer, sperrmüllreifes Mobiliar – die Lulama-Schule in Soweto. Auf dem Pausenhof läuft ein Puppenspiel. »Abangani« heißt das Stück, Freunde. Es geht um Aids. Thabo, der Held mit dem Vornamen des Präsidenten, klärt auf, bricht Tabus, sprengt Vorurteile. Die Kinder sind begeistert. Nach der Aufführung diskutieren sie mit den Puppen so offen über Sex und die Seuche, dass es ihren Lehrern peinlich ist. Nyanga Tshabalala, der Regisseur, hat bei der Sesamstraße in New York gelernt. Er will seine

Marionetten in jede Schule des Landes schicken. »Es stimmt einfach nicht, dass wir Afrikaner uns dem Schicksal ergeben.«

Kehren wir noch einmal zurück ins Jahr 1995, nach Uganda, in eine kleine zimtbraune Hütte. Sie gehört Margaret Nalumansi. »Vorige Woche haben sich die Leute schon versammelt, um mich zu verabschieden«, erzählt sie. »Vor sieben Jahren habe ich es erfahren – und jetzt bin ich immer noch da!« Margaret wohnt in Kitende. Sie hat eine Kuh, etliche Hühner, ein Bananenwäldchen und viele Helfer: ihre Kinder, die engsten Freunde, ein paar Nachbarn. Und die Gesundheitsberaterin der Aids-Organisation Taso. Die beiden Frauen sitzen auf der Bastmatte und plaudern. Über die neue Petroleumlampe. Über den Preis fürs Hühnerfutter. Über den hartnäckigen Durchfall, der Margaret schwächt. Ich weiß nicht, ob die Frau noch lebt. Aber ich ging damals nicht niedergeschlagen aus ihrer zimtbraunen Hütte weg, sondern zuversichtlich. Aus dem Epizentrum der Katastrophe wächst eine neue Kultur der Selbsthilfe, in der das alte Afrika erwacht. Aber die Welt vernimmt nur noch die Totenklage. Auch das ist eine Form, den Kontinent abzuschreiben.

In einem Fischerdorf am Ukerewe wurden vor zwanzig Jahren die ersten Aids-Fälle in Afrika registriert. Die Regierung Ugandas begann ihre Kampagne gegen die Seuche, als sie die Nachbarstaaten noch leugneten. Allmählich zog die gesamte Gesellschaft mit, die Kirchenfürsten und Gewerkschaftsführer, die Schulmediziner und traditionellen Heiler, die Dorfältesten und Landfrauen, die Lehrer und die städtische Jugend. Unterdessen sendet das Land Aids-Berater in alle Welt. »Wer nahe am Feuer sitzt, weiß, wie heiß es ist«, lehrt der Volksmund. In Uganda wurde das Feuer eingedämmt. Es ist das erste Land Afrikas, in dem die Zahl der Ansteckungen signifikant zurückgeht.

Von Gleich zu Gleich: Studenten der Wits-Universität Johannesburg, Südafrika

Die große schwarze Hoffnung
Südafrika – ein Zukunftsmodell für den Kontinent?

DAS LAND IM TIEFEN SÜDEN. Was uns an ihm zuerst auffällt, sind seine Extreme. Die Weite und die Enge. Die Leere und die Fülle. Die Erstarrung und die Rastlosigkeit. Der Mangel und der Überfluss. Das Rückständige und das Moderne. Wir fahren durch stilles, menschenleeres Land und erreichen plötzlich lärmende Zonen, die hoffnungslos übervölkert sind. Wir sehen Spielplätze, auf denen kein Kind spielt, Schwimmbäder, in denen niemand schwimmt, Straßen, die kein Auto befährt. Im nächsten Moment rasen uns Kleinbusse entgegen, die so überfüllt sind, dass sie eigentlich sofort aus dem Verkehr gezogen werden müssten. Wir entdecken wunderschöne Paläste in bukolischen Weingärten und nicht weit davon ein Meer von Blechhütten. Wir vergleichen zwei benachbarte Schulen. Die eine platzt aus allen Nähten, in der anderen verliert sich ein Häufchen Schüler.

Es ist eine zweigeteilte Welt, und wenn wir uns mit den Bewohnern ihrer Teile unterhalten, haben wir den Eindruck, sie reden von völlig verschiedenen Ländern, von einem schwarzen Land und einem weißen, manchmal auch von einem braunen, das irgendwo dazwischen liegt, und es verwundert uns nicht mehr, dass sie auch ihre Geschichte durch diese Farbfilter betrachten. Die Weißen erzählen, sie habe mit der Landung eines holländischen Seefahrers namens Jan van Riebeeck anno 1652 begonnen. Die Schwarzen betonen, sie seien schon tausend Jahre früher angekommen, in einer Zeit also, in der das Römische Imperium zerfiel und die Europäer noch gar keine Vorstellung von Afrika hatten.

Die Khoikhoi und San, die letzten Ureinwohner des Landes, weisen uns darauf hin, dass die ältesten Felszeichnungen, die ihre Frühkultur dokumentieren, 26 000 Jahre alt sind.

Das Land heißt Südafrika, und die Gegensätze, die uns allerwegen und allerorten begegnen, sind die Signaturen der Apartheid. Dieses Wort aus dem Afrikaans, der Sprache der ersten weißen Siedler, ist in den Wortschatz der Welt eingegangen. Es bezeichnet ein Wahngebilde, das die Menschen und ihre Lebensräume nach Rassen trennt.

Südafrika hat 43 Millionen Einwohner: 34 Millionen Schwarze, 3,8 Millionen *coloureds*, also Mischlinge, 1,1 Millionen Bürger asiatischer Abstammung und 4,5 Millionen Weiße. Ihr Land gehört zu den schönsten und vielfältigsten Afrikas; es ist gewiss das wohlhabendste, das widersprüchlichste, das komplizierteste Land des Kontinents, und manchmal habe ich das Gefühl, dass es umso schwieriger wird, dieses Land und seine Leute zu verstehen, je länger man darin lebt. Vermutlich liegt das auch daran, dass man mit den Jahren die Distanz verliert, weil man selber Teil der Gesellschaft wird. »Es wandelt niemand ungestraft unter Palmen, und die Gesinnungen ändern sich gewiss in einem Lande, wo Elefanten und Tiger zu Hause sind«, postuliert Goethe, der ja bekanntlich nicht über Sizilien hinausgekommen ist. Ich weiß nicht, ob ich die zehn Jahre unter den Palmen Südafrikas als Strafe empfinden soll, wilde Tiger gibt es hier nicht, und ob meine Gesinnung sich gewandelt hat, mögen andere beurteilen. Aber dieses Land hat zweifelsohne Spuren in mir hinterlassen. Hier bin ich zum Weißen geworden. Die Hautfarbe ist, ob man will oder nicht, ein gesellschaftlicher Definitions- und Teilungsfaktor. Als Weißer gehört man zu einer Minderheit. Als Weißer wird man für reich und privilegiert gehalten. Als Weißer hat man weiße Ängste. Als Weißer schämt man sich manchmal. Man ist natürlich auch Ausländer. Aber man wird unweigerlich erfasst von all den kollektiven Stimmungsamplituden, die der Schriftsteller Alan Paton einmal beschrieben hat: heute zutiefst pessimistisch, morgen hoffnungsfroh. Das hängt mit dem Schwebezustand zusammen, in dem sich dieses Land befindet. Nichts ist mehr so, wie es einmal war, und keiner weiß, wie es einmal wird. Südafrika ist ein Land im Übergang. Es hat sich und seinen Platz in Afrika noch nicht gefunden.

*

Die koloniale Eroberung des Territoriums an der Südspitze des Kontinents beginnt am 6. April 1652. An diesem Tag geht in der Tafelbucht vor Kapstadt die *Drommedaris* vor Anker, ein Handelsschiff der »Vereenigde Oostindische Compagnie«. Der holländische Kaufmann Jan van Riebeeck soll am Kap der Stürme, wie es damals noch genannt wird, eine Proviantstation auf halbem Seewege nach Batavia im heutigen Indonesien aufbauen. An eine Besiedlung ist zunächst nicht gedacht. Aber auf dem Segler finden wir die beiden wichtigsten Instrumente des Kolonialismus: die Kanone und die Bibel. Den Kaufleuten und Seefahrern folgen im Laufe der Jahrzehnte und Jahrhunderte Siedler und Soldaten, Administratoren und Missionare, Glücksritter und Religionsflüchtlinge, Goldschürfer und Diamantensucher. Das 19. Jahrhundert bringt eine endlose Abfolge von Kämpfen um die Herrschaft über das Land und seine Reichtümer: Zulus gegen Ndebele, Buren gegen Zulus, Briten gegen Xhosa, Buren gegen Briten. Im Jahre 1910, mit der Gründung der Südafrikanischen Union, ist die Verteilungsschlacht zugunsten der weißen Herren entschieden. Eine Generation später kodifizieren und institutionalisieren sie, was de facto längst vollzogen ist: die Unterwerfung der »Eingeborenen«, den Landraub, die organisierte Ausbeutung und Ausgrenzung aller Nicht-Weißen.

Es war die Geburtsstunde der Apartheid im Jahre 1948, der obszönsten Form, die der Kolonialismus hervorgebracht hat. Sie beraubte die Mehrheit der Schwarzen, Farbigen und Inder aller Rechte, das Arbeiten, das Leben und Wohnen, die Liebe, die Schulen und Krankenhäuser, die Verkehrsmittel, die Badestrände, selbst die Parkbänke waren fortan streng nach Hautfarbe getrennt, und nicht einmal die Toten sollten sich vermischen, denn auch die Friedhöfe wurden separiert. Alle Völker seien gleich, ein jedes möge nach seiner Fasson glücklich werden, proklamierten die Architekten der Apartheid und reservierten das beste und fruchtbarste Land für das gleichste unter den gleichen Völkern – für die Europäer. Zwischen 1960 und 1982, im Zuge des großen »ethnischen Designs«, ließ das Regime 3,5 Millionen Menschen aus »weißen« Territorien in so genannte *homelands* oder Bantustans deportieren; es waren nichts anderes als Reservate, nur dass darin keine Tiere lebten, sondern Menschen. Jeder Widerstand gegen die Politik der getrennten Entwicklung wurde niedergeschlagen, die »Aufwiegler« und ihre Anhänger, die schließlich den bewaffneten Kampf suchten, wurden verfolgt, gefoltert, getötet oder lebenslang eingesperrt. Dieses repressive System sollte sich fast bis zum Ende des 20. Jahrhunderts halten.

Die einzelnen Bevölkerungssegmente waren naturgemäß nicht so homogen und »reinrassig«, wie es die Pigmentsortierer gerne gehabt hätten. Die Kategorie der *kleurlinge*, der Mischlinge, bestand aus vielen Untergruppen, die Afrikaner gehörten höchst unterschiedlichen Ethnien an, und auch die Weißen waren gespalten. Da gab es die Angelsachsen und die Buren, von denen man sagt, dass sie ein Mischvolk seien: siebzig Prozent holländisch, zwanzig Prozent französisch-hugenottisch, zehn Prozent deutsch. Ihre Nachfahren lieferten sich zum Beginn des 20. Jahrhunderts den erbittertsten Krieg um die Hegemonie in Südafrika, und noch immer können wir die Narben sehen. »Der Schwarze war kein Problem, den hatten wir ja unter Kontrolle«, erzählte mir ein burischer Kollege aus seiner Schulzeit. »Unser Erzfeind war der Brite. Das war kein echter *burgher*, sondern ein Salzschwanz.« Salzschwanz? »Er steht mit einem Fuß im Meer, mit dem anderen auf dem Land, und das Ding in der Mitte baumelt ins Wasser.« Wahre Buren sehen sich als Afrikaner, als Mitglieder des »weißen Stammes« auf dem schwarzen Kontinent, während die Angelsachsen in ihren Augen *uitlander* blieben – 750 000 erhalten bis heute einen britischen Pass. Und bis heute hören wir in deren liberalen Zirkeln, dass die Apartheid eine Erfindung der verbohrten Buren gewesen sei. Aber, Schwamm drüber, man hat ja ganz gut gelebt und wacker mitgeplündert. Dass Lord Milner, ein Angelsachse wie sie, in seiner Funktion als Hochkommissar der Kolonie Südafrika den Buren bereits in den Jahren 1903 bis 1905 die Blaupause für die Segregation der Rassen geliefert hatte, steht nicht in ihren Geschichtsbüchern.

Die burischen Siedler hatten das alte Europa mit nach Afrika gebracht. Sie lebten in einer vorindustriellen Welt, erfüllt von einem archaischen christlichen Sendungsglauben, abgeschnitten von den Entwicklungen im kapitalistischen Europa. Erst als sie dieses Europa in Gestalt des britischen Imperialismus einholte, als die Engländer ihnen das Land und seine Schätze – Gold und Diamanten – streitig machten, als sie einen Guerilla-Krieg gegen die »Rotröcke« führten, begann die Modernisierung ihrer Gesellschaft. Alle Werke, die der burische Nationalismus im 20. Jahrhundert schuf, werden vom Wunsch nach Fortschritt beseelt. Die Städte sind Phantasien aus Stahlbeton, die Denkmäler gleichen futuristischen Gebilden, die Kirchen erinnern an Raketenrampen. Die Ingenieure sollten es nicht nur zur ausgefeiltesten Bergbautechnologie der Welt bringen, sondern sogar zur Entwicklung und Produktion der Atombombe. Die politische Ordnung der Buren aber blieb verhaftet in einem rassischen Kastensystem, das Herren und Knechte trennte wie in feudaler Vorzeit.

Von diesen Herren und Knechten, Reichen und Armen, Weißen und Schwarzen wird von hier an die Rede sein. Dies geschieht, um Missverständnissen vorzubeugen, der Einfachheit halber. Die soziale Realität lässt sich natürlich nicht so manichäisch darstellen. Nicht jeder Schwarze ist arm, nicht jeder Weiße reich, und mitunter kehren sich die Verhältnisse um. Nach einem Popkonzert sehen wir zum Beispiel, wie weiße barfüßige Kinder die schwarze Schickeria anbetteln. Ein Viertel in der Township Soweto wird wegen seiner protzigen Villen Beverley Hills genannt.

In Johannesburg und anderswo finden wir Stadtteile wie Vrededorp, in denen verelendete und verzweifelte Weiße ihr Dasein fristen. Es gab schon immer eine schwarze gebildete Missionselite, Lehrer, Literaten oder Anwälte wie Nelson Mandela, und auf der anderen Seite Weiße, die weder lesen noch schreiben konnten. Heute begegnen wir jenseits der Farbgrenzen Verlierern und Gewinnern des Umbruchs, jede Bevölkerungsgruppe »kultiviert« ihre eigenen rassistischen Stereotype, und dazwischen finden wir vielerlei Grautöne. Farbige pflegen zum Beispiel zu sagen: »Früher war unsere Haut zu dunkel, jetzt ist sie zu hell.« Kurzum, wir verwenden die holzschnittartigen Bezeichnungen »schwarz« und »weiß« als idealtypische Chiffren.

*

»Voetsak!«, ruft ein Abgeordneter im Parlament zu Kapstadt und zeigt auf Frederik Willem de Klerk. Verpiss dich! So reden die Buren normalerweise nur mit ihren Hunden. Oder mit Schwarzen. In diesem Fall ist der Präsident gemeint. Jetzt soll er es noch einmal hören, dieser »Verräter«, der Mandela freigelassen und das gelobte Land an die Kommunisten verkauft hat. »Dafür kriegt er seinen Judaslohn: den Friedensnobelpreis!«, faucht der Abgeordnete. Er spricht vom Triumph der Pharisäer. Er sieht, wie die Weißen in die Knechtschaft ziehen und wie sich ewige Finsternis über das Land senkt. In den Atempausen, wenn der Redner zum nächsten Giftsatz ausholt, hört man einen Luftzug durch die Ritzen der Mahagoni-Täfelung des Plenarsaales säuseln. Es ist, als wäre jenes Gleichnis wahr geworden, das der britische Premier Harold Macmillan an gleicher Stelle aussprach, damals, 1960, als die afrikanischen Staaten in die Unabhängigkeit aufbrachen und der »Wind des Wandels« durch den Kontinent fegte. Drei Jahrzehnte später hat dieser Wind auch das Kap der Guten Hoffung erreicht. Nun fällt die letzte Bastion der weißen Herrschaft in Schwarzafrika, und was wir an diesem Sitzungstag im Dezember 1993 im Abgeordnetenhaus zu Kapstadt erleben, ist nur noch das Nachhutgefecht von politischen Dinosauriern, die sich gegen den Lauf der Geschichte stemmen. Noch einmal das alte, exklusive Duell: *verkrampte* gegen *verligte*, Reaktionäre gegen Reformer, Buren unter sich. Aber alle wissen: Die Apartheid wird untergehen, das neue Südafrika ist nicht mehr aufzuhalten.

Die Welt sprach damals von einem Wunder. Dieses Wort wird immer dann verwendet, wenn man eigentlich etwas ganz anderes erwartet hatte, blutige Unruhen, Massenvertreibung, gar einen Bürgerkrieg, gefolgt von der »Balkanisierung« Südafrikas. Oder wenn man sich etwas nicht recht erklären kann. Die Historiker streiten bis heute über die Ursachen der Zeitenwende am Kap. Häufig hören wir, sie verdanke sich dem entschlossenen Handeln zweier herausragender politischer Gestalten, nämlich Frederik Willem de Klerk und Nelson Mandela, dem letzten weißen und dem ersten schwarzen Präsidenten. Kein Zweifel, diese beiden Männer hatten eine Vision, sie waren zur richtigen Zeit am richtigen Ort. Aber Geschichte ist mehr als das segensreiche oder verderbliche Wirken von starken Männern. Es kam ein Bündel von Ursachen zusammen, endogene Faktoren und exogene Einflüsse, kollektive Strömungen und individuelle Erkenntnisse, wirtschaftliche Zwänge und ein welthistorischer Umbruch.

Auch wenn die Wende kein Wunder war, eine Sternstunde der Geschichte war sie allemal. Wobei diese Stunde genau genommen mit einem Schlaganfall beginnt, der im Februar 1989 den altersstarrsinnigen Präsidenten Pieter Willem Botha außer Gefecht setzt. Jüngere Kräfte in der regierenden National Party nutzen die Schwäche des »großen Krokodils«, wie er im Volksmund genannt wird, zu einer Palastrevolte, der pragmatische Reformer Frederik de Klerk übernimmt erst das Amt des Parteivorsitzenden, dann das des Staatschefs. Er repräsentiert eine Generation, die längst geheime Kontakte zum Todfeind unterhält, zur Befreiungsbewegung African National Congress, kurz ANC. Schon seit 1985 führen liberale Industrielle Gespräche mit den Führern des Widerstands. Sie haben erkannt, dass ein moderner Kapitalismus auf der Basis eines rassischen Kastenwesens nicht funktionieren kann. Jenes autarke Südafrika, von dem das Burenregime träumte, hätte am Rande der vernetzten Weltökonomie auf Dauer nicht bestehen können. Außerdem hatten die Jahre des Ausnahmezustands gezeigt, dass die Politik der Rassentrennung auch durch verschärften Staatsterror nicht mehr zu retten war. Die Apartheid wurde durch die normative Kraft des Demographischen widerlegt: Millionen von Menschen lassen sich nicht einzäunen und ausgrenzen, die Kosten der Segregation hätten über kurz oder lang die Wirtschaft ruiniert. Es war also nicht, wie gemeinhin angenommen, die Wiederentdeckung der Menschlichkeit, die die weiße Machtelite zur Umkehr bewog, sondern die Einsicht in die ökonomische Notwendigkeit.

Diese Einsicht wurde beschleunigt durch den doppelten Druck, der auf dem Regime lastete: Von außen durch die handels- und finanzpolitischen Sanktionen, deren Folgelasten gern bagatellisiert werden, in Wirklichkeit aber die Regierung empfindlich trafen. Von innen durch den beharrlichen Widerstand der Befreiungsbewegungen, durch die Volksaufstände und den Massenboykott in den unregierbar gewordenen Townships. Südafrika war ein Paria der Völkergemeinschaft, völlig isoliert, weltweit geächtet und, was die sportnärrischen Südafrikaner besonders kränkte, ausgeschlossen von Weltmeisterschaften und Olympischen Spielen. Schließlich konnten es sich auch die klandestinen Freunde und Förderer nicht mehr leisten, dem Regime beizustehen. »Die Rolle von Ronald Reagan und Maggie Thatcher wurde damals unterschätzt«, erzählte mir Rolf Meyer Jahre später. »Sie haben de Klerk davon überzeugt, dass es so nicht weitergehen könne.« Meyer, einst als Kronprinz von de Klerk gehandelt, ein Mann mit intimen Kenntnissen des Innenlebens der Nationalen Partei, sagte das am Rande einer Feier zum Tag der Einheit in der deutschen Botschaft zu Pretoria – ein Anlass, der auf die geopolitischen Konstellationen zurückverweist, die den Wandel am Kap begünstigten.

Nach dem Fall der Berliner Mauer und der Implosion des Sowjetimperiums geht auch der Kalte Krieg zu Ende und mit ihm die Stellvertreterkriege in der so genannten Dritten Welt. Plötzlich ist der Erzfeind abhanden gekommen, der ewige Kommunist und seine Weltrevolution. Die Kubaner ziehen aus Angola ab. Namibia wird 1990 in die Unabhängigkeit entlassen. In Mosambik bahnt sich nach einem schier endlosen Bürgerkrieg der Frieden an. Und auch die Befreiungsbewegung an der Südspitze des Kontinents muss umdenken; der Zusammenbruch des real existierenden Sozialismus hat ihr regelrecht den Boden unter den Füßen weggezogen. Wie sollte ohne die Bruderhilfe aus dem Osten ein bewaffneter Kampf, der bei genauerer Betrachtung nicht besonders erfolgreich war, je zum Sieg führen? Die Radikalen von Umkhonto we Sizwe (»Speer der Nation«), des militärischen Flügels des ANC, wollen weiterkämpfen, aber die kompromissbereiten Kader um Nelson Mandela gewinnen die Oberhand. Im Dezember 1989 erscheint ein bahnbrechendes Diskussionspapier. Der Titel: »Has Socialism Failed? – Ist der Sozialismus gescheitert?« Der Autor: Joe Slovo, seines Zeichens Chef der verbotenen Kommunistischen Partei am Kap. Er verurteilt den Stalinismus und bekennt sich zu einem gemäßigten Sozialismus, der unverkennbar sozialdemokratische Züge trägt.

Das Ende des Kommunismus und der Untergang der Apartheid, von der Perestroika zur Pretoriastroika: 87 Tage nach dem Fall der Mauer überschreitet Präsident de Klerk den Rubikon und sprengt, bildlich gesprochen, die Mauern von Nelson Mandelas Gefängnis. Er und seine Mitstreiter sollen freigelassen, der Bann gegen die Befreiungsbewegungen aufgehoben werden. Neun Tage nach der historischen Parlamentsrede von de Klerk verlässt Nelson Mandela das Victor-Verster-Gefängnis bei Paarl. Die weiße Zeit der Dürre ist vorbei.

*

Manche Chronisten sprachen von der »stillen Revolution« in Südafrika, das ist gleich doppelt falsch. Denn der Machtwechsel wurde am runden Tisch ausgehandelt. Das Regime und die Befreiungsbewegung respektive die alte weiße und die neue schwarze Elite besiegelten in der Erkenntnis, dass keiner den anderen besiegen kann, einen historischen Kompromiss. Die Volksmacht des ANC und die Staatsmacht der Nationalen Partei bildeten gleichsam das Differenzialgetriebe des Umbruches. Nelson Mandela und Frederik de Klerk vollendeten an der Spitze dieser beiden Kräfte ihr Lebenswerk. Sie und ihre Parteien diktierten Richtung, Tempo und Ziel des Machtwechsels. Es war ein reformatorischer, kein revolutionärer Prozess, und still verlief er schon gar nicht. Außerhalb des Konferenzsaales, dort, wo die Stimmen der Vernunft verhallten, wurden wir Zeugen eines blutigen Interregnums. Zwischen dem 2. Februar 1990, dem Tag der Rubikon-Rede, und dem 27. April 1994, als die ersten freien Wahlen stattfanden, starben über 15 000 Menschen durch politischen Terror. Südafrika ist in dieser Übergangsphase eines der gewalttätigsten Länder der Erde; es wird geprägt durch schwere gesellschaftliche Erschütterungen, durch Zukunftsängste und Untergangsvisionen, ungeheure Hoffnungen und Befürchtungen, Friedenszüge und Blutbäder.

Ein Bewegungsgesetz des politischen Wandels lehrt: Wenn die Mitte zusammenrückt, bröckelt es an den Rändern. Das demagogische Geheul der Ultras, denen der Wandel zu weit oder zu wenig weit ging, löst massenpsychotische Reaktionen aus. In vielen Townships herrschen Terror und Anarchie. Zahlreiche Weiße fliehen das Land, weil sie um ihr Leben fürchten. Schwarze Linksradikale haben die Parole »Ein Siedler, eine Kugel« ausgegeben. Auf dem *platteland* blasen die weißen Rechten zum heiligen Krieg gegen Kommunisten, Kaffern und Antichristen.

Es duftet nach Heu. Maissäcker ziehen vorbei und endlose Sonnenblumenfelder. Aus dem Horizont wachsen mächtige Silobatterien. Der Transvaal, weißes Farmerland, Herzland der Buren. Auf einem Schild prangt in Afrikaans: »Hierdie is ons Volksstaat«.

Dies ist unserer Volksstaat, ein autonomes Gebilde, in dem die gottgewollte Apartheid weiterleben soll. Über den Dörfern weht die alte Kriegsflagge der Buren, bei den Versammlungen der Afrikaaner Weerstandsbeweging (AWB) werden Blut-und-Boden-Parolen gebrüllt. Vielerorts haben sich Boerekommandos zusammengerottet, der »Volkssturm» für das letzte Gefecht. Zur Kapitale ihres »Volksstaates« haben sie Akasia erwählt, eine hübsche, weiträumige Gartenstadt an den Ausläufern der Magaliesberge. Die örtliche Wehrzelle hat vor dem Rathaus Schießstände aus Sandsäcken aufgebaut. »Der Tag der Wahrheit wird kommen«, diktiert mir Louis Meynhardt, der Verwaltungsdirektor von Akasia, in den Notizblock. »Wir sind bereit, zu sterben für unser Südafrika.« Die militanten Stoßtrupps meinen es ernst. Sie jagen Bahngleise und Strommasten in die Luft, brennen Büros des ANC nieder, terrorisieren politische Gegner, schüchtern Reformwillige in den eigenen Reihen ein.

Die weiße Rechte gehörte zu den gefährlichsten Zentrifugalkräften. Das räumt auch Nelson Mandela in einem Interview ein, das ich zwei Jahre später mit ihm führe. »Sie hatten Pläne, das Land ins Chaos zu stürzen und die ersten freien Wahlen zu verhindern. Es war kein Geheimnis, dass sie über militärisch besser ausgebildete Männer und schwere Waffen verfügen. Sie kennen das Land besser als wir. Sie haben die Infrastruktur aufgebaut, die Straßen und die Brücken. Sie steuern die Stromversorgung und das Nachrichtenwesen. Sie kontrollieren Armee, Polizei und Gefängnisse. Sie können dieses Land zugrunde richten. Wir mussten unbedingt verhindern, dass sie einen Bürgerkrieg entfachen.«

In KwaZulu-Natal war es der weißen Reconquista tatsächlich gelungen, bürgerkriegsähnliche Zustände herbeizuführen. Ihre Propagandaorgane deuteten den politischen in einen ethnischen Konflikt um: Obwohl in dieser Provinz Zulu gegen Zulu kämpften, die einen auf der Seite des linken ANC, die anderen unter der Fahne der erzkonservativen Inkatha-Partei, wurden ihre Scharmützel als schwarzer »Stammeskrieg« dargestellt; in Wahrheit haben die sinisteren Operationen der so genannten »Dritten Kraft« diesen Krieg angeheizt. Heute wissen wir, dass die Todesschwadronen klammheimlich vom reaktionären Establishment im Staats- und Militärapparat bewaffnet und finanziert wurden. Mangosuthu Buthelezi, der Chef des Homelands und der Inkatha-Partei, sträubt sich bis zuletzt gegen demokratische Wahlen; er fürchtet um sein »Stammesreservat«, das ihm das Apartheidregime geschenkt hatte, und verbündet sich, um es zu retten, sogar mit weißen Rechtsextremisten. Die Machenschaften dieses tribalistischen Kriegstreibers sind nie aufgeklärt worden. Dies wird auch nicht mehr geschehen, denn heute ist Buthelezi Innenminister. Und bei der Konrad-Adenauer-Stiftung, die ihn jahrelang unterstützt hat, weil er eben kein linksradikaler, sondern ein guter Schwarzer war, will man auch nichts mehr von seinen kriminellen Umtrieben wissen. Wobei wir nicht ausschließen wollen, dass gerade dieser deutsche Einfluss den machtbesessenen Zulu-Häuptling gemäßigt hat.

Man kehrt heim aus Tokoza, aus der Todeszone eines Townships, in der jeden Tag unschuldige Menschen umgebracht werden. Man berichtet über eines der furchtbaren Massaker in den Pendlerzügen hinaus in die Elendsviertel. Man steht in KwaZulu vor sechs Kindersärgen, unter Trauernden, von denen viele bewaffnet sind und Rache schwören. Wie soll man da zuversichtlich bleiben? Ich habe in diesen Jahren oft am Gelingen des großen Experiments gezweifelt. Aber genauso oft liefen mir Menschen über den Weg, die alle Skepsis verscheuchten, Menschen wie Jan Combrinck und George Mokgatle, ein weißer Farmer und ein schwarzer Heimatvertriebener. Ich traf die beiden in Boons, bei der Rückkehr einer Sippe der Bakubung, die von hier ins Eingeborenenreservat Boputhatswana zwangsumgesiedelt worden war. »In dieser Erde liegen unsere Ahnen begraben«, sagte Mokgatle, »die Buren haben sie uns geraubt.« Er und die Seinen mussten 28 Jahre auf die Heimkehr warten, und die örtlichen Farmer kündigten an, sie mit Kugeln zu empfangen. Denn dies ist »volksstaatliches« Territorium. Aber am Ende erscheint nur Jan Combrinck, dem das Anwesen nebenan gehört, und der hilft den Rücksiedlern. Wege machen, Brunnen bohren, Zäune ausbessern, es ist viel zu tun. »Als Christ«, sagt er, »leiste ich jetzt meinen Teil, um richtig zu stellen, was wir falsch gemacht haben.« Nachts schreien die Ultras in sein Telefon: »Wir legen dich um, wenn du nicht bei uns mitmachst.« Aber Combrinck ist aus dem gleichen Holz geschnitzt wie die Anrufer. Ein Bure lässt sich von dem Weg, den er einmal beschritten hat, nicht abbringen – das macht sie so sympathisch und so unheimlich.

Am Ende fiel der Widerstand der Rechtsextremen geräuschlos in sich zusammen, denn die Mehrheit der Weißen hatte beschlossen, ihrem Präsidenten de Klerk auf dem Trek in die Demokratie zu folgen. Die Afrikaaner Weerstandsbeweging startete noch einmal einen Frontalangriff auf das World Trade Centre in Johannesburg, wo die Demokratieverhandlungen liefen. Wir Berichterstatter standen damals vor dem Panzerwagen, mit dem sie in die Glasfront der Eingangshalle gerast waren, und lachten – es war die Karikatur eines Putschversuchs. Dann, im März 1994, der letzte Anlauf: 4000 bewaffnete Schlagetots der AWB fallen im Homeland Boputhatswana ein, um das Marionettenregime des Lucas Magope vor einer Meuterei der eigenen Soldaten zu retten; auch dieser Westentaschendespot will, dass sein Bantustan bestehen bleibt, denn es sichert ihm Macht und Pfründen. Aber die revoltierenden Soldaten vertreiben die weißen Söldner. Bei ihrer Flucht werden in der Stadt Mafikeng Fernsehbilder gedreht, die um die Welt gehen. Drei Buren in Khaki-Uniformen liegen schwer verwundet vor einem blauen Mercedes und flehen in Todesangst um Beistand. »Bitte, Gott, hilf uns, holt einen Arzt«, wimmert einer. Es sind seine letzten Worte. Ein schwarzer Polizist rennt schreiend auf die Männer zu, legt sein R-4-Sturmgewehr an und erschießt die Wehrlosen der Reihe nach. Die brutale »Hinrichtung« vor laufenden Kameras ist eine symbolische Szene für den Untergang der Apartheid, ja für das Ende der europäischen

Herrschaft in Afrika: Sie zeigt, wie sich der ganze Hass des schwarzen Mannes entlädt. Und wie der Mythos von der Unbesiegbarkeit des weißen Mannes zerbricht.

Dann, vom 26. bis zum 28. April 1994, die »Mutter aller Wahlen«. – »Wähle, geliebtes Land!«, titelt eine Zeitung. Das Land wählt – und wie! Die kilometerlangen Warteschlangen vor den Urnen, die Geduld, mit der Millionen in der prallen Hitze anstehen, der unermüdliche Einsatz der Wahlhelfer aller Hautfarben, die Heiterkeit der Menschen – niemand hatte den Südafrikanern ein solches Fest der Demokratie zugetraut. Da stehen Madams und Maids, Herren und Knechte, Schwarze, Weiße, Farbige und Inder so bunt gemischt und gelassen an, als wäre es noch nie anders gewesen. In diesen drei Wahltagen sind sich die Südafrikaner wahrscheinlich näher gekommen als in den drei Jahrhunderten vorher. In Johannesburg hören sie genau 22 Minuten nach der Öffnung der Wahllokale einen dumpfen Donnerschlag. Es ist die erste Bombe, die am Jan-Smuts-Flughafen in diesen sonnigen Aprilmorgen hineinexplodiert – und es wird die letzte sein. Mit dem Wahltag enden die Gewaltexzesse, und in diesem Fall zögert man nicht, das Wort »Wunder« zu verwenden.

*

Johannesburg, Louis Botha Avenue, 9 Uhr 30 morgens. »Lasst uns an die Arbeit gehen!« Im Autoradio wird gerade die erste Parlamentsrede von Nelson Mandela übertragen. Stromanschlüsse, Schulabschlüsse, Häuser, Jobs. Der Präsident verkündet ein gewaltiges Wiederaufbauprogramm. Alle sollen es besser haben im neuen Südafrika. Am Nordende der Louis Botha fahren wir in die Zonengrenze des alten Südafrika. Links geht's hinauf nach Sandton City, rechts hinüber nach Alexandra. Zwischen den beiden Stadtteilen liegen ungefähr fünf Autominuten. Oder eine halbe Stunde Fußweg. Oder acht Ampeln. Genau genommen aber sind sie so weit voneinander entfernt wie die Favelas von Rio und die Villen von Hamburg-Blankenese. Sandton gehört nämlich zu den reichsten Gemeinden Südafrikas, Alexandra zu den ärmsten. In Sandton wohnen die Weißen, in Alexandra die Schwarzen, so hat es die Geometrie der Apartheid vorgesehen. Ein ausgetrockneter Fluss, die sechsspurige Autobahn M1, das Gewerbegebiet Wynberg und vierzig Jahre Apartheid trennen die Wohngebiete. Die Pufferzone von Wynberg ist grau; hier treffen Schwarz und Weiß aufeinander. Es ist wie eh und je an diesem kühlen Herbstmorgen: Die Herren kommen in ihren BMWs herunter aus Sandton, die Knechte zu Fuß herüber aus Alexandra. Die einen sind in der Regel gutbezahlte Betriebsleiter, Angestellte oder Facharbeiter, die anderen billige, ungelernte Handlanger. In Autosalons, Baumärkten, Spenglereien, Möbelhäusern oder beim Karosseriebauer arbeiten sie zusammen. Abends fahren die Weißen zurück nach Sandton, die Schwarzen gehen über die Kuppe heim nach Alexandra.

Alexandra: Das sind Tausende von Blechhütten, Holzverschlägen, winzigen Steinhäuschen, dazwischen ein paar Mietskasernen. Kaum Bäume, keine Sträucher, keine Grünflächen. Auf einem Areal von zirka vier Quadratkilometern sind 360 000 Menschen zusammengepfercht – ungefähr so viele wie in Wuppertal. 65 Prozent der Erwerbsfähigen sind arbeitslos. Zirka siebzig Personen teilen sich einen öffentlichen Wasserhahn. Immer wieder werden Fälle von Cholera registriert, weil die Kinder aus dem Jukskei trinken, einer Kloake, die durch Alexandra mäandert. Kanalisation und geregelte Müllabfuhr gibt es nicht. Der einzigen Klinik fehlt es an Geräten, Medikamenten und Fachpersonal; sie verarztet täglich 400 bis 600 Patienten. Die Schulen sind erbärmlich ausgestattet. Die Kriminalitätsrate ist extrem hoch. Alexandra, das ist Dritte Welt.

Wir fahren über den Hügel Richtung Sandton und sehen eine Gartenstadt mit altem Baumbestand. Viel Grün, lauschige Parks, Golfplätze. Hier leben 113 485 Menschen auf 142 Quadratkilometern. Ein Platz trägt den reichsdeutschen Namen »Lebensraum«. Sportstätten, Spielplätze, Straßenlaternen, alles vom Feinsten. Die

Kinderbibliothek im Rathaus von Sandton verfügt über mehr Bücher als alle Schulen von Alexandra zusammen. Die Sandton Clinic, 75 ambulante Patienten pro Tag, zehn OPs, Schönheitsoperationen inklusive, hat eine Belegungsquote von sechzig Prozent; das ist hoch für ein weißes Krankenhaus. Aus der Mitte des Viertels hebt sich die City: Bankpaläste, Bürohochhäuser, Hotels, Shoppingmalls im venezianischen Stil, die alle erdenklichen Luxuswaren bieten. Sandton, das ist Erste Welt.

Sandton und Alexandra sollen 1994 zu einer Großgemeinde verschmolzen werden – das ist ungefähr so, als würde Blankenese ein Slum von Rio eingemeinden. »Wir Privilegierten müssen die Hauptlast des Wiederaufbaus tragen. Wie sonst sollte man Alexandra aus dem Elend helfen?«, sagt Willem Hefner, den sie hier einen Überläufer und Verräter schimpfen. Hefner ist Unternehmensberater von Beruf und Ratsherr in Sandton, ein Weißer, ein ANC-Mann. Wir treffen ihn im Café »Gazebo«, wo gerade die Madams in die Sessel sinken, erschöpft von Nagelmaniküre, Gesichtsmassage und Kostümprobe. Während sie die Vorspeise schlürfen, Austern, frisch aus Knysna, stehen vor den Suppenküchen Alexandras 38 000 Hungrige an. Hefner spricht von Umverteilung. Wie soll das geschehen? »Über Steuern und Abgaben.« Man werde die Einheitswerte aller Grundstücke und Immobilien neu taxieren und alle Einkünfte lückenlos erfassen. »Die Sandtonians erzielen das höchste Durchschnittseinkommen im Land.« Außerdem werde man gestaffelte Verbraucherpreise einführen. Mr. Smith aus Sandton, der seinen fußballplatz-großen Garten sprenkelt, muss zahlen; Mrs. Mnisi aus Alexandra, die pro Tag zwei Kübel Wasser verbraucht, wird mit niedrigem Tarif belohnt. Solche sozialistischen Ideen bringen manchen Ratskollegen auf die Palme. Sie reden von Neidsteuern. Und als auch noch Jay Naidoo, ein wirtschaftspolitischer Vordenker des ANC, scherzhaft eine »Swimmingpoolsteuer« vorschlägt, heulen in den Villen von Sandton die Alarmsirenen. »Es werden noch harte Kämpfe«, prophezeit Hefner. »Sie wollen nicht teilen.« Aber sie werden teilen müssen, denn sie haben nicht den Vorteil der Wohlstandsbürger auf der Nordhalbkugel, für die das Elend im Süden abstrakt und weit weg ist – es beginnt direkt vor ihrer Haustür, und sie werden jeden Tag an die Mahnung des Großindustriellen Anton Rupert erinnert: »Wenn sie nichts zu essen haben, können wir nicht schlafen.«

Denn Sandton/Alexandra ist überall in Südafrika.

*

Das Jahr der Wende ist noch nicht zu Ende, da sind im Volk schon die ersten unzufriedenen Stimmen zu vernehmen, ganz leise zwar, aber auch für die ANC-Delegierten nicht zu überhören, die sich im Dezember 1994 zum Parteikongress versammeln. Sie wählen den symbolischen Konferenzort Bloemfontein. Hier wurden im Jahre 1948 die Schandgesetze der Apartheid höchstrichterlich abgesegnet, hier gründeten schwarze Führer anno 1912 den South African Native National Congress, den Vorläufer des ANC. Ein junger Delegierter, Mzwani Sono aus East London, berichtet von der Stimmung an der Basis. »Die Leute warten darauf, dass wir unsere Wahlversprechen erfüllen. Sie werden allmählich ungeduldig.« Wo bleiben die Arbeitsplätze? Wo sind die neuen Häuser? Wann bekommen wir einen Wasseranschluss? In den Townships werden diese Fragen immer öfter gestellt. Zugleich breitet sich die *culture of entitlement* aus, das überzogene Anspruchsdenken. Nachdem man so lange gelitten hat, steht einem alles zu, und zwar sofort und möglichst umsonst. Die *comrades* in der Regierung und im Parlament machen es schließlich vor. Sie schanzen sich recht freimütig Pfründen zu, Ministergehälter und Diäten, Dienstwagen, Freiflüge und Steuervorteile. Sie sind auf den *gravy train* gesprungen, was wortwörtlich übersetzt »Fettsoßenzug« heißt und bedeutet, dass sie kräftig aus den staatlichen Fleischtöpfen schöpfen.

Die Selbstbedienung würde wohl weniger Anstoß erregen, wenn die schlechter gestellten Bürger nach all den mageren Jahren ein paar Schöpfkellen von der »Wohlstandssoße« abbekämen. Und wenn sich nicht der Eindruck verfestigen würde, daß die begüterten Weißen vor lauter Versöhnungsseligkeit mit Samthandschuhen angefasst werden. Sie können sich in der Tat nicht beklagen. Das apokalyptische Szenario, beschrieben in »July's People«, dem einzig wirklich gelungenen Roman von Nadine Gordimer, ist nicht Realität geworden. Niemand hat sie ins Meer gejagt. Niemand hat ihnen die Farmen und Villen, Aktien und Swimmingpools weggenommen, die meisten genießen nach wie vor einen üppigen Wohlstand. Von einem Lastenausgleich wurden sie verschont, und eine Solidaritätsabgabe nach deutschem Vorbild wollte ihnen die Regierung nicht zumuten – ein schweres Versäumnis, wie sich herausstellen wird. Trotz alledem fürchten die Weißen um ihre Privilegien, sie fangen an zu jammern. Was soll nur aus uns werden unter einer schwarzen Regierung, die eigentlich gar nicht regieren kann?

Der *Honeymoon*, die Hochstimmung nach der »Mutter aller Wahlen«, ist verflogen. In Bloemfontein hören wir zum ersten Mal jene Grundmelodie, die das neue Südafrika fortan begleiten wird, diesen dissonanten Chor aus überzogenen schwarzen Erwartungen und übertriebenen weißen Befürchtungen.

Massenschlägereien, brennende Barrikaden, Tränengasnebel, rasende Ambulanzen, ein verwüsteter Campus: Szenen wie weiland im Mai 1968 bei der Studentenrevolte zu Paris. Sie spielen sich im Vaal Triangle Technikon bei Johannesburg ab. Rechtzeitig zum einjährigen Jubiläum des neuen Südafrika gehen schwarze und weiße Kommilitonen mit Baseball-Schlägern und Nilpferdpeitschen aufeinander los. Die Unruhen zeigen, wie fragil die Gesellschaft bleibt und wie schnell Rassenkonflikte aufflammen können. Die weißen Studenten verteidigen ihre alten Pfründen, die schwarzen kämpfen für neue Rechte. Die einen haben Angst, dass ihnen zu viel genommen wird, die anderen, dass sie zu wenig bekommen.

*

Über die Mühen und Zwänge des Regierens macht sich das Volk wenig Gedanken. Im Staatsapparat nisten die Bürokraten des alten Regimes, die öffentlich Bediensteten sind oft inkompetent und unwillig, es ist nicht mehr der Staat, dem ihre Loyalität gehört. Den neuen Beamten hinwiederum mangelt es an Fachwissen und den Erfahrungen, um ihre ambitionierten Pläne zügig in die Tat umzusetzen. So kommt es zu der in einem Entwicklungsland einzigartigen Situation, dass mehr Geld da ist, als ausgegeben werden kann: Es wird Haushaltsjahre geben, in denen aus den Schlüsselministerien für Bildung, Gesundheit und Soziales Milliarden von Rand für Aufbauprojekte nicht abfließen; man kann die Mittel nicht implementieren, wie es im Fachjargon heißt, es fehlt an Verteilungsstrukturen und kompetenten Kräften.

Je weiter wir auf den Ebenen des Staates hinuntergehen, von der Zentralregierung über die Provinzverwaltungen bis zu den Landgemeinden, desto versteinerter sind die Verhältnisse. Wie könnten etwa in einem Städtchen wie Hoopstad die Hinterlassenschaften der Apartheid entsorgt werden? Hoopstad, ein staubiges, trostloses Nest im Orange Free State, ist in puncto Schuldbildung, Einkommen und Lebenserwartung der Ort mit der extremsten Ungleichheit im neuen Südafrika. Auf einer Skala von 0 bis 1 erreichen die Schwarzen einen Wert von 0,09, während er bei Weißen 0,99 beträgt, also genau das Elffache. Fragen wir einen Weißen, wie viele Einwohner Hoopstad hat, wird er antworten: ungefähr 2500. Die Schwarzen zählen nicht, sie sind keine Bürger, und Tikwana, ihre Township, suchen wir auf der Landkarte vergeblich. Es ist die unsichtbare schwarze Schwester, welche die Apartheid einer jeden weißen Stadt geboren hat, die *lokasie* der Afrikaner, sauber abgetrennt, ein Konglomerat von Blechhütten. Sosehr die Weißen die Township verdrängen – die Bewohner derselben empfinden sie als unheimliche Masse. 2000 Menschen lebten 1985 in Tikwana, zehn Jahre später sind es 12 000. Die meisten haben keine Arbeit, kein Land, keine Zukunft. Treten sie vor ihre Hütten, befinden sie sich auf dem Grund und Boden der weißen Farmer.

Ollie Botes besitzt elf Farmen, 3600 Hektar Gesamtfläche, er ist ein Multimillionär. Er wird uns erklären: Was wollen Sie? Jeder Plot in der Township hat Wasser und Strom. In der Mitte steht eine Klinik und am Rande ein Hospital. Und auf meinen Farmen habe ich zwei Schulen bauen lassen, eine Kindertagesstätte ist geplant. Den Leuten geht es hier besser als sonstwo in Afrika, wird Botes sagen, schauen Sie nur hinauf in den Norden. Wenn wir an die Elendsgürtel von Nairobi, Kinshasa oder Lagos denken, werden wir ihm sogar Recht geben müssen – eine ländliche Township in Südafrika ist im Vergleich zu diesen Slums eine menschenwürdige Siedlung.

Aber dieser Vergleich ist für die Leute in Tikwana wenig tröstlich. Sie sehen, dass die Ressourcen ungerecht verteilt sind und dass sich daran wenig geändert hat. Was hilft es schon, wenn die Regierung Mindestlöhne für die 930 000 Farmarbeiter festlegt? Sie können sie nicht durchsetzen, weil der *baas* droht, sie fortzujagen. 400 Rand pro Monat wird Arbeitsminister Membathisi Mdladlana für den Freistaat vorschlagen, das ist den Landlords entschieden zu viel. Schließlich wohnen die Familien umsonst auf ihrem Gelände, sie dürfen ihr Vieh grasen lassen und erhalten obendrein einen Sack Mais pro Monat. Plötzlich diese Undankbarkeit, ihrem Patron alle vier Wochen auch noch umgerechnet 40 Euro abzunötigen!

Die schwarzen und farbigen Landarbeiter bleiben vorerst in einem Status, der den modernen Europäer an die Leibeigenschaft erinnert. Aber irgendwann wird ihre Duldsamkeit erschöpft sein, und diese Aussicht nährt wiederum die Furcht der Besitzenden: Sie ahnen, dass es so werden könnte wie in Simbabwe, wo die Landlosen, aufgehetzt von einer kriminellen Regierung, weiße Farmer totschlagen und sich deren Ländereien einfach nehmen. Das könnte auch schleichend geschehen, wie auf der Farm Modderklip bei Benoni. Erst ließ sich eine Hand voll Familien auf einer brachliegen den Ecke des 2600-Hektar-Gutes nieder, bald waren es ein paar Hundertschaften von so genannten wilden Siedlern, unterdessen ist ihre Zahl auf 40 000 angewachsen. Der Besitzer spricht von Enteignung. Die Besetzer fragen: Wo sollen wir hin? Der Staat schaut zu, obwohl es an der Rechtslage nichts zu deuten gibt: Landnahme ist in Südafrika illegal und wird nicht geduldet. Aber auf Modderklip sind der Okkupanten zu viele geworden, um eine Verfügung des Obersten Gerichts durchzusetzen und sie einfach zu deportieren. Außerdem lässt sich die Regierung ungern beschuldigen, genauso rücksichtslos vorzugehen wie das Apartheid-Regime. Die Anklage der Besetzer von Bredell, deren Notunterkünfte abgeräumt wurden, hallt in ihren Ohren: »Es sind ja die gleichen Bulldozer wie früher.«

Das Land hat mythische Bedeutung. Es nährt Mensch und Tier, es schafft Wohlstand und stiftet kulturelle Identität, es ist die ewige Heimat der Ahnen, die die Geschicke der Nachgeborenen lenken. *Mayibuye iAfrika!*, Komm zurück, Afrika!, singen die Menschen, denen das Land geraubt wurde. Sie singen es seit neunzig Jahren, seit der Verabschiedung des Native Land Act anno 1913, der die *natives*, die Eingeborenen, zu Habenichtsen degradierte. 87 Prozent aller Flächen sind seither in weißer Hand. Die Landfrage ist eines der Probleme, an denen sich die Zukunft Südafrikas entscheidet. Daran muss man die Regierung nicht erinnern, sie hat im Geiste der *Freedom Charter* gekämpft, in der schon 1955 die Rückgabe des Landes gefordert wurde. Man kann, bei aller Kritik am Detail, behaupten, dass ihr Landreformprogramm zu den vorbildlichsten zählt, die je eine Regierung entworfen hat. Von den 68 878 *claims* – es handelt sich um Rückgabe- oder Entschädigungsansprüche – wurden bis Ende 2002 immerhin 36 279 erfüllt. Aber das Procedere geht viel zu langsam, und das Heer der Landlosen schwillt stetig an.

*

Genadendal, der Kapstädter Amtssitz des Präsidenten. Der Herr des Hauses betritt den Salon. Geht er nicht ein bisschen gebückter? Sieht er nicht älter, grauer aus? Wirkt er nicht erschöpft? Je näher er kommt, desto mehr verflüchtigt sich der erste Eindruck. Vor mir steht ein hochgewachsener, kräftiger, viriler Mann. Er trägt, leger wie immer, eine weiße Leinenhose, dazu eines seiner Ethno-Hemden, erdnussbraun mit schwarzen Ornamenten. Ein fester Druck einer großen Maurerhand, ein hinreißendes Lächeln. Dann sitzt er im Sessel unter einem Gemälde, das indische Frauen in zinnoberroten Saris zeigt: Nelson Mandela, Präsident des neuen Südafrika, bereit zum Interview.

Ich bin so aufgeregt, dass mir die erste Frage nicht mehr einfällt. Also fragt Mandela. »Wie alt war eigentlich Adenauer, als er Kanzler wurde?« – »Genau 73!« – »Aha.« Wann der Alte seinen Hut nahm – mit 87 –, will er gar nicht wissen. Da ist es wieder, das seltsame Kraftfeld. Eine knisternde, unwiderstehliche Aura der Nähe umströmt diesen Menschen. Es ist, als würden wir ihn schon lange kennen. Wie einen alten Freund, dessen Sorgen und Hoffnungen wir teilen. Der alle Skepsis raubt, die unser Beruf gebietet. Zugleich aber tut sich in diesem Kraftfeld eine ebenso merkwürdige Distanz auf, Mandela wirkt sternenfern und fremd. Ein Mythos, unnahbar, unfasslich, fast unwirklich, erstarrt zu einer Ikone der Geschichte.

Geboren 1918, aufgewachsen in der stillen Transkei, Ziegenhirte, Missionsschüler, Boxer, Advokat in der ersten schwarzen Anwaltskanzlei am Kap. Friedlicher Widerstand, bewaffneter Kampf, Verurteilung zu lebenslänglicher Haft, 27 Jahre Gefängnis. Freilassung 1990, Wahl zum Staatspräsidenten 1994. Jeder informierte Weltbürger weiß um das Schicksal Nelson Mandelas, jedes schwarze Schulkind in Südafrika kann die Stationen seines Lebensweges aufsagen. Wahrscheinlich ist am Ende des 20. Jahrhunderts über keinen Politiker mehr geschrieben worden. Und dennoch wissen wir über seine Persönlichkeit ziemlich wenig. Gestalt und Gangart, Minenspiel, Gestik und Redensweise. Die Augen Mandelas. Das Lächeln. Die Falten und die Fäuste. Alles tausendundein Mal gelesen. Doch unverdrossen mühen sich die Deuteriche aufs Neue ab, von der äußeren Erscheinung auf das innere

Wesen zu schließen. Was machte diesen Mann so stolz und unbeugsam? Woher nimmt er die Zuversicht? Woher die Kraft zur Versöhnung? Warum haben ihn nicht Hass und Rachsucht zerfressen? Der Schlüssel zu diesem enigmatischen Charakter liegt auf der Gefängnisinsel Robben Island. Dort richtete er die Mauer, die das Regime um ihn gezogen hatte, unsichtbar um sich selber auf. An ihr prallten alle Erniedrigungen und Beleidigungen ab. Sie wuchs so hoch, dass niemand mehr drüberschauen kann. Mandela deutet in seiner Autobiographie an, dass das, was dort zu sehen wäre, nicht so wichtig ist. Er trat stets hinter die Sache zurück, für die er sein Leben lang kämpfte: die Überwindung der Apartheid und die Anerkennung der Schwarzen als Menschen und Staatsbürger. Der Häftling Nr. 466/64, mit 46 Jahren eingeliefert, mit 74 Jahren entlassen, hat die Kerkerjahre unbeschadet überstanden, weil er keine Sekunde an sich und seiner Mission zweifelte: »Wir betrachteten den Kampf im Gefängnis als Mikrokosmos des Kampfes insgesamt.« – »Er war der Inbegriff unseres Widerstandes«, erzählte mir Indres Naidoo einmal, der als Häftling Nr. 885/63 zehn Jahre auf der Insel verbrachte. »Wir haben uns an Mandela aufgerichtet.«

Irgendwann in diesen unendlichen Jahren führten die Gefangenen die »Antigone« des Sophokles auf, ein Lehrstück über den Aufstand des Individuums gegen den ungerechten Staat. Der weise König Kreon wird im Ringen um Thebens Thron zum Tyrannen. Antigone lehnt sich gegen den Herrscher auf, weil er sich weigert, ihrem rebellischen Bruder Polyneikes ein standesgemäßes Begräbnis zu gewähren. »Antigone widersetzt sich, weil es ein höheres Gesetz als das des Staates gibt«, schreibt Mandela, »sie war das Symbol für unseren Kampf.« Die Wärter begriffen nicht, dass die Häftlinge hinter dem Paravent der griechischen Tragödie über das System der Apartheid richteten. Mandela spielt damals den Kreon, eine Rolle über die Fehlbarkeit der Macht.

Was sagen sie da? Der angesehenste Staatsmann unserer Zeit? Die alte Dame schaut ungläubig. Im nächsten Moment packt sie der Zorn. »Mandela, euer Heiliger, ruiniert dieses Land!« Aber seine Politik der Versöhnung? »Den hätten sie nie freilassen sollen, diesen Terroristen!« Die Frau hetzt, wie von Furien getrieben, durch ihren Brillenladen, und sie hätte mich vermutlich geohrfeigt, wäre ich nicht ein treuer Kunde. »Ihr Fremden wisst nichts über die Scheiße hier!« Die Scheiße hier: das neue Südafrika, fünf Jahre nach dem Untergang der Apartheid. Zwei Tage später. Ein Meer aus schwarz-rot-grünen Fähnlein, johlende, stampfende Tanzgruppen, Jubel aus tausend Kehlen: Viva ANC! *Siyabonga*, Madiba! Danke, Mandela! Die Stimmung vor dem Rathaus zu Johannesburg ist beinahe so ausgelassen wie damals, im April 1994, unmittelbar vor den ersten freien Wahlen. Der einzige Unterschied: In der Menge, die Nelson Mandela stürmisch feiert, sieht man kaum noch hellhäutige Gesichter.

Ein Land, zwei Nationen: Hier die alte weiße Frau, ihre Zukunftsangst, die Verbitterung. Dort die jungen schwarzen Massen, optimistisch und voller Ungeduld. Dazwischen Missgunst, Argwohn, subtiler Rassismus. Und ein Präsident, der unermüdlich Brücken schlägt – auch wenn sie die Unversöhnlichen nicht betreten wollen. Insgeheim sind die Weißen allerdings froh, dass sie ungeschoren davongekommen sind. Demnächst wird sich der alte Mann verabschieden, und sie ahnen, was sie an ihm hatten: Einen Prediger der Versöhnung, der um des sozialen Friedens willen ihre Privilegien nicht antastete. Ihr Angstsyndrom heißt *After Mandela*. Was wird aus dem schönen Südafrika, wenn er einmal nicht mehr ist? Wird es auch heruntergeschlampt wie der Rest Afrikas? Droht eine Ein-Parteien-Diktatur? Die Weißen sehen schwarz – als ob nach Mandela die Zukunft enden würde.

Da steht er am Rednerpult, Nelson Rolihlahla Mandela, der alte Baum, knorrig, ein bisschen wacklig, aber nicht zu biegen. Es ist die fünfzigste Konferenz des ANC, und er redet den *comrades* zum Abschied noch einmal ins Gewissen. Die Partei zelebriert die Geschlossenheit einer Amtskirche. Doch hinter den Kulissen lassen sich die ideologischen Risse nicht mehr verbergen. Da fetzen sich Technokraten und Traditionalisten, Reformer und Radikale. Da stimmen junge, forsche Neoliberale das Requiem auf den Sozialismus an, während stramme Kommunisten den Ausverkauf der Revolution geißeln – einer Revolution, die gar keine war. Die politische Freiheit, darin ist man sich einig, wurde errungen, jetzt geht es um soziale Gerechtigkeit. Unter Nelson Mandela wurde die erste Etappe zurückgelegt; vor seinem Nachfolger Thabo Mbeki liegt die zweite, die steinigere Wegstrecke.

Zwei Drittel der Südafrikaner leben in Armut, die Hälfte sind Analphabeten, eine verheerende Aids-Pandemie dezimiert die Bevölkerung, weit über vierzig Prozent haben keine Arbeit. Die Regierung Mbeki ist um ihre Aufgabe nicht zu beneiden, aber sie hat eine klare Strategie aus dem Lehrbuch des Neoliberalismus: privatisieren, deregulieren, die Märkte öffnen, die völlig veraltete Ökonomie modernisieren. Südafrika soll konkurrenzfähig werden auf dem Weltmarkt, um jene Wachstumsdividende zu erwirtschaften, mit der sich das extreme Wohlstandsgefälle im Lande allmählich einebnen ließe. Das muss geradezu zwangsläufig die Verbündeten in der eigenen Regierungsallianz auf den Plan rufen, die Gewerkschaften und die Kommunistische Partei. Denn der eingeschlagene Kurs schafft zunächst keine Arbeitsplätze, sondern vernichtet sie: Bis zum Jahr 2000 hat Südafrika eine halbe Million Stellen verloren. Die Industriekapitäne aber applaudieren der Regierung. Es ist keine fünf Jahre her, da hatten sie noch mit dem Schlimmsten gerechnet, mit Verstaatlichungen, Dirigismus und anderen Rezepten aus der sozialistischen Mottenkiste. Und nun erweisen sich der Präsident und sein Stab als konservative Strategen und eifrige Globalisierer! Als Thabo Mbeki wieder einmal heftig von links angegriffen wird, kontert er kühl: »Ihr könnt mich einen Thatcheristen nennen.«

Aber es läuft nicht alles so glatt, wie es sich die Regierung wünscht. Das Konzept des *Black Economic Empowerment* zum Beispiel krankt an dem Widerspruch, dass es ein afrikanisches Unternehmertum kreieren und zugleich Kapital auf die breite

Masse umverteilen will. Nur wenige werden schnell reich, viele verbrennen sich an der *New Economy* die Finger. Die »schwarze Bourgeoisie«, von der Mbeki redet, lässt sich nicht per Dekret erschaffen. Ein Teil der neuen Elite tut es der weißen Herrenschicht nach und bereichert sich hemmungslos am öffentlichen Eigentum. Aus dem Fonds für die Speisung von Schulkindern verschwinden Millionen. Man schanzt seinen Amigos lukrative Staatsaufträge zu. Ein Geländewagen-Modell wird im Volksmund »Yengeni« genannt – nach dem Namen eines bestechlichen ANC-Prominenten, der es als Vorsitzender des Verteidigungsausschusses zum Vorzugspreis von einem deutschen Rüstungskonzern erhalten hatte. So triumphiert die Gier über das Gemeinwohl, Mandelas Warnung vor der »parasitären Klasse« war nicht unbegründet. »Die scheren sich einen Dreck um die armen, arbeitslosen und obdachlosen Massen!«, sagt James Matthews, der grimmige Township-Poet, über die neureichen Brüder. Sie haben den Sprung in die oberen Etagen der Gesellschaft geschafft und vergessen, wie es in den unteren aussieht. Wer kann, tut es ihnen nach. Man hat ein Amt in der Regierung ergattert, eine gute Stellung in der freien Wirtschaft oder einen Funktionärsposten in einem Verband – und langt zu. »Aber was hast du erwartet?«, belehrte mich Nyanga Tshabalala, mein langjähriger Freund aus Soweto. »Wir müssen alles nachholen. Wir sind hungrig nach Häusern, Autos, Telefonen, Kühlschränken, nach dem ganzen Wohlstand, der uns vorenthalten wurde. *This is a material society.*« Eine materielle Gesellschaft, in der neue Gräben zwischen Armen und Reichen gezogen werden. Sie trennten Rassen, jetzt trennen sie auch Klassen.

*

Ein Bankeinbruch. Ein versuchter Mord. Drei Raubüberfälle. Zwei Tote, ein paar Schwerverletzte. Für die beiden Polizisten von der *Flying Squad* in Johannesburg, die ich eine Nacht lang begleitete, war es eine ruhige Schicht. Sie sind als Mitglieder der Spezialeinheit an Schwerverbrechen gewöhnt. Mir gehen manche Bilder dieser Nacht bis heute nicht aus dem Kopf. Zum Beispiel der Anblick des schwarzen Bettlers, der auf dem Gehsteig verblutet, und der fünf Jugendlichen, die unschuldig lächeln; sie hatten dem Mann aus einem fahrenden Auto heraus mit einem Cricket-Schläger den Schädel zertrümmert; *kaffir bashing* nennt man das, »Negerprügeln«, ein Freizeitvergnügen verirrter weißer Kids. Oder das Bild von dem Hausbesitzer, der mit dem Stolz eines Großwildjägers auf den toten Einbrecher deutet. Er hat ihn vor zwanzig Minuten erlegt. »Guter Schuss«, lobt der Sergeant, »direkt ins Herz.« Der Tote, ein junger Schwarzer, liegt hinter dem Ehebett. Er war unbewaffnet. Im Korridor hat er das Diebesgut aufgeschichtet, eine verstaubte, fast wertlose Stereoanlage. Nebenan, im Kinderzimmer, stehen säuberlich aufgereiht dreißig Paar Schühchen. Sie gehören der zweijährigen Tochter des erfolgreichen Schützen. »It's a jungle out there«, sagt sein Schwiegervater. Ein Dschungel, die Stadt da draußen. Und eine Bestie weniger.

So sehen es viele weiße Bürger, und wenn wir auf die Statistik schauen, können wir nachvollziehen, warum das so ist. Johannesburg gehört zu den kriminellsten Großstädten, Südafrika zu den gewalttätigsten Gesellschaften der Welt. Alle sechs Minuten ereignet sich ein Raubüberfall, alle 18 Minuten eine Vergewaltigung, alle 25 Minuten ein Mord. Im Jahre 2002 wurden 21 000 Menschen umgebracht. Es vergeht kein Tag, an dem es nicht an irgendwelchen Kreuzungen zu *carjackings* kommt, zu bewaffneten Autoentführungen, bei denen häufig die Fahrzeughalter erschossen werden. In den farbigen Slums von Kapstadt liefern sich Gangs regelrechte Kriege; allein in der Woche, als ich dieses Kapitel zu schreiben begann, wurden fünf Schulkinder ermordet – sie waren ins Kreuzfeuer geraten. Draußen, auf den einsamen Gehöften, werden weiße Farmer umgebracht, 1999 starben 809. Angesichts dieser Schreckenszahlen wird gerne vergessen, dass rund 95 Prozent der Opfer in den Townships leben. Auch in der Wahrnehmung von Gewaltverbrechen spiegelt sich die Farbenlehre, es ist ein großer Unterschied, ob die Toten schwarz oder weiß sind. Während es der neunfache Mord an schwarzen Wanderarbeitern in Soweto nicht einmal auf die Titelseiten der Lokalzeitungen bringt, sorgt die Ermordung eines deutschen Managers für internationale Schlagzeilen.

Wir können die Gefühlslage der Menschen an ihren Häusern ablesen – sie gleichen Festungen. Wer es sich leisten kann, schützt sich durch hohe Außenmauern, Stacheldrahtverhaue, Elektrozäune, Kameras, Lichtschranken, Infrarotsensoren, Flutlichtanlagen und Sirenen. Neben den Hauseingängen warnen die Schilder der privaten Sicherheitsdienste: *Armed response* – hier wird zurückgeschossen! Die Wachkommandos werden per Druck auf den *panic button*, den Notfallknopf, herbeigerufen. Besorgte Familienväter schließen sich der *block watch* an, einer Art Bürgerwehr, welche die Nachbarschaft durchkämmt und von »kriminellen Elementen«, darunter oft unschuldige Schwarze, säubert. Hausfrauen legen Karteikarten mit den Fingerabdrücken von Gärtnern, Kindermädchen oder Handwerkern an, um sie gegebenenfalls an die Polizei weiterzuleiten. Über den Eingangsportalen entdecken wir Fetische; sie sollen abergläubische Eindringlinge abschrecken. Der Stadtplan wird überflüssig, weil ganze Viertel nicht mehr befahrbar sind. Ihre Bewohner haben alle Zufahrten abgeriegelt. Hinter den Straßensperren wohnt die Angst.

Man bleibt in diesem Land nicht von der Gewalt verschont, sie ist wie ein Schatten, der uns ständig begleitet. Auch wir wurden mehrfach überfallen, einmal versuchten zwei mit Messer und Pistole bewaffnete Männer, an einer dunklen Kreuzung unser Auto zu rauben. Auch wir sicherten uns immer stärker ab. Alarmanlage, Stahltore, Bewegungsmelder, schussbereiter Sicherheitsdienst. Wenn wir durch die vergitterten Fenster unseres Häuschens in Johannesburg schauten, kamen wir uns manchmal vor wie in einem selbstgewählten Gefängnis.

Wer die kriminellen Exzesse allein auf die perverse Wohlstandskluft zwischen Armen und Reichen zurückführt, macht es sich allzu einfach. Natürlich gibt es Täter, die das Elend und der Hunger antreibt. Meistens aber beherrscht sie die nackte Gier; oft sind sie in Banden organisiert, die generalstabsmäßig vorgehen und nicht selten mit korrupten Polizisten zusammenarbeiten. Die wahren Ursachen der ausufernden Kriminalität wurzeln in der sozialen und moralischen Verwahrlosung, die die Apartheid hinterlassen hat, in der Geringschätzung des menschlichen Lebens, des Eigentums, der Gesetze. Die Townships, jahrelang terrorisiert von weißen »Sicherheitskräften« und von so genannten *Self Defence Units*, degenerierten zu rechtsfreien Räumen. Echte und vermeintliche Informanten des Regimes wurden zu Opfern einer brutalen Lynchjustiz, und bis heute betrachtet man Polizisten als Büttel des Unrechtsstaates. Die Weißen entziehen der Polizei das Vertrauen, weil sie flächendeckend versagt. Nach der Abschaffung der repressiven Ordnung sei ein Vakuum entstanden, in dem die Autorität staatlicher Institutionen erodiere, stellen Rechtsexperten fest. Aber wie könnte das Vertrauen auch wachsen, wenn das Polizei- und Justizwesen hoffnungslos überlastet ist? Die Beamten sind miserabel ausgebildet, unterbezahlt, überfordert und oft bestechlich. Jeder dritte Polizist kann weder lesen noch schreiben, viele haben nicht einmal einen Führerschein. In einem durchschnittlichen Jahr werden über zweihundert Polizisten im Dienst getötet. 1997 fand eine Studie heraus, dass von 1000 Verbrechen nur 450 angezeigt werden. In 100 Fällen erheben die Richter Anklage, 77 Straftäter verurteilen sie. Davon wandern 36 ins Gefängnis, aber lediglich acht sitzen Strafen von zwei und mehr Jahren ab. Acht von tausend.

Die Gewalt durchtränkt die südafrikanische Gesellschaft wie ein lähmendes Gift. Dem Präsidenten wird vorgeworfen, er würde die Kriminalität verharmlosen. Als ich Thabo Mbeki bei einem Interview im Oktober 1998 frage, was ihn am meisten beunruhige, antwortet er ohne zu zögern: »Die Abwesenheit von moralischen Werten.« Das gilt für jede Bevölkerungsgruppe und ganz besonders für jenes Alterssegment, das allen Gesellschaften das größte

Kopfzerbrechen bereitet: für die jungen Männer zwischen 15 und 30 Jahren, schwarze, farbige, weiße, sie haben dasselbe destruktive Potenzial, sie prügeln und saufen, sie lieben das Schießen und das Autorasen, sie markieren den harten Macho. Die »verlorenen Generationen« in den Townships haben nicht viel gelernt, außer zu kämpfen. Sie hören nicht mehr auf ihre Eltern, Lehrer, Vorgesetzten. Was hätte deren Moral schon zu bieten? Kuschen, dulden, hoffen. Jeden Tag sehen diese Jugendlichen all die Konsum-Ikonen im Fernsehen, die sie sich nie werden leisten können. Das Rollenmodell ist der erfolgreiche *tsotsi*, der Gangster, der sie sich einfach holt – und dabei nicht davor zurückschreckt, die eigenen Brüder auszurauben und umzubringen.

Früher wurden die Aggressionen der Jungen vom Widerstand gegen das Regime absorbiert, nun toben sie sich an den eigenen Frauen, Freundinnen, Müttern, Schwestern oder Kindern aus. An den Schwachen kann der ohnmächtige schwarze Mann sein bisschen Macht exekutieren. Der weiße Mann, namentlich der Bure, verhält sich nicht anders. Er ist jetzt, nach der Wende, nicht mehr der uneingeschränkte Boss und empfindet dies als Kränkung seiner Männlichkeit. Er haut um sich, so wie er es von kleinauf gelernt hat. »Zu Hause wurde mit der Faust geredet«, erinnert sich der Schriftsteller Henk van Woerden, und draußen galt die »tägliche Grammatik von Messer und Pistole«. In dieser Haltung drückt sich eine atavistische Siedlermentalität aus, die wir auch in Amerika, Australien oder Neuseeland finden, weswegen weiße Südafrikaner am liebsten dorthin emigrieren. Man braucht keinen Staat, keine Ordnungsmacht, das Gesetz regelt man selber, und manchmal läuft man Amok. Das Recht, einen Schießprügel zu tragen, ist für viele Südafrikaner so sakrosankt wie für die Texaner. Das Volk rüstet auf. Am Kap sind ungefähr dreieinhalb Millionen Feuerwaffen in privaten Händen.

Die weißen Südafrikaner sind in der Regel offenherzige Leute, hilfsbereit und humorvoll, wunderbar leichtsinnig und unkompliziert, und ihre Gastfreundschaft ist manchmal so heftig, dass sie einen beinahe erdrückt. Aber es gibt Tage, an denen man ihr Land verwünscht, Tage, an denen man am liebsten ins nächste Flugzeug stiege und heimflöge ins gute alte, gesittete Europa. Der Tag, als wir auf der Autobahn vom Johannesburger Flughafen Richtung Stadtmitte fuhren, war so einer. Auf der Überholspur touchierte ein Toyota-Pritschenwagen beinahe unsere Stoßstange. Ich tippte, einem deutschen Belehrungszwang folgend, zweimal leicht auf die Bremse. Der *bakkie* zog nach links und war im nächsten Moment auf unserer Höhe. Dann hörte ich meine Frau schreien. »Der schießt!« Ich traute meinen Augen kaum: Da hielt bei Tempo 110 ein junger blonder Mann mit wutverzerrtem Gesicht seinen Revolver aus dem Seitenfenster. Der Lauf zielte auf Antjes Kopf. Er drückte nicht ab. Vermutlich hat uns die Hautfarbe gerettet.

Was trieb diesen Irren? Vielleicht hat er seinen Job an einen schwarzen Konkurrenten verloren. Vielleicht ist ihm die Freundin davongelaufen. Vielleicht hat sich der Machtwechsel in der Psyche festgefressen, als Verlust seiner eingebildeten Superiorität. Was bleibt noch übrig vom Herrenmenschen, wenn ihm die *kaffirs* plötzlich Befehle geben dürfen? Die Knarre und ein paar PS. Und dann kommt irgendein Idiot, der auf die Bremsen steigt ...

Der Firnis der Zivilisation ist dünn. In der Konkurrenz um knappe Wohlstandsgüter wird er dünner. In Südafrika ist er besonders dünn. Wir sehen, wie durch die Membran eines Schlangeneis, die Abgründe dieser Gesellschaft schimmern. Sie ist in dreieinhalb Jahrhunderten weißer Herrschaft verroht.

*

Alles blüht. Purpurne Bougainvilleen. Zinnoberrote Trompetenwinden, hunderttausend Jacarandabäume im violetten Kleid. Pretoria, ein Frühlingstraum. – Abgeschnittene Hände. Zermanschte Gehirne. Häftlinge, zu Tode geprügelt. Folter. Mord. Terror. Pretoria, Schaltzentrale der Apartheid. Hier, in der Hauptstadt Südafrikas, wird der Abschlussbericht der *Truth and Recon-*

ciliation Commission vorgelegt: 3500 Seiten dick, 21 000 angehörte Opfer, 7000 Amnestieanträge von Tätern – die gesammelten Verbrechen während der Hochzeiten der Apartheid, ein Panoptikum der Grausamkeit. Seit April 1996 reiste die Kommission durch Südafrika, um die schweren Menschenrechtsverletzungen zwischen 1960 und 1993 aufzuklären. In öffentlichen Anhörungen sollten sich die Opfer freireden können und die Täter freigesprochen werden, sofern sie ein volles Geständnis ablegten und aus politischer Überzeugung gehandelt hatten. Personen, denen niedrige kriminelle Motive nachgewiesen wurden, konnte die Amnestie verweigert werden; sie mussten mit strafgerichtlicher Verfolgung rechnen.

Zweieinhalb Jahre unterzog sich das neue Südafrika dem qualvollen Ritual der historischen Selbsterforschung. Bekenntnisse, Lebenslügen, Reue, Hass, Nervenzusammenbrüche, Tränenströme, eine Wanderbühne, unterwegs zwischen Kapstadt und Krugerpark, auf der Lehrstücke, Grotesken und Trauerspiele zu sehen waren. Die Kommission öffnete schwärende Wunden und entzweite die Nation. Sie wurde beschimpft als Weißenhatz, Inquisition, Hexenjagd, Siegertribunal. Am Ende hat sie das Tiefenbild einer vom Rassenwahn zerrissenen Gesellschaft gezeichnet.

Ihre beiden Söhne müssen Hawa Timol stützen, als sie die Treppe zur Methodistenkirche in Johannesburg hochtippelt. Jetzt nimmt sie Platz und glättet noch schnell den feingewobenen Sari. Auf diesen Augenblick hat sie 25 Jahre gewartet. Endlich kann sie über den Schmerz reden, der ihre Seele zerfressen hat. Sie erzählt von den Schikanen und Demütigungen, denen ihre Familie ausgesetzt war. Erzählt, wie Ahmed, ihr Erstgeborener, immer wieder von Polizisten verschleppt wurde. Und dass der junge Aktivist eines Tages nicht mehr heimkam. Und wie sie die Mitteilung erhielt, dass er Selbstmord verübt habe. Und in welchem Zustand sie ihren Sohn schließlich zurückerhielt: »Der Sarg war blutverschmiert. Ahmeds Fingernägel fehlten. Ein Auge hing heraus.« Hawa Timol weint und sagt: »Ich möchte endlich die Wahrheit wissen. Dann kann ich in Ruhe sterben.« Die Wahrheit: Ahmed Timol wurde von seinen Peinigern aus dem zehnten Stockwerk des Johannesburger Polizeihauptquartiers gestoßen – eine bewährte Methode, um Oppositionelle loszuwerden.

Millionen von Südafrikanern sollten abends in den Hauptnachrichten diese Szenen erleben. Hawa Timol konnte ihren Gram, ihre Verzweiflung, ihr Leiden der ganzen Nation mitteilen. Wie die alte Frau aus der Kirche ging, sah das Fernsehpublikum nicht mehr. Sie raffte ihren Sari, wehrte ihre Söhne ab, die ihr wieder helfen wollten, und schritt lächelnd ins Freie.

Anhörung in der Stadthalle zu Pretoria. Der Mittelgang des Parketts spaltet das Publikum wie eine imaginäre Grenzlinie: Links die Schwarzen, meist junge Leute, viele modisch gekleidet, ausgerüstet mit Handys, Plakate hochreckend, auf denen zornige Parolen prangen. Rechts die Weißen, faltige, harte Gesichter, taubenblaue Anzüge, artige Kostüme in puppenrosa; eine Dame strickt. Das alte und das neue Südafrika. Im Zeugenstand Janusz Walus, ein aschfahler Mann, der mit versteinerter Miene auspackt. »Ich rief ›Mister Hani!‹... ich schoss ... er fiel, ich schoss eine zweite Kugel in seinen Kopf. Als er lag, schoss ich zweimal hinter sein Ohr.« Chris Hani, nach Mandela der beliebteste Politiker des Landes, war tot. Limpho Hani mustert den Mörder ihres Mannes mit schreckensstarrem Blick. Sie kennt jetzt die volle Wahrheit. Aber wie könnte sie diesem eiskalten Killer, der kein Fünkchen Reue zeigt, vergeben? Soll dieser weiße Rechtsextremist im Tauschhandel für sein Geständnis amnestiert werden und wieder frei herumlaufen dürfen? Die Witwe Hani fordert Gerechtigkeit. Aber Reue und Recht stehen nicht in den Statuten der Wahrheitskommission.

Forsch und stolz, mit einem Anflug von Hoffart tritt Frederik Willem de Klerk in Kapstadt vor die Kommission. Denn eigentlich ist es ja würdelos, dass er, der Staatsmann und Friedensnobelpreisträger, vor diesem »Tribunal« erscheinen muss. Die Apartheid sei ein Irrtum gewesen, räumt de Klerk ein. Das Wörtchen *sorry* ist zu hören, Entschuldigung. Es kommt ihm halbherzig über die Lippen, und seine nachfolgenden Ausführungen werden es gleich wieder löschen. De Klerk lehnt im Namen seiner Nationalen Partei die Verantwortung für die geschehenen Verbrechen kategorisch ab. Just jene Partei, die die Apartheid zur Staatsdoktrin erhoben hatte, will mit deren Exzessen nichts zu tun gehabt haben! Kein Zeichen des Bedauerns, keine Geste der Versöhnung – de Klerk redet sich um seinen Ruf als kühner Reformer. »Mein Gewissen ist absolut rein«, wiederholt er, als ich ihn ein halbes Jahr später interviewe. Und die verschleierten Befehle zur Vernichtung der Gegner, die von höchster Stelle kamen? De Klerk antwortet in der dritten Person: »Der Präsident hat nichts gewusst.« Er wirkt gleichmütig, aufgeräumt, ja heiter – ein Mann, der alles hinter sich gelassen hat: seine Ehefrau Marike, die Partei, die Vergangenheit.

»Ich habe nichts gewusst, weil ich in vielen Fällen nichts wissen wollte«, bekennt Ex-Minister Leon Wessels. Er war der Erste aus de Klerks Kabinett, der die Verantwortung für Menschenrechtsverletzungen des weißen Regimes annahm und die Opfer um Vergebung bat. Männer wie Wessels sollten die Ausnahme bleiben. Deshalb hat Eugene de Kock für die Spitzenpolitiker der Apartheid nur ein Wort übrig: Feiglinge. Der Polizeioberst, wegen 89 Verbrechen, darunter sechsfacher Mord, zu lebenslänglicher Haft verurteilt, würde sie am liebsten mit in die Hölle reißen. Früher hatten sie ihn belobigt und mit Orden dekoriert, heute wollen sie ihn nicht mehr kennen oder nie gekannt haben. Die Vordenker, Drahtzieher und Hintermänner stellen sich gegenseitig Persilscheine aus. Ausnahmezustand. Abwehr der kommunistischen Gefahr. Verteidigung des christlichen Abendlandes. Es war Krieg, damals. Schlussstrich. Ende der Geschichte.

Eugene de Kock spricht nicht laut, nicht leise. Die Gläser seiner Hornbrille sind dick wie Panzerglas, der Scheitel ist akkurat gezogen, das dichte Vorhaar tief in die Stirn gekämmt. Sonstige besondere Kennzeichen: keine. Ein Bure, dem man am Schalter der Volkskasse begegnet oder im Stadtbauamt, das vollendete Mittelmaß des weißen Südafrikaners, so unauffällig wie einst unser Bruder Adolf Eichmann. De Kock leitete ein Spezialkommando, das folterte und mordete. Eine unbekannte Anzahl von Menschen hat er selber erschossen oder wie Hunde totgeschlagen. Nachts, in der Zelle, suchen ihn die Gespenster der Vergangenheit heim. »Ich wünsche, ich wäre nie geboren ... Leichen, Leid, Kinder, die ihre Väter nie kennen lernen, das war alles, was wir erreicht haben.«

Für die Kommissionsmitglieder, Dolmetscher, Ermittler und Chronisten werden die Bestialitäten, die sie monatelang mit anhören müssen, oft unerträglich. Zwei Kollegen prügeln sich aus nichtigem Anlass. Eine Reporterin erzählt, sie habe nächtelang durchgeheult und ihre Depressionen mit der Glückspille Prozac bekämpft. Ein Übersetzer bekennt, seine Frau geschlagen zu haben. »Sie sind wie Schwämme, die den jahrzehntelangen Wahnsinn der Apartheid aufsaugen«, erklärt ein Psychologe. »Irgendwann bricht alles heraus.« Die Dichterin Antjie Krog, eine Burin, hat ein faszinierendes Buch über die Wahrheitskommission geschrieben: *Country of my skull*. Es sei ihr nicht nur um ein Protokoll der Seelenqualen gegangen, sondern um Selbsterforschung, sagte sie mir ein paar Jahre später. »Wir Buren werden in der ganzen Welt angesehen, wie ihr Deutschen angesehen wurdet – als Kinder der Täter, auf denen ewige Schuld lastet. Wir müssen unsere Identität wiederfinden.«

Ein heiterer Frühlingsmorgen in Norwood, Johannesburg. Ein fettleibiger bärtiger Mann klettert aus seinem Jaguar, geht in ein Straßencafé und trinkt Cappucino. Er genießt die Aufmerksamkeit seiner Umwelt, die Blicke, in denen sich, je nach Betrachter, klammheimliche Bewunderung oder abgrundtiefe Verachtung spiegeln. Der Mann heißt Craig Williamson, genannt Superspion, auch er war ein höchst effektiver Mörder im Solde des Apartheidregimes. Er hat einen Teil seiner Verbrechen gestanden und darf damit rechnen, amnestiert zu werden. Irgendwo in dieser Stadt lebt ein Mann, der hofft, dass ihm diese Gnade niemals zuteil werden möge. Er heißt Marius Schoon, und auch ihn sah ich einmal in einem Café sitzen. Ein hagerer, früh gealterter, gebrochener Mann, der seit der unseligen Sekunde, als eine Briefbombe seine Frau Jeanette und seine sechsjährige Tochter Katryn zerfetzte, das Lächeln verlernt hat. Der Sprengsatz war von Craig Williamson präpariert worden. Der Täter und das Opfer. Wenn sie uns begegnen, spüren wir ein tiefes Unbehagen am Ritual der Wahrheitskommission.

Den Südafrikanern geht es wie Walter Benjamins Engel der Geschichte, der verflucht ist, rückwärts in die Zukunft zu fliegen und den Blick nicht abwenden kann von den Gräueln der Vergangenheit. Da sind die Berichte über Todesschwadronen, die Schulbussen auflauerten und Dutzende von Kindern niedermähten, Leichen verbrannten und nebenbei Steaks grillten. Da sind die Häftlinge, die in Kloschüsseln ersäuft wurden. Da erzählt ein Mordexperte von der Methode »Buddha«: Man jage einen leblosen Körper so oft in die Luft, bis nur noch Fleischklümpchen, Hautfetzen und Knochensplitter übrig bleiben. Da fordert eine Mutter die Hand ihres Sohnes zurück, die Polizisten abgesägt und in Formalin eingelegt hatten. Es sind Bestialitäten, die unser Vorstellungsvermögen übersteigen. Die Sicherheitsorgane erledigten die Drecksarbeit. Und alle Sektoren der Gesellschaft, alle Institutionen des Staates wirkten mit im Räderwerk der Apartheid, die Unternehmer und Richter, die Ärzte und Lehrer, die Theologen und Journalisten, die Wissenschaftler und Soldaten. Die überwältigende Mehrheit der weißen Minderheit verschloss Augen und Ohren und lief willig mit. Es überrascht uns nicht zu hören, dass niemand etwas gewusst hat.

Die Apartheid war ein Krebsgeschwür, dessen Metastasen auch seine Gegner befielen. Der allgegenwärtige Staatsterrorismus erzeugte in den Townships Verrat und Hass, und oft entlud sich die Massenparanoia in brutalen Exzessen, die im Nachhinein oft beschönigt wurden. Die nächtliche Diskussion über die Ermordung von Amy Biehl hätte beinahe meine Freundschaft mit einem jungen schwarzen Modeschöpfer beendet. Amy Biehl, ein amerikanisches Mädchen, das sich freiwillig im Township engagiert hatte, wurde am letzten Tag ihres Aufenthalts von einer Horde junger Schwarzer zu Tode gesteinigt, geprügelt und gestochen. Die Wahrheitskommission hat die Halbwüchsigen amnestiert, weil sie glaubhaft machen konnten, als überzeugte Anhänger des Pan Africanist Congress getötet zu haben. In Wahrheit war es ein Mord aus niedrigsten rassistischen Motiven; die Täter hatten gehandelt im Geist eines Charles Manson: Schlachte eine blonde Frau ab, die Ikone der weißen Gesellschaft, und du triffst sie ins Herz. So sah ich es. In den Augen des Modeschöpfers war es eine »revolutionäre Tat«.

Der Goldschmuck, der Diamant am Finger, die strassbesetzte Brille funkeln im Gewitter der Blitzlichter. Wir befinden uns in Mayfair, einem Viertel von Johannesburg. Der Star im Designer-Kostüm, der gerade in die Gemeindehalle schwebt, ist Winnie Madikizela-Mandela, die Ex-Frau von Nelson Mandela. Sie wird mit dem Tod von 13 Menschen in Verbindung gebracht. Da thront sie, gepanzert mit Hochmut und Kälte. Sie lacht hämisch, als ein Zeuge behauptet, sie habe den widerspenstigen Aktivisten Stompie eigenhändig erstochen. Im Publikum sitzt eine unscheinbare Frau, die gerade ihr Kind stillt. Joyce Seipei, die Mutter von Stompie. Sie wird zwei Tage später aussagen und kurz darauf in der Damentoilette von Winnies Amazonen eingeschüchtert werden: »Halt's Maul!« Dann, zum Ende der Unschuldsposse, einer der niederschmetterndsten Momente in dreißig Monaten Wahrheitssuche. »Ich spreche zu dir aus tiefer Liebe. Du bist eine der größten Persönlichkeiten unseres Freiheitskampfes ... steh' auf, und sag' ein einziges Mal, dass die Dinge furchtbar schief gelaufen sind. Ich flehe dich an.« Mit bebender Stimme bettelt Desmond Tutu, der Vorsitzende der Wahrheitskommission, die Genossin Winnie an; der Erzbischof geht an die Grenze der Selbstentwürdigung. Madikizela-Mandela zaudert. Ihr Anwalt stupst sie unauffällig. »Die Dinge sind furchtbar schief gelaufen«, haucht sie. Die »Mutter der Nation« zeigt genauso wenig Bedauern wie die weißen Täter.

Die Wahrheitskommission, zum Ende des leidvollen 20. Jahrhunderts der ehrenwerteste Versuch einer Gesellschaft, ihre Vergangenheit zu bewältigen, hinterlässt eine große Bitterkeit: Die ehedem Mächtigen kommen – wieder einmal – ungeschoren davon, ebenso ihre Mordgesellen und Menschenschinder, sofern sie geständig sind. Das war der hohe Preis der Kommission. Sie hat die Gerechtigkeit auf dem Altar der Wahrheit geopfert, um den inneren Frieden zu wahren. Man habe sich noch einmal erinnert, um dann die »Tür zur Vergangenheit zu schließen«, sagte Erzbischof Tutu. Aber wie könnte es Versöhnung geben, wenn das Gros der Täter nach wie vor im Reichtum lebt, die Masse der Opfer hingegen noch immer in Armut? Wenn die sozialen Realitäten jeden Tag an das Unrecht erinnern? Die Menschen mögen sich versöhnen, aber vergessen werden sie nie. In all den Jahren in Südafrika ist mir kein einziger Weißer – Oppositionelle und Widerstandskämpfer ausgenommen – begegnet, der Scham oder Reue hätte erkennen lassen. Das freimütigste Bekenntnis hörte ich von einem Geschäftsmann: »Wir haben alle mit den Wölfen geheult. Aber was hätten wir denn tun sollen?« Die immer gleiche Ausrede des Untertanen. Unter der Wucht der Anschuldigungen wird ein Reflex ausgelöst, den wir aus der deutschen Nachkriegszeit kennen: Man drücke einfach auf die Taste *Delete* und lösche alles, was auf der Festplatte des historischen Gedächtnisses gespeichert ist.

Allein die Tatsache aber, dass die schwarzen Opfer die Kommission mit überwältigender Mehrheit begrüßten, während die überwiegend weißen Täter sie ablehnten, spricht für das umstrittene Experiment. Die Erniedrigten und Gepeinigten konnten *coram publico* erzählen, was ihnen angetan wurde. Katharsis, Heilung durch das Aussprechen und Anhören der Wahrheit: Fortan kann niemand mehr die Verbrechen der Apartheid leugnen. Aber die Nutznießer und Mitläufer und Wegschauer sagen, was all jene sagen, die unfähig sind, zu erinnern und zu trauern: Wir haben von diesen schrecklichen Dingen nichts gewusst. Umso unglaublicher wirkt die Versöhnungsbereitschaft der meisten Schwarzen, Farbigen und Inder. Keine Drohungen, keinerlei Racheakte, keine Selbstjustiz, nichts. Es kommt nicht einmal zu einem Bildersturm, in dem sich die Wut an den Symbolen der Unterdrückung entladen würde. Jedes Mal, wenn ich am Staatstheater von Pretoria vorbeifuhr, habe ich mich gefragt, wie lange das Monument für J. G. Strijdom wohl noch stehen mag; es glorifiziert einen Premierminister der Apartheid. Niemand stieß die Skulptur vom Sockel, niemand beschädigte oder beschmierte sie. Sie blieb unversehrt bis zum 31. Mai 2001. An diesem Tag – es ist ironischerweise der ehemalige Republic Day, an dem sich die Apartheid selber feierte – kollabierte aus unerfindlichen Gründen das Betongewölbe über dem Denkmal und begrub Strijdom unter den Trümmern. Es war, als würde das innerlich verrottete System in sich selber zusammenkrachen.

*

Von wahrer Versöhnung sind die Südafrikaner noch weit entfernt, und viele glauben, die Wahrheitssuche habe die Gräben zwischen den Volksgruppen vertieft. Man lebt nicht miteinander, sondern bestenfalls nebeneinander her, so wie gestern und vorgestern und vor hundert Jahren. Die Regenbogen-Gesellschaft, jener gutmenschlich-naive Traum vom multikulturellen Heiapopeia, schillert nur noch in der Reklame von Bierkonzernen, und wenn wir uns in Berlin, London oder Paris aufhalten, gewinnen wir den Eindruck, dass es hier zwischen den Ethnien und Hautfarben freisinniger und toleranter zugeht als in Durban, Kapstadt oder Pretoria. Eine Umfrage unter schwarzen Südafrikanern ergab, dass 81 Prozent der Befragten noch nie mit einem Weißen gemeinsam gegessen haben. Andererseits haben mir schwarze Freunde oft gestanden, sie würden sich in Gesellschaft von Weißen nicht wohl fühlen, besonders wenn sie als »Alibi-Neger« missbraucht werden. Zwei, drei *darkies* auf der Cocktail-Party, das gilt als schick, man kann sich mit seiner Liberalität brüsten. Umgekehrt bleiben auch Schwarze lieber unter sich. Im »Moroka«, einem Café im Zentrum von Kapstadt, wo ich manchmal zu Mittag esse, bin ich meistens das einzige Bleichgesicht. Spaziere ich durch das pittoreske Bo-Kap hinauf zum Signal Hill, sehe ich ausschließlich Kap-Malaien in die Moscheen ziehen. Unser farbiges Kindermädchen erzählt, dass ihr der Vater verbieten würde, schwarze Musik zu hören – sie verderbe die guten Sitten und den Charakter. Überall Grenzen und Trennlinien, Tabuzonen und Kontaktsperren.

Die Wohlhabenden ziehen sich in ihre alte aparte Welt zurück, in luxuriöse Shopping-Malls, auf exklusive Golfplätze, in die Wohnzitadellen persilreiner Vorstädte oder in *gated communities*, in hermetisch abgeriegelte Siedlungen. Dieses Phänomen ist eine Folge der Kriminalität, wir finden es nicht nur in Südafrika, sondern in allen Metropolen auf der Südhalbkugel, wo das Gefälle zwischen Armen und Reichen besonders extrem ist. Aber am Kap hat es noch eine andere Ursache: die historische Festungsmentalität der Weißen. Sie beginnt mit der Bittermandelhecke, die Jan van Riebeeck einst pflanzte, um sich die »Wilden« vom Leibe zu halten, und gipfelt in der Architektur der Apartheid, in den Stadthallen, Amtsgebäuden, Banken, Wohnkomplexen, Universitäten oder Einkaufszentren, die an Wehrburgen erinnern. Sie ist erkennbar im Baustil nach der Wende, nur dass die Zitadellen der Angst jetzt eleganter anmuten, weil sie mit postmodernem Kitsch verbrämt werden, mit hellenischen, römischen oder toskanischen Elementen.

Afrika wird verdrängt, nichts soll an diese bedrohliche, unberechenbare Welt erinnern. Der Weiße lebt jenseits von Afrika, die Abwehrhaltung des Kolonialisten ist ihm zur zweiten Natur geworden. Er liebt die Tiere, die Pflanzen, die Landschaften und das Licht des Kontinents. Nur seine Menschen, die mag er nicht. »Es wäre so schön hier«, gestand mir eine Rentnerin, »wenn nur die Afrikaner nicht da wären.« Man stößt alles Afrikanische ab, wie das weiße Kind, das von der schwarzen Nannie erzogen wird, das Fürsorge bekommt und Zuwendung und sich, wenn es flügge geworden ist, mit Verachtung bedankt, bestenfalls mit Gleichgültigkeit. Es sind oft ganz alltägliche Situationen, in denen sie uns begegnet. Wir betreten einen Laden und werden sofort bedient, obwohl ein anderer Kunde vor uns da war. Der andere Kunde ist schwarz. Er wird nicht mehr wahrgenommen, sobald ein Weißer auftaucht.

Das sind betrübliche Eigenheiten Südafrikas. Wenn ich das Land in Richtung Nigeria, Kenia oder Mosambik verlasse, verspüre ich regelmäßig eine merkwürdige Vorfreude. Es ist das Gefühl, endlich wieder ins richtige, unverkrampfte Afrika zu reisen – als würde das Land im tiefen Süden des Kontinents irgendwie außerhalb seiner Sphäre liegen. Es kommt mir seltsam unafrikanisch vor, wie ein Zwitterwesen, das nicht weiß, wohin es gehört. Das hat gewiss damit zu tun, dass ich immer in einer weißen Welt gelebt habe, erst in Johannesburg, dann in Kapstadt, vor allem aber damit, dass die autochthone Kultur nirgendwo in Afrika so systematisch zerstört wurde wie am Kap. Wo ist das schwarze Selbstbewusstsein? Wo sind die Rituale und Traditionen, die Masken und Mythen? Sie sind vergessen und erloschen, verschüttet durch eine rabiate Modernisierung, die in Gestalt des Rassenkapitalismus über Südafrika kam. Wir können das Ausmaß der Vernichtung ermessen, wenn wir in Kimberley die Kollektion von Alfred-Martin Duggan-Cronin besichtigen, einem Fotografen, der im Auftrag des Diamanten-Imperiums De Beers arbeitete. Er hat am Anfang des 20. Jahrhunderts »Eingeborene« porträtiert, die in den Bergwerken als Lohnsklaven anheuerten. Auf den Bildern sehen wir die Schönheit und den Stolz der Menschen, die Pracht ihrer Kultur, die ethnische Vielfalt der Lebensstile. Sie erinnern uns an die Daguerreotypien von Edward Curtis, dem berühmten Fotografen der letzten freien Indianer Nordamerikas vor dem großen Ethnozid. Wir schauen in eine untergegangene Welt, in einen Kosmos, in dem die Sitten, Bräuche und gelebten Überlieferungen, die wir jenseits von Südafrika finden, noch existieren. Deshalb haben wir das Gefühl, ins »richtige« Afrika zu fahren, sobald wir die Kap-Republik verlassen. Wenn wir zurückkehren, verspüren wir wieder diese eigenartige Ferne von Afrika, diese Beklemmungen einer Gesellschaft, in der die kolonialen Verhältnisse fortdauern.

*

Die Apartheid ist im Kopf, Verwoerd, ihr Erfinder, hat gewonnen. Man mischt sich nicht, das Interesse füreinander ist gering. Die meisten Weißen haben von dem weltberühmten Jazzmusiker Hugh Masekela oder vom Popstar Yvonne Chaka Chaka noch nie gehört; sie kennen die Namen ihrer Minister nicht und können die umbenannte Provinz Mpumalanga nicht aussprechen. Sie haben nicht die geringste Vorstellung davon, unter welchen elenden Bedingungen viele Schwarze leben, denn sie waren noch nie in einer Township, sie kämen nicht einmal auf die Idee, eine zu besuchen, geschweige denn, sich dort zu engagieren. Eine farbige Sozialarbeiterin in einem Aids-Waisenheim in Crossroads bei Kapstadt schaut mich erstaunt an, als ich sie frage, ob auch weiße Südafrikaner unter den Helfern seien. »Nein, kein einziger.« Die jungen Freiwilligen kommen aus Schweden, Deutschland oder Amerika. Dass aus dem eigenen Land niemand dabei ist, war der Sozialarbeiterin erst durch meine Frage bewusst geworden. Sie hatte die umgekehrte Möglichkeit noch nie in Erwägung gezogen.

Natürlich treffen wir in den Townships auch Weiße, die sich unermüdlich einsetzen, Ärztinnen, die ohne Honorar arbeiten, Lehrer, die Alphabetisierungskurse leiten, Hausfrauen, die sich an Aids-Kampagnen beteiligen. Aber bei Notlagen wundern wir uns immer wieder, wie wenige hellhäutige Gesichter unter den Helfern sind. Wenn ein schwerer Sturm oder eine Flut die Cape Flats heimsucht und die Townships im Morast versinken, findet nur eine Hand voll *capetonians* den Weg hinaus in die Kap-Ebene. Wenn aber vor der Küste ein Tankschiff havariert und eine Ölpest verursacht, melden sich spontan 40 000 Freiwillige, um die bedrohten Pinguine zu putzen.

Auf dem Weg von Johannesburg nach Kapstadt kam ich eines Abends im Städtchen Victoria-West an. Es war schon dunkel, als ich an der Pforte des Landhotels läutete. Nein, nein, säuselte eine Frau durch die Sprechanlage, wir sind ausgebucht. Merkwürdig, es stand kein einziges Auto auf dem Parkplatz. Ich fragte mehrfach nach. Offenbar war mein deutscher Akzent ausschlaggebend, denn plötzlich öffnete sich die Tür. »Ich hatte schon gedacht, Sie sind ein Schwarzer«, entschuldigte sich die Frau. »You never know.« Man weiß ja nie. Ich war in dieser Nacht der einzige Hotelgast. Ein schwarzer Rundfunkreporter, der ein Wochenende in einem Country House verbringen wollte, hatte weniger Glück. Sorry, kein Platz!, wurde auch ihm beschieden. Er schickte einen weißen Kollegen hin, und siehe da: Der erhielt ein schmuckes Einzelzimmer. Als der Reporter in einer Life-Sendung beim Chef der freundlichen Herberge nachfragte, stammelte der etwas von einem Club, in dem die afrikaanssprachige Kultur gefördert werde.

Im Laufe der Jahre haben sich in meinem Archiv viele solcher Geschichten angesammelt. Geschichten von weißen Schulen, die dunkelhäutige Kinder abweisen. Von weißen Krankenschwestern, die sich weigern, schwarze Babys zu baden. Von Ambulanzen, die schwarze Verkehrsopfer liegen lassen. Von Farmern, die ihre Arbeiter schwer misshandeln. Von weißen Amokläufern, die auf Busse, Passanten, Schulkinder schießen. Von weißen Polizisten der North-East Rand Dog Unit, die ihre Hunde auf illegale schwarze Einwanderer hetzen und per Video dokumentieren, wie diese zerfleischt werden. Oder von jenem Fall, der sich im Landstädtchen Louis Trichardt zutrug. Dort wurde ein schwarzes Mädchen des Ladendiebstahls bezichtigt, ihrer Kleider beraubt, bis zur Gürtellinie mit weißer Ölfarbe angestrichen und auf die Straße gejagt. Eine Lynchgeschichte wie aus William Faulkners *Deep South*, geschehen in Südafrika anno 2000. Neville Alexander, einer der brillantesten Linksintellektuellen am Kap, schreibt:

»Neben der Umverteilung der materiellen Ressourcen und der Erziehung und Bildung der schwarzen Jugend liegt unsere dringlichste Aufgabe sicherlich darin, die Mehrheit der weißen Bürger davon zu überzeugen, dass die schwarzen Bürger dieses Landes ihresgleichen und keine Halb- oder Untermenschen sind.«

Die barbarischen Polizisten und ihre Bluthunde: Selbstverständlich werden derartige Exzesse in kultivierten weißen Kreisen als primitiver Rassismus verurteilt. Aber wenn wir zu einem privaten *braai* eingeladen sind, zu einem Grill-Abend, entdecken wir eine ganz andere, subtile Form der Diskriminierung, eine Art Rassismus der gebildeten Stände. Man ist vorsichtig geworden nach der Wende, das erste Verhaltensgebot lautet: Hüte deine Zunge, der Schwarze ist an der Macht. Weil das biologische Konzept der Rasse nicht mehr politikfähig ist, werden neue Bedeutungen konstruiert, kulturelle, soziale, religiöse Merkmale, die die phänotypische Differenz der Hautpigmente in genetische Andersartigkeit umwerten. Der neue Rassismus raunt und wispert und orakelt. Er spricht in Chiffren, Subtexten, codierten Andeutungen. »Afrikanisierung« heißt zum Beispiel: Sie ruinieren unser Land. »Simbabwe« – das frühere Rhodesien – bezeichnet ein Menetekel: Auch uns blüht irgendwann die Massenvertreibung. »Die Subventionen für die Staatsoper werden gestrichen« oder »Im Fernsehen laufen immer weniger Sendungen in Afrikaans« bedeutet: Sie zerstören unsere Kultur. Wir und sie, Europäer und Eingeborene. Man wählt den Plural, da es sich um amorphe Drohpotenziale handelt, die an die weißen Wohlstandswälle branden wie weiland die Zuluhorden an die Wagenburgen der *Voortrekkers*. Allen das Ihre, jede Volksgruppe wolle für sich bleiben, postuliert der gewandelte Rassismus – und rezitiert doch wieder die alttestamentarischen Lehren der Apartheid: Du sollst dich nicht vermischen, so steht es geschrieben im fünften Buch Mose. Wo Schwarze zuziehen, ziehen Weiße weg. Es ist nicht mehr ihre Gemeinde, ihre Heimat, ihr Lager. Wenn *Nkosi sikelel' iAfrica* ertönt, der erste Teil der neuen Nationalhymne, bleiben die weißen Münder geschlossen – auch wenn der Text auf großen Bildschirmen zu lesen ist. Kaum beginnt *Die Stem*, der zweite, alte Teil der Hymne, schmettern alle inbrünstig mit: »Ons vir jou Suid Afrika!«

Aber dieses Südafrika gibt es nicht mehr. Jetzt müssen die Weißen mit ansehen, wie die Schwarzen die Symbole »ihres« Staates besetzen. Zudem bekommen sie jene Ausgrenzung zu spüren, die sie selber institutionalisiert haben. Es gibt unversöhnliche Radikale unter den Schwarzen, die ihnen sogar das Bleiberecht absprechen. *Who is African?* Nur wir Schwarzen können Afrikaner sein! Weiße sind Siedler, Landräuber, Invasoren – ewig währet der koloniale Fluch. Sie stellen ihrerseits den Kassettenrekorder oder das Radio ab, sobald die zweite Strophe der Hymne erklingt. Der rassische Nationalismus kehrt im schwarzen Gewand zurück, und die neue Ordnung gebiert einen neuen Typus von Verlierer: Es ist der weiße Arbeiter, Fachmann, Angestellte, der seine Existenz durch *affirmative action* bedroht sieht. Die Quote für benachteiligte Schwarze ist höchst umstritten, weil sie Ungerechtigkeiten nicht ausschließt und oft Kandidaten mit der »richtigen« Hautfarbe in Positionen katapultiert, für die sie unzureichend oder gar nicht qualifiziert sind. Die prominente Sozialwissenschaftlerin Mamphela Ramphele – sie arbeitet als Direktorin der Weltbank – hat allerdings wenig Verständnis, wenn nun »die Empfänger des längsten und effektivsten Förderungsprogramms der modernen Geschichte« zetermordio schreien: Die Apartheid hatte im Zuge der *job reservation* jedem Weißen einen Arbeitsplatz garantiert, auch wenn seine Fähigkeiten, um es milde auszudrücken, recht begrenzt waren. Dennoch lässt sich nicht bestreiten, dass eine Regierung, die eigentlich die Rassenarithmetik überwinden will, die hautfarblichen Trennlinien durch »positive Diskriminierung« nachzieht. Was dazu führt, dass kompetente Kräfte, die das Land so dringend bräuchte, emigrieren. Sie sehen im neuen Südafrika für sich keine Zukunft mehr. *Packing for Perth*. Ab nach Australien. Bis zum Jahre 2000 habe Südafrika 1,1 bis 1,6 Millionen *skilled professionals* verloren, schätzt das Central Bureau of Statistics. Wenn diese Zahl stimmt, dann heißt das, dass auch viele gut ausgebildete Nicht-Weiße das Land verlassen haben, Krankenschwestern zum Beispiel, die als Altenpflegerinnen nach England gehen und dort das Zehnfache verdienen. In Europa ist das Gras grüner.

Die Afrikaner im Norden des Grenzflusses Limpopo nehmen Südafrika mit ganz anderen Augen wahr. Für sie ist es das Land, in dem Milch und Honig fließen. Tausende und Abertausende von illegalen Einwanderern strömen jedes Jahr nach Südafrika, denn hier haben sie allemal mehr Chancen als daheim in ihren heruntergewirtschafteten Staaten. Aber diese Armutsmigranten sind nicht willkommen, vor allem bei den Schwarzen nicht, sie haben selber genug Armut. Die Illustrierte *Pace*, vielgelesen in den Townships, drückt das fremdenfeindliche Credo aus: »Sie stehlen unsere Frauen, Jobs und Wohnungen.« *Who is African?* Man nennt die Zuwanderer wegen ihrer unverständlichen Sprachen abschätzig *kwerekwere;* sie werden beleidigt, schikaniert, manchmal auch totgeschlagen – die bekannten Auswüchse der Xenophobie. Nur, dass sie zur Abwechslung von Afrikanern ausgeht. Gegen Afrikaner.

Die Regierung aber verhält sich so, als würden derartige Probleme nur in Wohlstandsgesellschaften existieren. Sie reagiert überhaupt ziemlich allergisch auf Kritik, besonders wenn sie von Weißen kommt. Wer etwa ihre desaströse Aids-Politik verurteilt oder die unbequeme Frage stellt, ob sich Südafrika milliardenschwere Waffeneinkäufe leisten soll, wird der Illoyalität, Besserwisserei oder Bevormundung bezichtigt. Schweigt, ihr Weißen, ihr habt kein Recht, so zu sprechen! Die Widerrede wird oft unter rassistischen Generalverdacht gestellt, *racist* ist das probate Knebelwort, um sie abzuwürgen. Man spürt diese Einstellung gelegentlich auch im Alltag. Wir ärgern uns über eine nachlässige Telefonistin oder einen schlampigen Beamten, schon wird uns ein *You have an attitude* entgegengeschleudert. Das bedeutet: Sie haben eine unmögliche Einstellung. Sie sind rassistisch.

Aber das sind Ausnahmeerscheinungen, die ich oft als geradezu erfreulich empfinde. Denn normalerweise wirken Schwarze unsicher, wenn sie Konflikte mit Weißen haben, oft auch allzu nachgiebig, milde, ja servil. Sie tun ihre Jobs, ohne zu murren, sie dienen wie eh und je, sie lassen sich viel zu viel gefallen. Nur in den großen Unternehmen und in den Städten, wo die Lohnabhängigen von mächtigen Gewerkschaften vertreten werden, wehren sie sich. Sie kommen zum Beispiel jeden Tag vor das Restaurant gleich neben meinem Büro am Kapstädter Green Market Square, tanzen *toyi-toyi*, den Stampfschritt des Widerstands, schwenken Plakate und rufen: Schluss mit der Ausbeutung! Der Kolonialismus ist vorbei! Geht heim nach Europa! Hinter den Scheiben grinst der Chef. »Er zahlt 35 Rand pro Tag«, sagt eine Küchenhilfe. Das sind 3,50 Euro. »Er weigert sich, mit uns über den gesetzlichen Mindestlohn zu verhandeln. Er behandelt uns wie Tiere.« Ein Exempel von vielen.

In der gleichen Woche landet zufällig wieder eines der ominösen Flugblätter in meinem Briefkasten. Die Villenbesitzer kündigen ihren Widerstand gegen Pläne der Stadtverwaltung an, die Grundsteuer zu erhöhen, um das Gefälle gegenüber kleinen Hauseigentümern auszugleichen, denn die zahlen im Verhältnis mehr. Überspitzt ausgedrückt: Die Hütten subventionieren die Paläste. Aber die reichen Capetonians wollen von den Realitäten nichts wissen. Sie wollen, dass der Tafelberg leuchtet, wie eine große immer währende Illusion. Die Felswände über der Stadt werden jedes Wochenende angestrahlt. Wen kümmert die Dunkelheit in den Slums? Sollen sie doch nicht so viele Kinder machen da draußen. Soll ihnen doch ihre Regierung helfen. Immer wieder die gleichen Geschichten, die gleichen Vorurteile, die gleichen Jeremiaden. »Es ging den Weißen einfach zu gut«, sagt Julian Ogilvy-Thompson, Ex-Vorstand des größten südafrikanischen Konzerns Anglo American. Irgendwann kann man es nicht mehr hören, dieses Wir-haben-alles-aufgebaut-und-sie-machen-alles-kaputt. Weist man vorsichtig darauf hin, dass der weiße Wohlstand ohne die schwarze Arbeitskraft nicht hätte geschaffen werden können, erntet man zornige Reaktionen. Ihr liberalen Klugscheißer aus Europa! Seht ihr denn nicht, dass dieses Land keine Zukunft mehr hat? Dabei fördern gerade die Begüterten jene Zustände, die sie unablässig beklagen. Die südafrikanische Steuerbehörde schätzt, dass seit der Wende bis zu zwanzig Milliarden Euro klammheimlich ins Ausland transferiert wurden. Das sind keine *peanuts* für eine vergleichsweise kleine Volkswirtschaft, jedenfalls hat die Kapitalflucht das Vertrauen in die eigene Währung nicht gestärkt.

Natürlich gibt es vieles auszusetzen an der Regierung Mbeki, die Rüstungsgeschäfte, die Gesundheitspolitik, die Blindheit gegenüber dem Staatsterrorismus in Simbabwe, natürlich sind manche Vertreter des neuen Regimes genauso selbstherrlich, kritikresistent oder korrupt wie die des alten, und es lässt sich nicht bestreiten, dass die zentralistische Hegemonie des African National Congress Züge annimmt, die einer Demokratie nicht zuträglich sind. Seit April 2003 verfügt der ANC, begünstigt durch Überläufer aus anderen Parteien, über eine Zwei-Drittel-Mehrheit im Parlament. Der Präsident kann mit nahezu uneingeschränkter Macht regieren und wird flankiert von einer kreuzloyalen Parteioligarchie. Die Kader besetzen fast alle Schlüsselpositionen, so dass die Grenzen zwischen Partei und Staat unscharf werden. Die Arroganz der Mächtigen nimmt zu, und auch ihre Distanz zu den Menschen. Manche Auguren sehen schon eine afrikanische Ein-Parteien-Diktatur heraufdräuen und verlieren dabei jedes Maß: Es werde alles gleichgeschaltet, heißt es, und Mbeki sei ein Stalinist. Das Wort der Gleichschaltung kennen wir aus einem anderen historischen Zusammenhang, und wer den Staatschef mit einem Massenmörder vergleicht, der zwanzig Millionen Menschen auf dem Gewissen hat, weiß nicht mehr, was er sagt.

In den alarmistischen Anklagen äußert sich der desolate Zustand der Gegenkräfte. Die ehemals so mächtige – weiße – Nationale Partei, die sich in Neue Nationale Partei umbenannt hat, wirkt unter der schwachen Führung von Marthinus von Schalckwyk völlig orientierungslos, und die stärkste Oppositionspartei, die liberale Democratic Party, ist zu einem Pfründenverteidigungsverein der Weißen verkommen, der zwar oft – und meistens zu Recht! – die Versäumnisse der Regierung geißelt, sich aber als unfähig zu konstruktiver Kritik erweist. Fight back! Schlage zurück!, lautete der Slogan des DP-Chefs Tony Leon bei der letzten Wahl. Schwarze lasen ihn ganz anders: *Fight blacks!* Als müsse nun ein Befreiungskampf gegen eine Regierung geführt werden, die die Mehrheit des Volkes gewählt hat. Beunruhigend dabei ist, dass die Frontlinien häufig entlang der alten Rassengrenzen verlaufen. Zum Abschluss ihres letzten Besuches in Südafrika, nachdem wir mit Vertretern aller Hautfarben und Lager und auch mit dem Präsidenten gesprochen hatten, befand Marion Gräfin Dönhoff in ihrer unvergleichlich preußisch-trockenen Art: »Am besten wäre es wohl, man striche alle Südafrikaner einfach grün an.«

*

Momentaufnahme im Dezember 2002. Die Wirtschaft wächst, die Exporte steigen, die Inflationsrate ist so niedrig wie seit den 1960er Jahren nicht mehr. Die Steuern wurden gesenkt, die Ausgaben für Gesundheit, Bildung und Soziales erhöht, die Bürger erhalten mehr Rente und mehr Kindergeld. »Es läuft hervorragend. Wir haben Rekordumsätze«, bekennt der Chef eines deutschen Konzerns im privaten Gespräch. Zum ersten Mal seit 1994 nimmt die Zahl der Arbeitsplätze zu. Die Produktivität ist in jüngster Zeit doppelt so schnell gewachsen wie in den USA. Und um den ausgeglichenen Staatshaushalt – das Defizit wurde fast vollständig abgebaut – kann so mancher Staat in Europa die Südafrikaner nur beneiden. Ihre Volkswirtschaft ist in einer Phase weltweiter Rezession die erfolgreichste *emerging economy*. Der Rand gehört 2002 zu den wenigen Währungen, die gegenüber dem Dollar an Wert gewonnen haben. Trevor Manuel, der Finanzminister, berichtet, dass Kollegen aus aller Herren Länder an seine Tür klopfen, um herauszufinden, wie Südafrika dieses kleine Wirtschaftswunder zuwege gebracht hat. In der Fachwelt wird die Regierung über den Schellenkönig gelobt, denn sie erweist sich als Musterschüler der neoliberalen Lehre. Sie dereguliert und privatisiert, sie baut den Staatssektor ab und fährt einen grundsoliden Kurs. Nur eines funktioniert nicht: die Umverteilung. Das Wohlstandsgefälle ist seit der Wende nicht kleiner, sondern größer geworden.

»Wenn wir, wie Präsident Thabo Mbeki beklagt, tatsächlich eine gespaltene Nation sind – eine reich und weiß, die andere schwarz und arm –, warum macht die Regierung eine Wirtschaftspolitik zum Wohle der ersteren und nicht der zweiteren?« Den Kommentar, der so beginnt, lesen wir nicht in einer radikalen Gewerkschaftspostille, sondern im *Business Day*, der angesehensten Wirtschaftszeitung am Kap. Er endet mit dem Satz: »Wir unterhalten ein europäisches Wirtschaftssystem auf dem ärmsten Kontinent der Welt – eine Karikatur.« Die realen Macht- und Eigentumsverhältnisse beflügeln Verschwörungstheorien. Vulgärmarxisten sprechen sogar von einer »verratenen Revolution«. Das ist Unsinn, weil es, wir können uns nur wiederholen, nie eine Revolution gab. Aber gewisse Tatsachen lassen sich nicht leugnen. Afrikaner haben zwar das politische Ruder übernommen und ein paar wirtschaftliche Spitzenpositionen erobert, aber von einer tief greifenden Transformation ist vorerst wenig zu spüren. Die Schalthebel in den Konzernen und Banken, im Mediensektor oder an den Universitäten sind nach wie vor in weißer Hand. Die Mehrheit der Schwarzen wartet immer noch auf ein besseres Leben, wird miserabel bezahlt, ist schlecht ausgebildet und haust in Slums, geplagt von Armut, Krankheit und Gewalt.

Im Frühjahr 2003 erscheint ein Buch, das die Regierung ziemlich erbost. Denn schon der Titel – »Eine Geschichte der Ungleichheit in Südafrika, 1652–2002« – insinuiert, dass die Ausbeutung der schwarzen Bevölkerung, die mit der Landung der Europäer begann, auch nach dem Wendejahr weitergegangen sei. Der Autor untermauert in einer profunden Studie seine Kernthese:

»Die ärmsten fünfzig Prozent der Südafrikaner wurden durch die Politik des African National Congress systematisch ausgeschlossen.« Ein Schlag ins Gesicht von Thabo Mbeki und seiner Minister. Hätte dieses Werk ein linker ANC-Dissident verfasst oder ein junger weißer Ökonom, man wäre vermutlich darüber hinweggegangen. Aber der Autor ist ein namhafter Zeitgenosse, ein Wirtschaftsprofessor an der Universität Stellenbosch: Sampie Terreblanche.

Ich hatte Terreblanche im Jahre 1995 getroffen, anlässlich einer Recherche über die intellektuellen Wegbereiter der Wende. Man muss dazu wissen, dass die Universität Stellenbosch die älteste, reichste und konservativste Alma Mater Südafrikas ist. Hier studierte die geistige Elite der Afrikaaner. Hier wurden künftige Präsidenten und Premiers wie Verwoerd, Vorster, Malan oder Strijdom indoktriniert. Hier herrschte der geheime Bruderbund, das Opus Dei zur Verteidigung der burischen Vormacht. Hier erhielt der Rassismus die akademischen Weihen. Stellenbosch, das »Oxford der Buren«, war die Denkschmiede der Apartheid. Und ausgerechnet in dieser Zitadelle der Verbohrtheit und Intoleranz begann die Staatstheologie der Apartheid zu bröckeln. Denn hier lehrten auch jene 28 liberalen Professoren und Dozenten, die 1985 ein Memorandum verfassten, das den Mächtigen geradezu häretisch vorkommen musste: Sie forderten die radikale Umkehr. »Die Regierung hatte die Fähigkeit verloren, Probleme zu analysieren und zu lösen«, erinnert sich Terreblanche. Er war damals Dekan der Fakultät Wirtschaftswissenschaften und gehörte zu den Unterzeichnern der Denkschrift. Zwei Jahre später, am 20. Februar 1987, hatten die kritischen Akademiker eine Audienz bei Präsident Pieter W. Botha. »Das große Krokodil hat getobt und geschrien, als es unsere Reformvorschläge hörte.« Vier Jahre später fanden sich die Ideen der Ketzer in der berühmten Rubikon-Rede wieder, in der Präsident Frederik Willem de Klerk das Ende der Apartheid verkündete.

Sampie Terreblanche ist sich treu geblieben – ein Querdenker, der nicht aufhört, die Staatsmacht zu kritisieren. »In meinem Buch geht es um die Tatsache, dass die Weißen auf eine unanständige Art reich wurden, indem sie die einheimischen Bevölkerungsgruppen ausbeuteten ... Ich bin zur Erkenntnis gelangt, dass die jetzige Regierung zu wenig gegen die hässlichen Hinterlassenschaften der Apartheid tut, und ich frage mich: Warum?« Seine Antwort: Weil sie mit fundamentalistischem Eifer einen ungezügelten Kapitalismus fördere, der diesem Land nach 350 Jahren Kolonialismus nicht angemessen sei. Die harsche Reaktion der Regierung hängt sicher auch damit zusammen, dass in der Kritik jene Überzeugungen aufscheinen, die sie auf dem Altar der Globalisierung geopfert hat. »Die Reichen in Südafrika sind schon furchtbar reich«, sagt Terreblanche. Das Land brauche ein sozialdemokratisch inspiriertes Umverteilungsprogramm, »damit die zwanzig Millionen Armen ein würdiges Leben führen können«. Da spricht ein Vertreter der keynesianischen Lehre. Aber könnte es sein, dass die Regierung, selbst wenn sie wollte, die nötigen Reformen gar nicht durchführen kann, weil der Staat, den sie übernommen hat, nach wie vor von den Strukturen der Apartheid beherrscht wird? Das ist der Befund von Professor Neville Alexander, und seine Folgerungen sollten den Befreiungskämpfern des ANC noch mehr zu denken geben: Es werde sich eine »mächtige Armenbewegung« formieren – gegen sie selber, die Vertreter der neuen Herrscherklasse.

Die Regierung verteidigt sich. Wir haben 500 neue Kliniken in die Townships gestellt, um die medizinische Grundversorgung zu verbessern. Wir haben dafür gesorgt, dass hungrige Schulkinder eine Stulle bekommen, jeden Tag, an jeder staatlichen Schule. Wir haben Wasserleitungen gelegt, neun Millionen mehr Menschen können nun sauberes Wasser trinken. Wir haben fast anderthalb Millionen Häuser gebaut, die zwar nicht euren westlichen Ansprüchen genügen mögen, aber dennoch. Das ist allerhand in nicht einmal zehn Jahren. Welches unterentwickelte Land hätte in so kurzer Zeit je solche Leistungen hervorgebracht? Ganz zu schweigen von den Errungenschaften, die heutzutage keineswegs selbstverständlich sind, in Afrika schon gleich gar nicht: liberale Demokratie und Rechtsstaatlichkeit, Tarifpartnerschaft, unabhängige Gerichte, freie Presse, eine lebhafte Zivilgesellschaft und über allem eine Verfassung, die zu den modernsten der Welt gehört. Diese zerrissene Nation hat ein Reformwerk geschaffen, von dem nicht nur Afrika eine Menge lernen kann. Allein, den Südafrikanern scheint das oft selber nicht bewusst zu sein. Würde man ihre Lösung etwa auf den Konflikt im Nahen Osten übertragen, so hieße dies: ein neuer Staat, bestehend aus Palästina und Israel, geführt von einer palästinensischen Regierung, dazu eine demokratische Verfassung, die die Rechte der jüdischen Minderheit schützt. Diesen Vergleich hat der Historiker Allister Sparks angestellt; er will seinen Landsleuten und der Außenwelt verdeutlichen, was am Kap der Guten Hoffnung erreicht wurde.

Wenn Südafrikas Weg in Europa dennoch mit großer Skepsis verfolgt wird, so liegt das vor allem am Afro-Pessimismus, der heutzutage die Wahrnehmung des Kontinents durchsäuert. Hinzu kommt die Ahnung, dass sich in Südafrika das Schicksal der Weißen in Afrika entscheidet. Können sie sich den neuen Verhältnissen anpassen? Oder wird ihre Geschichte so tragisch enden wie in Simbabwe, wo sie ihre Lebensweise auf kolonialen Inseln konserviert und die Politik ignoriert haben? Wo es schließlich zu einer brutalen Vertreibung kam, zu einem Massenexodus der Weißen, gefolgt von einem beispiellosen wirtschaftlichen Niedergang? Wir wissen es nicht. Manchmal werden wir angesteckt vom Kulturpessimismus des großen burischen Schriftstellers Karel Schoeman, der im Ausland nahezu unbekannt ist. In seinem Roman »'n Ander land« lässt er eine Protagonistin sagen: »Man kann nie vergessen, dass dieses Land uns in Wirklichkeit gar nicht will. Es duldet uns nur eine Weile.«

Die Jugend kann mit düsterem Geraune wenig anfangen, sie hat kein anderes Land, sie muss sich in seiner harten sozialen Wirklichkeit einrichten. Und sie tut es auch, vor allem in Johannesburg, der wirtschaftlichen und kulturellen Metropole, die dem Rest des Landes mindestens zehn Jahre voraus ist. Hier spüren wir den Pulsschlag des neuen Südafrika. Die Zahl der gemischten Paare nimmt zu, der Umgang wird lockerer, in vielen Betrieben und Behörden herrscht ein kooperatives Klima, Sportteams werden bunter, und auf dem Felde der Kultur sind die Rassenschranken längst gefallen. Wir gehen in ein Nachtcafé und sehen schwarze, weiße und farbige Kids so ungezwungen flirten und tanzen, als wäre es das Selbstverständlichste in diesem Lande. Sie stehen auf Kwaito, auf den neuen Beat aus den Townships. Sie erobern das tote Herz der Stadt zurück. Und sie jammern und lamentieren nicht. Die Vergangenheit? Wir treffen junge Weiße, die von Verirrungen ihrer Eltern nichts mehr hören wollen, und junge Schwarze, die das Veteranengerede über den *struggle*, den Befreiungskampf, nicht mehr interessiert. Sie schauen nach vorne, ihr Engel der Geschichte hat sich umgedreht.

*

Vielleicht erwarten wir einfach viel zu viel von Südafrika. Es soll das letzte und schwerste Erbe der kolonialen Herrschaft abarbeiten. Es soll ein Modell der Versöhnung sein, ja ein Laboratorium für das Zusammenleben in den Vielvölkergesellschaften der Zukunft. Es soll eine Wirtschaftslokomotive sein, die einen ganzen Erdteil aus der Misere zieht. Es soll mit seinen beschränkten Mitteln das fundamentale Problem des 21. Jahrhunderts lösen: die Überwindung der Kluft zwischen Armen und Reichen, Norden und Süden. Denn das globale Wohlstandsgefälle verschärft all die kulturellen, religiösen und ethnischen Konflikte unserer Zeit – es sind Verteilungskämpfe um Ressourcen und Lebenschancen. So gesehen, trägt Südafrika wie ein Atlas der Moderne die Erwartungen der Welt, und manchmal werden sie ihm zu schwer. Aber dieses Land bleibt die große schwarze Hoffnung des Kontinents.

Manchmal, wenn mich der Zweifel befiel, fuhr ich hinaus in

die Township Alexandra, zu Joseph Makapan. Er saß meistens in seinem Rollstuhl vor der Werkstatt und stellte mit seinem Taschenrechner irgendwelche Kalkulationen an. Joseph kam aus der bittersten Armut: schwarz, arbeitslos, behindert – viel weiter unten kann man auf der sozialen Leiter Südafrikas nicht stehen. Eines Tages trommelte er fünfzehn Behinderte zusammen; sie begannen, in einer zugigen Blechhütte Körbe zu flechten, die sie für ein paar Cents verkauften. Das Geschäft ließ sich ganz gut an. Man gründete eine Genossenschaft für Behinderte, das *Alexandra Disability Movement*, und zog in eine geräumigere Werkstatt am Rande des Slums. Unterdessen ist aus der Selbsthilfe-Initiative ein veritables Kleinunternehmen geworden, das 46 Leute beschäftigt, alle sind körperbehindert, vom Arbeiter an der Bandsäge bis zum Manager. Sie produzieren Geschenkartikel, Picknickkörbe und Flechtwerk aller Art. Irgendwann kam eine kleine Nähstube hinzu, und im Hinterhof werden Plastikelemente für Klimaanlagen präpariert. Die Gewinne sind nicht üppig, aber es reicht, um menschenwürdige Löhne zu zahlen.

Als Joseph Makapan im Februar 2003 starb, verlor ich einen wunderbaren Freund, der mich durch all die Jahre in Afrika begleitet hat. Ich sehe ihn oft in seinem kobaltblauen Rollstuhl sitzen, den schwergewichtigen, verschmitzten, umtriebigen Mann. »Wir wollen keine Spenden, wir machen Business«, pflegte er zu sagen. Joseph hat ein kleines Kapitel der *African Renaissance* geschrieben, jener kühnen Vision von der Wiedergeburt des Erdteils aus eigener Kraft. Er verkörpert all die Eigenschaften, die ich an Afrika und den Afrikanern bewundere: die entwaffnende Heiterkeit und Zuversicht, den Erfindungsreichtum der Armut, die Kräfte, die aus der Verzweiflung geboren werden, dieses große unerschütterliche Trotzdem. Der querschnittsgelähmte Unternehmer aus einem Ghetto in Südafrika – so sieht die Hoffnung des Kontinents aus.

Seelenruhe am Rande des Abgrunds: Nyiragongo-Krater in Goma, Kongo

Der Schläfer auf dem Vulkan
Afrikanisches und allzu Afrikanisches

DIE FALAISE VON BANDIAGARA IN MALI, 140 Kilometer breit, 300 Meter senkrecht aus der Ebene von Gondo wachsend. Ein jäher Felsabsturz, schier unüberwindlich. Der Blick klettert die Steilwand hoch und bleibt an sonderbaren Gebilden hängen. Man hält sie zunächst für Formationen, die Wind und Wetter aus dem Granit gefressen haben. Dann erkennt man Turmkegel, Fensterlöcher, glattes Mauerwerk – puebloartige Bauten, Wehrdörfer, die sich wie Taubenkobel in die Steinwände krallen. Hoch über den Strohdächern liegen Höhlen, angeordnet in der Stereometrie von Bienenwaben – die Behausungen der Telem, der zwergwüchsigen Ureinwohner. Sie wurden irgendwann zwischen dem zehnten und vierzehnten Jahrhundert von einem Volk verdrängt, das vor den heiligen Kriegern des Islam aus dem Lande Mande geflohen war und in der Felsenburg von Bandiagara Zuflucht fand: die legendären Dogon.

Es dunkelt bereits, als wir Sanga, das Haufendorf direkt an der Abbruchkante erreichen. Unheimlicher Lärm am anderen Ende des Ortes. Schüsse, Schreierei, kriegerisches Gejohle. Was ist dort los? Ein Totenspiel, beruhigt uns ein Bauer, der von den Zwiebelfeldern heimkehrt. Im Schein von Strohfackeln strömen Menschen aus nah und fern zusammen. Wir sehen tanzende Schatten, Vorsänger auf den Dächern, alte Frauen, die mit Kürbisscherben Sandstaub über ihre Schultern schippen – die Hirse, die der Verstorbene geerntet hat. Männer stürmen mit Speeren auf sein Haus zu, führen Scheinkämpfe auf, feuern aus rostigen Flinten. Die Schüsse sind ihre Tränen, sagt der Volksmund. Und das ekstatische Ringen zeichnet den Schicksalsweg des Toten nach. Eine furiose Zeremonie, seltsam frohsinnig anmutend. Der Radau geht Stunde um Stunde, wird lauter, ebbt ab, hebt wieder an. Der Tod – ein Fest fürs Leben.

Ich liege längst unter freiem Himmel auf dem Dach einer Herberge und sinke, begleitet von der fernen Kakophonie aus Trommeln, Rasseln, Ratschen, Trillerpfeifen und Gesängen, in tiefen, traumlosen Schlaf.

Nach Sonnenaufgang steige ich hinab in die Felsnester, durch Schluchten und Steindome, in denen die Melodie des Morgens widerhallt. Vogelgezwitscher, muhende Kühe, scheppernde Kübel, das Toktok von Äxten. Das Tagwerk hat mit dem ersten Hahnenschrei begonnen. Da werden Blechtöpfe gescheuert und Baumwollfäden gesponnen, Steine zu Baumaterial zertrümmert, Risse im Lehmgemäuer gekittet oder Ziegen gehäutet, die an Affenbrotbäumen baumeln. Die Alten plaudern, rauchen, kauen Kolanüsse im Schlagschatten der *togu na*. In diesem auf Steinsäulen ruhenden Unterstand wird Rat gehalten und Recht gesprochen. Die *togu na* ist das Herz der gerontokratischen Ordnung und die Keimzelle der Gemeinschaft; das Dorf wird um sie herum gebaut wie die Organe und Glieder des menschlichen Körpers.

Ich erkundige mich nach einem gewissen Ali Dolo, dem Zwiebelhändler. Die Männer schauen mich erstaunt an. Denn der Name Dolo kommt in Sanga recht häufig vor. Eigentlich schreiben sich fast alle Familien so, und es gibt in den neun Unterdörfern der Ortschaft viele Leute, die mit Zwiebeln handeln. Die Zwiebel hat in der Ernährung der Dogon ungefähr die Bedeutung wie für uns die Kartoffel. Die Alten können mir nicht weiterhelfen, aber sie erzählen, dass heute die Masken tanzen, unten, im Dorf Tereli, wo zwei Leute zu den Ahnen gegangen sind.

Männer, Frauen und Kinder, exakt nach Sektoren und Himmelsrichtungen gruppiert, drängeln um die ovale Freiterrasse in der Dorfmitte. Auf Felsnasen stehen Rufer, die die Masken herbeibitten. Sie schweben aus dem Labyrinth der Lehmhäuser: Affengesicht, Stierschädel, Gazellenkopf, vieläugige Fratzen, die Krankheitsmaske mit dem enormen Kropf, drei Echsenmasken, dem Lothringer Kreuz ähnlich. Sie sammeln sich auf dem Platz, hüpfen, kreiseln, fetzen herum wie entsprungene Fohlen. Mittendrin eine fünf Meter hohe, schmale Planke: *sirige*, die Schlangenmaske. Die Masken werden getragen von barfüßigen Männern in violetten Baströcken und Armrüschen – es sind die Faserkleider der Termite und der Ameise, der beiden Frauen des Gottes Amma. Eine Stelzenpuppe mit Irokesenschopf, ledernen Spitzbrüsten und schwerem Schneckengepränge stakst aus dem Hintergrund. Schwirrhölzer singen, Trommeln dröhnen. Die Masken ringen, drohen, tanzen, leichtfüßig, scheinbar improvisierend, dann wieder figural, mechanisch wie ein Uhrenspiel. Am Ende neigt sich *sirige* in akrobatischem Pendelschwung auf die Totentücher nieder. Sie nimmt das *nyama* der Verstorbenen auf, jene Urkraft, die die gesamte Schöpfung durchpulst, die Menschen und Tiere, die Pflanzen und selbst die Steine. Wird diese Energie nach dem Tod nicht gebunden, irrt sie durch die Dörfer und richtet Unheil an. Aber das sind die Deutungen von fremden Wissenschaftlern, Genaueres wissen wir nicht. Der Tanz der Masken bleibt ein Ritual der Rätsel, in dem sich die Welten der Lebenden und Toten verschwistern.

Zwei Tage später finde ich Ali Dolo, den Zwiebelhändler. »Oh je«, ruft er, »der humpelnde Doktor. Das ist so lange her wie die Unabhängigkeit.« Auf dem Schoß von Ali zappelt eines seiner fünfzehn Enkelkinder. »Der Doktor war sehr neugierig. Er wollte alles wissen. Träume, Masken, Tabus, Ahnen, einfach alles.« Der Doktor hieß Paul Parin. Er kam aus der Schweiz, um das Seelenleben der Afrikaner zu erforschen; die Dogon sind besonders begehrte Objekte, denn sie haben ihre ursprünglichen Traditionen bis heute bewahrt. Sollten die Ethnologen Recht haben, dann dürfen wir uns die Dogon als glückliche Menschen vorstellen. Sie betrachten Arbeit nicht wie das christliche Abendland als Mühsal, die dem Menschen auferlegt wurde, weil er vom Baum der Erkenntnis aß, sondern als Gottesgeschenk. Faulheit gilt demnach als Erzübel, das Prinzip der Strafe ist den Dogon fremd. Die Lüge verachten sie. Die private Habe von Mann und Frau ist strikt getrennt. Nie hört man einen Säugling brüllen. Neugeborene müssen mit Händen und Füßen den Boden berühren, ehe die Nabelschnur durchtrennt wird; sie werden »geerdet«. Haben die Dogon vielleicht deshalb jene innere Ruhe, der wir Europäer nachhetzen? Denken und Fühlen sie anders? Mit diesen Fragen reiste Paul Parin, der Begründer der Ethno-Psychoanalyse, im Jahre 1960 nach Sanga. Sein Befund war seinerzeit keineswegs selbstverständlich: Das Seelenleben der »Primitiven« unterscheidet sich nicht im Geringsten von dem der »Zivilisierten«. Aber sie sind zufriedener.

»Die Weißen denken zu viel«, sagte der damalige Dorfchef Dommo zu Parin, »dann denken sie noch mehr und machen noch mehr Geld und haben nie genug. Dann sind sie nicht mehr ruhig. So kommt es, dass sie nicht glücklich sind.« Parins Forschungsbericht *Die Weißen denken zuviel* wurde ein Kultbuch der 1968er Studentenrevolte, ein großer anthropologischer Gegenentwurf zum sich selber und seiner Umwelt entfremdeten Zivilisationsmenschen. Ali Dolo sieht das Buch 1999 zum ersten Mal. Er schaut auf das Bild, das ihn als jungen Mann zeigt, lacht über das Porträt von Yasamaye, seiner zweiten Frau. Immer wieder lugen Töchter, Neffen, Nachbarn in den Zwiebelspeicher. Sie mischen sich ins Gespräch ein, lachen, witzeln. Alles wird offen beredet; die Dogon verpönen Geheimniskrämerei. »Der Doktor fragte Yasamaye sogar über Sex und Treue und … *puru*, unreine Dinge wie Menstruationsblut. Aber wozu die ganze Fragerei? Ich weiß es nicht.« Ali Dolo lächelt. Die Enkelin hüpft auf seinen Knien wie ein Springteufel und schaut den weißen Besucher unverwandt an. Es ist nicht das erste Mal, dass die Afrikaner sein Denken verwirren.

*

Eine soziale Interaktion, ein Ritual, ein Verhaltensmuster – wir glauben, etwas verstanden zu haben, und liegen weit daneben. Wir meinen, afrikanische Unmittelbarkeit zu erleben, und sind doch nur Gefangene unserer europäischen Sinne. Jedes anthropologische Urteil ist eine Projektion; es weist auf die kulturellen Normen und Werte desjenigen zurück, der es fällt. Und so müssen alle Aussagen über das »Wesen« der Afrikaner Annäherungen bleiben, oft auch nur Mutmaßungen. Ihre innere Welt ist uns manchmal so fremd wie die äußere, und selbst Experten, die glauben, sie einigermaßen entschlüsselt zu haben, werden nicht selten des Gegenteils belehrt. Sie sind dann so verblüfft wie jene Ärzte, die in einem abgelegenen Dorf in Kamerun einen Aufklärungsfilm über die Malaria und das verhängnisvolle Treiben der Anopheles-Mücke vorführten. Die alten Dorfbewohner waren recht beeindruckt von den Nahaufnahmen der Blutsauger, aber keineswegs beunruhigt. Denn die echten Moskitos sind schließlich recht winzig im Vergleich zu den Riesenbiestern auf der Leinwand. Ihr Gesichtssinn ist anders ausgeprägt. Sie kennen das Medium Film nicht und können keinen Kausalzusammenhang zwischen den überdimensionalen Mücken und der Malaria herstellen.

In den afrikanischen Lebenswelten wirken Elemente und Kräfte, von denen wir nicht die leiseste Ahnung haben: guter und böser Zauber, Tabus, rätselhafte Zeichen, das Gewebe der verwandtschaftlichen Beziehungen, geheime Traditionen. Wir sprechen die Sprache nicht, und selbst wenn uns ein erstklassiger Übersetzer zur Seite steht, bleiben bestimmte Begriffe und Bedeutungen ein Buch mit sieben Siegeln. Wir müssen auf höchst umstrittene Hilfskonstruktionen zurückgreifen, zum Beispiel auf die *If-I-were-a-horse*-Analogie der Anthropologen Alfred Radcliffe-Brown und Edward Evans-Pritchard. Wir sind in der Situation des Bauern, der in der verwaisten Pferdekoppel steht und versucht, sich in die ausgebrochene Stute hineinzuversetzen: Wo wäre ich hingerannt? Wir haben nicht viele Anhaltspunkte. Das Gras, das durchbrochene Gatter, den Weg zur saftigen Weide nebenan. So geht es uns immerzu, wenn wir über die Weltbilder, das Denken oder Verhalten der Afrikaner spekulieren. Manchmal erwischen wir einen Grashalm; es kann eine Skulptur sein, eine Begebenheit, ein Sprichwort, ein wiederkehrendes Gebaren, eine merkwürdige, befremdliche, ärgerliche oder erfreuliche Erfahrung. Ich habe mich bei meinen Entdeckungsreisen in den afrikanischen Alltag stets von einer Grundfrage der Soziologie leiten lassen: Warum handeln Menschen so, wie sie handeln?

*

Eigentlich wollten wir keine Maid. Schon der Name irritiert: Maid, eine Kurzform des altmodischen *maiden*, was so viel bedeutet wie junges Mädchen, Dienstmädchen, Magd. Wozu brauchen aufgeklärte, selbstständige Europäer eine Untergebene in ihrem kleinen Haushalt? Aber Princess war schon da, als wir 1993 in das Haus No. 5, 12th Street in Orange Grove, Johannesburg, zogen, sie gehörte sozusagen zur Liegenschaft. Ihre Unterkunft befand sich hinten im Garten, eine kleine, muffige Kammer mit einer Mauerblende vor dem Eingang, um die Herrschaften, die sich am Pool sonnen, vor ihren Blicken zu schützen. Jedes größere Haus in Südafrika hat so ein *servants quarter*, eine Dienstbotenwohnung. Ihre Bewohner, die Maids, Nannies und Gärtner, sind folglich auch die Schwarzen, die den Weißen am nächsten stehen, und natürlich gelten sie als die guten Afrikaner. Andere Afrikaner kennen die Madam und den *baas*, den Boss, in der Regel nicht. Andere Afrikaner sind arbeitsscheu und verlogen.

Bitte behalten Sie mich, sagte Princess, ich bin sonst arbeitslos und kann meine Töchter und Enkelkinder nicht mehr ernähren. Wir behielten sie. Am ersten Morgen stand sie mit Tee vor unserem Bett. Dieses koloniale Ritual, *early morning tea* genannt, haben wir gleich abgeschafft. Princess heißt eigentlich Nolizwe, aber wie alle Maids gab sie sich einen »weißen« Vornamen, denn die afrikanischen können sich die Arbeitgeber nicht merken oder nicht aussprechen. Abgesehen davon, wohnt im gewählten Namen auch der Wunsch nach Wohlstand und Glück: Queen, Beauty, Grace oder eben Princess. Nolizwe war eine dicke, behäbige, humorvolle Frau, ausgestattet mit viel Bauernschläue und einem großen Herzen. Wir haben ziemlich oft und ziemlich viel gelacht. An unserer Beziehung zu ihr ließen sich aber auch viele Missverständnisse und Vorurteile, kulturelle Barrieren und wechselseitige Animositäten zwischen Afrikanern und Europäern veranschaulichen.

Die kleine Happiness, ihr Enkelkind, war oft krank, die Winter auf dem *Highveld* sind kalt. Husten, Katarrh, virale Infekte – die Folgen der Feuchtigkeit in der schlecht durchlüfteten Kammer. Wir ließen das Blechdach neu decken und schickten das Kind zum Arzt, der verschrieb ein Antibiotikum. Happiness schluckte die Medizin. Doch kaum hatte sich ihr Zustand gebessert, sahen wir sie wieder barfuß auf den eiskalten Steinplatten im Garten herumhüpfen. Wir erklärten Nolizwe, dass man selber etwas tun könne, um Infekte zu verhindern. Aber das Prinzip des Vorbeugens blieb ihr fremd. Wenn man krank ist, nimmt man die Wunderpillen der Weißen und wird wieder gesund. Man begibt sich in die Hände des Arbeitgebers, sie sind für alles zuständig, nicht nur für Lohn und Brot, sondern auch für Kleidung und Transport, Gesundheit und Bildung. Eines Tages teilte die Schulleiterin mit, die *school fees* für Happiness stünden noch aus. Nolizwe erklärte, *tsotsis*, Gangster, hätten ihr das Geld auf dem Weg zur Schule geraubt. Als ihr dieses Missgeschick noch einmal widerfuhr, kam es zum ersten ernsthaften Konflikt. Dann die Geschichte mit dem Konto, das wir für sie eingerichtet hatten, um ihr monatlich einen kleinen Zuschuss zur Rente zu überweisen. Als wir Johannesburg verließen, war kein Cent übrig – sie hatte die Rücklagen jeweils sofort ausgegeben: für modischen Schnickschnack, den ihre Tochter Nancy trug, oder für Zechgelage ihres Cousins Theo, der bei uns als Gärtner und Maler arbeitete. Solche Transaktionen hinterließen oft eine große Ratlosigkeit.

Investitionen in Bildung, Gesundheitsvorsorge, Rentenleistungen, Sparrücklagen – das sind westliche Sicherungssysteme. Im Leben einer Frau wie Nolizwe spielen sie keine Rolle, denn die Zukunft ist ein abstraktes Konzept. Man hat nicht viel, und man verbraucht, was man hat. Was der morgige Tag bringt, weiß man nicht. So ist das karge Leben in der Stadt, in dieser fremden, modernen Welt, in der die traditionelle Vorsorge nicht mehr funktioniert. Draußen, in Nolizwes Heimatdorf, gibt es sie noch: viele Kinder, fruchtbare Äcker, volle Kornspeicher, eine große Rinderherde, der Brautpreis. Zwar finden wir auch in den Städten soziale und finanzielle Netzwerke, die erweiterte Familie, den Klan, die Spar- und Beerdigungsvereine, welche, je nach Land, *stokvel* und *makgotla* (Südafrika), *tontine* (Kamerun) oder *maliando* (Guinea) genannt werden. Aber die Netze sind löchrig, und sie schützen nur einen Teil der Bevölkerung. Und so wird der Job in einem weißen Haushalt für Hunderttausende von Frauen zu einer Art Rundumversicherung.

Dort herrschen allerdings spätkoloniale Ausbeutungsverhältnisse, in denen die Bereitschaft der Untergebenen, sich selber um ihren Alltag, ihre Probleme, ihre Zukunft zu kümmern, erodiert. Dieser Verlust führt nicht nur zu materieller Abhängigkeit, sondern zu einer regelrechten Empfängermentalität. *Gimme! Gimme!* Gib mir!, fordert die Maid, du hast es doch. Die Madam sperrt den Kühlschrank zu, in Südafrika haben alle Kühlschränke Schlösser. Der *baas* kontrolliert den Pegelstand der Whisky-Flasche und schimpft über die Verschlagenheit und Nutzlosigkeit des Gesindes. Das Personal hinwiederum versucht, sich Dinge anzueignen, die ihm vorenthalten werden, und nicht selten geschieht dies im Bewusstsein, dass sie ihm zustehen. Denn die geizigen Herrschaften haben ihren Wohlstand dem ungerechten System der Apartheid zu verdanken; sie leben im Überfluss, sie besitzen ein riesiges Haus, drei Fernseher und drei Autos, und ihre Hunde mästen sie mit Steaks. Im Stadtteil Melville zeigt uns eine Maid ihre »Wohnung«: eine windschiefe Garage, nackter Lehmboden, kein Strom, kein Wasserhahn, keine Toilette. Ihre Madam ist Ärztin von Beruf. Solche Leute wundern sich dann, wenn sie Opfer eines *inside jobs* werden, wenn ihre Villa ausgeräumt wird, weil die Maid den Dieben wertvolle Tipps gegeben hat.

Eine begüterte Dame gesteht im Beichtstuhl, sie beute ihre Hausangestellte aus und zahle ihr nur zwanzig Rand am Tag. Der Pfarrer erteilt ihr die Absolution und fragt zum Abschluss: An welchen Tagen ist ihre Maid noch frei? Das Bilderbuch »Madam & Eve« karikiert die Absurditäten zwischen Herrinnen und Mägden. Es ist ein Brevier all der Listen, zu denen der Dienstbote nicht nur in Südafrika greift. Ein Freund aus Mosambik erzählte, dass sein Nachtwächter recht oft zu Beerdigungen in sein Heimatdorf musste; er erhielt jedes Mal das Fahrgeld und eine Woche arbeitsfrei. Merkwürdig war allerdings, dass stets die Mutter des Mannes starb. Auf die Frage, wie viele Mütter er eigentlich habe, erklärte er: »Jetzt stirbt keine mehr, Chef. Sie sind alle tot.«

Wir versuchten natürlich, die Herr-Knecht-Dialektik durch Großzügigkeit zu durchbrechen: überdurchschnittlicher Lohn, Einladung zu unseren Festen, gemeinsame Mittagsmahle, Kleiderzuwendungen, Schulgeld für die Enkelin, Arztkosten. Der »Reichtumsvorbehalt« blieb trotz oder vielleicht gerade wegen der Gratifikationen, und im Vergleich zu einer Frau wie Nolizwe sind wir ja tatsächlich reich. Das ließen uns mitunter auch schwarze Freunde spüren. Man zahlt im Restaurant meistens das Essen, organisiert Konzertkarten, holt Besucher in Soweto ab und fährt sie wieder heim. Man kommt sich ausgenutzt vor. Aber was jammert ihr Weißen, ihr habt doch schicke Autos, *big bucks*, volle Kühlschränke und all die Privilegien, die uns *darkies* vorenthalten wurden! Selbst gut verdienende Schauspieler, Sportfunktionäre oder Jungmanager redeten im Scherz manchmal so. Sie gaben uns zwar den Unschuldsbonus für zugezogene Europäer, aber innerlich rumorte die Einschätzung, die materiellen Dinge würden uns aufgrund der Hautfarbe in den Schoß fallen.

Ein Freund aus London, ein Entwicklungshelfer, der eine Frau aus Lesotho geheiratet hatte, kam sich bald vor wie eine

Henne, die goldene Eier legt – man erwartete von ihm nicht nur, *lobola*, den üblichen Brautpreis, zu zahlen, sondern den ganzen Klan auf Dauer zu alimentieren. Was ihn dabei besonders ärgerte, war das Verhalten seines Schwiegervaters George. Dem ging es eigentlich ausgezeichnet, denn er hatte bei den Vereinten Nationen in Maseru als Chauffeur gearbeitet und bezog eine für afrikanische Verhältnisse fürstliche Pension. Er investierte den Großteil des Geldes in die vier Schrottmühlen vor seinem Haus, die meistens kaputt waren. Jeden Tag kamen junge Burschen, Studenten am Polytechnikum, die an seinen Autos herumtüftelten und dafür gut entlohnt wurden. Mit den Schulgebühren für die eigenen Kinder aber war George schon ein halbes Jahr im Rückstand. Wozu Geld für Bildung ausgeben? Schule und Erziehung, das ist Weibersache! Außerdem sollen die Söhne gute Hirten oder Entrepreneurs werden, dazu braucht man keine Geografie oder dergleichen Unsinn. George ist sicher ein Extremfall, aber diese Form der Verantwortungslosigkeit zeigen afrikanische Männer recht häufig. Sie trinken und palavern gern, sie schwingen große Reden und entwerfen fantastische Projekte, aber ihre Familien vernachlässigen sie. Würden ihre Frauen nicht das Doppelte und Dreifache leisten, es stünde noch schlechter um den Kontinent.

Zurück zum eigenen Haushalt. Das Bügeleisen hielt ein Jahr, der Staubsauger anderthalb. Und wieder rätselten wir. Warum gehen die Geräte so schnell kaputt? Als der Staubsauger zum ersten Mal den Geist aufgab, war die Ursache eindeutig. Nolizwe hatte die Tüte nicht ausgewechselt. Ich erklärte ihr, was zu tun sei. Beim nächsten Ausfall stellte sich heraus, dass sie zwar die Tüte ausgewechselt, aber nicht in der Halterung verankert hatte. Sie saugte und saugte und saugte, und irgendwann brannte der Motor durch.

*

Der Schluss vom Einzelnen auf die Allgemeinheit ist oft unzulässig und immer problematisch. Aber viele der Handlungsweisen von Nolizwe Mneno begegneten mir immer wieder in Afrika. Eine Maschine läuft, bis sie nicht mehr läuft, das gilt für Staubsauger, Kassettenrekorder, Autos, Schubraupen, Flugzeuge oder Lokomotiven. Oft fehlt es an den Anleitungen zum schonenden Umgang mit den Gerätschaften, an Betriebskenntnissen, an Ersatzteilen oder am Geld, sie zu kaufen. Oft liegt es am unerschütterlichen Vertrauen in die moderne Technik. Oft aber sind Schlamperei und Gleichgültigkeit der Grund, und man muss feststellen, dass die *culture of maintainance*, die Kultur des Reparierens, Pflegens und Erhaltens, nicht besonders ausgeprägt ist, vor allem, wenn es um öffentliches Eigentum geht. Aber es gibt sie, diese Kultur.

Ich war einmal zu Gast im Elternhaus des Fußballstars Anthony Yeboah in Kumasi, Ghana. In der Küche stand ein regelrechter Altar aus elektrischen Geräten, von der Mikrowelle bis zum Mixer, lauter nagelneue Modelle, kein einziges schien je benutzt worden zu sein. Es handelt sich um Konsumfetische, die zeigen sollen, dass man sich westliche Wohlstandsgüter leisten kann. Zum Kochen verwendet man lieber die Utensilien, die schon immer verwendet wurden: Mörser, Stössel, Eisentopf, Holzlöffel. Im Wohnzimmer eines Lehrerehepaars in Soweto, Südafrika, wusste ich nicht so recht, wo ich Platz nehmen sollte. Denn die Sitzmöbel steckten immer noch in der schützenden Plastikhülle. Man ist stolz auf die Couchgarnitur, sie repräsentiert weißen Wohnstil; man will sie nicht beschädigen oder abnutzen, deshalb bleibt sie in der Originalverpackung. Auch die Ordnungsliebe und die Sauberkeit sind manchmal so ausgeprägt wie in unseren Breiten. Im hintersten Urwalddorf sehen wir besenreine Lehmplätze, picobello gereinigte Hütten oder Gemüseparzellen, die den Vergleich mit deutschen Schrebergärten nicht scheuen müssen.

Die Kultur des Hegens und Pflegens kommt allerdings selten über das Dorf, die Hütte oder die Stadtwohnung hinaus. Das hat, wenn wir an Verkehrsmittel, infrastrukturelle Einrichtungen oder die Bausubstanz von öffentlichen Gebäuden denken, mitunter fatale Folgen. Im Lake Victoria ertrinken 700 Menschen, weil das rostige Fährschiff seit der Kolonialzeit nicht mehr gewartet wurde und hoffnungslos überladen war. Im nigerianischen Jesse explodiert eine Pipeline, die Dorfbewohner angezapft hatten; tausend Menschen werden getötet. An der Moi Avenue in Nairobi bricht nach einem heftigen Sturzregen das Vordach eines Kaufhauses zusammen und begräbt sechzehn Passanten unter den Trümmern. Auf einer abschüssigen Kreuzung in Kumasi wird ein Auto samt seinen Insassen von tonnenschweren Koto-Baumstämmen platt gewalzt; die Endglieder der Befestigungskette auf dem Holztransporter waren nur mit dünnem Weidezaundraht verbunden worden.

Der Zustand mancher Großstadt ist unbeschreiblich. An den alten Fassaden wurde seit der Kolonialzeit kein Pinselstrich getan, die Straßen sehen aus wie nach einem Luftangriff. Man möchte kein Tier im Zoo von Kinshasa sein, es sind außer dem dürren Krokodil, ein paar Papageien und dem unendlich traurig dreinschauenden Mandrill ohnehin alle verhungert – oder von Hungernden geschlachtet worden. Als trostloseste Hauptstadt auf dem Kontinent empfand ich Conakry, aber das ist Geschmackssache, manche Kollegen verleihen Mogadischu, Luanda, Brazzaville, Monrovia oder Freetown dieses Prädikat, die Auswahl ist groß. Ich hatte jedenfalls in Conakry den Eindruck, als sei selbst die Abendsonne eine an den Himmel genagelte Pappscheibe, die jeden Augenblick in den Atlantik plumpsen könnte.

Das Verkehrswesen in Afrika muss man mörderisch nennen, auf keinem anderen Kontinent sterben gemessen an den gefahrenen Kilometern mehr Menschen. An jeder Teerstraße zeugen unzählige Wracks, Schrottknäuel und Blechskelette von infernalischen Unfällen, zwanzig, dreißig Tote sind keine Seltenheit, Schwerverletzte haben wenig Überlebenschancen, weil es zumeist keinen Rettungsdienst gibt. In Nigeria bleiben die Leichen manchmal tagelang neben der Böschung liegen. Auch innerafrikanische Flugreisen können nicht empfohlen werden, die Wahrscheinlichkeit eines Absturzes ist 15 Mal so hoch wie in Amerika. Unvergesslich die Ankündigung des Piloten beim Anflug auf Dar es Salaam, man habe Probleme mit der Hydraulik des Fahrwerks. *Maelezo ya usalama.* Ich konnte die suahelischen Notfallinstruktionen leider nicht verstehen. Ein einheimischer Geschäftsreisender auf dem Nebensitz kommentierte lakonisch: »Irgendwann musste es kommen. Diese Boeing 737 ist seit 3000 Flugstunden ohne Service.« In Worten: dreitausend. Aber auch dieses Flugzeug kam herunter. Ich leide jedenfalls nicht unter dem Njonjo-Syndrom, das nach dem kenianischen Politiker Charles Njonjo benannt ist. Er lehnte es strikt ab, sich von schwarzen Piloten fliegen zu lassen.

*

Manchmal macht uns die Gleichgültigkeit fassungslos. Da steht in Kinshasa ein Haus am Rande eines gewaltigen Erosionskraters. Jedes Jahr brechen Erdschollen weg, nach jeder Regenzeit rückt der Abgrund näher an das Gebäude heran. Der Besitzer schaut seit acht Jahren zu. Warum unternimmt er nichts? Er zuckt mit den Schultern. Man nimmt die Dinge hin, wie sie kommen, und ist nicht sonderlich beunruhigt dabei. Was könnte man schon tun, wenn um einen herum alles verrottet, die Straßen und Brücken, die Wasserleitungen und Stromkabel, die Krankenhäuser und Schulen? Welche Mittel hätte man gegen Korruption, Misswirtschaft und Nepotismus, gegen die großen Erosionskräfte, die die Fundamente der Gesellschaft unterhöhlen? Man wurstelt sich irgendwie durch. Wenn das Haus hinunterkracht, baut man eben ein neues. Nichts ist von Bestand, nichts für die Ewigkeit bestimmt.

Dennoch müssen wir stets im Hinterkopf behalten, dass alles ganz anders sein könnte. Dass etwa ein komplizierter Erbzwist Baumaßnahmen verhindert. Oder dass höhere Mächte im Spiel sind, ein geomantisches Kraftfeld, ein zürnender Ahn, eine Verwünschung. Davon wird uns der Mann natürlich nichts erzählen.

Wir wissen auch nicht, wie seine Nachbarn über den Fall denken, sie schweigen den Fremden an. Das Beispiel des Moskito-Films hat uns die Holzwege der Deuterei gezeigt. Wo verläuft die Grenze zwischen Tatsachen und Einbildungen? Was ist wahr und was erfunden? Wird auf dem Jankara-Markt von Lagos wirklich Menschenfleisch verkauft, oder handelt es sich nur um eine *urban legend*, um ein Gerücht oder eine Schauergeschichte, deren eigentlicher Zweck die Ausschaltung eines fleißigen Konkurrenten auf dem Wege bösartiger Verleumdung ist? In Afrika werden Informationen zumeist mündlich verbreitet, vielerorts gibt es keine Zeitung, und wo es sie gibt, können sie die Menschen oft nicht lesen, weil sie Analphabeten sind. Rundfunk und Fernsehen werden in der Regel von der Regierung als Propagandainstrumente missbraucht, man schenkt ihnen keinen Glauben. Die wichtigste Informationsquelle ist *radio trottoir*, das Gerede auf der Straße, das Palaver, der »Buschfunk«. In diesem Medium ändert sich eine Nachricht von Mund zu Mund, und schnell sprießen aus harten Fakten abenteuerliche Mythen. Fragen wir in einem kleinen Dorf am Fuße des Mount Elgon in Kenia herum, woher der tückische Aids-Erreger kommt, wird jeder antworten: vom Berg dort oben, aus einer Höhle unter den Wolken. Abergläubischer Humbug, denken wir. Wenn wir den Dorfbewohnern entgegenhalten, dass die Seuche durch ein winziges Virus verursacht wird, das im Querschnitt eines Haares Millionen Mal Platz hat, dann klingt das in ihren Ohren genauso abstrus wie ihre Version in den unseren.

Was Afrikaner wahrnehmen, bleibt unseren Augen oft verschlossen. Wir rennen durch den Busch und sehen nur Busch: dichtes Strauchwerk, mannshohe Termitenhügel, dornige Akazien, trockenes Geäst, krachdürre Gräser. Wir verlieren die Orientierung und würden bald verdursten, wenn uns nicht die Frauen der San begleiten würden. Sie huschen ins Dickicht, saugen Saft aus einer Wurzel, zerkauen Lianen, legen mit ihren Grabstöcken eine Knolle frei, pflücken hier eine Hand voll quittengelber Beeren, dort ein paar Baumfrüchte. Lebensfeindliche Wildnis? Für die

Frauen ist sie ein Naturgarten. Sie haben gelernt, ihn zu lesen. Aber es kann uns auch in einer Metropole wie Johannesburg passieren, dass wir die afrikanische Wirk- und Merkwelt nicht erkennen, weil wir uns anders in dieser Stadt bewegen. Wir karriolen wie alle Weißen im Auto durch die Gegend und nehmen das zweite, unbekannte Verkehrsnetz nicht wahr. Es sind die tausend Trampelpfade, Abkürzungen, Steige, Nebenwege, auf denen sich die schwarzen Fußgänger bewegen, die Maids und Nannies, die Gärtner und Handlanger, die Schulkinder, die Sangomas, Stadtstreicher und Halunken. Sie führen zu einem geheimen Versammlungsort, zu einem Gebets- oder Initiationsplatz, zu einem historisch bedeutsamen Punkt oder auch nur zu einer gewöhnlichen Feuerstelle, zum Schlafplatz in einer Höhle oder zur Keimzelle eines *squatter camps*, einer wilden Siedlung.

Manchmal öffnet die Literatur einen kleinen Spalt, durch den wir in die unsichtbare Welt Afrikas schauen können. Wir folgen auf der *Straße des Hungers* von Ben Okri (Nigeria) dem Geisterkind Azaro, das immerzu zwischen Diesseits und Jenseits pendelt; wir lassen uns in »Bones« von Cheneraj Hove (Simbabwe) in ein Geisterreich entführen, in dem das lineare Zeitkontinuum aufgehoben wird; wir verlieren bei Mia Couto (Mosambik) die Trennschärfe zwischen Schein und Sein, Fakten und Fiktionen. Die Kosmologie der Menschen, die Zeit, der Raum, die Ordnung der Dinge erscheinen uns in einem anderen Licht, und wir stellen fest, dass die afrikanische Wirklichkeit nicht so eindeutig, rational und mythenfrei ist wie unsere europäische nach ein paar hundert Jahren Aufklärung.

Es sieht nicht so aus, als könnten wir Tamale noch vor Einbruch der Dämmerung erreichen. Denn zwischen uns und dieser Stadt liegt die Staatsgrenze zwischen Togo und Ghana, und im Schatten eines Mangobaumes neben der Zollstation spielen der Chef derselben und sein Vize mit Kronkorken Dame. Vorsichtige Anfragen und ostentative Blicke auf die Uhr beeindrucken die Zöllner nicht. Was wäre schon gewonnen, wenn sie uns sogleich abfertigten? Wozu die Hast? Auf dieser Seite des Schlagbaumes sieht es genauso aus wie auf der gegenüberliegenden. Es gibt hier wenig zu tun und dort nicht viel mehr.

Wer eine Uniform trägt, wer ein Amt bekleidet, lässt warten. *He is in a meeting* heißt der Standardbescheid im Vorzimmer von hochmögenden Personen. Der Kollege John Githongo aus Kenia – er leitet unterdessen die Antikorruptionsbehörde – hat einmal die landesüblichen Wartezeiten ausgerechnet. Untersekretär: 30 Minuten. Bürochef: drei Stunden. Ministerialer: ein Tag plus. Minister: mehrere Wochen. Die Beamten warten auf ihre Gehälter, die Mechaniker auf Ersatzteile, die Krankenschwestern auf Medikamente, die *wananchi*, also die normalen Leute, warten auf alles und jeden. Warten und warten lassen sind Zeitgestalten der Macht respektive der Ohnmacht. In unserem Falle bedeutet das: Wir müssen uns gedulden, weil die Zöllner spielen. Erst wenn der Chef den Vize schlägt, werden wir den Stempel im Pass erhalten. Irgendwann folgen wir nicht mehr den Uhrzeigern, sondern den Spielzügen. Irgendwann lässt der zweite Mann den ersten gewinnen, irgendwann hebt sich der Schlagbaum. Wir lernen: Europäer haben Uhren, Afrikaner haben Zeit.

Im traditionellen Afrika gehorcht die Zeit anderen Gesetzen. Nicht Stunden und Minuten und schon gar nicht Sekunden gliedern sie, sondern natürliche Zyklen und kulturelle Regeln: Regen- und Trockenzeit, Aussaat und Ernte, Geburt, Initiation, Heirat, Tod. Die Zeit ist an Ereignisse, Pläne, Feste, Riten, Zeichen oder Bedürfnisse geknüpft: der erste Regen, die Länge des Schattens, ein Glücksfall, eine denkwürdige Begebenheit, der Flug des Speers, ein Hahnenschrei, das Knurren des Magens. Es ist zwölf Uhr Mittag, also machen die Zöllner Pause, sagen wir Europäer. Afrikaner schließen genau umgekehrt: Die Beamten spielen Dame, also kann man davon ausgehen, dass die Sonne im Zenit steht. Erkundigen wir uns nach dem Alter eines Mannes, wird er antworten: so alt wie der große Eukalyptus dort hinten. Oder: Ich bin geboren, als die Viehseuche unser Dorf heimsuchte.

Manchmal scheint es uns, als bewege sich der ganze Kontinent in Zeitlupe. Wir stehen auf leeren Bahnhöfen, wo niemand weiß, wann der nächste Zug kommt. Wir sehen Pirogen auf einem See wie im Scherenschnitt erstarren. Wir beobachten alte Leute, die vor der Hütte sitzen und in ihrer Reglosigkeit wirken, als wären sie aus Ebenholz geschnitzt. Wir gehen durch Dörfer, die im Jahrhundertschlaf versunken sind. Das Leben läuft träge dahin wie ein großer Fluss, und manchmal sieht man den Fluss nicht mehr fließen und meint, die Weltzeit, die Geschichte selber sei stehen geblieben. In der Sprache *lingala*, die an den Ufern des Kongo gesprochen wird, ist das Wort für gestern und morgen dasselbe. Hier existiert die globale Zeit nur in der Zeitzonentabelle unseres Taschenkalenders.

Wir Europäer haben es verlernt, mit der Langsamkeit umzugehen. Wir können nicht fünf Stunden unter einem Baum verweilen, ohne Beschäftigung, ohne Zerstreuung, ohne Lektüre. Wir sehen die Sanduhr rieseln, gähnende Langeweile oder nervöse Unruhe befallen uns. Afrikaner leben die Langsamkeit. Sie sitzen ewig lange unter dem Baum, schlafen, dösen, sinnieren, palavern, lassen den Tag vorbeiplätschern und tun nichts, absolut nichts. Sie haben oft gar keine andere Wahl, wird man einwenden. Das stimmt. Und dennoch pflegt Afrika eine Kunst, die das veloziferische Europa seit dem Zeitalter des romantischen Taugenichts verlernt hat: die Kunst des Müßiggangs. Wir sind rastlose Nomaden der Moderne, ausgerüstet mit Laptops, Kreditkarten und Handys, getrieben von Terminen, Deadlines, Events. Im rasenden Zeittakt beschleunigen wir uns zu Tode. »Aus Mangel an Ruhe läuft unsere Zivilisation in eine neue Barbarei aus«, schrieb Friedrich Nietzsche während der Sommerfrische im stillen Engadin.

Ein Jäger aus Namibia, ein Buschmann, fragte mich einmal: »Stimmt es, dass es die Menschen in Deutschland immer eilig haben?« Wer sich abhetzt, wirkt in seiner Welt geradezu lächerlich. Es bringt nichts, wenn wir uns über Verspätungen aufregen, es gibt keine universelle »Echtzeit«, die wir verlieren. Der Drang zur Augenblicklichkeit, das Jetzt-gleich-und-sofort hilft uns nicht weiter. Wir stehen fünf Tage lang vor einem Immigrationsbüro in Khartum, um einen Passierschein zu erhalten. Wir warten eine Woche lang auf ein Schiff, das uns aus der Urwaldstadt Kisangani bringt. Oder wir sitzen im Dakar-Niger-Express, unterwegs zwischen Bamako und Kayes, und die Reise will nicht enden. Das Land der Malinke zieht vorbei, nackte, heiße Felsen, dürrer Busch, die Weiler überpudert von Staub. Wir spüren den Gluthauch der Sahel. Alles drängt zum Extrem, zum Stillstand, zur Zeitstarre. Plötzlich steht der Zug, und im nächsten Moment bricht das Leben aus der Ödnis: Fischfrauen, Teeverkäufer, Kinder mit Obstkörben. Brasse mit Reis! Schafsleber! Yamsgemüse! Alle Passagiere steigen aus. Es ist Mittagsrast. Man isst, lacht, hat Muße. Unter der Schirmakazie neben der Bahnwärterhütte tanzen junge Mädchen. Wann geht es weiter? Ein krauser, ein europäischer Gedanke. Am Abend, als die Sonne kraftlos und blass wie eine Milchglaskugel im Busch versinkt, sind wir noch immer nicht am Ziel. Wir werden für die knapp 500 Kilometer Wegstrecke fast 15 Stunden brauchen. 33 Stundenkilometer, das entspricht der Geschwindigkeit der Equipage, mit der Mozart nach Prag rumpelte. Zwanzig Kilometer vor dem Ziel springen die Fahrgäste auf, reißen ungestüm ihr Gepäck aus den Netzen, drängeln schimpfend in den Vorraum, als sei ausgerechnet jetzt, nachdem wir uns einen Tag im Postkutschentempo bewegt haben, die Zeit kostbar geworden. Wir sind in einer Stadt, und hier herrscht der Gott Chronos, das moderne Zeitregime, die Diktatur der Eile.

Reisen in Afrika – das ist die Wiederentdeckung der Langsamkeit, die Rückkehr zum Andante, zur entschleunigten Bewegung. Es wirkt wie eine Medizin gegen den Tempowahn unserer Kultur. Man braucht eine Weile, um seine Zeitökonomie den Verhältnissen anzupassen. Ich maß zum Beispiel bei längeren Expeditionen die Tage nicht mehr nach dem Datumsfensterchen auf der Uhr, sondern nach dem Reifegrad der Mangos. In diesem Land sind sie noch grün wie junge Feigen, im nächsten schon quittengelb. Wenn sie rotbäckig sind, werde ich an diesem oder jenem Ort angekommen sein.

*

Unsere Erfahrung des Entfernungsschwundes, das blitzschnelle Überwinden des Raums durch Düsenjets, Datenautobahnen oder Liveschaltungen, kennen die meisten Afrikaner nicht. Ihr Erdteil wirkt unendlich langsam und behäbig, aber wir täuschen uns gründlich, wenn wir ihn für bewegungslos halten. Denn dies ist ein Kontinent der Rastlosen, jeden Augenblick sind Millionen von Menschen unterwegs, gewaltige Flüchtlingsheere, Dürreopfer, Armutsmigranten, Wanderarbeiter, Nomaden, Rebellenhorden und Soldatentrupps. Die Heimatvertriebenen sammeln sich in Lagern, welche die Dimensionen von Städten, mitunter von Millionenstädten annehmen; sie bleiben liegen wie Strandgut, um dann wieder von der Brandung der Chaosmächte erfasst und irgendwo anders ausgespuckt zu werden. Allerwegen begegnen uns lange Karawanen, Abertausende von Schulkindern, Bauern auf dem Weg zum Felde, Hirten mit ihren Herden, Kolonnen von Frauen, die gewaltige Lasten auf ihren Köpfen balancieren, und in den kühleren Stunden der Morgende und Abende scheinen ganze Dörfer unterwegs zu sein. Afrika ist ein Kontinent der Fußgänger, das Entfernungsmaß ist der menschliche Schritt, die Gehzeit. Es spielt keine Rolle, ob es hundert oder tausend Kilometer bis zur Hauptstadt sind. Wenn einen der Krieg oder die Not nicht zwingt, kommt man nicht weit herum. Die Welt endet am nächsten Markt, an einer großen Kreuzung, im Nachbardorf. Entsprechend vage sind die Auskünfte über den Weg zu entfernten Zielen. Wer in Afrika viel fragt, geht viel in die Irre. Die geheimen Verbindungen, das Netz der Pfade, die durch den Wald oder Busch führen, meiden wir besser. Wir können sie nicht lesen und verlieren bald die Orientierung. Es ist, als befänden wir uns auf einer Terra incognita.

Legt man einen Kolonialatlas aus den 1930er Jahren über eine aktuelle Landkarte, wird man feststellen, dass die damals unerforschten Gebiete und die heute unbekannten Gebiete nahezu kongruent sind. Der französische Politologe Jean-Christoph Rufin schloss daraus, dass beträchtliche Territorien Afrikas gleichsam wieder in die Unentdecktheit zurückgesunken seien. Auf der *carte routière* von Michelin, der genauesten Karte, die uns zur Verfügung steht, springen uns große weiße Flecken ins Auge. Im Inneren Angolas, in Mosambik nördlich des Sambesi, im Kongobecken, in den Halbwüsten Somalias und den unwirtlichen Zonen des Tschad, in den Sümpfen Südsudans oder in den Urwäldern Sierra Leones bewegen wir uns wie einst Graham Greene auf seiner *Journey without Maps*. Es sind Suchfahrten ohne Landkarte. Der Raum verliert seine Bedeutung, die Zeit ihre Macht. Was würde uns hier schon eine Digitaluhr nützen? Oder die goldene American Express Card? Oder der schöne Laptop?

Andererseits werden wir immer wieder überrascht, wenn sich die Bewohner eines abgelegenen Dorfes nach Oliver Kahn oder Schumi und seinem Ferrari erkundigen. Oder auch danach, ob junge Deutsche immer noch Afrikaner totschlagen. Sie wissen mehr über unsere Welt als wir über ihre, und sie ahnen sehr wohl, in welchem Paradies wir leben. Denn CNN, BBC oder das südafrikanische M-Net kann man auch in der Savanne oder im Urwald empfangen. Die Raumgrenze bildet keine Informationsgrenze mehr, die globalen Bilder überspringen die geografischen Barrieren. Sie stimulieren eine Bewegung, die wir als bedrohlich empfinden: den Strom der Armutsflüchtlinge, die es mit magnetischer Kraft dorthin zieht, wo der Mensch gut und menschenwürdig leben kann. Aber das ist eine andere Geschichte.

*

Oh, du rückständiges Afrika! »Manchmal hasse ich es. Dieser Dreck, dieser Stumpfsinn, diese Rohheit«, flucht Monsieur Kimbwala. »Schauen Sie nur, wie verschmiert mein Anzug ist.« Er trägt einen taubengrauen Zweireiher, dazu eine Seidenkrawatte und ein fesches Einstecktuch – eine denkbar unpraktische Reisekleidung, denn wir befinden uns auf der *MS Gbemena*, einem Motorschiff mit Schubverband, das mitten im Urwald den Kongo hinunterstampft. Die Luft ist heiß und feucht wie in einer Sauna, und der Unternehmer Noah K. Kimbwala schaut gerade so leidend drein, als hätte ihn eine Mamba gebissen. Aber er hat Großes vor. »Ich werde eine Fabrik gründen und Mangokonserven produzieren.« Man stellt sich das im Dschungel nicht einfach vor, zumal der Mann keine Investitionsmittel hat. »Risiko«, sagt er und zückt einen Brief des belgischen Königs – ein Empfehlungsschreiben für Präsident Mobutu. Es handelt sich vermutlich um ein gefälschtes Dokument, aber womöglich hilft es dabei, dem Staatschef einen Aufbaukredit zu entlocken.

Kimbwala, ein kräftiger Mann mit der Statur eines Preisboxers, ist einer der vierhundert Passagiere auf der *Gbemena*. Das Deck gleicht einem Viktualienmarkt, auf dem es die gewöhnlichsten und seltsamsten Waren zu kaufen gibt: lebende Krokodile und Kernseife, geräuchertes Schimpansenfleisch und Schusternägel, Palmwein und Lockenwickler, Zahnbürsten aus China, Jagdpatronen aus Frankreich, Thunfisch aus Südafrika. Man kauft und verkauft, tauscht und feilscht, rund um die Uhr. Immer wieder stechen Pirogen aus dem Uferdickicht, paddeln mit der Schlagzahl einer angreifenden Galeere auf die *Gbemena* zu und versuchen anzudocken. Manchmal havarieren die Beiboote im Kielwasser, und der Fluss verschlingt all die Waren, die man verkaufen wollte. Eine Woche hat man gewartet, jetzt versinken die gefesselten Schildkröten, Gürteltiere und Baumschlangen wie Steine, und die Früchte des Waldes treiben obenauf. Wer's geschafft hat, macht an Bord schnelle Geschäfte. Den Preis diktiert die Strömung. Je länger die Händler verweilen, desto ungleicher wird der Tausch. Denn das Schiff entfernt sich schnell von ihrem Dorf, der Heimweg stromaufwärts wird länger und beschwerlicher, und mit jedem Kolbenstoß werden die Kleider, der Reis und das Salz teurer.

Monsieur Kimbwala hat eine Portion daumendicke Engerlinge gekauft, die sich in einer Zeitungspapiertüte winden. »Mangokonserven«, sagt er, »das ist eine Marktlücke.«

*

Das Flussschiff im Waldmeer, ein schwimmender Marktplatz, ein wirtschaftlicher Mikrokosmos Afrikas. Es führt uns den ungeheuren Einfallsreichtum vor Augen, den die Ökonomie des Mangels in allen armen Regionen der Welt hervorbringt. Ganze Städte werden aus Müll gebaut, aus Pappkartons, Blechplatten, Holzresten, Kunststofftrümmern. Aller Abfall, jedes vermeintlich nutzlose Stückchen Schrott wird einer neuen Bestimmung zugeführt. Das beginnt schon bei den Kindern, die aus Draht, Ästlein und Kronkorken wunderliches Spielzeug basteln, und endet beim findigen Schuster, der aus zerfetzten Lastwagenreifen Sandalen schneidet. Plastiktüten verwandeln sich in Teppiche oder Skulpturen, Stofffetzen in Seile oder Fußbälle, Coladosen in Karbidkocher, Ölkanister in Resonanzkörper von Gitarren. Die Ohren der Masai-Krieger schmücken Filmdosen. San-Frauen rauchen Pfeifen, die einmal Geschosshüllen waren. Die Jäger der Betamaribé in Nordbenin gießen ihre Pfeilspitzen aus dem Kupfer von Telefonkabeln. Die verschwundenen Straßenschilder in Lagos finden wir in Gestalt von Kehrschaufeln oder Dachplatten wieder. In Kumasi, einer Stadt in Ghana, können wir im größten Bus- und Lkw-Ersatzteillager Afrikas verfolgen, wie aus Alteisen neue Fahrzeuge entstehen. Selbst Hilfsgüter werden zu Handelswaren: Die hellblauen Plastikplanen der Vereinten Nationen finden Verwendung als Tischtücher, Regenschutz oder Abdeckfolien auf Lastwagen. Die alten Kleider aus Europa nennt man in Mosambik *xicalmidade* – ein Wort, zusammengesetzt aus Chic und Kalamität: Mode, geschöpft aus der Malaise. In den Flüchtlingslagern entdecken wir blühende Märkte. 82 000 *enterprises*, also kleine Kioske, Bars, Läden, Frisörsalons, Metzgereien oder Werkstätten zählten Statistiker der UNO in den größten Auffanglagern des Kontinents, die nach dem Völkermord in Ruanda bei Goma im Ostkongo heranwucherten. Im Handel äußert sich die Kunst, der Not zu trotzen, er ist das Lebenselexier Afrikas, und zugleich demonstriert es ein Grundproblem seiner Ökonomie: Es wird zu wenig produziert. Der Kontinent ist fast vollkommen abhängig von den Gütern, die von außen kommen; es ist leichter, ein Hemd aus Malaysia zu kaufen als ein Stück Tuch, das aus einheimischer Baumwolle gesponnen wurde.

Natürlich bringt das afrikanische Wirtschaftsleben auch eine Vielfalt trickreicher und krummer Aktivitäten hervor. In Nigeria werden wir gelegentlich von jungen Burschen angehalten, die eine Art Straßeninstandhaltungsgebühr kassieren wollen; sie füllen die Schlaglöcher auf, die sie vorher selber in den Teer gerissen haben. Eine beliebte Arbeitsbeschaffungsmaßnahme ist auch das Ausstreuen von Krampen; sie gehören den Pannenhelfern, die just an der Stelle, an der unser Gefährt mit plattem Reifen liegen bleibt, aus dem Busch springen, um uns zu helfen. In Ghana gibt es den Beruf des Autosuchers, der die gestohlene Windschutzscheibe wieder auftreibt oder gleich den ganzen Wagen. Im malischen Djenné kam es zur wunderlichen Vervielfältigung des Oumarou Gogo Thiokary. Das ist der Name eines Fremdenführers; seit er in einem Reisehandbuch von *Lonely Planet* empfohlen wurde, heißt jeder zweite Cicerone so. Copyrights sind in Afrika unbekannt, der Urheber teilt, ob er will oder nicht. »Wenn ich eine neue Musikkassette produziere, verkaufe ich vielleicht 40 000 Stück, und schon ein paar Wochen später zirkulieren 300 000 Raubkopien«, erzählte mir Ismael Lô, der senegalesische Popstar. Recht gewinnträchtig sind auch die so genannten 419-Briefe aus Nigeria, benannt nach dem Gesetz, das sie dort unter Strafe stellt. Es handelt sich um weltweit per Fax oder Mail versandte Investitionsangebote, die märchenhafte Renditen versprechen und immer wieder gleichermaßen ahnungslose wie geldgierige Opfer in die Falle locken. Jeden zweiten Tag gehen in meiner Mailbox solche Angebote ein. Ich lese sie als Krisenindikator. Nach dem Sturz des Despoten Mobutu gaben sich die Absender gern als Mitglieder seines Klans aus. Zur Zeit häufen sich die Offerten aus Liberia, Simbabwe und von der Elfenbeinküste, wo Anarchie und Gewalt herrschen.

Das System 419 wäre vermutlich der schnellste Weg, auf dem auch unser Monsieur Kimbwala zu Kapital käme. Aber so etwas schließt er kategorisch aus. »Ich bin ein ehrlicher Afrikaner«, betont er. Die Stille. Der Strom. Der Urwald. Wir schauen ins braune Wasser und auf die grünen Uferwände. Und nach der kurzen Tropendämmerung, wenn die Wände und das Wasser sich vereinigt haben, schauen wir in die Sterne. Eines Abends fragt mich Kimbwala, ob ich ihm mit ein paar Scheinen aushelfen könne. Er wolle die Frau des Kapitäns erobern, und dazu müsse er vorher noch frische Unterwäsche kaufen. Es könnte eine ziemlich gefährliche Liebschaft werden, und er wäre vermutlich nicht der erste Passagier, der den Krokodilen zum Fraß vorgeworfen wird. Ich weiß nicht, wie das Abenteuer ausgegangen ist, denn in Bumba verließ ich das Schiff. Das letzte Bild: Monsieur Kimbwala steht auf dem Achterdeck, drückt an den Tasten seines Handys herum und schimpft. Es gibt im Umkreis von fünfhundert Kilometern keinen Funkmast. Aber das Mobiltelefon ist hier ja auch kein Kommunikationsgerät, sondern ein Fetisch, der seinen Besitzer mit den ökonomischen Geistern der Welt verbindet.

*

Dieser dicke Geschäftsmann auf der *Gbemena* ist wie Afrika: vital, pfiffig, ungestüm bis unverfroren, voller Optimismus, aber auch großspurig, realitätsfern, geleitet von einer Selbstüberschätzung, die ans Irrwitzige grenzt. Wir begegnen seinem Typus in den großen Städten des Kontinents, in Nairobi, Kinshasa, Accra, Johannesburg, Dakar oder Abidjan, dort braucht man Schlitzohrigkeit und ein robustes Gemüt, wenn man es zu etwas bringen will. Nehmen wir Lagos, die wirtschaftliche Metropole Nigerias. Ein urbanes Geschwür, durchädert von giftigen Kloaken, übersät mit

Müllhalden, erstickt unter einer milchblauen Smogdecke, zerschnitten von Straßenarterien, durch die sich Blechwürmer quälen. Stromausfälle im Stundentakt, tropische Hitze, Lärm, Tumult. Eine Megalopolis der Dritten Welt, anarchisch, gewalttätig, geplagt von Elend und Krankheit, endzeitlich anmutend. Wie Menschen darin überleben, sprengt unsere Vorstellungskraft, und vor ihrer Zahl muss jedes Meldeamt kapitulieren. Acht Millionen? Zehn? Womöglich zwölf? Keiner weiß es. »Das Individuum existiert hier nicht mehr«, glaubt ein Handelsattaché aus Österreich. In seinem Garten liegt eine lange Stange. Sie wird gebraucht, wenn es vor seiner Dependance direkt an der Lagune wieder einmal unerträglich stinkt. Der Hausdiener muss die Leichen und Tierkadaver, die sich an der Uferkante verheddert haben, ins offene Wasser hinausschieben. »Acht Wasserleichen in dreieinhalb Jahren. Die erste habe ich noch gemeldet. Aber die Polizei interessierte das nicht.« Niemand vermisst die Toten. Sie ruhen im Wassergrab der Namenlosen.

Manche Straßen sind unpassierbar, weil sie von Abfallbergen versperrt werden, die Kanalisation ist immerzu verstopft, die Briefkästen werden nicht mehr geleert, die Telefonleitungen sind stumm, und wenn ein Wasserrohr birst, kann niemand das Leck finden, weil es drei verschiedene Netze gibt, aber über keines verlässliche Angaben. In dieser Stadt wundert man sich manchmal, dass außer der Schwerkraft überhaupt noch etwas funktioniert. Liest man auf den Nummernschildern der Autos »LA – Centre of Excellence«, muss man unweigerlich an die Schildbürger denken. Am kilometerlangen Sandstrand von Victoria Island schichten sie zum Beispiel auf einem Abschnitt von zweihundert Metern Sandsäcke auf, um das Meer davon abzuhalten, das Land zu fressen. Beim Bau einer neuen Konferenzhalle legen sie zuallererst die Bodenplatten, nachts, im Halbdunkel, um am Morgen festzustellen, dass fast alle schief und mindestens die Hälfte locker sind. »Zu wenig Zement. Aber der Job muss schließlich getan werden«, sagt der Vorarbeiter. Schilda ist überall in Nigeria. Wir stehen im Stau auf der Autobahn nach Ajaokuta; die Autos weichen aus und versuchen, sich im sumpfigen Gelände abseits des Asphalts zu überholen. Im Nu sind aus den zwei Fahrstreifen zehn geworden, die Blechschlangen verknäulen sich heillos ineinander, und alle schimpfen und schreien. In Ibadan suchen wir die Verbindungsstraße von der A1 zur A5. Sie wurde drei Mal geplant und drei Mal finanziert, sie ist auf der Karte eingezeichnet. Aber sie existiert nicht.

Nigeria, der Riese Afrikas, die größte, reichste, mächtigste schwarze Nation der Welt, funktioniert nach dem Chaosprinzip. »Rücksichtslosigkeit und Schlamperei sind hier Energiequellen«, erklärt uns ein Unternehmensberater. Die Anschauung zu seiner Theorie liefert das Western House, ein Bürokomplex, der einmal eine gute Adresse in der City war. Unterdessen sind alle Firmen, die etwas auf sich halten, ausgezogen. Brand- und Einsturzgefahr, Überfälle am helllichten Tag sind die Gründe. Unten in der Tiefgarage, in einer dunklen, modrigen Kellerkammer, sitzt Olojede, der Telefonmann. Sein mit lila Teppichfliesen beklebter Tisch wird von einem Verhau aus Kabeln, Litzen, Drähten, Relais und Steckern eingerahmt. Er liest gerade im *Guardian* die Geschichte von Oriji, dem Kannibalen, der mit Frauenfleisch gehandelt haben soll, eine der üblichen Räuberpistolen. Wenn es hinter dem Telefonmann funkt und knistert, stochert er mit seinem Kugelschreiber in den Elektroverhau. Er wundert sich, dass wir uns wundern. »*Disting never tossed. Never wahalla*«, sagt er in nigerianischem Pidgin. Das Ding nie kaputt. Nie Verdruss. Irgendwie funktioniert es, irgendwie geht es immer weiter. Die Welt ist ein Provisorium.

Ich war vielleicht ein Dutzend Mal in Lagos, und bei jedem Besuch erlebte ich diese Stunden totaler Erschöpfung. Ich flüchtete dann in irgendeine Straßenbar, saß, trank eine Cola, rauchte, schaute herum, hörte auf zu räsonieren. Diese Stadt scheint alle Kräfte aus dem Leib zu saugen. Man kann nachvollziehen, warum der amerikanische Essayist Robert Kaplan Lagos zu einem

Schauplatz für seine Weltuntergangsszenarien gewählt hat. Die Unregierbarkeit dieses Stadtmonstrums, die demographische und ökologische Zeitbombe, das Millionenheer verarmter Landflüchtlinge, der Verteilungskampf um knappe Güter, der sich in ethnischen Scharmützeln entlädt, die verheerende Aids-Pandemie – wer könnte die Tatsachen leugnen? Aber während wir erschöpft in der Bar sitzen und vom Kulturpessimismus verschlungen werden, tobt draußen in den Straßenschluchten das Leben, ohne Regel, ohne Maß, hyperaktiv, als flösse durch sämtliche Handlungen und Regungen die doppelte Energie. Das Schreien und Lachen, das Zetern und Gestikulieren, das Streiten und Flirten, alles wirkt heftiger, wilder, ungezügelter, lärmender. Selbst die Säuglinge scheinen lauter zu krakeelen, und man muss an einen Satz aus Peter Enahoros Anleitung *How to be a Nigerian* denken: »Andere Völker brauchen Stimulanzien, wir brauchen Tranquilizer.«

Irgendwann holt uns das pralle, verschwenderische Leben wieder aus der Bar. Wir besichtigen das Nationaltheater, eine gewaltige Betonschüssel im Herzen der Stadt. Es wurde vor 25 Jahren gebaut, aber ein 2000-jähriges römisches Kolosseum ist besser erhalten. Wir irren durch die Katakomben, entdecken verwahrloste Säle und Bühnen, leere Büros, geschlossene Cafés und wollen diesen tristen Ort schnell wieder verlassen. Doch dann gehen wir durch eine Flügeltür – und sehen Tänzer durch die Luft wirbeln: The National Troup of Nigeria bei der Probe, eine Offenbarung der Tanzkunst. Wir unterhalten uns mit jungen Afrikanern und Afrikanerinnen, die vor Kraft und Selbstbewusstsein strotzen. Die schwierigsten Umstände, das Elend der Slums, die Gewalt in den Straßen, die täglichen Kämpfe und Entbehrungen können sie nicht entmutigen. Sie lachen über Dinge, die uns Europäer zum Heulen bringen würden. Ihr Lehrmeister war die Armut. Sie schliefen oft hungrig ein, litten an tückischen Infektionen, überstanden Diktaturen, Brotrevolten, tribalistische Gewaltexzesse. Und brachten es zu großer Kunst: Im Tanz der jungen Nigerianer drückt sich ihr Triumph im Lebenskampf aus, er ist ihr schöpferisches Dennoch. Um so weit zu kommen, braucht man natürlich auch viel Glück, denn oft verpuffen die Energien an den Widrigkeiten des Alltags, sie sind rasch aufgebraucht, und mit 45 oder 50 ist gleichsam die Batterie leer. Das Leben ist kurz, beschwerlich und voller Gefahren. Man vergreist schnell und stirbt früh. So können wir uns erklären, warum in den Städten Afrikas viele Junge und wenige Alte anzutreffen sind. Fast die Hälfte der siebenhundert Millionen Afrikaner sind jünger als fünfzehn Jahre.

*

Wir machen einen Sprung nach Malanje in Angola. Dort beträgt die durchschnittliche Lebenserwartung nur noch 43 Jahre. Die Stadt ist von Rebellen umzingelt, sie beschießen die Häuser und fallen nachts über die Randbezirke her. Die Menschen hungern, überall herrscht bitterer Mangel, und nur eines existiert im Überfluss: die Angst. In dieser Stadt der Verdammten wohnt Antonio Marais; er ist 38 Jahre alt und hat 31 Jahre Krieg erlebt. »Du musst das Leben trotzdem genießen«, sagt er. »Weil du nie weißt, ob nicht doch mal eine Artilleriegranate einschlägt. Und – bumm! – alles ist vorbei.« Ein Huhn brutzelt auf dem Rost, eine Flasche billiger Rotwein aus Portugal wird entkorkt, und man rätselt, wie und wo sie Antonio Marais aufgetrieben hat. Seine Tochter hält sich ein Transistorradio ans Ohr und tanzt im Takt karibischer Kizomba-Rhythmen. Die Lebensfreude lässt sich nicht einkesseln. Selbst im allergrößten Elend entwickeln Afrikaner unglaubliche Überlebensstrategien, sie haben sich jenseits der nackten Notwendigkeit ein Stück Freiheit bewahrt, das sich in ihrer unendlichen Gelassenheit und Zuversicht äußert. Machen wir wieder einen Sprung, nach Freetown, in die Hauptstadt von Sierra Leone, die sich nach zehn Jahren Bürgerkrieg in ein Trümmerfeld verwandelt hat. Viele Einwohner hausen in den höhlenartigen Resten ihrer Häuser, viele sind traumatisiert, denn sie haben furchtbare Dinge gesehen und erlitten. Hunderte wurden von den Rebellen grausam verstümmelt. Und dennoch ist so etwas wie Normalität in die Stadt zurückgekehrt. Die Frauen handeln mit den paar Habseligkeiten, die ihnen nach den Raub- und Mordorgien geblieben sind, die Buben lassen Papierdrachen steigen und treiben Blechreifen durch die Straßen, die Mädchen spielen mit Patronenhülsen, zwischen den Schuttbergen grünen Gemüseparzellen. Wir sehen Menschen lachen. Diese bizarre Mischung aus Endzeit und Ruinenheiterkeit verblüfft uns auch in Mogadischu, der Kapitale des Staates Somalia, den es nach einem Jahrzehnt Bürgerkrieg eigentlich gar nicht mehr gibt. Hier sah ich das verrückteste Beispiel für die Kunst, sich im Inferno zu vergnügen. Es war in einer jener Nächte, in der sich somalische Milizen und die Blauhelme der Vereinten Nationen wieder ein heftiges Feuergefecht lieferten. Der Himmel stand in Flammen. Als ich das gespenstische Schauspiel vom Flachdach meines Hotels aus verfolgte, fiel mir das flackernde Licht in einer Nebenstraße auf. Da saßen junge Männer in einem zerschossenen Gebäude, das offenbar einmal ein Kino gewesen war. Sie sahen sich einen Film an, während in tausend Meter Luftlinie die Granaten einschlugen. Einen italienischen Film – über den Vietnamkrieg.

In Somalia sind auch die anthropologischen Betrachtungen entstanden, die Bodo Kirchhoff über die Afrikaner anstellte. Eigentlich war der Schriftsteller im Land, um zu protokollieren, wie die schwarz-rot-goldene Fahne im heißen Wüstenwind knatterte und unser »Nachkriegshymen« riss – er hatte nämlich deutsche Soldaten bei ihrem ersten Auslandseinsatz seit 1945 begleitet, bei der humanitären Militärintervention am Horn von Afrika. Eines Tages sieht er ein schwer verletztes Kind, und er notiert in seinem Tagebuch: »ein Mädchen, durch eine Explosion blind geworden, Splitterwunden am ganzen Körper«. Das Mädchen wimmert leise, und der Literat denkt: »Leiden als Seinsform, wie bei uns Zufriedenheit.« Was will er uns damit sagen? Dass Afrikaner mehr aushalten, weil sie angeblich eine rohere Natur haben? Dass sie zum Leiden geboren und für ein lebenslanges Martyrium ausgestattet sind? Vermutlich hat es Kirchhoff ganz anders gemeint, aber in seinen Sätzen scheint jenes Anderssein der Afrikaner auf, das Paul Parin in seiner Studie »Die Weißen denken zuviel« widerlegt hat. Es gibt einen Grad des Leidens, der den Leidenden überwältigt. Er wird gleichgültig, empfindet nichts mehr, nimmt seine Umwelt kaum noch wahr, ist vollkommen paralysiert. Aber der Schmerz, die Angst, die Verzweiflung wüten in jedem Menschen gleich. Wir müssen nur in ein Krankenhaus in Freetown gehen und mit den Patienten reden. Das Hospital heißt Connaught, das ist der Name eines verwunschenen Landstrichs in Irland. Auf einer Betonbank unter der Pinie im Innenhof sitzt ein Mann. Türkisgrünes Netzhemd, schmutzige Shorts, Badeschlappen. Er streckt mir den rechten Armstummel entgegen.

»Ich bin Lamin Jusu Jakka. Die Rebellen haben mir beide Arme abgehackt. Links, zack! Rechts, zack! Es war eine dieser schweren Feueräxte, die die UNO-Helfer zum Baumfällen verwenden. Lange oder kurze Ärmel, das konnten wir uns aussuchen. Es wurden viele Hände und Beine abgehackt. Einer der Verbrecher sammelte die Körperteile ein. Er sagte: ›Jetzt geht zu eurem Präsidenten und arbeitet für ihn!‹« Auf seinem Hemd stand »CO Cuthands«. Oberst Handabschneider. Gleich zu Beginn des Bürgerkrieges wurden Jakkas Eltern und eine Schwester umgebracht. Irgendwie nahm das Leben seinen Lauf. Jetzt weiß er nicht mehr weiter. »Ein Säugling ist besser dran. Wenn es am Kopf juckt, muss ich mich wie ein Tier am Bettgestell scheuern.« 45 Jahre alt, fünf hungrige Kinder, keine Hände, keine Zukunft – ein erbärmliches Schicksal in Afrika, eines von Millionen. »Wie könnte ich je wieder arbeiten? Wer will mich?« Jakka antwortet sich selber: »Niemand.« Seine Leidensgeschichte hätte vermutlich jeden Europäer zum Wahnsinn getrieben – das ist der einzige Unterschied, den wir feststellen können. Jakka erzählt diese Geschichte ohne Wehklagen, sachlich, mit kühler, schauerlicher Genauigkeit. »Ich fühle mich nicht wohl in mir selber«, sagt er so ungerührt, als litte er nur an Sodbrennen. »Die Schwarzen sind nicht gut zueinander.«

Ich werde oft gefragt, wie ich solche Erlebnisse und Begegnungen verarbeite. Sie lassen sich nicht verarbeiten. Sie weichen nicht aus dem Gedächtnis, sie stehen mir vor Augen, als hätte ich sie gestern gesehen. Sie sind ein unauslöschlicher Mosaikstein im Bild von jenem anderen, grausamen Afrika. »Aber gewöhnst du dich nicht daran, stumpfst du nicht irgendwann ab?«, fragt ein Freund nach. Nein, ich gewöhne mich nie daran. Ein hungerndes Kind, dessen Lebenslicht erlischt, ein Berg von massakrierten Menschen, eine verstümmelte, geschändete Frau – sie lösen immer wieder eine abgrundtiefe Traurigkeit aus, die sich nicht in Worte kleiden lässt. Das Leiden trifft den innersten Kern unserer Menschlichkeit. Man würde verzweifeln an diesem Kontinent, hätte er nicht tausend andere Gesichter. Und gäbe es nicht die ungeheure Kraft des Vergebens. Nach dem furchtbaren Biafra-Krieg in Nigeria kam es zu keinerlei Racheakten gegen die aufständischen Ibo. In Uganda schien die Terrorherrschaft Idi Amins ewige Zwietracht zu säen, aber die Menschen haben sie so schnell überwunden, wie sie den Despoten vergessen haben. In Südafrika gelang es einer Wahrheitskommission, die Verbrechen der Apartheid aufzudecken und ein weltweites Modell der Versöhnung zu stiften. Nirgendwo werden die Wunden so tief geschlagen wie in Afrika, nirgendwo verheilen sie so schnell. Die Afrikaner, sagt der Historiker Ali Mazrui, haben ein »kurzes Gedächtnis des Hasses«.

*

Wir fühlen uns nie allein in Afrika, stets sind wir von Menschen umgeben, von vielen Menschen. Kaum kommen wir in ein Dorf, schon werden wir von einer Schar lärmender Kinder umringt. Wir interviewen den Obmann, und die ganze Gemeinde hört zu. Im Bus oder Zug oder auf der Ladefläche eines Lasters, eingezwängt zwischen den Mitreisenden und ihren Hühnern, Ziegen und Gepäcktürmen, fühlen wir uns wie in einer Sardinenbüchse. Manchmal wünschen wir uns mehr Distanz, mehr körperlichen

Abstand. Aber Afrikaner kennen keine Näheangst. Sie wachsen in der Gruppe auf, im Pulk der Dorfkinder, reifen heran in ihrer Alterskohorte, teilen die Stadien der Initiation und haben als Erwachsene gelernt, gemeinschaftlich zu agieren. Denn die Umwelt ist ḥarsch, die Ressourcen sind knapp. Man lebt vom Land, von einem kleinen Acker, von ein paar Rindern; neun von zehn Afrikanern sind Subsistenzbauern. Die Grundbedürfnisse werden nicht wie in unseren Breiten einem ausgefeilten Reglement unterworfen. Es gibt keine Schlafkultur, man schläft, wenn es der Körper verlangt. Die Tischsitten sind recht einfach. Man isst mit den Händen, einmal am Tag, in der Regel vor Sonnenuntergang, schnell und so viel man bekommen kann, denn man weiß nicht, ob morgen die Schüssel wieder voll ist. Auch um die Sexualität wird wenig Aufhebens gemacht. Natürlich gibt es die Kapriolen des Verliebtseins, die Rituale des Werbens und Balzens, aber die langwierige Romanze ist eher die Ausnahme. Mann und Frau kommen schnell und zielstrebig zur Sache, und es ist für den Fremden nicht immer einfach, den Lockungen der Lust zu widerstehen, vor allem, wenn ihm die Tochter des Hauses zugeführt wird und diese auch noch wunderschöne Augen macht. Die Gastfreundschaft ist grenzenlos. Wäre sie in Europa ein Mäuslein, so nähme sie in Afrika die Größe eines Elefanten an. Ein Ältester vom Volk der Dogon begrüßt uns mit den Worten: »Betrachtet unser Dorf als euer Vaterdorf.« Auch wenn es nicht viel gibt, wir erhalten die größte Portion, das fetteste Hühnerbein, und unser Becher mit Hirsebier oder Palmwein will nicht leer werden. Wir haben Teil an einer Kultur, die es bei uns auch einmal gegeben haben soll, aber der Überfluss hat sie erstickt. Der Mangel gebiert *ubuntu*, solidarisches Handeln. Du wirst zum Menschen nur durch andere Menschen, sagen die Zulu – ein Grundgebot der afrikanischen Ethik, die Gemeinsinn über Eigennutz und Kooperation über Konkurrenz stellt. Du brauchst keinen eigenen Bereich in der Hütte, keinen Rückzugsraum, keine Privatsphäre, das Leben ist durch und durch öffentlich. Und so sind Afrikaner nicht vom Panzer des europäischen Individuums umgeben, des atomisierten Einzelmenschen, dem niemand zu nahe treten darf. Sie sind unbefangener, zugänglicher, kommunikationsfreudiger. Wir fühlen die Kraft ihrer Gemeinschaft, wenn sie demonstrieren, sich versammeln, ein Fußballteam anfeuern, die Ernte einfahren, eine Initiation feiern oder *toyi-toyi* tanzen. Es ist eine kollektive Wucht und Vitalität, für die wir keine Begriffe haben. Dennoch sollten wir uns davor hüten, das Sozialsystem zu idealisieren. Die Behauptung, Afrikaner würden eine glücklichere Kindheit verbringen, ist zum Beispiel eine Mär. Gewiss fühlt sich der Säugling, der im Tragetuch seiner Mutter ständig hautnah ist, ziemlich wohl. Aber die Zärtlichkeit und Geborgenheit der Mutter-Kind-Dyade endet jäh, sobald das Laufalter beginnt. Das Kleinkind wird dann gleichsam aus seinem Nest in die Gemeinschaft geworfen und läuft fortan in ihr mit. Niemand kümmert sich mehr sonderlich um es, im Tragetuch der Mutter räkelt sich jetzt ein Geschwisterlein. Beim Essen kommt es oft zu kurz, und wenn eine Hungersnot ausbricht, gehört es zu den ersten Opfern.

*

Trommeln dröhnen, Staub wirbelt unter stampfenden Schritten auf. Das Dorf Ganvié tanzt zu Ehren der hohen Besucher. Der Minister für Entwicklungshilfe lockert den Knoten der Krawatte, von seinen Referenten tropft der Schweiß. Bonn ist zu Gast in Benin. Ganvié, eine pittoreske Pfahlbausiedlung, nennt man auch das Venedig Afrikas. Auf dem »Canale Grande« mussten sich die Weißen der zudringlichen Marktfrauen erwehren, die aus ihren Pirogen Feuerholz, Pepperoni, Kokosnüsse, Fisch, Zwiebeln, Hirse, Diesel oder Trinkwasser verkaufen und die Frechheit besaßen, von den im Akkord knipsenden Staatsgästen eine Gebühr zu verlangen. Aber jetzt tanzen ihre Söhne und Töchter. Ein Beamter flüstert mir ins Ohr: »Die haben den Tanz, wir haben die Technik.« Mehr muss nicht gesagt werden, den Rest können wir uns denken. Es sind fröhliche, aber auch ziemlich rückständige Leutchen hier. Was hätten sie schon zum Fortschritt der Menschheit beigetragen? Und, seien wir ehrlich, wie viele Nobelpreisträger hat Schwarzafrika auf dem Felde der Wissenschaft schon hervorgebracht? Keinen Einzigen. Na also.

Aber warum ist das so? Lassen wir zwei Afrikaner darauf antworten. »Wir haben die Natur weder katalogisiert noch aufgespießt und dann in Formaldehyd aufbewahrt«, schreibt Chenjerai Hove, der Schriftsteller aus Simbabwe, »wir sehen sie anders und sprechen anders mit ihr und über sie.« John Mbira, ein Kollege aus Kenia, vergleicht ein britisches und ein afrikanisches Schulkind. Das afrikanische Schulkind geht jeden Tag meilenweit zu Fuß zur Schule. Es ist unerträglich heiß. Das Kind kommt erschöpft an und drückt hungrig und durstig die Schulbank – wenn es überhaupt eine hat. Lehrbücher, Unterrichtsmaterialien, Schreibstifte, Papierblöcke sind Mangelware. Das afrikanische Schulkind wird in einer fremden Sprache unterrichtet, in Englisch, Französisch oder Portugiesisch, es ist mit einer unbekannten Kultur konfrontiert. Das britische Schulkind kennt all diese Probleme nicht. Ist es da ein Wunder, dass die Briten mehr Wissenschaftler hervorbringen als die Afrikaner? Aber viele von uns, schreibt Mbira, glauben trotzdem, dass wir nicht ganz so helle sind. Genau das wurde ihnen in der Schule eingetrichtert. Man brachte ihnen bei, dass sie schöner singen, schneller laufen und besser tanzen können, dass sie irgendwie »natürlicher« seien, während die kühle Rationalität, das Denken, Planen und Erfinden zu den Domänen der Weißen gehörten. Aber wird dieser Mythos nicht durch die Fakten untermauert? Denken wir an die schwarzen Jazzmusiker und Popstars. An die dunkelhäutigen Athleten, die alle Weltrekorde auf den Sprintstrecken halten. An die Kenianer und Äthiopier, die regelmäßig Gold, Silber und Bronze gewinnen. Oder an den legendären Jesse Owens, der bei den Olympischen Spielen 1936 Hitlers arischen Herrenmenschen davonlief. *White man can't jump*, spotten die afroamerikanischen Basketballer, der weiße Mann kann nicht springen. Man zählt die bekannten Beispiele auf und zielt auf ein Tabu: auf den biologischen Unterschied. Aber darüber reden politisch korrekte Zeitgenossen nicht, man will ja nicht die bösen Geister der Rassenlehre wecken.

Neuere Forschungen auf dem Felde der Biomechanik ergaben, dass die Dichte schnell kontraktierender Fasern in den Muskeln schwarzer Sprinter größer ist; ihr Körperschwerpunkt liegt höher, sie verfügen über bessere Reflexe und höhere Testosteronwerte. Die Muskeln schwarzer Langstreckenläufer weisen ein größeres oxidatives Potenzial auf. Das sind Vorteile, die sich in Hochländern wie Kenia eher entfalten als etwa in der Sahelzone. Nach diesen Erkenntnissen verstärken sich also Erbanlagen und Umwelteinflüsse gegenseitig. Aber der Analogieschluss von physischen Phänomenen auf intellektuelle Fähigkeiten bleibt blanker Unsinn. Die Intelligenz ist nicht an bestimmte Gene geknüpft, sondern das Resultat komplexer Wechselwirkungen innerhalb des menschlichen Genoms, und das unterscheidet nicht nach »schwarzen« oder »weißen« Funktionsgesetzen. So kann man nur wiederholen, was der ehemalige sambische Präsident Kenneth Kaunda einmal feststellte: »Gott gab uns das gleiche Hirn wie den Briten und Amerikanern.« Und was Herrn Nobel und den Fortschritt angeht: Man muss im Hochgebirge oder Sumpfland das Rad nicht erfinden, weil es ohnehin nichts nützt; es ist höchstens ein Spielzeug, wie bei den Inka. Man kann in den Tropen kein Zugtier züchten, weil es von der Tsetse-Fliege totgestochen würde. Man braucht keine Architekten, die Stahlbrücken über Urwaldflüsse schlagen, es leben zu wenige Menschen an seinen Ufern, und es gibt keine Städte. Was man braucht, sind gute Pirogenbauer und eine ausgefeilte Paddeltechnik.

*

»Wir Afrikaner haben ganz andere Sachen erfunden«, sagt Adam Shafi. Zum Beispiel? »Den Mond. Er gehört uns, wir haben ihn der Welt nur geliehen.« Wir sitzen hoch über Sansibar, auf einem Freidach, über dem ein Seidenbaldachin schwebt, und kommen uns vor wie auf einem fliegenden Teppich. Die goldene Sichel steht zwischen den Minaretten, und jetzt, am Abend, wenn der Seewind die Tropenhitze fortbläst, verwandelt sich die schläfrige Steinstadt in einen Termitenbau. Aus dem Gewirr der Gassen steigen wundersame Klangwolken auf. Wir hören knatternde Motorroller, Fahrradklingeln, schepperndes Blechgeschirr, orientalische Taarab-Musik, Gemurmel und Gelächter und das Gezwitscher der Kinder, die wie Vogelschwärme durch die Häuserschluchten schwirren. Adam Shafi hat die »Sklaverei der Gewürze« geschrieben, einen Roman über den Befreiungskampf der Sansibari. Er erzählt vom Aufstand in den Nelken- und Vanille-Plantagen, von seiner Zeit im Gefängnis, von den blutigen Wirren. Und davon, was die Afrikaner außer dem Mond sonst noch erfunden haben: Die Musik. Den Tanz. Das Spiel. Und natürlich den Humor, für den er selber die beste Anschauung liefert. Die Leichtigkeit und das Lachen, das Flachsen und Scherzen und Witzeln, das afrikanische *amor fati*: Jammere nicht, lebe! Von Martin Luther King, der gerne Plantagenwitze erzählte, stammt die Theorie, dass die Schwarzen die Jahrhunderte der Unterdrückung nur überstehen konnten, weil sie ihren Humor stets weiterentwickelt haben. Die gute Laune, der Schmäh, die Heiterkeit der Menschen gehören zu den Eigenschaften, die wir am meisten vermissen, wenn wir uns in Europa zwischen regengrauen Verdrussgesichtern bewegen. Auch der *homo ludens*, der spielende Mensch, stammt vermutlich aus Afrika, wir sehen ihn bei jeder Gelegenheit spielen, mit Karten, mit Steinen, mit Kronkorken und Kaurischnecken oder mit Nüssen, die über das Bao wandern, das älteste Brettspiel der Welt, und selbst das scheinbar verbissenste Feilschen und Rechten hat etwas Spielerisches.

Die Afrikaner standen gewiss auch Pate, als der Müßiggang geboren wurde, jedenfalls finden wir in keinem Kulturkreis eine vergleichbare Vielfalt von Kopfstützen, die aussehen wie kleine, kunstvolle Puppenstubenstühlchen und zu jeder Tageszeit für ein Nickerchen verwendet werden. Und natürlich der Tanz, in dem sich die unbändige Lebendigkeit Afrikas ausdrückt. Überall sehen wir Kinder hüpfen und hopsen und springen, Frauen, die am Rande der Straße singen und ihre Hüften wiegen, Männer, die tänzeln, einfach so, ohne Anlass. Wir können über die Mannigfaltigkeit der traditionellen Tänze, über das schier unerschöpfliche Figurenarsenal, über die spontanen Massenchoreografien nur staunen, und wenn wir irgendwo in Soweto, Colobane, Treichville oder Matonge in einem Tanzschuppen erleben, wie sich der Klang in Bewegung verzaubert, packt uns steife Nordmenschen der Neid. Wir sind schnell davon überzeugt, dass auch die Musik eine Erfindung aus Afrika sein muss. Mbalanx, Kwasa Kwasa, Semba, Highlife, Kalindula, Makossa, Kwaito, egal, welchen der tausend Stile wir hören, es fetzt und hämmert und perlt und brodelt und groovt, als habe sich die Freude, der Zorn, die Sehnsucht, der Eros, die ganze Lebenslust in Musik verwandelt. Sie überwindet das Elend, die Finsternis, den Tod. Fiat musica, pereat mundus – möge die ganze Welt zugrunde gehen, die Musik Afrikas wird bleiben!

Wo kommt deine Musik her? »Ich träume sie«, sagt Siakwede Bokotela Mudenda, »die *masabe*, die Geister der Ahnen haben sie mir eingeflüstert.« Siakwede ist ein *mwimbi*, was in der Sprache der Tonga so viel bedeutet wie »Herr der Töne«. Die rhodesischen Kolonialherren haben dieses kleine Volk im Norden Simbabwes einst aus dem Tal des Sambesi vertrieben, ehe der Fluss zum Kariba-See aufgestaut wurde. Irgendwo auf dem trüben Grund, in versunkenen Dörfern, deren Namen keiner mehr nennt, ruhen die Vorfahren. Die Fischer erzählen, man könne an windstillen Tagen hören, wie sie Hirse stampfen oder Speerspitzen auf dem Amboss plätten. Manchmal dringe das Krähen der Hähne herauf und der Schall von Hörnern und Trommeln. Von dort unten, wo der Flussgott Nyaminyami waltet und der Schießpulverbaum Mupolopopo wächst, wo die Felsen laufen können und auch sonst recht sonderbare Dinge geschehen, kommt die Musik.

Trrrrrrmmmmm! Urplötzlich schneidet ein kurzer Trommelwirbel durch die Stille. Es folgen, wie vom Zufall eingestreut, hohe Pfeiftöne. Ein kurzes Intervall. Dann erschallen Antilopenhörner, einzeln, im Zwieklang, zu vieren, schließlich gemischt in sämtlichen Tonfarben, sanft und schrill, brummend und kichernd, tubadumpf und flötenhell. Dann steigen, unterlegt durch dröhnende Trommelschläge, Gesangsfetzen aus einem Gewirr von johlenden, juchzenden, trällernden Stimmen. Was zunächst heillos dissonant anmutet, schwillt zu einem furiosen Klanggewitter an. Es wirkt archaisch, äonenfern, fremd und in der nächsten Kadenz avantgardistisch, zeitlos, ja vertraut wie Toncluster aus einem Synthesizer oder das sphärische Gebrabbel aus dem Kurzwellenradio. Man glaubt, gleichzeitig dem Gesang von Rieseninsekten zu lauschen, polyphonen Nebelhörnern und Blasebälgen mit tausend singenden, klagenden, kichernden Pfeifen. Europäische Musikologen sprechen von »cheerful noise«, von fröhlichem Lärm, sie vergleichen die Kompositionen der Tonga mit aleatorischer oder serieller Musik, mit den Werken der Neutöner Ligeti, Stockhausen oder John Cage. Sie hören in ihr die Tontrauben von Edgar Varese, die galoppierenden Glissandi einer Sofija Gubajdulina, den astralen Free Jazz des legendären Sun Ra. Wie ist das in der Wildnis nur möglich? Unsere Wissenschaft ist vollkommen ratlos.

Wir befinden uns im Dorf des Trommelbauers Siapele, dreißig Musiker kurven spielend um die Lehmhütten, und die ganze Sippschaft wird von einem vulkanischen Crescendo erfasst. Es bringt die Materie zum Schwingen und reißt alles, was Ohren hat, mit sich. Die Frauen tanzen und singen aus voller Kehle, die Kinder hüpfen verzückt wie Veitstänzer herum, die dürren Hunde vollführen groteske Luftsprünge, und selbst der faule Halbmond, der, wie in der südlichen Hemisphäre üblich, auf dem Rücken liegt, scheint mitzuschaukeln. Die Pulsschläge und Atemzüge der Menschen, der soziale Körper, die beseelte Natur vereinigen sich zu einem gewaltigen Musikschauspiel. Plötzlich wieder Ruhe, die nächtlichen Geräusche des Krals. Männergelächter. Ziegengeblök.

Das Glucken der Bruthenne. Der Flügelschlag einer Fledermaus. Das Knirschen der Sandkäfer, die in Kükenschnäbeln zermalmt werden. Das Innuendo der Buschzikaden. Das Schnattern des Gänserichs. Das Pfeifen und Tschilpen und Giggeln der Perlhühner im schwarzen Blätterdach über uns. Das pergamentene Rascheln der dürren Büsche, durch die eine Abendbrise kämmt. Siankwede nickt ein. Die Ahnen flüstern die Töne in seinen Traum, tief vom Grunde des Sees herauf, wo der Ursprung der Musik ist.

*

Es war wieder eine dieser wilden, nervenaufreibenden Fahrten kreuz und quer durch Nigeria, und am Ende kriegte Moshood, der Chauffeur, meinen ganzen Zorn ab – stellvertretend für all die anderen Taxifahrer. Der erste hatte, versunken im Sekundenschlaf, unten im Nigerdelta einen jungen Mann angefahren, und ich konnte ihn nur unter Androhung, das Beförderungsentgelt zu streichen, von der Unfallflucht abhalten. Die Fahrer zwei bis fünf fuhren in den Dörfern so viel Kleinvieh tot, dass ich aufhörte, zu zählen. Mit dem Besitzer der sechsten Droschke gab es Ärger, als ich feststellte, dass an jedem Rad eine der vier Muttern fehlte. »Drei sind genug«, beschied er. Moshood war der siebte oder achte Fahrer, und er raste in seinem schrottreifen Mobil so irrsinnig dahin wie alle anderen. Er wollte partout nicht einsehen, warum er in belebten Straßendörfern das Tempo drosseln soll. Er fegte mit hundert Sachen durch, immer wieder. Gutes Zureden, sanfter Tadel, Drohungen, Gebrüll, nichts half. Im nächsten Dorf überrollte er ein Lamm. Ich griff in seine Handbremse, stieg aus und legte den Rest des Weges nach Oshogbo auf einem Lastwagen voller Tomaten zurück.

Nun sitze ich in einer Kaschemme und trinke lauwarmes Bier. Juju-Rhythmen wummern in der Lautstärke eines Presslufthammers, das Quietschen der Reifen ist kaum zu hören. Ich sehe einen kleinen Buben in die Abwasserrinne purzeln. Man richtet das blutende Kerlchen auf und befindet allgemein, dass es nicht ernsthaft verletzt sei. Der Lenker des Wagens setzt seinen Weg unbeeindruckt und unbehelligt fort. Das sind die Momente, in denen die Rohheit unerträglich wird. In denen man am liebsten woanders wäre, weit weg von Afrika. »Was macht ihr euch Gedanken, ihr versteht uns eh nicht«, hatte Moshood, der Rennfahrer, zum Abschied gesagt. Moshood hat Recht. Wenn es so etwas gibt wie ein afrikanisches Wesen, wie könnten wir je die Gegensätze darin begreifen? Überlebensschläue und Unvernunft. Zerstörungswut und Lebenslust. Unendliche Gleichgültigkeit und heitere Neugierde. Geschwisterliche Kraft und blanke Selbstsucht. Unerschöpfliche Phantasie und Planungsunfähigkeit. Sittenstrenge und totale Regellosigkeit. Dies ist der Kontinent, der den schnellsten Rhythmus und die größte Langsamkeit kultiviert hat. In dem der Frohsinn neben der Grausamkeit wohnt, das Fürsorgliche neben dem Rücksichtslosen, der Mangel neben der Maßlosigkeit. »In Afrika gibt es keine Grenzen, nicht einmal zwischen Leben und Tod«, schreibt der senegalesische Dichter und Philosoph Léopold Sédar Senghor. Wenn die Extreme auf uns einstürzen, ahnen wir, was er meint.

Müsste ich diese Welt der Widersprüche in zwei Urbildern komprimieren, so würde ich ein männliches und ein weibliches wählen.

Das männliche Bild zeigt Pierre, den Sherpa, der uns auf den Nyiragongo geführt hat, einen speienden Vulkan der Virunga-Kette im Herzen Afrikas. Er marschierte mit kaputten Plastiksandalen auf dem steilen, steinigen, glitschigen Urwaldsteig voran, schlug mit seiner Machete den Weg frei und ließ es sich nicht nehmen, unser Gepäck nebst schwerer Kameraausrüstung zu schleppen. Er machte kein einziges Mal Rast. Als wir nach drei Stunden oben ankommen, legt er sich an den Kraterrand und schläft sofort ein. Wir stehen da, 3471 Meter über Null, und schauen in das Auge des Vulkans. Glühende Lavafontänen, turmhoch, rot wie frisches Schweineblut, schießen in 600 Metern Entfernung aus dem Kratergrund. Feuerbrocken prasseln nieder. Es stinkt nach Schwefel. Der Nyiragongo schmatzt und brodelt und gurgelt. Wenn das Donnergrollen der Eruptionen an den Kraterwänden verhallt, hört man die aschgraue Kruste des erstarrten Lavasees knacken und knarzen wie arktische Eisschollen. Pierre schläft tief und fest. Ein Afrikaner am Rande des Vulkans.

Auf dem zweiten, dem weiblichen Bild sehen wir Kadisar, ein 17-jähriges Mädchen. Sie sitzt im Abgasnebel von Dakar, in einer Straßenschule unter freiem Himmel, um Lesen und Schreiben zu lernen. Es ist Abend. Zwei Glühbirnen flackern über den Holzbänken aus Sperrmüll. Daneben ein stinkendes Pissoir, Abfallhaufen, ölverkrustete Motoren, Alteisen. Der Verkehr dröhnt. Huperei, Marktgeschrei, das Gezänk von Buben, die einen Kickerkasten traktieren. Die Schüler – Dienstboten, Hilfsarbeiter, Schuhputzer, Landstreicher – malen mit stumpfen Bleistiften den Satz an der Schiefertafel nach: *La chanson du rayon de lune.* Das Lied vom Mondschein. Ganz vorne sitzt Kadisar. »Ich will Zukunft haben«, hören wir sie sagen. »Ich will hinauf zum Mond.«

Dank

OHNE DAS JA-WORT VON MARION GRÄFIN DÖNHOFF wäre mein Wunsch, als Korrespondent nach Afrika entsandt zu werden, nicht in Erfüllung gegangen. Die Herausgeberin der »Zeit« hat meine Arbeit in all den Jahren aus der Ferne begleitet, manchmal kritisch, oft ermutigend, immer inspirierend. Der Gräfin, wie wir sie im Hamburger Pressehaus am Speersort nannten, gilt mein ganz besonderer Dank.

Man braucht die logistische und materielle Ausstattung eines »Mutterhauses« wie der »Zeit«, um all die Geschichten zu recherchieren, die diesem Buch zugrunde liegen. Im gleichen Atemzug muss auch die Redaktion von »Geo« erwähnt werden, die zwei lange Expeditionen durch Afrika finanziert hat. So mancher Gedanke im Buch geht auf die anregenden Diskussionen mit den befreundeten Kollegen Hans Brandt, Johannes Dieterich, Stephen Laufer und Robert von Lucius zurück; auf Gerda Jacksons unvergleichliche Art, alle Selbstverständlichkeiten gegen den Strich zu bürsten; auf die streitbaren Fotografen Henner Frankenfeld und Pascal Maître, mit denen ich das eine oder andere Abenteuer geteilt habe; auf die Zuversicht Peter Häusslers von der Friedrich-Ebert-Stiftung, des unverbesserlichsten Afro-Optimisten, den man sich vorstellen kann; und auf den radikalen Humanitaristen Rupert Neudeck, den ich auf einigen Reisen zu seinen Projekten begleiten durfte. In der intensivsten Schreibphase war mir der somalische Schriftsteller Nuruddin Farah ein guter Ratgeber, und der Afrika-Experte Stefan Mair von der Berliner Stiftung Wissenschaft und Politik hat sich freundlicherweise die Mühe gemacht, das Manuskript kritisch und sachkundig gegenzulesen.

Großen Dank schulde ich auch meinen wunderbaren afrikanischen Freunden Nyanga Tshabalala, Joseph Makapan und Esto Mollel. Sie haben mir ein kostbares Geschenk für dieses Buch gemacht: die Schule der Wahrnehmung, um Afrika mit ihren Augen zu sehen – zumindest manchmal. Schließlich die allerwichtigste Muse: meine Frau Antje Theine-Grill. Sie hat unendliche Geduld (und Nachsicht!) mit dem schreibenden Herumtreiber aufgebracht und ihn in allen kritischen Phasen seines Buchprojekts vorbehaltlos unterstützt. Das kann nur, wer diesem schwierigen Kontinent ebenso verfallen ist.

Literaturhinweise

AFRIKA ALLGEMEIN

Birnbaum, Michael: Die schwarze Sonne Afrikas, München 2000
Brunold, Georg: Afrika gibt es nicht, Frankfurt am Main 1994
Chatwin, Bruce: What am I doing here, London 1989
Ferdowski, Mir A. (Hrsg.): Afrika zwischen Agonie und Aufbruch, München 1998
Harden, Blaine: Africa. Dispatches from a Fragile Kontinent, New York 1991
Heinrichs, Hans-Jürgen: Afrika, Frankfurt am Main 1986
Hofmeier, Rolf, und Matthies, Volker: Vergessene Kriege in Afrika, Göttingen 1992
Holzer, Werner: 26 mal Afrika, München 1967
Imfeld, Al: Verlernen, was stumm macht. Lesebuch zur afrikanischen Kultur, Zürich 1980
Johnson, Dominic: Wie ein Floß in der Nacht, Bonn 1996
Kapuściński, Ryszard: Afrikanisches Fieber, Frankfurt am Main 1999
Kapuściński, Ryszard: König der Könige, Frankfurt am Main 1995
Kapuściński, Ryszard: Wieder ein Tag Leben, Frankfurt am Main 1994
Klein, Stefan: Die Tränen des Löwen. Leben in Afrika, Zürich 1992
Marnham, Patrick: Fantastic Invasion. Dispatches from Contemporary Africa, London 1980
Michler, Walter: Weißbuch Afrika, Bonn 1988
Naipaul, Shiva: North of South. An African Journey, London 1978
Naipaul, V.S.: Dunkle Gegenden, Frankfurt am Main 1995
Reader, John: Africa. A Biography of the Continent, London 1997
Wrong, Michela: In the Footsteps of Mr. Kurtz, London 2000
Schicho, Walter: Handbuch Afrika in drei Bänden, Frankfurt am Main 2001

EXOTISMUS, PROJEKTIONEN, ZERRBILDER

Badou, Gérard: Die schwarze Venus, Zürich 2001

Buch, Hans Christoph: Die Nähe und die Ferne. Frankfurter Vorlesungen, Frankfurt am Main 1991

Forbeck, Karla, und Wiesand, Andreas Johannes: Wir Eingeborenen. Zivilisierte Wilde und exotische Europäer/Magie und Aufklärung im Kulturvergleich, Hamburg 1983

Frässle, Joseph: Negerpsyche, Freiburg im Breisgau 1926

Germani, Hans: Weiße Söldner im schwarzen Land, Frankfurt am Main 1966

Koebner, Thomas, und Pickerodt, Gerhart (Hrsg.): Die andere Welt. Studien zum Exotismus, Frankfurt am Main 1987

Kohl, Karl-Heinz: Entzauberter Blick. Das Bild vom Guten Wilden und die Erfahrung der Zivilisation, Berlin 1981

Martin, Peter: Schwarze Teufel, edle Mohren. Afrikaner in Geschichte und Bewusstsein der Deutschen, Hamburg 2001

Meiners, Christoph: Ueber die Natur der afrikanischen Neger, und die davon abhangende Befreyung, oder Einschränkung der Schwarzen, Göttingen 1790

Miles, Robert: Rassismus, Hamburg 1999

Räthzel, Nora (Hrsg.): Theorien über Rassismus, Hamburg 2000

Richburg, Keith: Out of America. A Black Man Confronts Africa, New York 1997

Scholl-Latour, Peter: Mord am großen Fluß, Stuttgart 1986

Schweitzer, Albert: Afrikanische Geschichten, Hamburg 1955

GESCHICHTE UND GEOGRAFIE

Ansprenger, Franz: Politische Geschichte Afrikas im 20. Jahrhundert, München 1992

Battuta, Ibn: Reisen ans Ende der Welt, Stuttgart 1985

Davidson, Basil: Africa in History, New York 1995

Garlake, Peter: The Kingdoms of Africa, Oxford 1978

Harding, Leonhard: Geschichte Afrikas im 19. und 20. Jahrhundert, München 1999

Ki-Zerbo, Joseph: Histoire de l'Afrique Noire, Paris 1978

Kolb, Peter: Unter Hottentoten, Tübingen 1979

Livingstone, David: Zum Sambesi und quer durchs südliche Afrika,
   Stuttgart 1985
Martens, Otto: Afrika. Ein Handbuch für Wirtschaft und Reise, Berlin 1930
Maylam, Paul: A History of the African People of South Africa,
   Johannesburg 1986
Park, Mungo: Reisen ins Innerste Afrikas, Tübingen 1976

MODERNISIERUNG UND ENTWICKLUNG

Dirmoser, Dietmar u. a. (Hrsg.): Mythos Entwicklungshilfe. Analysen und
   Dossiers zu einem Irrweg, Gießen 1991
Hancock, Graham : Lords of Poverty, London 1989
Kabou, Axelle: Et si l'Afrique refusait le développement?, Paris 1991
Menzel, Ulrich: Das Ende der Dritten Welt und das Scheitern der großen
   Theorie, Frankfurt 1992
Opitz, Peter J. (Hrsg.): Grundprobleme der Entwicklungsregionen. Der Süden an der Schwelle zum 21. Jahrhundert, München 1997
Rodney, Walter: Afrika. Die Geschichte einer Unterentwicklung, Berlin 1975

RELIGION UND ETHNOLOGIE

Barley, Nigel: The Innocent Anthropologist, New York 1986
Behrend, Heike: Alice und die Geister. Krieg im Norden Ugandas,
   München 1993
Elwert-Kretschmer, Karola: Religion der Angst. Soziologie der Voodoo-Kulte, Frankfurt am Main 1997
Freud, Sigmund: Totem und Tabu, Frankfurt am Main 1991
Lartéguy, Jean : Les Clefs de l'Afrique. Femmes, Confréries et Fétiches,
   Paris 1956
Leiris, Michel: L'Afrique fantôme. De Dakar à Djibouti 1931–1933, Paris 1934
Morgenthaler, Fritz, und Parin, Paul: Die Weißen denken zuviel. Psychoanalytische Untersuchungen bei den Dogon in Westafrika, Zürich 1963
Müller, Klaus E.: Soul of Africa. Magie eines Kontinents, Köln 1999
Shostak, Marjorie: Nisa. The Life an Words of a Kung Woman, London 1990

KUNST

Enwezor, Okwui: The Short Century, München/New York 2001
Förster, Till: Kunst in Afrika, Köln 1988
Hug, Alfons: Neue Kunst aus Afrika, Berlin 1996

Phillips, Tom: Africa. The Art of a Continent, London 1996
Szalay, Miklós: African Art from the Han Coray Collection, München/New York 1998
Williamson, Sue: Resistance Art in South Africa, Cape Town 1990

SKLAVENHANDEL, KOLONIALISMUS, BEFREIUNGSKAMPF

Baer, Martin, und Schröter, Olaf: Eine Kopfjagd. Deutsche in Ostafrika, Berlin 2001
Che Guevara, Ernesto: Der afrikanische Traum, Köln 2000
Edwards, Paul: The Life of Olaudah Equiano, or Gustavus Vassa the African, London 1989
Fanon, Frantz: Die Verdammten dieser Erde, Frankfurt am Main 1966
Fanon, Frantz: Peau Noire, masques blancs, Paris 1952
Fieldhouse, David K.: Colonialism 1870–1945, London 1981
Graudenz, Karlheinz: Die deutschen Kolonien, München 1982
Gronemeyer, Reimer (Hrsg.): Der faule Neger. Vom weißen Kreuzzug gegen den schwarzen Müßiggang, Hamburg 1991
Hochschild, Adam: King Leopold's Ghost, Boston 1998
Klöss, Erhard: Die Herren der Welt. Die Entstehung des Kolonialismus in Europa, Köln 1985
Lindquist, Sven: Durch das Herz der Finsternis, Frankfurt am Main 1999
Meyer, Jean: Histoire de la France coloniale, Paris 1991
Möhle, Heiko: Branntwein, Bibeln und Bananen. Der deutsche Kolonialismus in Afrika – eine Spurensuche in Hamburg, Hamburg 1999
Ndumbe III, Kum'a: Was wollte Hitler in Afrika?, Frankfurt am Main 1993
Nestvogel, Renate, und Tetzlaff, Rainer (Hrsg.): Afrika und der deutsche Kolonialismus. Zivilisierung zwischen Schnapshandel und Bibelstunde, Berlin 1987
Osterhammel, Jürgen: Kolonialismus. Geschichte, Formen, Folgen, München 1995
Pakenham, Thomas: The Scramble for Africa, Jeppestown 1991
Senghor, Léopold Sédar: Mein Bekenntnis, Leipzig 1991
Stanley, Henry Morton: Wie ich Livingstone fand. Ein Reisebericht, Frankfurt am Main 1988
Westphal, Wilfried: Geschichte der deutschen Kolonien, München 1984
Williams, Chancellor: The Destruction of Black Civilisation, Chicago 1987
Witte, Ludo de: L'Assassinat de Lumumba, Paris 2000

VÖLKERMORD IN RUANDA

Berkeley, Bill: The Graves are not yet Full, New York 2001
Des Forges, Alison: Leave none to tell the Story. Genocide in Rwanda, New York 1999
Gourevitch, Philip: Wir möchten Ihnen mitteilen, dass wir morgen mit unseren Familien umgebracht werden. Berichte aus Ruanda, Berlin 1999
Mamdani, Mahmood: When Victims Become Killers. Colonialism, Nativism, and the Genocide in Rwanda, Kampala 2002

HIV UND AIDS

Gronemeyer, Reimer: So stirbt man in Afrika an AIDS. Warum westliche Gesundheitskonzepte im südlichen Afrika scheitern, Frankfurt am Main 2002
Jackson, Helen: AIDS Africa. Continent in Crisis, Harare 2002
Sunter, Clem: AIDS. Challenge for South Africa, Cape Town 2000

SÜDAFRIKA

Adam, Heribert, und Moodley, Kogila: The Opening of the Apartheid Mind, Berkeley 1993
Alexander, Neville: Südafrika. Der Weg von der Apartheid zur Demokratie, München 2001
Brandt, Hans, und Grill, Bartholomäus: Der letzte Treck. Südafrikas Weg in die Demokratie, Bonn 1994
Bunting, Brian: The Rise of the South African Reich, London 1964
Coetzee, J.M.: Disgrace, London 1999
Coetzee, J.M.: Life & Times of Michael K., London 1983
Coetzee, J.M.: Waiting for the Barbarians, London 1980
Dönhoff, Marion Gräfin: Der südafrikanische Teufelskreis, Stuttgart 1987
Fisch, Jörg: Geschichte Südafrikas, München 1990
Gordimer, Nadine: July's People, London 1981
Holland, Heidi: The Struggle. A History of the African National Congress, London 1989
Krog, Antjie: Country of my Skull, London 1998
Malan, Rian: Mein Verräterherz, Hamburg 1990
Mandela, Nelson: Long Walk to Freedom, London 1994
Meredith, Martin: Nelson Mandela. A Biography, London 1997

Mostert, Noël: Frontiers. The Epic of South Africa's Creation and the Tragedy of the Xhosa People, London 1992
Sparks, Allister: The Mind of South Africa, New York 1990
Sparks, Allister: Beyond the Miracle. Inside the New South Africa, Johannesburg 2003
The Truth and Reconciliation Commission of South Africa. Report, Volume 1–5, Cape Town 1998
Woerden, Henk van: Der Bastard, Berlin 2002

AUSGEWÄHLTE BELLETRISTIK

Achebe, Chinua: Things Fall Apart, Oxford 1986
Bâ, Mariama: Ein so langer Brief, Frankfurt am Main 1991
Couto, Mia: Unter dem Frangipanibaum, Berlin 2000
Farah, Nuruddin: Geheimnisse, Frankfurt am Main 2000
Greene, Graham: Journey Without Maps, London 1971
Hove, Chenjerai: Bones, Harare 1990
Kitereza, Aniceti: Die Kinder der Regenmacher, Wuppertal 1980
Kourouma, Ahmadou: Die Nächte des grossen Jägers, Zürich 2002
Lessing, Doris: African Laughter. For Visits to Simbabwe, London 1992
Mofolo, Thomas: Chaka Zulu, Zürich 1988
Okri, Ben: The Famished Road, Ibandan 1991
Parin, Paul: Der Traum von Ségou, Hamburg 2001
Shafi, Adam: Die Sklaverei der Gewürze, München 1997
Theroux, Paul: Dschungelliebe, Düsseldorf 1988
Thiong'o, Ngugi wa: Verbrannte Blüten, Wuppertal 1981
Timm, Uwe: Morenga, Köln 1985

Personenregister

Abacha, Mariam 191
Abacha, Sani 178, 191, 228
Achebe, Chinua 64, 100, 123
Adegbite, Abdu-Lateef 59f.
Adenauer, Konrad 185, 340
Adorno, Theodor W. 238
Afewerki, Isayas 266
Aidid, Mohamed Farah 256f.
Ajello, Aldo 247
Ake, Claude 228
Albert II. (König von Belgien) 395
Albright, Madeleine 242
Alexander, Neville 361, 370
Al-Mazri, Sharif 74
Amanpour, Christiane 36
Amin, Idi 191, 221, 238, 405
Amma (Dogon-Gott) 155, 377
Annan, Kofi 281f., 315

Antonius (Heiliger) 147
Aristoteles 40
Ashun, Clifford 85
Atsa, Auteu 49
Auret, Mike 204

Bâ, Amadou Hampâté 46, 163
Baartman, Saartjie 42ff.
Babangida, Ibrahim 37
Bagosora, Théoneste 271
Banda, Hastings Kamuzu 107, 186
Bararunyeretse, Libère 284
Barbeitos, Arlindo 237f.
Barnard, Christiaan 308
Barre, Siad 191, 256
Barth, Heinrich 101
Bartholomäus (Apostel) 150
Battuta, Ibn 41
Baudouin I. (König von Belgien) 97
Baumann, Oskar 98

Bäumler, Antonie 118
Bayart, Jean-François (König von Dahomey) 250
Bayero, Alhaji Ado 148, 153
Bayo, Valentine 93f.
Bayoh, Fala 261f.
Bayoh, Siam 261f.
Bebel, August 98
Bédié, Henri Konan 206
Behrendt, Heike 274
Belloc, Hilaire 99
Benga, Ota 41
Benjamin, Walter 131, 354
Berhan, Gebre 214
Beti, Mongo 227
Bicamumpaka, Jérôme 280, 290
Biehl, Amy 355
Bikindis, Simon 278
Biko, Steve Bantu 46
Bin Salim al-Harthi, Abushiri 94
Bismarck, Otto von 90, 221
Biya, Paul 181, 216
Blair, Tony 201

Blasius (Heiliger) 147
Blount, Herman (Sun Ra) 412
Blixen, Tania 48
Bokassa, Jean Bédel 189f., 238
Bolongo, Likulia 244
Bonaparte, Napoleon 42, 239
Bond, Nguz Karl i 180
Bondone, Giotto di 50
Bongo, Albert Bernard 70
Bongo, Omar 188
Bönnemann, Klaus 243f.
Bonnke, Reinhard 151, 153
Botes, Ollie 338
Botha, Pieter Willem 325, 369
Bout, Victor (Butt) 74
Brâncuşi, Constantin 50
Braque, Georges 50
Bruckner, Pascal 12
Bugincourt, Jacques 79
Burke, Edmund 163
Buschiri *siehe* Bin Salim al-Harthi, Abushiri
Bush, George W. 152
Buthelezi, Mangosuthu 284, 330

Cabral, Amilcar 46
Caetano, Marcelo 236
Cage, John 412
Caillié, René 161
Cameron, Verney Lovett 92
Camus, Albert 142
Canetti, Elias 101
Caprivi, Georg Leo Graf 128
Carré, John le 311
Ceauşescu, Nicolae 135, 195, 201, 215
Césaire, Aimé 46
Chaka Chaka, Yvonne 360
Chamberlain, Houston Stewart 40
Chaplin, Charlie 198
Che Guevara *siehe* Guevara Serna, Ernesto Che
Cheikou, Ahmadou 99
Chiluba, Frederick 192ff., 206
Chimuti, Stix 117
Chirico, Giorgio de 175
Christus, Jesus 88, 190
Churchill, Winston 100, 185
Clinton, Bill 199, 279
Cobbinah, Jojo 143
Coetzee, John Maxwell 116
Columbus, Christoph 84
Combrinck, Jan 330f.
Compaoré, Blaise 208
Conrad, Joseph 96, 241
Conté, Lansana 218
Couto, Mia 389
Curtis, Edward 359
Cuvier, Georges 42f.

Dallaire, Roméo 281f.
Dare, Olatunji 182
Defoe, Daniel 116
de Gaulle *siehe* Gaulle, Charles de
Demandt, Alexander 250
Derain, André 50
Dernburg, Bernhard 92, 98
Diarra, Idrissa 67
Diouf, Abbdou 191
Dirie, Waris 35
Doe, Samuel 179, 189
Dolo, Ali 376ff.
Dolo, Yasamaye 378
Donatello *siehe* Niccolò di Betto Bardi, Donato di
Dondo, Kengo wa 216, 244f.
Dongo, Margret 187, 204
Dönhoff, Marion Gräfin 195, 367
Duesberg, Peter 305
Duggan-Cronin, Alfred-Martin 359
Dunlop, John 95

Eichmann, Adolf 353
Einstein, Albert 47
Elger, (Pater) 111
Elias, Norbert 187
Elisabeth II. (Königin von England) 160, 173
Enahoro, Peter 401
Enkai (Masai-Gott) 127
Enzensberger, Hans Magnus 252
Equiano, Olaudah 87

Erler, Brigitte 142
Ernst, Max 51
Evans-Pritchard, Edward 379
Evora, Cesaria 27
Eyadéma, Gnassingbé 189

Fabri, Friedrich 89
Fafowora, Oladapo 64f.
Fanon, Frantz 37, 61, 115
Farah, Nuruddin 250
Faulkner, William 361
Fischer, Joschka 109
Florian (Heiliger) 147
Foehle, Ludwig 21, 94
Fomantum, Bâ Tadoh 19f.
Forges, Alison Des 272
Frässle, Joseph 96
Freud, Sigmund 34
Friedrich Wilhelm, der Große Kurfürst 89
Friedrich II. (König von Preußen; genannt der Alte Fritz) 89
Frobenius, Leo 46

Gallmann, Kuki 48
Ganns, Harald 208
Garvey, Marcus 88
Gauguin, Paul 123
Gaulle, Charles de 185
Gbagbo, Laurent 206f.
Gbetkom, Roi 179
Geingob, Hage 223f.
Germani, Hans 44
Giacometti, Alberto 50

Gibb, Richard 77
Gibson, Mel 152
Gidada, Negasso 264
Giotto *siehe* Bondone, Giotto di
Girukwigomba, Astere 284
Githongo, John 13, 390
Glélé, (König von Dahomey) 240
Gobineau, Arthur de 40
Goebbels, Joseph 271
Goethe, Johann Wolfgang von 124, 320
Gora, James 117
Gordimer, Nadine 336
Greene, Graham 47, 394
Griaule, Marcel 19
Groeben, Otto Friedrich von der 89
Gronemeyer, Reimer 307
Grosz, George 95
Groucza, Franz 117
Grzimek, Bernhard 127
Gu (Eisengott des Reiches Dahomey) 51
Gubajdulina, Sofija 412
Guéi, Robert 206
Guevara Serna, Ernesto Che 156, 224
Guézo (König von Dahomey) 240

Habimana, Kantano 278
Habré, Hissène 191

Habyarimana, Agathe 275, 279
Habyarimana, Juvénal 191, 271, 275, 279, 292
Hagenbeck, Carl 41
Hani, Chris 351
Hani, Limpho 351
Hausmann, Ricardo 58
Hazoumé, Romuald 51
Hazoumé, Dominique 146
Heath, Edward 75
Hefner, Willem 334
Hegel, Georg Wilhelm Friedrich 41
Helms, Jesse 259
Herbert, Francis 310
Herzog, Roman 108
Heydrich, Reinhard 271
Hitler, Adolf 98, 195, 197f., 276, 408
Hobbes, Thomas 249
Hochschild, Adam 96
Hochstetter, Emil 118
Houphouët-Boigny, Félix 107, 176f., 185, 208, 215
Hove, Chenjerai 202, 227, 389, 408
Hübschle, Michaela 224
Huntington, Samuel P. 154

Ibok, Sam 266
Iman (Model) 35

Jakka, Lamin Jusu 404
Jamba, Sousa 236

Johannes Paul II. (Wojtyla, Karol) 151, 296
Johnson, Prince 189
Jünger, Ernst 183

Kabila, Joseph 248
Kabila, Laurent Désiré 72, 74, 194f., 242ff., 248
Kabou, Axelle 13, 136f., 143, 147
Kaboyo II., David Matthew Olimi 159
Kagame, Paul 290
Kahin, Dahir Riyale 360
Kahn, Oliver 394
Kajelijeli, Juvénal 292
Kambanda, Jean 293
Kambazembi (Herero-Häuptling) 112f.
Kandt, Richard 273
Kandukira, Tjatjitrani 113
Kangai, Kumbirai 69
Kaplan, Robert 400
Kapuściński, Ryszard 36
Karemera, Emmanuel 283
Kasereka, Rachidi 215
Kaunda, Kenneth 192f., 216, 222, 409
Kazini, James 246
Kenyatta, Jomo 107, 191
Kenyatta, Uhuru 229
Kérékou, Mathieu 145, 191f., 215
Kibaki, Mwai 229f.
Kibassa, Frédéric 245

Kidjo, Angelique 27
Kimbwala, Noah 394ff., 398
King, Martin Luther 410
Kinovori, Mathieu 288
Kirchhoff, Bodo 403f.
Kirchner, Ernst Ludwig 50
Kissinger, Henry 250
Ki-Zerbo, Joseph 84f.
Klee, Paul 51
Klerk, Frederik Wilhelm de 324ff., 331, 351f., 369
Klerk, Marike de 352
Kock, Eugene de 352f.
Kojève, Alexandre 139
Kraus, Hansjoerg 256
Krog, Antjie 353
Kuti, Fela 303

Langaney, André 43
Lapham, Dennis 116f.
Lapham, Liz 116f.
Lata, Leenco 213
Leakey, Richard 71, 225
Leiris, Michel 19
Lekota, Mosiuao 248
Lenbach, Franz von 95
Lenin, Wladimir Iljitsch 200, 214
Leon, Tony 367
Leopold II. (König von Belgien) 45f., 95ff., 248
Lettow-Vorbeck, Paul von 106f.
Leutwein, Theodor 111f.

Lewis, Steven 315
Ligeti, György 412
Livingstone, David 92
Lô, Ismael 397
Lock, Peter 74
Locke, John 236
Lübke, Heinrich 37
Ludwig II. (König von Bayern) 206f.
Ludwig XIV. (König von Frankreich) 62, 249
Lugard, Frederick 99f.
Lumumba, Patrice 97, 209
Luo, Nkandu 298
Lupunga, Dawson 303

Mabasso, Matias 228
Machiavelli, Niccolò 237
Macmillan, Harold 215, 324
Madikizela-Mandela, Winnie 355f.
Magezi, Marble 296
Magope, Lucas 331
Mair, Stefan 56, 263
Maître, Pascal 258
Makapan, Joseph 373, 371
Makeba, Miriam 27
Makinda, William 94
Makumbe, John 203
Malan, Daniel François 369
Mandela, Nelson Rolihlahla 34, 107, 191, 222, 229, 252, 270, 284, 324f., 327ff., 332, 340ff., 351, 355

Mankahlana, Parks 313
Mann, Thomas 30
Manson, Charles 355
Manuel, Trevor 367
Mapfumo, Thomas 226
Marais, Antonio 402
Mariam, Mengistu Haile 71, 191, 201, 214, 265
Markus, Jürgen 108
Marx, Karl 125, 200
Masekela, Hugh 360
Maseru, Malonde 105ff.
Masuka, Dorothy 27
Matisse, Henri Émile Benoît 50
Matthews, James 344
Matton, Arséne 96
Mayugi, Nicolas 218, 229
Mazrui, Ali Alamin 107, 405
Mbai, Asser 113
Mbalekwa, Pearson 197
Mbeki, Thabo 49, 77f., 186, 304f., 314, 316, 343f., 347, 366ff.
Mbemba, Nzinga 84
Mbira, John 408
Mbonampeka, Stanislas 290
McMahon, Christopher 286
Mdladlana, Membathisi 338
Meillassoux, Claude 273

Meiners, Christoph 39f.
Menelik II. (Kaiser von Äthiopien) 99, 265
Mengistu *siehe* Mariam, Mengistu Haile
Mensah, Joseph 88f.
Meyer, Rolf 326
Meynhardt, Louis 329
Mfusi, Clement 302
Milner, Alfred 323
Milosevič, Slobodan 202
Minin, Leonid 74
Mitterand, Danielle 279
Mitterand, François 279f.
Mneno, Nolizwe (Princess) 381ff.
Mobutu, Joseph-Désiré (Sese Seko) 31, 62, 70ff., 97, 178, 180 184, 188, 194, 216f., 242ff., 248ff., 253, 395, 398
Mobutu, Nzanga 245
Modigliani, Amedeo 35
Mohammed (Prophet) 161
Moi, Daniel arap 178, 186, 191, 225, 229
Mokaba, Peter 313
Mokgatle, George 330
Mollel, Estomihi 23ff.
Mollel, Ngereza Sengeon 127

Montesquieu, Charles de Secondat 40
Mozart, Wolfgang Amadeus 49, 392
Mswati III. (König von Swasiland) 164ff., 187
Muchina, Vera 205
Mudenda, Siakwede Bokotela 411
Mudimbe, Valentin 118
Mugabe, Grace 204
Mugabe, Joseph 201
Mugabe, Robert Gabriel 47, 68, 78, 107, 117, 186, 195ff., 225
Mugabe, Sally 205
Mukabutera, Julienne (Schwester Maria Kisito) 276
Mukangango, Consolata (Schwester Gertrude) 276
Murray, Brett 133
Museveni, Yoweri Kaguta 74, 135, 186, 220ff.
Musa, Mansa (Kaiser von Mali) 161
Musayidire, Eugénie 293
Mwanawasa, Levy 194
Mwangi, Wambui 39, 169

Nachtigall, Gustav 101
Nahimana, Ferdinand 293
Naipaul, Vidiadhar Surajprasad 47

Naidoo, Jay 334
Naidoo, Indres 341
Nalumansi, Margaret 317
Neto, Agostinho 191, 234
Newton, John 84
Ngeze, Hassan 293
Niccolò di Betto Bardi, Donato di 50
Nietzsche, Friedrich 391
Nightingale, Florence 244
Nin, Khadja 27
Niyibigira, Gérard 284
Nixon, Richard Milhous 185
Njonjo, Charles 387
Nkomo, Joshua 202
Nkrumah, Kwame 107, 173, 195, 200
Nobel, Alfred 409
Ntahuga, Sébastien 284
Ntaryamira, Cyprien 275
Ntombi (Königmutter von Swasiland) 165
Nujoma, Samuel 138, 223
Nyaminyami (Tonga-Flussgott) 411
Nyerere, Julius 22, 47, 107, 191
Nzimela, Mtiyezintombi 163

Obasanjo, Olusegun 182
Obote, Milton 160
Ofori-Atta, Nana Yaa 172f.
Ogilvy-Thompson, Julian 365
Okri, Ben 389
Olagunju, Jim 156, 168
Olomidé, Koffi 184
Omar, El Hadj 99
Orwell, George 205, 224
Ostrowski, Jakow 292
Ouattara, Allassane 206, 222
Owens, Jesse 408
Oyedepo, David 151

Paracelsus, Philippus Theophrastus 304
Parin, Paul 377f., 404
Pascoal, Milagre 234
Pasolini, Pier Paolo 124
Paton, Alan 320
Paul, Jean 35
Pelé, Njitack Ngompé 174
Perrot, Karl 95
Peters, Carl 89ff., 92, 98
Picasso, Pablo 50
Piskanov, Alexej 74
Piskanov, Valentina 74
Post, Laurens van der 130
Potjemkin, Grigori Alexandrowitsch 135
Pynchon, Thomas 101

Radcliffe-Brown, Alfred 379
Ramphele, Mamphela 363
Rasnick, David 305
Rawlings, Jerry 191
Reagan, Ronald 71, 238, 326
Reichard, Paul 98
Renoir, Auguste 166
Rhodes, Cecil 75, 98
Richburg, Keith 45, 276f.
Riebeeck, Jan van 319, 321, 358
Riet, Anna 118
Riruako, Kuiama 108, 112
Rodney, Walter 85
Rohlfs, Gerhard 101
Rom, Leon 97
Rousseau, Jean Jaques 47
Rowland, Tiny 75
Rufin, Jean-Christoph 394
Rukiye, Gilbert 284f.
Rupert, Anton 335
Ruprah, Sanjivan 74
Rwabugiri, Kigeri IV. (König von Ruanda) 272

Saleh, Salim 74
Samori *siehe* Touré, Almami Samori
Sanford, Robert 72f.
Sankara, Thomas 46, 207f.
Santos, Eduardo dos 235
Sapateiro, Jeovete 234

Sartre, Jean Paul 46, 291
Savimbi, Jonas 236ff.
Schalckwyk, Marthinus von 367
Scharlach, Julius 102
Schmidt, Helmut 182
Schoeman, Karel 371
Schöller, Rudolph 95
Scholl-Latour, Peter 44f.
Schoon, Jeanette 354
Schoon, Katryn 354
Schoon, Marius 354
Schopenhauer, Arthur 98
Schuller, Grete 118
Schumacher, Michael 394
Schweitzer, Albert 47, 137
Sebastian (Heiliger) 133
Seitz, Theodor 102
Seipei, Joyce 355
Seipei, Stompie 355
Sekule, William 293
Selassie, Haile (auch: Ras Tafari, Kaiser von Äthiopien) 265
Senghor, Léopold Sédar 46, 49, 414
Shafi, Adam 409f.
Shaka (Zulu-Führer) 239
Shakespeare, William 49
Shaw, Flora 100
Shongwe, Zandile 165ff.
Sibanda, Titewo 196

Signac, Paul 283
Simmel, Georg 126
Sjöblom, Edward 96
Slovo, Joe 327
Smith, Ian 202f.
Sobhuza II. (König von Swasiland) 164
Sobukwe, Robert Mangaliso 46, 209
Sofsky, Wolfgang 278
Soglo, Nicéphore 186, 192
Sono, Mzwani 335
Sophokles 341
Sow, Ibrahim 218
Soyinka, Wole 115
Sparks, Allister 371
Späth, Lothar 71
Speke, John Hanning 92, 273
Ssemogerere, Paul Kawanga 222
Stanley, Henry Morton 75, 92, 95
Stevens, David 117
Stockhausen, Karlheinz 412
Strauß, Franz Josef 108, 237
Strijdom, Johannes G. 357, 369
Sunday, Mr. 152
Sunter, Clem 299f.

Tacitus, Publius Cornelius 258
Tatlin, Wladimir Jewgrafowitsch 134
Taylor, Charles 72, 255, 263

Teiresias 129
Terreblanche, Sampie 369f.
Tesfaye, Gebre-Kidan 214
Tetzlaff, Rainer 219
Thatcher, Margaret 238, 326
Thiokary, Oumarou Gogo 397
Thurn und Taxis, Gloria von 305
Timol, Ahmed 350f.
Timol, Hawa 350f.
Touré, Almami Samori 99
Touré, Sekou 191
Tozé, Dodoklounon 144, 188
Traoré, Mariam 155
Trotha, Lothar von 99, 110, 112
Tshabalala-Msimang, Manto 312
Tshabalala, Nyanga 316, 344
Tshisekedi, Etienne 244
Tshiyembé, Mwayila 250
Tsvangirai, Morgan 197, 206, 225
Tutu, Desmond 198, 355f.
Twins Seven Seven (Maler) 142

Ulenga, Ben 222ff.
Uwilingiyimana, Agathe 275

Varese, Edgar 412
Verwoerd, Hendrik 360, 369
Victoria (Königin von Großbritannien und Irland) 295
Viktoria V. (Königin von Preußen) 187
Vlaminck, Maurice de 50
Vorster, John 369

Walus, Janusz 351
Ware II., Otumfuo Opoku (König der Asanti) 170f.
Watteau, Jean Antoine 26
Waugh, Evelyn 59
Wayne, John 257
Weber, Max 143
Weizsäcker, Richard von 29, 195f.
Wessels, Leon 352
Westphal, Wilfried 102
Wilhelm I. (dt. Kaiser) 91, 226
Wilhelm II. (dt. Kaiser) 105, 187, 241
Williamson, Craig 353f.
Wijnants, Erneste 96
Witte, Ludo de 97
Woerden, Henk van 348
Woermann, Adolph 101ff.

Yeats, William Butler 49
Yeboah, Anthony 385
Yengeni, Tony 344
Yerodia, Abdoulayi 248

Zenawi, Meles 138, 213, 266f.
Zimmerer, Jürgen 111
Zulu, Wingston 298
Zvinavashe, Vitalis 246

=/Oma G/aqu 129